U0873060

组合测试

聂长海 著

科学出版社
北京

内 容 简 介

组合测试是一种重要的软件测试方法．该方法系统地检测软件系统中各种组合的相互作用，例如，软件中不同功能、不同输入、不同配置或环境等因素的相互作用可能引发的故障．由于应用场景的广泛性，组合测试越来越受到工业界和学术界的研究和重视．本书系统介绍组合测试的概念、特点、应用场景、具体的应用步骤，以及应用和发展过程中所面临的各种科学问题和解决方案等．通过丰富具体的示范性应用实例介绍各种抽象的概念和过程，力图简洁清楚、通俗易懂，尽可能降低对读者专业基础要求．此外，本书还提供了组合测试领域的300多篇文献列表下载(http://gist.nju.edu.cn)，以供读者学习研究．

本书是目前软件测试领域第一本专门系统介绍组合测试方法的中文著作，是计算机相关领域的工作人员，特别是计算机软件开发和测试人员、软件测试领域的教学、科研以及相关从业人员的重要参考书．

图书在版编目（CIP）数据

组合测试/聂长海著．—北京：科学出版社，2015.3
ISBN 978-7-03-043727-3

Ⅰ．①组…　Ⅱ．①聂…　Ⅲ．①软件-测试-研究　Ⅳ．①TP311.5

中国版本图书馆 CIP 数据核字（2015）第 049821 号

责任编辑：惠　雪　王　苏／责任校对：胡小洁
责任印制：徐晓晨／封面设计：许　瑞

科学出版社 出版
北京东黄城根北街 16 号
邮政编码：100717
http://www.sciencep.com
北京凌奇印刷有限责任公司印刷
科学出版社发行　各地新华书店经销
*
2015 年 3 月第　一　版　　开本：720×1000　1/16
2024 年 8 月第四次印刷　　印张：19 1/4
字数：386 000

定价：78.00 元

（如有印装质量问题，我社负责调换）

序

在过去 30 年中, 以计算机互联网为代表的信息技术的迅速发展和广泛应用, 极大地激发和释放了人们的创造力. 在计算机领域, 各种新概念、新理论和新技术层出不穷, 百花齐放, 呈现出一片繁荣的景象. 信息技术快速发展在给广大科技工作者带来很多挑战的同时, 也带来了很多新的机遇. 一方面, 为了适应新需求, 解决新问题, 人们需要不断开拓新的方向; 另一方面, 爆炸式增长的新知识, 需要专业人士进行有序的整理, 不断总结其中成功的经验、失败的教训和存在的问题. 开拓是创新, 而总结则可以服务于创新, 为进一步创新奠定夯实的基础.

如何提高软件生产率与保障软件产品质量一直是软件领域的基本问题. 软件测试理论、方法与技术是保障软件质量的重要途径之一. 作为一种新兴的软件测试技术, 组合测试已经发展成为软件测试领域的一个重要分支, 受到人们普遍的认可和关注. 该书作者及其合作者一直坚持组合测试领域的研究, 既不断开拓也不断总结, 取得了丰硕成果. 自 2002 年以来, 发表相关学术论文 40 多篇, 获得多项软件著作权和发明专利. 其中最有代表性的研究成果是提出了关于组合测试的最小故障模式概念, 并给出了一种基于最小故障模式的组合测试方法学, 该项成果发表在软件工程领域著名期刊*ACM Transactions On Software Engineering and Methodology* 上；另一项代表性工作是他在充分分析已有文献的基础上, 结合自己在组合领域已有研究实践, 总结出其中的关键问题、方法、重要应用和未来发展方向, 论文发表在计算机领域著名学术期刊*ACM Computing Survey* 上, 得到了国际同行的关注.

该书在全面总结组合测试领域 30 多年来已经发表的 300 多篇研究论文及相关文献的基础上, 系统地介绍组合测试从低级到高级, 从简单到复杂的发展过程、科学问题及解决方案. 该书具有以下特点：①从软件测试角度, 详细介绍组合测试起源和发展过程, 将组合测试作为一种重要的软件测试方法进行系统细致地分析. ②以组合测试过程为主线, 介绍组合测试理论、方法及其应用. ③在博采众长的基础上, 精心组织该书内容, 语言简洁清楚, 深入浅出. 相信该书的出版必将进一步推动组合测试在学术界和产业界的研究和应用.

该书作者所从事的组合测试研究在南京大学软件新技术国家重点实验室一直得到高度的重视, 并得到了实验室的持续资助, 同时, 他的这项研究也是国家自然科学基金重大研究计划集成项目支持的一个重要子课题. 所以, 该书的出版既是我们软件新技术国家重点实验室的一项成果, 也是国家自然科学基金重大研究计划项目的成果之一. 特此向广大读者推荐这本书.

中国科学院院士
南京大学计算机软件新技术国家重点实验室主任
吕　建
2015 年 2 月 18 日于南京大学

前　言

软件测试的关键问题是寻找尽可能小的测试用例集, 以最小的成本发现待测试软件中潜在的问题. 人们从不同角度, 基于不同理论, 针对软件开发的不同阶段和不同类型的软件提出了很多软件测试的方法. 这些方法的综合使用为成功解决软件测试的关键问题提供了可能. 组合测试便是这些方法中的一种, 它旨在系统测试软件中存在的各种可能的 "组合", 检查各种 "组合" 可能促发的软件故障.

在计算机科学领域中, 组合测试是一个相对比较小的研究领域, 但由于它广泛的应用价值使其越来越受到人们的关注. 近年来, 关于组合测试的研究得到了快速发展. 2001 年开始关注这个领域时, 可以查到的参考文献只有二十几篇, 到 2014 年已有 300 多篇.

到目前为止, 作者从事组合测试的研究已经有十多年了, 一直关注这个领域的发展, 也一直通过应用、研究、思考和交流参与这个领域的发展, 越来越觉得应该写一本专门的著作, 完整系统地介绍这个领域, 以填补国内相关专著在这个领域的空白.

为了写好这本书, 作者对该领域到目前为止可以收集到的 300 多篇研究论文进行系统研究和梳理, 以期巩固和完善组合测试领域的研究基础, 将该领域工作做到更好. 本书努力将组合测试领域的理论体系、学术研究、实证实践和产业应用等结合起来, 以期全方位发展.

全书共 8 章. 第 1 章为组合测试概论, 介绍组合测试的由来和背景, 具体包括组合测试在计算机科学体系中的地位和意义、应用场景、概念、历史演变和度量等. 第 2 章为组合测试的测试用例生成, 介绍利用各种贪心算法、数学方法和演化方法等生成满足各种不同组合覆盖要求的测试用例集. 第 3 章为组合测试的优化与约简, 介绍各种测试用例集排序方法和最小化方法, 以追求组合测试的高效率和低成本. 第 4 章为组合测试的故障定位, 介绍各种基于组合测试结果定位出触发软件故障的因素组合的方法. 第 5 章为自适应组合测试, 介绍组合测试的自适应机制和应用. 第 6 章为组合测试的应用, 介绍组合测试方法在浏览器功能测试、手机测试、机顶盒测试、软件配置测试和兼容性测试等方面的应用. 第 7 章为组合测试的比较研究及工具, 将组合测试与随机测试和自适应随机测试进行系统比较. 第 8 章为组合测试的研究现状与未来, 总结组合测试的当前研究现状, 并给出未来的研究方向.

本书在写作过程中得到很多同仁和朋友的帮助和支持, 在此一并表示感谢. 首先感谢南京大学的徐宝文, 香港理工大学的 Hareton Leung 多年来给予的指导和帮助. 感谢作者指导的博士和硕士研究生: 吴化尧、钮鑫涛、陈思洋、梁亚澜、李杰、蒋静、黄海波、孙文雯、刘洋华等多年来的跟随并致力于组合测试领域的研究, 他们辛勤的工作为本书的编写提供了非常有力的支持. 感谢中国科学院数学研究所的董昭、刘克和李晓花在组合测试用例约简方面提供的帮助. 感谢北京航空航天大学蔡开元在组合测试的自适应方面的大力支持. 感谢南京晓庄学院的徐家喜和王燕在组合测试应用方面提供的帮助. 感谢美国亚利桑那州立大学的 Charlie Colbourn 在多次访问时提供的有益的合作与交流; 感谢澳大利亚斯威本科技大学的 Diana Kuo 在关于组合测试与自适应随机测试和随机测试比较方面提供的支持和帮助; 感谢中国科学院软件研究所的张健, 美国微软公司软件开发测试工程师史亮, 南京邮电大学的王子元多年来的交流、合作和支持.

同时, 本书的出版得到了南京大学软件新技术国家重点实验室、南京大学计算机科学与技术系的大力支持, 并得到了国家自然科学基金项目 (项目编号 61272079、60773104)、高等学校博士学科点专项科研基金 (博导类)(项目编号 20130091110032)、国家自然科学基金重大研究计划集成项目 (项目编号 91318301)、国家 “863” 高科技研究发展计划专题项目 (项目编号 2008AA01Z143)、南京大学创新群体项目 (项目编号 61321491) 以及江苏省自然科学基金项目 (项目编号 BK2010372) 等的资助.

由于作者水平有限, 书中不足之处在所难免, 望广大读者批评指正.

聂长海
2015 年 2 月
南京大学仙林校区和园

目　　录

第 1 章　组合测试概论

组合测试是一种重要的软件测试方法. 软件测试是软件工程中必不可少的保证软件质量的重要环节. 软件工程是计算机领域一个重要的专业方向. 故组合测试理论与方法的研究和发展对于软件工程, 乃至整个计算机领域的发展都具有重要的意义. 本章从组合测试的研究背景入手, 介绍组合测试的基本概念、发展历程、基本理论和方法.

1.1　软件测试在软件工程中的位置

计算机软硬件新技术的不断发展, 已经促使计算机领域出现了很多新的专业方向. 例如, 除了传统的计算机科学、计算机工程和计算机应用专业等方向, 出现了网络工程专业 (目前已演变为物联网专业)、信息技术专业和软件工程专业 (图 1-1), 特别是软件工程专业受到空前重视. 在继我国 30 多所重点高等学校兴办软件学院培养专门人才之后, 软件工程已从原来的二级学科上升为一级学科.

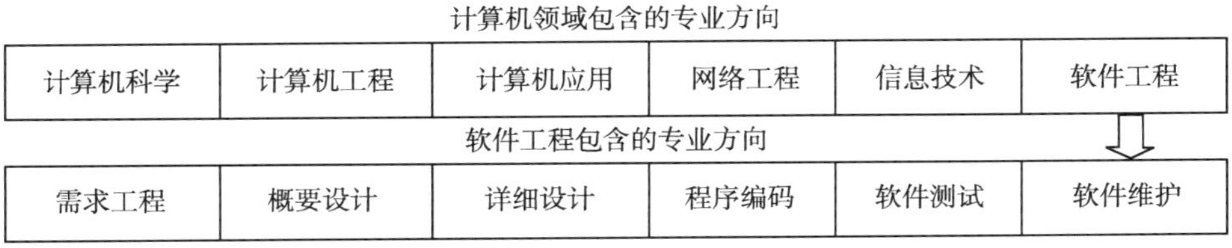

图 1-1　软件工程及其在计算机领域的位置

软件工程是一门研究如何以最经济的方式, 在最短的时间内开发用户最满意的软件产品的学科. 一般情况下, 软件工程根据软件过程可以分为需求分析、概要设计与详细设计、软件编码、软件测试和软件维护等. 可以看出, 软件测试是软件工程中一个重要的、必不可少的组成部分, 它其实是贯穿整个软件工程过程的[1].

整个软件工程可以说是一个不断与软件错误和缺陷斗争的过程. 为了生产高质量的软件, 软件工程为软件质量把好图 1-2 所示的 “四道关”. 第一道关是利用形式化方法、高度集成的软件开发环境和各种支持工具等在软件需求分析、设计和编码阶段预防可能出现的各种问题和错误. 这一步虽然非常重要和有效, 但一般不可能消灭所有错误, 仍有很多错误防不胜防地隐藏在软件中. 第二道关就是通过软件测试方法来发现和纠正这些没有防得住而隐藏在软件中的错误. 即使软件测试技术已非常成熟, 也很难保证通过软件测试之后, 软件中就不再有错误, 因此, 需要第三道关. 通过容错计算技术, 在软件系统中植入容错能力, 使得即使在前两关中没有防得住或没有检查出来的错误存在于软件系统, 也不至于给系统造成重要损失. 第四道关是在前面三道关的基础上, 对软件系统仍然存在错误风险的预测, 即软件可靠性的研究[2].

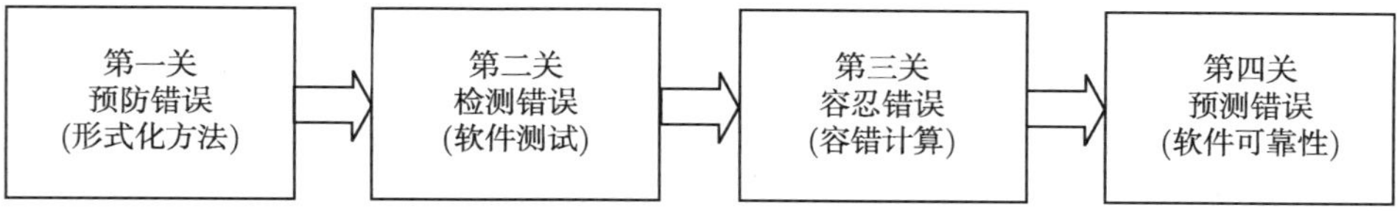

图 1-2 软件质量的 “四道关”

1.2 组合测试在软件测试中的位置

软件测试是指以发现错误、度量和提高软件质量为目的而理解、分析和运行程序的过程. 软件测试的目标是以最小的成本, 及时准确地发现软件中隐藏的错误, 从而提高软件的质量, 降低风险. 人们根据软件开发的不同阶段、不同的测试对象、基于不同的理论和角度提出了一系列软件测试方法, 形成了图 1-3 所示的软件测试方法体系, 具体可以有如下几类[3,4].

(1) 软件测试根据是否运行程序可分为静态测试和动态测试. 静态测试包括桌面检查、代码审查和代码走查等方法. 动态测试根据测试用例设计是否依据程序内部结构可以分为黑盒测试和白盒测试. 白盒测试包括语句覆盖、判定覆盖、条件覆

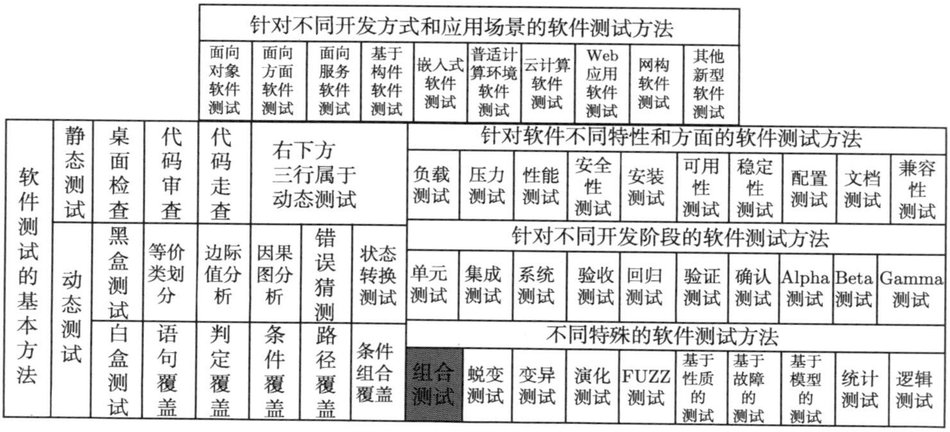

图 1-3 软件测试的方法体系

盖、判定/条件覆盖、条件组合覆盖、路径覆盖、线性代码序列和跳转测试等. 黑盒测试包括等价类划分、边际值分析、因果图分析、错误猜测和状态转换测试等.

(2) 根据软件开发的不同阶段, 可以将软件测试划分为单元测试、集成测试、系统测试、验收测试、回归测试、验证测试、确认测试、Alpha 测试、Beta 测试和 Gamma 测试等.

(3) 根据被测试软件的开发方法和应用环境的不同, 可以分为面向对象软件测试、面向方面软件测试、面向服务软件测试、基于构件软件测试、嵌入式软件测试、Web 应用软件测试、网构软件测试等, 后面还要出现普适计算环境软件测试、云计算和物联网环境软件测试等.

(4) 根据软件不同特性和方面的测试, 可以分为负载测试、压力测试、性能测试、安全性测试、安装测试、可用性测试、稳定性测试、授权测试、用户接受性测试、一致性测试、配置测试、文档测试、兼容性测试和 Playtest 等.

(5) 根据不同特殊的测试技术, 可以分为组合测试、蜕变测试、变异测试、演化测试、FUZZ 测试、基于性质的测试、基于故障的测试、基于模型的测试、基于操作剖面的测试、基于用例和/或用户陈述开发的测试、基于规格说明的测试、统计测试、逻辑测试、随机测试、自适应随机测试、GUI 测试、冒烟测试和探索测试等.

以上各种软件测试方法在文献 [4] 中有较为详细的介绍. 组合测试属于一种特殊的软件测试技术 (图 1-3 中已标出). 该方法旨在检测软件系统中各种因素及其相互作用引发的故障, 其中, 所谓的各种因素可以是软件系统的各种输入、功能选项、配置等. 将在 1.3 节具体介绍组合测试的应用场景.

1.3 组合测试的应用场景

软件系统是一个复杂的逻辑体, 它的正常运行受到很多因素的影响. 例如, 软件系统一般有很多输入, 这些输入以及它们之间的相互作用可能会影响系统的正常运行; 复杂的软件系统一般有很多功能选项, 这些功能选项以及相互之间的作用可能引发软件故障; 构件软件或者面向对象软件都是由多个构件或对象组成的, 这些构件或对象及它们之间的相互作用都可能促发软件错误. 为了确保软件在这些因素及其相互作用下正常工作, 需要设计测试用例对影响软件系统正常运行的因素及其相互作用进行系统检测. 以下列出一些典型的组合测试应用场景[5].

场景 1 Word 字体效果测试

图 1-4 中的 Word 字体效果部分有 11 个选项 (可以认为 11 个参数), 每个选项可以选择或不选择 (即每个参数有两个取值, 可以设为 1(选择) 和 0(不选择)). 如果要系统测试这 11 个效果选项及其相互作用的效果, 完全测试需要进行 $2\times2\times2\times2\times2\times2\times2\times2\times2\times2\times2=2^{11}=2048$ 次, 这是一个庞大的测试用例集合. 然而, 这里的

11 个选项的效果测试只是 Word 中很小的一个测试场景, 类似的测试场景还有很多, 将在后面章节中继续研究.

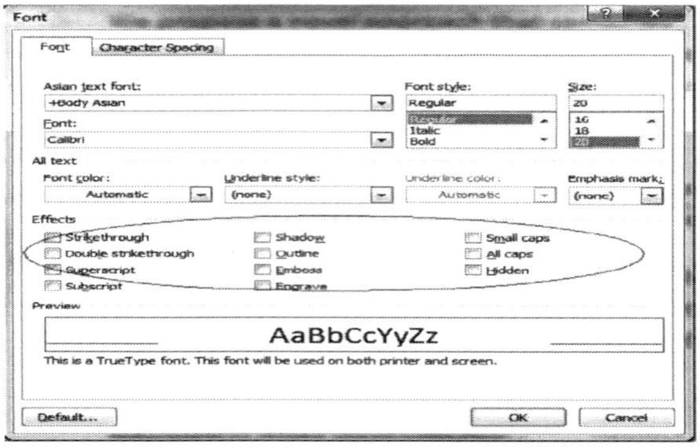

图 1-4　Word 字体效果测试测试场景

对图 1-4 中 11 个效果选项进行 2048 次完全测试不仅成本巨大, 而且也根本没有必要. 只要从这 2048 次测试中抽取少数几次就可以了. 组合测试方法就可以用来解决这个问题. 例如, 组合测试选择如图 1-5 所示的 18 条测试用例 (每一行是一条测试用例). 可以检查这 18 条测试用例具有一个非常重要的性质: 任意 3 个效果选项的 8 个组合都在这 18 条测试用例中至少出现过一次, 例如, 选项 1、2、3 的 8 种组合 (线圈标出), 选项 4、7、11 的 8 种组合都可以在这 18 条测试用例中找到 (线圈标出). 还有选项 5、6、7 的 8 种组合, 选项 8、9、10 的 8 种组合等任何 3 个选项的 8 种不同组合都在该 18 条测试用例中至少出现了一次.

	1	2	3	4	5	6	7	8	9	10	11
1	1	1	0	0	1	1	1	0	0	0	1
2	0	0	1	1	0	0	0	1	1	1	0
3	0	0	0	0	0	1	0	0	0	1	1
4	1	1	1	1	1	1	0	0	1	0	0
5	1	0	0	0	1	0	1	1	1	0	1
6	1	1	1	0	0	0	1	1	0	1	0
7	0	1	0	1	0	0	1	0	0	0	0
8	0	1	1	1	1	1	0	1	0	1	1
9	1	0	1	1	0	1	1	0	1	1	1
10	0	0	0	0	1	1	0	1	1	0	0
11	1	1	0	1	1	0	0	0	1	1	1
12	1	0	1	0	0	0	0	1	0	0	1
13	0	0	1	0	1	0	1	0	0	1	0
14	0	1	0	1	0	1	1	1	1	0	1
15	0	1	1	0	0	1	1	0	1	1	0
16	1	0	0	1	1	1	1	1	0	1	0
17	0	0	1	1	1	0	1	0	1	0	1
18	1	1	0	0	0	0	0	1	0	1	0

图 1-5　18 条测试用例覆盖任意 3 个选项间的 8 种组合

场景 2　控制系统的开关测试

图 1-6 是一个具有 34 个开关的控制系统, 完全测试需要 2^{34}(大约 1.7×10^{10}) 次

测试, 这几乎是不可能的. 在这样一个庞大的测试空间中, 选择少量的测试用例进行科学有效的测试, 显得尤为重要.

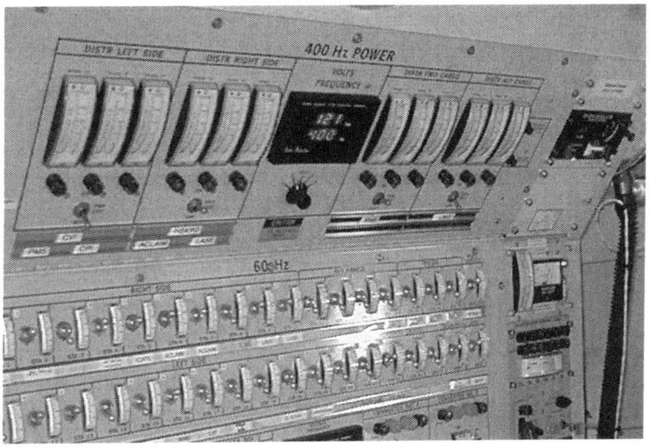

图 1-6 具有 34 个开关的控制系统

场景 3 机票预订

在网上预订机票时, 一般涉及以下选项: 航程类型 (可选单程、往返和联程 3 个值)、出发城市 (可以有上百个选择, 这里设为 10)、到达城市 (可以有上百个选择, 这里设为 10)、出发日期 (可以有上百个选择, 这里设为 10)、返回日期 (可以有上百个选择, 这里设为 10)、出行人数 (1~9 或更多, 这里设为 5)、送票城市 (可以有很多选择, 这里设为 5)、航空公司 (可以有很多选择, 这里设为 5)、舱位等级 (经济舱和商务舱 2 个选择)(图 1-7). 该机票查询系统的完全测试至少需要 $3\times10\times10\times10\times10\times5\times5\times5\times2=7.5\times10^6$ 次. 类似的场景还有酒店预订.

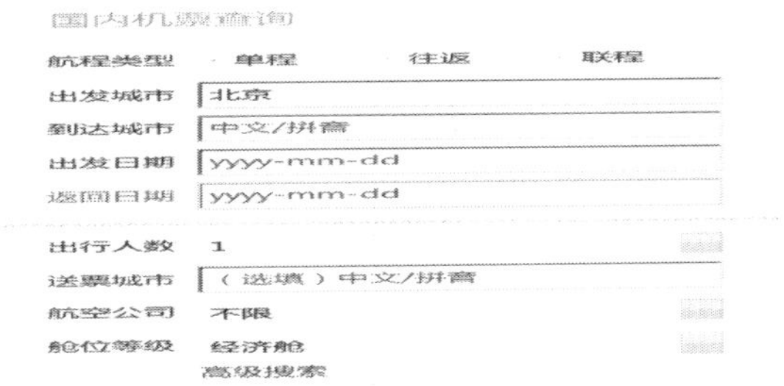

图 1-7 某网站机票预定界面测试

场景 4 软件系统配置测试

假设对某个待测软件进行配置测试时, 经过分析和处理, 最后确定需要测试 m 类硬件设备, 每类设备分别有 $a_1, a_2, \cdots, a_m$ 种硬件 (通过商标、型号和驱动程序等来划分的). 配置测试的任务是检查各种硬件设备在计算机系统内的相互联结和功能分配对待测软件的影响, 检查待测软件能否在这些硬件的组合上正常工作. 当 $n = a_1 \times a_2 \times \cdots \times a_m$ 较小时, 可以进行全面试验. 而一般情况下, 这个值非常大, 进行全面试验是不可能的. 因此, 需要设计一种试验次数较少, 效果又能与全面试验相近的试验设计方法.

配置测试场景更具体的例子, 如目前市场上有 300 多种显卡, 200 多种声卡, 1500 多种调制解调器, 1200 多种打印机. 完全测试的组合数目至少是 300×200×1500×1200, 总共有上亿种组合. 规模之大难以想象. 如果决定进行完整全面的配置测试, 检查所有可能的制造者和型号组合, 就会面临巨大的工作量. 如果限于排除法测试, 每一种配置单独测试一种板卡只用 30min, 也要近一年的时间. 这只是配置测试中的一个步骤, 其他工作还有: 在软件发布之前要修复软件缺陷, 修复之后还要进行回归测试等. 因此, 迫切需要找出一种科学有效的方法, 把巨大无比的配置可能性减少到尽可能小的范围.

1.4　组合测试的概念

1.4.1　组合测试的定义

组合测试就是用来测试 "组合" 的. 这些组合可以是硬件的组合 (此时也称为配置测试)、软件的组合 (此时也称为兼容性测试)、软件功能的组合和程序输入的组合等. 由于任何软件一般都可能存在运行平台 (硬件组合) 和软件环境 (软件组合), 都有可能具有很多功能或输入, 以及组成部分等组合问题. 组合测试就是测试软件在这些组合情况下, 是否可以正常运行, 是否存在与组合相关的问题[4].

1.4.2　组合测试的目标

组合测试旨在从待测试软件面临的庞大组合空间中, 选取少量的测试用例, 高效、科学、系统地检测软件系统中各种因素及其相互作用可能促发的故障.

1.4.3　组合测试的原理

一般情况下, 软件系统的某些输入参数、软硬件配置、内外部事件等因素及其相互作用都可能促发软件故障. 针对这类软件故障普遍存在的情况, 必须设计相应的测试用例对各种因素及其相互间作用进行系统的覆盖性检测. 但这种测试用例的设计和生成存在以下问题: 一是由于影响软件的因素多, 且各个因素的取值情况复杂, 因此, 所有可能的因素组合情况形成了一个数量巨大的测试用例空间, 穷尽测试已不可能; 二是手工设计和选择测试用例难度大, 容易出错.

组合测试是一种充分考虑各种因素及其相互作用的科学实用的软件测试方法.

这种方法通过设计一组数量较少的测试用例, 直接检测各种影响因素及其组合对软件产生的影响, 是已有的黑盒和白盒等各种软件测试技术不可缺少的重要补充.

1.4.4 组合测试的模型

作为一种复杂的逻辑体, 软件系统的正常运行受到很多因素的影响. 设影响待测软件系统 (software under testing, SUT) 的参数 (因素) 有 n 个, 记为 $C=\{c_1, c_2, \cdots, c_n\}$. 这些参数可以是 SUT 的配置参数、内部事件、用户输入参数和外部事件参数等. 以下不妨设 SUT 的每个参数 c_i 可在有限离散点集 T_i 中取值, 该集合中有 a_i 个元素: $a_i=|V_i|(1\leqslant i\leqslant n)$. 不妨设 $a_1\geqslant a_2\geqslant\cdots\geqslant a_n$, 并假设这些参数是相互独立的, 即某个参数的具体取值不会影响其他参数的取值或存在性. 用 R 表示覆盖需求, 表示各个参数间可能存在的影响系统的相互关系, $R\subseteq 2^C$. 例如, 如果 $\{c_1, c_2\}\in R$, 说明参数 c_1 与 c_2 之间存在相互作用, 即参数 c_1 与 c_2 之间 $a_1\times a_2$ 个值的组合可能促发软件故障, 因此在测试中要进行覆盖. 在 R 中约定: 如果 $\{c_1, c_2\}\in R$ 且 $\{c_1, c_2, c_3\}\in R$, 在 R 中只保留 $\{c_1, c_2, c_3\}$. 3 个参数间存在影响系统的相互作用, 包含其中某两个参数相互作用影响系统的情况. 因此 R 中任意两个元素之间互不包含.

为了检测 SUT 中各个参数及各个参数间相互作用可能对系统产生的影响, 必须设计一组测试数据, 实现对 R 中各个参数的取值组合情况进行充分覆盖测试.

定义 1-1 n 元组 $(v_1, v_2, \cdots, v_n)(v_1\in V_1, v_2\in V_2, \cdots, v_n\in V_n)$ 称为 SUT 的一个测试数据.

SUT 所有可用的测试数据组成的集合记为 Test-all, 它是由 n 元组组成的集合, 即 Test-all=$\{(v_1, v_2, \cdots, v_n)|v_1\in V_1, v_2\in V_2, \cdots, v_n\in V_n\}$=$\{t|t\in V_1\times V_2\times\cdots\times V_n\}$, 显然 |Test-all| $=a_1\times a_2\times\cdots\times a_n$.

1.4.5 组合测试的方法与实例

为了便于清楚说明问题, 采用一个实例贯穿本书. 本实例 SUT 涉及电信系统交换机通话功能的测试, 有 4 个参数可能影响该系统, 分别为 c_1—— 呼叫种类、c_2—— 资费方式、c_3—— 接入方式和 c_4—— 状态. 对于这 4 个参数变量的每一个参数均可以有 3 种不同的状态取值, 如表 1-1 所示.

表 1-1 交换机系统 SUT 的测试需求

呼叫种类	资费方式	接入方式	状态
市话	被叫方	环路	成功
长途	集中	综合业务	忙
国际	免费	专用分组	阻塞

任一个形如 (市话, 集中, 综合业务, 阻塞) 的四元组是一条测试用例. 如果要

把表 1-1 中的所有情况都测试到, 那么将需要 3^4=81 个这样的测试用例来遍历所有测试情况. 一般认为, 81 次测试的工作量太大, 而且没有必要进行完全测试, 因此需要根据该系统的测试要求、现有的测试资源等选择测试用例集. 以下针对 SUT, 给出各种不同类型测试用例集的定义.

针对表 1-1 中列出的交换机的 4 个参数及每个参数的取值情况, 可以选择一条典型的 (缺省的) 测试用例, 如 (市话, 集中, 综合业务, 成功) 进行测试. 然后, 每次更换一个参数的值, 产生一个新的测试用例, 直到表 1-1 中列出的每个参数值都被更换到, 形成了表 1-2 所示的测试用例集合. 这种测试方法也称为排除测试或者缺省测试, 或称为每次一个参数测试方法 (one factor one time,OFOT).

表 1-2　排除测试的测试用例集

呼叫种类	资费方式	接入方式	状态
市话	集中	综合业务	成功
长途	集中	综合业务	成功
国际	集中	综合业务	成功
市话	被叫方	综合业务	成功
市话	免费	综合业务	成功
市话	集中	环路	成功
市话	集中	专用分组	成功
市话	集中	综合业务	忙
市话	集中	综合业务	阻塞

定义 1-2　对于 SUT, 设计一个测试用例集 Tc, 如果 Tc 能将 R 中各个参数间的相互关系覆盖, 即对 $(c_{i_1}, c_{i_2}, \cdots, c_{i_k}) \in R$, 参数 $c_{i_1}, c_{i_2}, \cdots, c_{i_k}$ 的所有 $a_{i_1} \times a_{i_2} \times \cdots \times a_{i_k}$ 个值组合都出现在 Tc 的每个测试用例中, Tc 称为满足关系 R 的覆盖表 (covering array). 当覆盖需求 R 由所有形如 $(c_{i_1}, c_{i_2}, \cdots, c_{i_k})$ 的元素组成, k 固定且 $|R| = C_n^k$, 即 R 是所有 k 个参数的组合时, Tc 称为 k 维覆盖表; 如果任意 k 个参数 $c_{i_1}, c_{i_2}, \cdots, c_{i_k}$ 的所有 $a_{i_1} \times a_{i_2} \times \cdots \times a_{i_k}$ 个值组合都次数相等地出现在 Tc 的测试用例中, 则 Tc 是 k 维正交表; 如果 k 不固定, 且任意 k 个参数 $c_{i_1}, c_{i_2}, \cdots, c_{i_k}$ 的所有 $a_{i_1} \times a_{i_2} \times \cdots \times a_{i_k}$ 个值组合都出现在 Tc 的测试用例中时, Tc 称为可变力度覆盖表 (variable strength covering array).

由定义 1-2 可知, 正交表是一种覆盖表, 反之, 覆盖表不一定是正交表; k 维覆盖表是一种特殊的可变力度的覆盖表, 反之也不一定. 利用 k 维正交表作为测试用例的组合测试, 仍称为正交试验, 利用 k 维覆盖表作为测试用例的组合测试称为 k 维组合测试, 利用可变力度覆盖表作为测试用例的组合测试称为变力度组合测试.

对于前面的交换机系统 SUT, 如果令 $R = \{\{c_1, c_2\}\{c_1, c_3\}\{c_1, c_4\}\{c_2, c_3\}\{c_2, c_4\}\{c_3, c_4\}\}, |R| = C_4^2$, 表 1-3 中每一行表示交换机系统测试的一条测试用例, 此时表 1-3 就是一个二维覆盖表. 可以看出, 表 1-1 中的任意两个参数的 9 个值组合都

出现在表 1-3 给出的测试用例中, 其实表 1-3 也是二维正交表 (orthogonal array), 因为任意两个参数的组合都只出现一次. 表 1-1 也可以作为交换机系统测试的一维覆盖表.

表 1-3 SUT 组合测试的测试用例

呼叫种类	资费方式	接入方式	状态
市话	集中	专用分组	忙
长途	免费	环路	忙
国际	被叫方	综合业务	忙
市话	免费	综合业务	阻塞
长途	被叫方	专用分组	阻塞
国际	集中	环路	阻塞
市话	被叫方	环路	成功
长途	集中	综合业务	成功
国际	免费	专用分组	成功

参数和参数间相互作用对软件的影响在测试用例中表现为参数值和参数值之间的组合对软件系统的影响, 以下将此定义为值模式.

定义 1-3 对于 SUT, 取定某 $k(1 \leqslant k \leqslant n)$ 个位置上的参数值后形成的 n 元组 $m = (—, \cdots, v_{l_1}, —, \cdots, v_{l_2}, —, \cdots, v_{l_k}, —, \cdots, —)$, m 称为 SUT 的一个 k 值模式. 在不引起混淆时, 简称为模式, 其中 "—" 表示相应位置上参数取值待定. 其中, 当 $k = n$ 时对应的模式称为全模式, 为 SUT 的一个测试数据.

由定义 1-3 可得, 软件系统由参数或参数间相互作用触发的软件故障, 本质上是由某个值模式引发的. 当 SUT 的一条测试用例 t=$(v_1, v_2, \cdots, v_n)$ 在运行中发现问题时, 由于它有 C_n^1=n 个 1 值模式, C_n^2=$n(n-1)/2$ 个 2 值模式, $\cdots$, C_n^n=1 个 n 值模式, 共有 $2^n - 1$ 种可能的触发故障的值模式, 将所有值模式记为 M_t.

令 $M_{\text{Test-all}} = \bigcup\limits_{t \in \text{Test-all}} M_t$表示待测试软件系统 SUT 所有可能的值模式, M_f 表示 SUT 中存在的触发系统故障的值模式, $M_{\text{Tc}} = \bigcup\limits_{t \in \text{Tc}} M_t$表示测试用例集 Tc 覆盖的所有值模式. 组合测试的任务就是通过对 Tc 的精心选择, 使它击中故障模式, 即 $M_f \cap M_{\text{Tc}} \neq \varnothing$, 如图 1-8 所示, 从而发现软件系统中隐藏的错误.

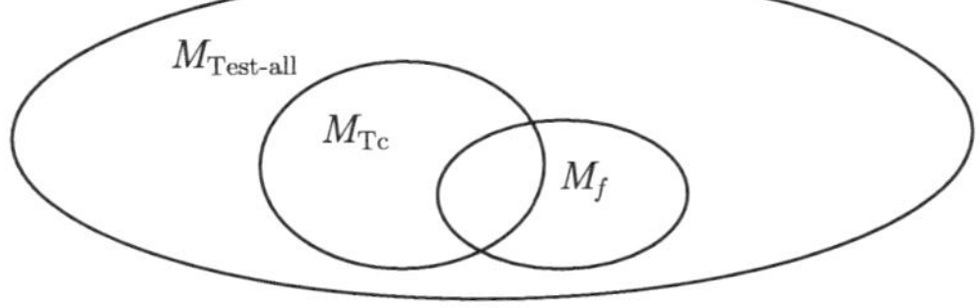

图 1-8 组合测试原理图

在本节交换机系统的实例中, 如果考虑只覆盖待测系统中的各个因素, 只需要按照表 1-1 设计 3 个测试用例就可以了; 如果考虑对任意两个因素的两两组合进行覆盖, 需要选择一组二维组合覆盖的测试用例集 (表 1-3). 表 1-3 中每一行都给出了一个测试用例, 9 条测试用例实现了对任意两个因素间所有值组合的完全覆盖, 都至少出现一次. 当然, 要求更高时, 可以设计使用三维组合覆盖测试用例 (至少需要 27 条测试用例)、四维组合覆盖测试用例 (在本例中就是完全组合测试)、可变力度的组合覆盖表或其他组合设计表等.

1.4.6　组合测试的关键问题

组合测试面临的最大问题是组合爆炸, 例如, 一个软件系统有 n 个参数可能影响系统, 每个参数有 a_i 个取值, 组合空间就是 $a_1 \times a_2 \times \cdots \times a_n$. 如何在这个数量庞大的组合空间中选择少量组合进行测试, 有效发现软件故障, 得到科学有效的测试结果是组合测试的关键问题之一.

组合测试的另一个关键问题是在发现错误之后如何定位错误, 找出错误的根本原因, 即确定是哪几个因素的组合导致了这个错误. 该问题复杂和困难的原因也是组合空间的迅速增长. 例如, 对于一个具有 n 个参数的软件系统, 如果某条测试用例发现了错误, 其可能的原因就有 $2^n - 1$ 种. 迅速而准确地定位错误对于修改错误, 提高软件质量, 降低成本具有重要的意义.

1.4.7　组合测试的优缺点

组合测试的主要优点在于: ① 利用覆盖表作为测试用例集, 覆盖表是一种旨在利用最少数量的测试用例, 尽可能多地覆盖各种参数值组合情况的测试用例集, 从而达到以最小代价最大限度地系统检测软件系统各种因素间相互作用引发的故障; ② 由于很多参数间并不存在相互作用, 或它们间的相互作用不会引起任何问题, 相关研究显示, 70%左右的错误只是由一个或两个参数相互作用引起的, 几乎不存在 6 个以上参数相互作用引发的故障, 因此, 用覆盖表作为测试用例的组合测试有可能等效于完全测试; ③ 组合测试在很多情况下作为一种基于规格说明的软件测试方法, 只需要提取可能影响软件的参数及相应取值情况, 并不需要过多地实现细节, 因此, 这是一种轻量级的软件测试方法, 很容易使用; ④ 覆盖表可以方便地自动生成, 组合测试易于自动化.

和任何其他测试方法一样, 组合测试方法也有很多不足: ① 组合测试是一种不完全测试, 仍然存在很大的风险; ② 如果待测试软件系统的参数及其取值选择得不够恰当和准确, 组合测试难以发挥作用; ③ 如果对参数间的相互作用估计不足, 组合测试会遗漏测试需求; ④ 如果没有完整的预期输出, 组合测试效果也难以体现. 因此, 组合测试需要测试人员正确理解、准确判断、恰当使用[6].

1.5 组合测试的历史

组合测试是试验设计 (design of experiment, DOE) 方法在软件测试领域的应用. 试验设计是一种检测系统中存在的因果关系的方法学. 该方法学通过改变系统中一些参数的取值, 观察度量相应的输出变化, 从而判定识别出影响系统的主要因素. 试验设计方法的目标主要包括方案比较、主因素识别、最优组合的识别以及辨别可变性最小的参数等[6].

试验设计方法最早于 1926 年由英国统计学家 Fisher 提出并应用于农业田间试验, 此时人们使用拉丁方设计试验[7]. 1940 年后, 正交表被应用于试验设计. 试验设计方法一经诞生, 就被广泛地应用于动物科学、医药、化学工业、制造业、电子和通信等各行各业.

在 1979 年出版的 Myers 的《软件测试的艺术》书中, 已经有对等价类划分、边际值分析、因果图和决策表等方法的介绍. 这些方法的应用场景就包含目前组合测试的场景. 人们在使用这些方法的过程中, 也日益发现需要引入新的机制来系统检查参数间各种相互作用可能产生的影响.

目前, 公认的是 1985 年 Mandl 发表的文章[8]. 该文章是最早将试验设计方法应用于软件测试的文章. 该文章结合 Ada 编译器的测试, 提出了软件测试过程中参数多, 且每个参数取值也多时, 测试空间爆炸问题. 在穷尽测试无法进行, 随机测试缺乏科学系统性时, 最早提出参数两两组合覆盖的概念, 首次提出利用正交拉丁方来产生测试用例集, 可以取得与穷尽测试相近的测试效果.

在同一时期, 日本富士通公司的 Tatsumi 等在 1987 年发表了两篇文章[9,10]. 在文章中, 他们系统研究了如何从软件系统中找出各种参数, 各种参数的取值, 应用试验设计方法生成测试用例. 文章首次提出了一整套组合测试建模方法, 提出了参数取值数量一般不会相同的问题 (后来混合覆盖表概念的由来), 提出了在软件测试中各种参数组合覆盖不需要等概率, 只要覆盖一次就可以了, 并将这种测试用例集命名为组合表 (combination table). 图 1-9 是 Tatsumi 于 2012 年在加拿大召开的第一届组合测试研讨会时绘制的组合测试简史示意图.

1990 年以后, 美国贝尔实验室以 Cohen 为首的研究人员把组合测试的研究和应用推向了一个高峰. 他们开发了一个组合测试用例生成工具 AETG, 申请了专利, 在网络上提供有偿的服务. 他们在 TSE 等重要的软件工程期刊和会议上发表了一系列文章介绍他们的工作.

2000 年以后, 世界范围内, 如中国、加拿大、意大利、印度、土耳其、马来西亚等很多国家出现了组合测试研究组.

目前, 受应用的驱动, 在数学领域已经形成了一个组合设计分支, 有一大批数学家工作在这个领域. 这里有很多影响很大的学术期刊, 如组合设计杂志 (*Journal of Combination Design*) 等. 在计算机科学领域, 组合测试已经独树一帜, 成为一种专门的软件测试方法, 并已有 300 多篇学术研究论文.

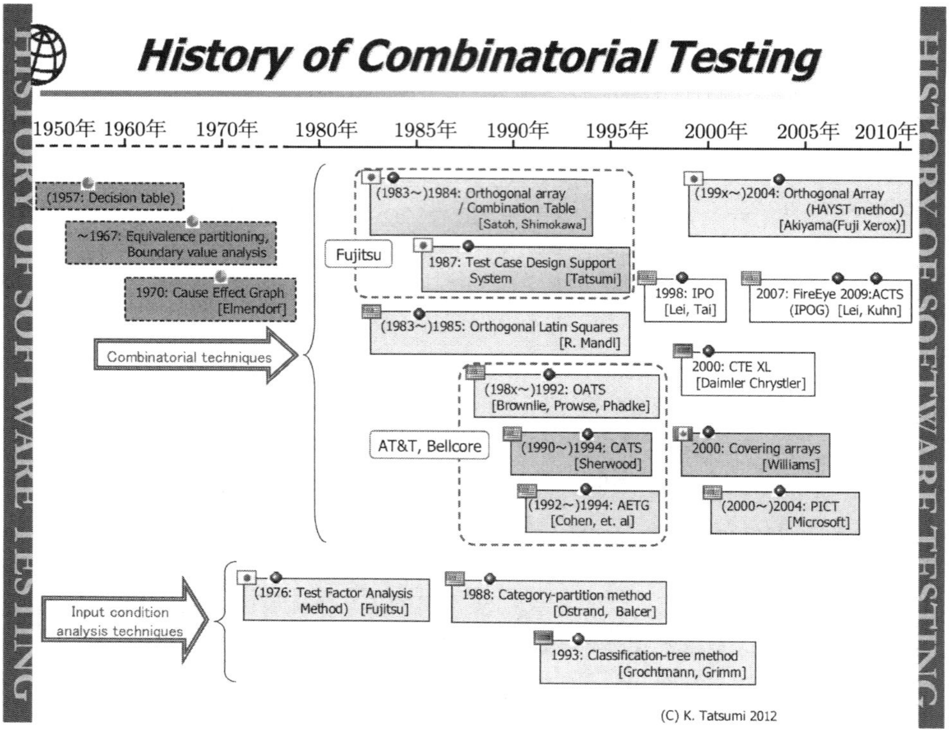

图 1-9　组合测试发展简史示意图

从 2012 年开始, 组合测试有了专门的国际研讨会. 第一届组合测试研讨会于 2012 年 4 月在加拿大蒙特利尔召开, 2013 年第二届组合测试研讨会在卢森堡召开. 之后每年, 组合测试的研讨会都将会作为软件测试国际会议的一部分, 与软件测试国际会议一起如期召开.

1.6　组合测试的演变

一开始人们利用正交表设计测试用例进行软件测试, 这是将 20 世纪初期工农业生产中常用的正交试验设计方法应用到软件测试中来, 这是组合测试最早的形式. 随着人们对软件测试研究的深入, 发现在软件测试中各种组合的覆盖率不需要相等, 组合覆盖率 (combination coverage) 相等的要求使相应的正交表规模扩大, 而且某些正交表的生成存在很多困难. 人们完全可以利用覆盖表来替代正交试验设计方法, 随后 k 维覆盖表在软件测试中得到很好应用, k 维覆盖表生成可以发挥计算机的计算优势, 成为一个新的研究热点. 其实在实际软件系统中, 并不是任意几个参数间都存在相互作用, 有些参数间根本不会有任何交互, 采用 k 维覆盖表还是有点一刀切. 为了降低成本, 突出测试重点, 人们又提出可变力度覆盖表、增量覆盖表 (incremental covering array) 等概念. 正交表、k 维覆盖表、可变力度覆盖表和增量覆盖表等都是组合测试常用的测试用例集. 组合测试实际上是试验设计方法中的一种, 它们之间的关系可以用图 1-10 进行描述. 以下逐一具体介绍这些概念[6].

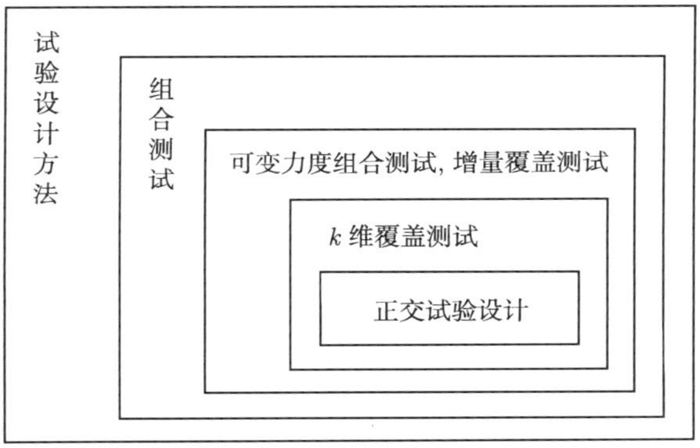

图 1-10 一种特殊的试验设计方法——组合测试的演化

1.6.1 正交表

定义 1-4 影响 SUT 的参数 (因素) 有 n 个, SUT 的每个参数 c_i 在有限离散点集 T_i 中取值, 该集合中有 a_i 个元素: $a_i = |T_i|(1 \leqslant i \leqslant n)$, 设 $\boldsymbol{A}$ 是一个 $m \times n$ 的矩阵, $\boldsymbol{A} = (a_{ij})_{m \times n}$, 其第 j 列表示 SUT 的参数 c_j, 它的元素取自有穷符号集合 $T_j(j = 1, 2, \cdots, n)$, 即 $a_{ij} \in T_j$. 如果 $\boldsymbol{A}$ 的任意第 i 列和第 j 列两列都满足: T_i 的符号和 T_j 的符号的全部两两组合都在第 i 列和第 j 列形成的二元有序对中等概率出现, 那么 $\boldsymbol{A}$ 称为二维正交表, 记为 $\mathrm{OA}(m, 2, a_1 \times a_2 \times \cdots \times a_n)$, 且当 $a_1 = a_2 = \cdots = a_n = a$ 时, 记为 $\mathrm{OA}(m, 2, a^n)$. 类似地, 可以定义 t 维正交表, 记为 $\mathrm{OA}(m, t, a_1 \times a_2 \times \cdots \times a_n)$ 或 $\mathrm{OA}(m, t, a^n)$.

表 1-4 是一个正交表, 这里有 5 个参数 $(n = 5)$, 每个参数有 4 个取值, 即 $a_1 = a_2 = a_3 = a_4 = a_5 = 4$, 正交表有 16 行, 任意两个参数的每个不同组合都只出现一次.

产生于 1940 年的正交试验设计是一种帮助设计较为合理的试验方案的科学方法. 它根据数学原理, 利用一种规格化的表格——正交表, 仅进行较少次数的试验, 便能得出较为明确可靠的结论. 在工农业生产和科学试验中的应用一直非常广泛, 并日益成为国际质量管理中重要的一项管理技术. 计算机领域中数以万计的软件测试也是正交试验法发挥作用的一个新领域. 软件测试工作迫切需要一些方便、科学、简洁、快捷的测试方法, 来降低开发费用、缩短开发周期并提高系统的可靠性. 正交试验法正好能为软件测试提供数量最少的科学的测试用例. 人们在使用正交试验设计进行软件测试方面做了很多研究, 取得了很多成果.

表 1-4　正交表 OA(16,2,5^4)

1	1	1	1	1
1	2	2	2	2
1	3	3	3	3
1	4	4	4	4
2	1	4	2	3
2	2	3	1	4
2	3	2	4	1
2	4	1	3	2
3	1	2	3	4
3	2	1	4	3
3	3	4	1	2
3	4	3	2	1
4	1	3	4	2
4	2	4	3	1
4	3	1	2	4
4	4	2	1	3

正交试验设计是一种比较有效的测试用例选择方法, 但这种方法依赖于正交表. 正交表的构造还存在很多未解决的难题. 特别是对于混合型的正交表, 目前还没有比较好的构造方法. 这给正交试验设计在黑箱测试用例选择中的应用带来较大的局限性. 在软件测试中, 测试用例只要达到对各个参数两两组合的全面覆盖就可以了, 并不要求等概率, 而且使用正交试验设计产生的测试用例数量, 在多数情况下要远远多于两两组合覆盖方法中测试用例的数量. 例如, 一个系统有 10 个参数, 其中, 3 个参数每个参数有 5 个取值, 3 个参数每个有 4 个取值, 3 个参数每个有 2 个取值, 1 个参数有 3 个取值, 如果用正交试验设计方法至少需要 300 个测试用例, 且生成方法比较复杂, 而生成一个两两组合覆盖的测试用例组只需要 30 个测试用例, 所以两两组合覆盖测试更适合软件测试.

1.6.2　覆盖表

定义 1-5　影响 SUT 的参数 (因素) 有 n 个, SUT 的每个参数 c_i 在有限离散点集 T_i 中取值, 该集合中有 a_i 个元素: $a_i = |T_i| (1 \leqslant i \leqslant n)$, 设 $\boldsymbol{A}$ 是一个 $m \times n$ 的矩阵, $\boldsymbol{A} = (a_{ij})_{m \times n}$, 其第 j 列表示 SUT 的参数 c_j, 它的元素取自有穷符号集合 $T_j (j = 1, 2, \cdots, n)$, 即 $a_{ij} \in T_j$. 如果 $\boldsymbol{A}$ 的任意第 i 列和第 j 列两列都满足: T_i 的

符号和 T_j 的符号的全部两两组合都在第 i 列和第 j 列形成的二元有序对中至少出现一次, 而不要求等概率出现, 那么将 $\boldsymbol{A}$ 称为一个两两组合覆盖表 (2-way 覆盖表), 记为 $\mathrm{CA}(m, 2, a_1 \times a_2 \times \cdots \times a_n)$, 其中, m 是测试用例的个数, 2 表示是 2-way 覆盖表. 当 $a_1 = a_2 = \cdots = a_n = a$ 时, 又可以写为 $\mathrm{CA}(m, 2, a^n)$. 如果它是能保证上述条件成立的最小正整数, 那么 $\boldsymbol{A}$ 可以称为最小两两组合覆盖表, $\boldsymbol{A}$ 的每一行就是一条测试数据.

定义 1-6 利用两两组合覆盖表进行试验设计的方法称为两两组合覆盖方法、两两组合测试或 2-way 组合测试.

类似地, 可以定义三三组合覆盖表 (3-way 覆盖表)、四四组合覆盖表 (4-way 覆盖表) 等, 并统称为多因素组合覆盖表或 τ-way 覆盖表. 将利用多因素组合覆盖表进行试验设计的方法称为多因素组合覆盖方法、τ-way 组合覆盖方法或 τ-way 组合测试. 例如, 图 1-5 就是一个具有 11 个 2 值参数的 3-way 覆盖表, 可以检查其中任意 3 个参数间的不同组合都被覆盖至少一次.

从以上定义中可以看出, 正交试验设计方法是一种两两组合覆盖方法; 反之, 两两组合覆盖方法不一定是正交试验设计方法. 有些情况下, 两两组合覆盖方法所需要的测试数据规模一般要远远小于正交试验设计方法所需要的测试数据.

人们对于组合测试的研究主要集中在两两组合覆盖测试用例的生成方面的原因主要如下: 第一, 在软件测试中, 对各个参数及其相互间组合, 只要求覆盖, 并不需要等概率覆盖; 第二, 正交试验设计依赖于正交表, 但正交表构造还存在很多未解决的问题, 这给该方法的使用带来一定的限制; 第三, 使用正交试验设计所需要的测试用例数量, 在多数情况下, 要远远多于实现两两组合覆盖所需要的测试用例的数量, 这无疑将增加软件测试的成本.

1.6.3 可变力度覆盖表

普通的 τ-way 覆盖表要求对任意 τ 个参数进行全组合覆盖. 而在实际环境下, 某些参数之间存在较为紧密的相互关系, 而有些参数之间并没有什么相互作用, 在生成覆盖表时如果充分考虑这些情况, 将有利于生成一个规模小、效率高的覆盖表. 例如, 在一个待测试系统 $(3^9 2^2)$ 中有 $A(3)$、$B(3)$、$C(3)$、$D(3)$、$E(3)$、$F(3)$、$G(3)$、$H(3)$、$I(3)$、$J(2)$、$K(2)$11 个参数, 前面 9 个参数, 每个参数有 3 个取值, 后面两个参数分别都只有两个取值, 除了它们相互之间的作用外, 参数集合 $\{A, B, C\}$, $\{D, E, F\}$, $\{G, H, I\}$ 中 3 个参数间都相互作用. 此时需要生成一个覆盖表能对这 11 个参数中的任意两个实现 2-way 组合覆盖, 而对 3 个参数集合中的任意 3 个参数都可以做到 3-way 组合覆盖.

定义 1-7 影响 SUT 的参数集 C 有 $c_1, c_2, \cdots, c_n$ 共 n 个参数, 每个参数具有 a_i 个值, $1 \leqslant i \leqslant n$. 系统 SUT 的组合覆盖要求集合 $R \in 2^C$, 可变力度覆盖表是一

个 $m \times n$ 的数组, 该数组的第 i 列代表参数 c_i, 每一行表示一条测试用例. 对于 R 中任何一个覆盖要求 $\{c_{i_1}, c_{i_2}, \cdots, c_{i_s}\}, \{c_{i_1}, c_{i_2}, \ldots, c_{i_s}\} \in R$, 集合 $\{c_{i_1}, c_{i_2}, \cdots, c_{i_s}\}$ 中的这 s 个参数的每一个组合 (共 $a_{i_1} \times a_{i_2} \times \cdots \times a_{i_s}$ 个) 都在该 $m \times n$ 数组中某一行中出现一次. 一般记为 $\text{VCA}(m, R, a_1 \times a_2 \times \cdots \times a_n)$, 记法可以根据具体情况有所不同.

图 1-11 就是一个满足组合覆盖要求的可变力度覆盖表, 记为 VCA(27; 2, $3^9 2^2$, $\{\text{CA}(27; 3, 3^3)^3\}$), 它可以覆盖任意两个参数间的所有组合, 同时对参数集合 $\{A, B, C\}, \{D, E, F\}, \{G, H, I\}$ 中 3 个参数的所有组合都进行了覆盖. 如果只对这 11 个参数进行统一的 2-way 覆盖, 需要的测试用例会少些, 但有些参数之间的相互作用就可能检测不到, 而造成遗漏. 如果要对这 11 个参数进行统一的 3-way 覆盖, 需要的测试用例要达到 50 多条.

0	2	2	0	1	2	2	2	2	0	1
0	1	2	1	2	0	1	1	0	0	0
1	2	2	2	1	0	2	1	0	0	0
2	1	0	0	0	2	2	0	0	0	1
2	2	0	2	2	0	1	2	1	1	0
2	0	0	0	2	2	2	2	1	1	0
1	0	0	1	1	2	1	2	0	1	0
0	0	0	0	2	1	0	0	1	1	1
2	0	2	2	0	0	2	0	1	0	1
1	2	0	0	1	0	0	2	1	0	1
1	0	2	2	1	2	1	1	2	1	0
0	1	0	0	0	0	1	1	1	1	1
2	2	1	2	1	1	0	0	2	0	1
0	0	2	2	2	1	1	2	2	0	0
1	2	1	2	0	2	0	1	1	0	0
1	0	1	1	0	1	1	0	1	0	1
2	1	2	2	0	1	0	2	0	1	1
0	2	1	1	2	1	2	2	0	1	1
2	0	1	1	0	0	0	0	0	0	1
0	1	1	1	0	2	1	0	2	0	0
1	1	2	0	1	1	0	1	0	0	0
2	1	1	0	0	1	2	1	2	0	0
0	0	1	1	1	0	2	1	1	1	1
1	1	1	1	1	1	2	0	2	1	0
0	2	0	1	2	2	0	2	2	1	0
1	1	0	2	2	2	1	0	0	0	1
2	2	2	0	2	0	0	1	2	1	1

图 1-11　$\text{VCA}(27; 2; 3^9 2^2, \{\text{CA}(27; 3, 3^3)^3\})$

可变力度覆盖表根据待测试系统的参数之间的实际组合覆盖要求设计测试用例集, 避免了传统覆盖表一刀切的做法, 从而更具灵活性和针对性, 既不遗漏, 也尽量不冗余. 从利用一般的 τ-way 覆盖表进行组合测试过渡到利用可变力度覆盖表进行组合测试是一种进步, 可以进一步降低成本, 提高效率.

1.6.4　增量覆盖表

在利用覆盖表作为测试用例进行组合测试时, 首先要选定覆盖表的力度, 即选定 τ-way 覆盖表. 但在测试初期, 无法利用相关信息来对 τ 的取值做出科学决策, 当 τ 选择过大时, 相应的 τ-way 覆盖表规模就会很大, 从而可能会造成测试资源的浪费. 但 τ 如果选择得过小, 测试不充分, 无法发现隐藏的错误, 从而造成错误遗漏在软件系统中[11]. 同样, 对于可变力度覆盖表也存在这个问题.

增量覆盖表从低力度覆盖表出发, 逐次在低力度覆盖表基础上, 通过增加测试用例, 形成高力度覆盖表. 例如, 在图 1-12 中, 前两行是一个 1-way 覆盖表, 前 8 行形成 2-way 覆盖表, 整个 18 行是一个 3-way 覆盖表. 在测试过程中, 先测试 1-way 覆盖表, 如果测试还需要继续, 再测试后面 6 条测试用例, 达到 2-way 组合测试; 如果还要继续, 将后面 10 条测试完成, 就是 3-way 组合测试. 增量覆盖表的好处是它的灵活性, 先用低维度的组合测试进行试探, 可以尽早发现低维度的错误[12].

	1	2	3	4	5	6	7	8	9	10	11	
1	1	1	0	0	1	1	1	0	0	0	1	$\tau=1$ (行 1–2)
2	0	0	1	1	0	0	0	1	1	1	0	
3	0	0	0	0	0	1	0	0	0	1	1	
4	1	1	1	1	1	1	0	0	1	0	0	$\tau=2$ (行 1–8)
5	1	0	0	0	1	0	1	1	1	0	1	
6	1	1	1	0	0	0	1	1	0	1	1	
7	0	1	0	1	0	0	1	0	0	0	0	
8	0	1	1	1	1	1	0	1	0	1	1	
9	1	0	1	1	0	1	1	0	1	1	1	$\tau=3$ (行 1–18)
10	0	0	0	0	1	1	0	1	1	0	0	
11	1	1	0	1	1	0	0	0	1	1	1	
12	1	0	1	0	0	0	0	1	0	0	1	
13	0	0	1	0	1	0	1	0	0	1	0	
14	0	1	0	1	0	1	1	1	1	0	1	
15	0	1	1	0	0	1	1	0	1	1	0	
16	1	0	0	1	1	1	1	1	0	1	0	
17	0	0	1	1	1	0	1	0	1	0	1	
18	1	1	0	0	0	0	0	1	0	1	0	

图 1-12 增量覆盖表

增量覆盖表可以有两种生成方法: 自顶向下生成方法和自底向上生成方法. 所谓自顶向下生成方法, 是指先生成一个高维的覆盖表, 例如, 可以先生成一个 6-way 覆盖表, 然后在该表中找一个 5-way 覆盖表, 再在 5-way 覆盖表中找一个 4-way 覆盖表, 继续在找出的 4-way 覆盖表中找 3-way 覆盖表, 在找出的 3-way 覆盖表中找出一个 2-way 覆盖表, 最后在找出的 2-way 覆盖表中找出一个 1-way 覆盖表. 这样就形成了一个最高维度是 6 的增量覆盖表. 在利用该增量覆盖表进行测试时, 先用其中的 1-way 覆盖表进行测试, 然后在此基础上, 用包含该 1-way 覆盖表的 2-way 覆盖表中剩余的测试用例进行测试, 从而完成 2-way 测试, 以此类推, 直到测试结束.

自底向上生成方法首先生成一个 τ-way 覆盖表, 然后以此 τ-way 覆盖表为种子生成 $(\tau+1)$-way 覆盖表, 以此类推, 直到满足要求. 例如, 可以先生成 1-way 覆盖表, 在此基础上, 生成 2-way 覆盖表; 再以此 2-way 覆盖表为种子, 生成 3-way 覆盖表; 以此类推, 直到可以生成任意 τ-way 覆盖表.

这两种方法各有利弊. 一般情况下, 自顶向下生成方法越往高维, 测试用例越少, 而在低维时, 测试用例较多. 而自底向上的生成方法在低维时需要的测试用例比较少, 越往高维, 测试用例数目增长得比较快. 关于这两种生成方法的比较是一个很有趣的研究问题.

1.6.5　试验设计

从 20 世纪 20 年代 Fisher 在农业生产中使用试验设计方法以来[7], 试验设计方法已经得到广泛的发展. 统计学家发现了很多非常有效的试验设计技术. 20 世纪 50 年代, 日本统计学家田口玄一将试验设计中应用最广的正交设计表格化, 在方法解说方面深入浅出为试验设计的更广泛使用做出了众所周知的贡献.

产品质量的高低主要是由设计决定的. 一个好的试验设计包含以下几个方面的内容.

(1) 明确衡量产品质量的指标, 强调用数据说话, 因此, 这个质量指标必须是能够量化的指标. 在试验设计中称为试验指标, 也称为响应变量 (response variable) 或输出变量.

(2) 寻找影响试验指标的可能因素 (factor) , 也称为影响因子和输入变量. 因素变化的各种状态称为水平, 要求根据专业知识初步确定因素水平的范围.

(3) 根据实际问题, 选择适用的试验设计方法. 试验设计的方法有很多, 每种方法都有不同的适用条件, 选择了合适的方法就可以事半功倍, 选择的方法不正确或者根本没有进行有效的试验设计就会事倍功半.

(4) 科学地分析试验结果, 包括对数据的直观分析、方差分析、回归分析等多种统计分析方法, 这些工作可以借助工具软件完成.

试验设计在工业生产和工程设计中能发挥重要的作用, 主要有: 提高产量; 减少质量的波动, 提高产品质量水准; 大大缩短新产品的试验周期; 降低成本; 试验设计延长产品的寿命.

在工农业生产和科学研究中, 经常需要做试验, 以求达到预期的目的. 例如, 在工农业生产中, 希望通过试验达到高质、优产、低消耗, 特别是新产品试验, 未知的东西很多, 要通过试验来摸索工艺条件或配方. 如何做试验, 其中大有学问. 试验设计得好, 会事半功倍, 反之会事倍功半, 甚至劳而无功.

如果要最有效地进行科学试验, 必须用科学方法来设计. 所谓试验的统计设计, 就是设计试验的过程, 使收集的数据适合用统计方法分析得出有效和客观的结论. 若要从数据得出有意义的结论, 用统计方法进行试验设计是必要的. 当问题涉及受试验误差影响的数据时, 只有统计方法才是客观的分析方法. 这样一来, 任一试验问题就存在两个方面: 试验的设计和数据的统计分析. 这两个课题是紧密相连的, 因为分析方法直接依赖于所用的设计.

计算机软件是一种特殊的产品, 为了衡量和提高软件产品的质量, 同样需要利用试验设计方法来对软件系统进行测试. 应该说, 所有的软件测试方法都是一种试验设计方法.

1.7 组合测试的度量

以下讨论对 SUT 进行组合测试时的几个度量概念. 为了更具体说明概念, 给出 SUT 的一个具体实例 sut_1, 令 $n=4, a_1=a_2=a_3=a_4=2$, 每个参数的取值设为表 1-5. 表 1-6 是为 sut_1 设计的一个测试用例集, 该测试用例集是一个 2-way 覆盖表.

表 1-5 sut_1 的 4 个参数及其取值

参数	c_1	c_2	c_3	c_4
值	A_0	B_0	C_0	D_0
值	A_1	B_1	C_1	D_1

表 1-6 sut_1 的测试用例集合

测试用例	c_1	c_2	c_3	c_4
1	A_0	B_0	C_1	D_1
2	A_0	B_1	C_0	D_1
3	A_0	B_0	C_0	D_0
4	A_1	B_1	C_1	D_0
5	A_1	B_0	C_1	D_1
6	A_1	B_1	C_0	D_0

1.7.1 组合覆盖率

定义 1-8 设 T 为 SUT 的一个测试用例集 $T=\{t_1,t_2,t_3,\cdots,t_m\}$, $t_i(\tau)$ 表示测试用例 t_i 包含的所有 τ-值模式的集合, $|t_i(\tau)|=C_n^\tau$; $T(\tau)$ 是测试用例集 T 中包含的 τ-值模式的集合, $T(\tau)=\bigcup\limits_{i=1}^{m} t_i(\tau)$; $\mathrm{SUT}(\tau)$ 表示 SUT 中包含的所有应该检测的 τ-值模式的集合; 测试用例集 T 的 τ-way 组合覆盖率是 $T(\tau)/\ \mathrm{SUT}(\tau)$, 记为 $\mathrm{cov}(\tau)$. 测试用例集 T 的整个组合覆盖率是 $\mathrm{cov}=\dfrac{\sum\limits_{\tau=1}^{n}|T(\tau)|}{\sum\limits_{\tau=1}^{n}\mathrm{SUT}(\tau)}$. 测试用例集 T 的组合覆盖率向量也称为元组密度 (tuple density), 是所有 τ-way 组合覆盖率形成的一个向量: $(\mathrm{cov}(1), \mathrm{cov}(2), \cdots, \mathrm{cov}(n))$[13,14].

以 sut 为例, 该系统有 4 个参数, 每个参数有两个取值, 因此, 它有 8 个 1- 值模式, 形如 $(A_1,—,—,—)$; 24 个 2-值模式, 形如 $(—,B_0,C_1,—)$; 32 个 3-值模式, 形如 $(A_0,—,C_1,D_0)$; 16 个 4-值模式, 即所有可用测试用例.

表 1-6 中 6 条测试用例是一个 2-way 覆盖表, 因此, 该测试用例的二维组合覆盖率是 cov(2)=100%. 此时, 一维组合覆盖率也是 cov(1)=100%. 由于 sut 有 4 个参数, 每个参数有两个取值, 因此它包含的所有 3-值模式有 sut(3) $= C_4^3 \times 8=32$, 而表 1-6 中的 6 条测试用例只覆盖 24 个 3-值模式, 因此该测试用例集的 3-way 组合覆盖率为 cov(3)=24/32=75%. 由于 sut 所有可用测试用例是 $2^4=16$, 表 1-6 中只有 6 条, 因此, 该测试用例集的 4-way 组合覆盖率是 cov(4)=6/16. 类似地, 可以计算表 1-6 中 6 条测试用例的整个组合覆盖率为 cov=(8+24+24+ 6)/(8+24+32+16)=62/80=77.5%. 该测试用例集的组合覆盖向量, 即元组密度为 (cov(1), cov(2), cov(3), cov(4)) =(100%, 100%, 75%, 77.5%).

组合覆盖率可以科学地衡量一个测试用例集的错误检测能力, 特别是因素组合可能促发的错误, 从而为待测系统经过测试之后的质量评估提供重要的依据.

1.7.2　分散度

定义 1-9　设 T 为 SUT 的一个测试用例集 $T=\{t_1,t_2,t_3,\cdots,t_m\}$, $t_i(\tau)$ 表示测试用例 t_i 包含的所有 τ-值模式的集合, $|\ t_i(\tau)| = C_n^\tau$; m 条测试用例最多可以包含 mC_n^τ个不同的 τ-值模式; $T(\tau)$ 是测试用例集 T 中包含的 τ-值模式的集合, $T(\tau)=\bigcup_{i=1}^{m} t_i(\tau)$, 则 $|T(\tau)|$是 T 中 m 条测试用例实际包含的不同的 τ-值模式的数量; 测试用例集 T 的 τ-way 分散度 (diversity) 定义为 $|T(\tau)|/mC_n^\tau$, 记为 div(τ).

分散度从另一个侧面揭示测试用例集的质量, 从 τ-way 分散度 div(τ) 的概念可以知道, 测试用例要尽可能覆盖不同的 τ-值模式, 其 div(τ) 的值才会高, 这说明同样的 τ-way 组合覆盖表, 规模越小, τ-way 的分散度 div(τ) 越高.

如果把表 1-5 作为测试用例集合, 其 div(1)=div(2)=div(3)=div(4)=1; 但在表 1-6 中 div(1)=8/(6×4)=33.3%; div(2)=24/(6×6)=66.7%; div(3)=div(4)=1.

1.8　组合测试的过程

如图 1-13 所示, 组合测试可以分为以下几个重要阶段: 建立组合测试模型、测试用例生成、测试执行、故障定位、进一步测试及回归测试和测试评估[6].

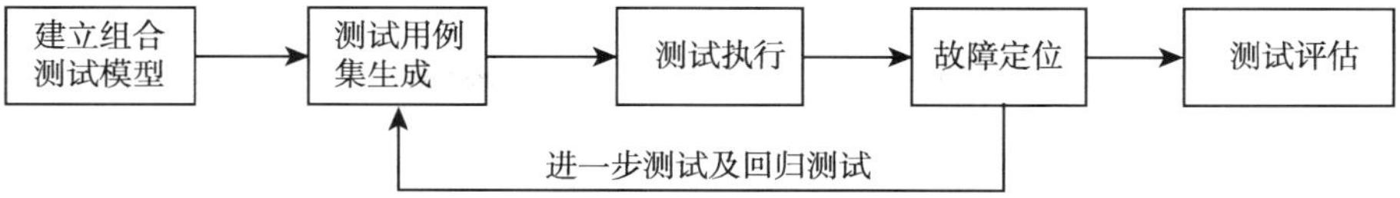

图 1-13 传统组合测试的基本流程

1.8.1 建立组合测试模型

SUT 的建模是 CT 非常基础和非常重要的活动, 因为 CT 的有效性和效率都依赖它所使用的模型, 其为 CT 的起点. 不同的测试者基于其技巧和经验, 可能给出不同的 SUT 模型. 建模中的关键问题是如何在合适的抽象水平高度上建立一个精确的模型. 首先给出 SUT 的模型, 然后回顾一些建模方法.

定义 1-10 (SUT 模型) 对于 CT, 一个 SUT 模型包含 4 个元素: 影响 SUT 的参数 P、每个参数的取值 V、参数之间存在的关系 R 以及不同参数取值之间的约束 C. 约束是用来排除语义上无意义的组合. SUT 的模型可以表示为 4-元组: $\text{Model}_{\text{SUT}}(P,V,R,C)$.

通过定义 1-10, 在 SUT 的建模过程中需要解决如下 4 个关键问题:

(1) 如何识别出影响 SUT 的因子;

(2) 每个参数应该选取哪些值;

(3) 参数之间存在什么样的交互;

(4) 参数之间存在哪些约束.

只有这些问题解决了, CT 才能有效地发挥作用.

1.8.2 生成测试用例集

生成组合测试用例集涉及 4 方面: ①指定测试用例集具体类型的覆盖表; ②设置事先指定一些测试用例; ③在测试用例生成过程中所要考虑的约束; ④生成测试用例使用的方法, 如贪心算法、演化方法或数学方法等.

1.8.3 测试用例执行

测试用例集在执行的过程中有一个执行顺序, 不同的执行顺序一般有不同的执行效果, 这就是测试的优化问题. 优化的结果通常是一张测试用例执行顺序的计划表, 使那些根据某些准则具有最高优先级的测试用例在测试中尽早被执行. 当运行完被优化的测试集的子集而终止测试时, 那些被认为最重要的测试用例都已被执行. 特别是当资源有限时, 重要的测试用例应该尽早地被执行. 排好序的测试可以较早地发现故障, 因为它保证重要的测试用例首先被执行. 测试用例优化定义如下.

定义 1-11 (测试用例集优先化问题) 给定 (T,Π,f), 其中 T 是测试集, Π 是通过排列 T 所获得的所有测试集的集合, f 是一个从 Π 到实数的函数, 测试用例集优先化问题是找到一个 $\pi \in \Pi$, 使 $\forall \pi' \in \Pi, f(\pi) \geqslant f(\pi')$. Π 给定了 T 的可能优先级处理结果, f 是一个评估优先级处理的函数.

组合测试有两种优化方法: ①基于已有的 CT 测试集的执行信息, 根据一定标准进行回归测试的优化; ②考虑组合的重要性, 直接生成一个有序的 CT 测试集.

1.8.4 故障诊断

当检测到一个故障后, 需要对该故障进行定位然后排除该故障. Kuhn 等认为软件故障通常是由少数交互变量触发的, 他们这一结论对 CT 具有重要的含义. 如果 SUT 中的所有故障都是由不多于 n 个参数组合触发的, 那么测试所有的 n-维参数组合将很有可能发现几乎所有的故障. 因此 CT 是一种检测由参数取值组合触发的故障的有效方法. 当在 CT 中暴露了一个故障时, 应该确定是哪一个具体的参数组合导致了该故障或者 SUT 的哪个值模式触发了该故障.

寻找故障触发模式的故障诊断也被称为故障特征化. 在 CT 中, 故障特征化能帮助开发人员迅速地准确定位故障, 有望较快地周转时间进行故障修复. 自动化技术能够有效、高效、准确地执行故障特征化, 节约了大量的时间和金钱.

1.8.5 测试评估

CT 有两种评估方法: ①测量和评估 CT 本身; ②CT 后, 测量和评估 SUT 的质量.

CT 有一种自然的度量方法就是组合覆盖率, 它是被覆盖的参数值组合相对于总的组合的百分比. 在这一方面还需要进行更多的研究. 可以尝试加强已有的基于 CT 特征化的质量评估方法. 为取得一个合理的评估方法, 还需要更多的实证证据.

1.9 本章小结

本章介绍了组合测试在计算机科学体系中的位置、应用场景、基本概念和原理、常用的一些组合测试方法和度量等基本知识, 并在 1.8 节介绍了组合测试的过程, 作为后续章节的测试用例生成、约简和优化、测试结果分析等内容的基础.

参考文献

[1] Bourque P, Fairley R E. Guide to the Software Engineering Body of Knowledge. New York: IEEE Computer Society, 2014.

[2] Lyu M R. Software reliability engineering: a roadmap. Proceedings of FOSE, 2007:153-170.

[3] 聂长海. 关于软件测试的几点思考. 计算机科学, 2011, 38(2): 1-3, 27.

[4] 聂长海. 软件测试的概念与方法. 北京: 清华大学出版社, 2013.

[5] Kuhn D R, Kacker R N, Yu L. Introduction to Combinatorial Testing. Boca Raton: CRC Press, 2013.

[6] Nie C H, Leung H. A survey of combinatorial testing. ACM Computing Survey, 2011, 43(2): 1-29.

[7] Fisher R. The arrangement of field experiments. Journal of Ministry of Agriculture of Great Britain, 1926 (33): 503-513.

[8] Mandl R. Orthogonal latin squares: an application of experimental design to compiler testing. Communications of the ACM, 1985, 28(10): 1054-1058.

[9] Tatsumi K. Test case design support system. International Conference on Quality Control, 1987: 615-620.

[10] Tatsumi K, Watanabe S, Takeuchi Y, et al. Conceptual support for test case design. International Computer Software and Applications Conference, 1987: 285-290.

[11] Fouche S, Cohen M B, Porter A. Towards incremental adaptive covering arrays. ACM SIGSOFT Symposium on the Foundation of Software Engineering (FSE2007) (Poster Paper), 2007: 557-560.

[12] Nie C H, Chen S Y, Leung H, et al. A case study of adaptive combinatorial testing. COMPSAC, 2013(2): 47-52.

[13] Berling T, Runeson P. Efficient evaluation of multifactor dependent system performance using fractional factorial design. IEEE Transactions on Software Engineering (TSE), 2003, 29(9): 769-781.

[14] Kuhn D R, Mendoza I D, Kacker R N, et al. Combinatorial coverage measurement concepts and applications. 2013 IEEE Sixth International Conference on Software Testing, Verification and Validation Workshops(ICSTW), 2013: 352-361.

第 2 章　组合测试的测试用例生成

组合测试的关键问题之一就是要从庞大的参数组合空间中挑选少量的测试用例来实现对软件系统科学有效的测试, 即组合测试的测试用例生成问题. 组合测试的测试用例生成问题是一个 NP 难问题. 由于测试用例集类型可以是正交表、覆盖表、可变力度覆盖表和增量覆盖表等多种形式 (表 2-1 第二列), 而且在生成这些形式的测试用例集时, 可以考虑指定部分关心或者重要的测试用例子集 (即种子)(表 2-1 第三列), 解决在参数之间存在的部分约束关系 (表 2-1 第四列), 可以采用贪心算法、数学方法、启发式演化算法等多种生成方法 (表 2-1 第五列), 这使得测试用例生成问题越来越复杂, 同时也使该方面的研究成果越来越丰富.

表 2-1　组合测试用例生成考虑的因素

生成因素	测试用例集类型	指定测试用例	解决约束	生成技术
组合测试用例生成过程	正交表	指定部分测试用	解决约束	贪心算法
中可以考虑的各种选项	k 维覆盖表	例作为种子	不解决	数学方法
组合有 $5\times2\times2\times5=100$ 种	可变力度覆盖表	不指定		启发式演化算法
	增量覆盖表			随机算法
	其他组合设计			方法组合

本章介绍组合测试用例的几种生成方法, 主要以生成二维覆盖表为例, 介绍贪心算法、数学方法、启发式搜索方法以及混合算法等. 在 2.1 节介绍自动高效测试用例生成器 (automatic efficient test generator, AETG) 方法、测试用例生成器 (test case generator, TCG)、参数序 (in-parameter order, IPO) 方法、解空间树模型方法、网络图模型方法和贪心算法框架优化等. 在 2.2 节首先介绍两种典型的数学方法, 然后介绍一种改进覆盖表生成方法和一种针对二水平多因素系统的覆盖表生成方法. 在 2.3 节介绍遗传算法 (genetic algorithm, GA)、粒子群算法. 2.4 节介绍单因素覆盖表、多因素覆盖表、相邻因素两两组合覆盖表. 2.5 节介绍带约束的组合覆盖测试用例集生成, 并对各种生成方法进行系统的比较.

2.1 贪 心 算 法

2.1.1 AETG 系统与 TCG 算法

美国贝尔实验室的 Cohen 等提出了一种基于两两组合覆盖的测试数据启发式

生成方法，所产生的测试数据可以根据测试要求实现对系统参数的两两组合覆盖，或者多个参数的组合覆盖[1].

该方法假设一个系统有 n 个测试参数，第 i 个参数具有 a_i 个不同的取值. 假定已经选择 r 个测试用例，从最先产生的 M 个不同的候选测试用例中选择第 $r+1$ 个测试用例，选择的测试用例必须覆盖最多的新组合对. 每个候选测试用例采用算法 2-1 来选择.

这种方法可以让测试人员事先指定一些测试用例，然后在这些测试用例的基础上生成一组能实现对所有参数两两覆盖的测试用例组. 贝尔实验室已经将该算法实现为一个测试数据生成工具，命名为 AETG，申请了专利，并在互联网上提供这种服务.

算法 2-1 AETG 算法

输入：参数 $f_1, f_2, \cdots, f_n$ 及其相应的值集 $V_1, V_2, \cdots, V_n$，已经选择了 r 个测试用例的集合 T，未被覆盖组合对集 uncover.

输出：对 n 个参数的两两组合覆盖表 T.

步骤：

while (uncover 不为空)

repeat M 次产生 M 个候选测试用例 (M 根据需要进行任选)

选择参数 f 和参数 f 的值 i 使该参数的值在所有未被覆盖的组合对集合 uncover 中出现的次数最多；

置 $f_1 = f$，剩下的参数随机排序，则这 n 个参数分别为 $f_1, f_2, f_3, \cdots, f_n$；

假定参数 $f_1, f_2, f_3, \cdots, f_j$ 的值已经确定，对于 $1 \leqslant i \leqslant j$，设 f_i 的值是 v_i，那么按照如下方法选择 f_{j+1} 的值 v_{j+1}：对于 f_{j+1} 的每个值 v 找出所有组合 $\{f_i f_{j+1}$ 即 $v_i, v, 1 \leqslant i \leqslant j\} \cap$uncover，把在这些组合中出现次数最多的值 v 赋给 v_{j+1}，如果有多个，选择最少使用的，直到形成一条完整的测试用例.

end repeat

从候选集中选择覆盖中未被覆盖对最多的测试用例加入 T，并在 uncover 中将这些已被覆盖的组合对去掉.

end while;

另一个非常相似的贪心算法是 TCG 方法 (算法 2-2). 不同的地方有两处：第一是参数按照取值个数的多少降序排列；第二是候选测试用例集的规模选择为参数取值个数的最大值，即排在第一的参数的取值个数[2].

算法 2-2 TCG 算法

输入：参数 f_1, f_2, $\cdots$, f_n 及其相应的值集 $V_1, V_2, \cdots, V_k$, 已经选择了 r 个测试用例的集合 T, 未被覆盖组合对集 uncover.

输出：对 n 个参数的两两组合覆盖表 T.

步骤：

参数 $f_1, f_2, \cdots, f_n$ 按照取值个数进行递减排序, 其中 f_1 取值个数最多, 为 M.

while (uncover 不为空)

for i=1 to M 产生 M 个候选测试用例.

将值 v_{1i} 赋给参数 f_1;

for $j=2$ to n, 对于 f_j 的每个值 v 找出所有组合 $\{ f_i f_j$ 即 $v_i v, 1 \leqslant i < j\}$∩uncover, 把在这些组合中出现次数最多的值 v 赋给 f_j, 如果有多个, 选择使用最少的.

end for

end for

从 M 个候选测试用例中选择覆盖中未被覆盖对最多的测试用例加入 T, 并在 uncover 中将这些已被覆盖的组合对去掉.

end while;

2.1.2 PAIRTEST 工具：按参数顺序产生组合覆盖测试数据的方法

美国北卡罗来纳大学计算机系的 Lei 和 Tai 提出一种基于参数顺序的渐进扩充的两两组合覆盖测试数据生成方法 (IPO)[3], 也开发实现了相应的测试用例自动生成系统：PAIRWISETEST 系统.

下面首先通过一个例子来说明该算法.

设一个待测系统有 3 个参数：参数 A 有两个值 A_1 和 A_2, 参数 B 有两个值 B_1 和 B_2, 参数 C 有 3 个值 C_1、C_2 和 C_3. 对于参数 A、B, $\{(A_1,B_1), (A_1,B_2), (A_2,B_1), (A_2,B_2)\}$是唯一满足要求的一组测试用例集. 当增加了参数 C 后, 首先将这组测试用例进行水平扩充. 由于 C 有 3 个取值 C_1、C_2 和 C_3, 将原测试用例集中前 3 个测试用例分别扩充为 $\{(A_1,B_1,C_1), (A_1,B_2,C_2), (A_2,B_1,C_3)\}$. 此时未被覆盖的遗漏项有 $\{(A_2,C_1), (B_2,C_1), (A_2,C_2), (B_1,C_2), (A_1,C_3), (B_2,C_3)\}$. 现在要从 C_1、C_2 和 C_3 中选一个加到 (A_2, B_2) 上, 如果选 C_1, 即扩充为 (A_2,B_2,C_1), 可以覆盖遗漏项 (A_2,C_1) (B_2,C_1); 而选择 C_2、C_3 都只能使扩充后的测试用例覆盖一个遗漏项, 因此决定选择 C_1, 并将其扩充为 (A_2, B_2, C_1).

通过上一步水平扩充后, 还有遗漏项 $\{(A_2,C_2), (B_1,C_2), (A_1,C_3), (B_2,C_3)\}$未被覆盖. 为了覆盖遗漏项 (A_2,C_2), 产生测试用例 $(A_2,—,C_2)$; 为了覆盖 (B_1, C_2), 将 $(A_2,—,C_2)$ 修改为 (A_2,B_1,C_2); 为了覆盖 (A_1,C_3), 产生测试用例 $(A_1,—,C_3)$; 为了覆盖 (B_2,C_3), 将 $(A_1,—,C_3)$ 修改为 (A_1,B_2,C_3) 即可. 这样, 根据遗漏项, 新产生两

个测试用例, 对这 3 个参数的两两组合覆盖需要 6 个测试用例. 针对一般情况的两两组合覆盖测试数据生成见算法 2-3.

算法 2-3 后来被扩展成为可以生成任意 τ-way 覆盖表. 更具体的例子可以继续参考 2.4 节和 2.5.2 节.

算法 2-3 PAIRTEST 算法

输入: 参数 $f_1, f_2, \cdots, f_n$ 及其相应的值集 $V_1, V_2, \cdots, V_n$.

输出: 两两组合覆盖表 T.

步骤:

```
//对于前两个参数 f1 和 f2, 建立两两组合的二元组, 形成集合 T
T={(v1, v2)|v1 ∈ V1 和 v2 ∈ V2 分别是参数 f1, f2 的值};
if n==2 then return end if;
//对剩下的参数构造测试用例
for i = 3 to n do
  //对于参数 fi, 首先对 T 中每个测试用例进行水平扩充
  π={参数 fi 和参数 f1, f2, ··· , fi−1 中任何一个参数形成的组合对};
  s=min(|Vi|, |T|);
  for j=1 to s do
    将参数 fi 的第 j 个值添加到 T 中第 j 个测试用例的第 i 个位置上,
    即用 (v1, v2, ··· , vi−1, vi) 取代 (v1, v2, ···, vi−1);
    π = π−{扩充的测试用例覆盖的组合对};
  end for;
  if s==|T| then return;//否则需要对参数 fi 的值进行选择
  else for j = s + 1 to |T| do
          π′ ={};
          for Vi 中每个值 v do
              π″ ={当把 v 加进 T 中第 j 个测试用例时覆盖的 π 中的组合};
              if |π″|⩾|π′|then π′:= π″; v′ := v; end if;
          end for
      end for;
      将参数 fi 的值 v′ 加进 T 中第 j 个测试用例, 对它进行水平扩展;
      π = π − π′;
  end if;
  //然后根据参数 fi 与其他参数组合对的遗漏项对 T 进行垂直扩充
  设 T′ 是一个空的测试用例集;
  for π 中每个组合对 (fk.ω, fi.μ) do
     if T′ 包含测试用例 ϒ, 该测试用例对参数 fk 取值为 "—", 而对参数 fi 取值为 "μ"
```

then 将 Υ 中参数 f_k 的值换为 ω;

else 在 T' 中增加一个新的测试用例, 使其在参数 f_k 处取值为 ω, 在参数 f_i 处取值为 μ, 而在其他参数处取值为 "—";

end if

end for;

$T = T \cup T'$;

end for;

2.1.3　基于解空间树模型的两两组合覆盖测试用例生成方法

两两组合覆盖测试数据生成问题是一个 NP 难问题, 因此, 关于这个问题, 只能利用启发式方法、贪心算法等进行近似求解, 而且解决这个问题的各种方法具有不同的优缺点, 有些方法针对一些具体问题可以产生最优解. 下面提出一种新的算法模型, 并给出相应的算法和相关性质[4].

1. 算法模型

对 SUT 的所有参数进行完全组合覆盖的测试数据全体Ts_n 可以表示为一棵解空间树: 第一层树根节点有 a_1 个分支, 分别表示参数 c_1 的 a_1 个取值, 第二层每个树根节点都有 a_2 个分支, 分别表示参数 c_2 的 a_2 个取值, $\cdots$, 第 n 层每个树根节点都有 a_n 个分支, 分别表示参数 c_n 的 a_n 个取值. 这样, 从树根节点开始到叶节点的所有路径就是测试数据全体Ts_n.

为了便于说明问题, 以 n=3, $a_1 = a_2 = a_3$=3 为例, 建立此时 SUT 的所有可用测试数据形成的解空间树 (图 2-1). 其中标出的 9 条路径:1—1—1、1—2—2、1—3—3、2—1—2、2—2—3、2—3—1、3—1—3、3—2—1 与 3—3—2 是解空间树中所有路径的一个子集, 满足两两组合覆盖的要求.

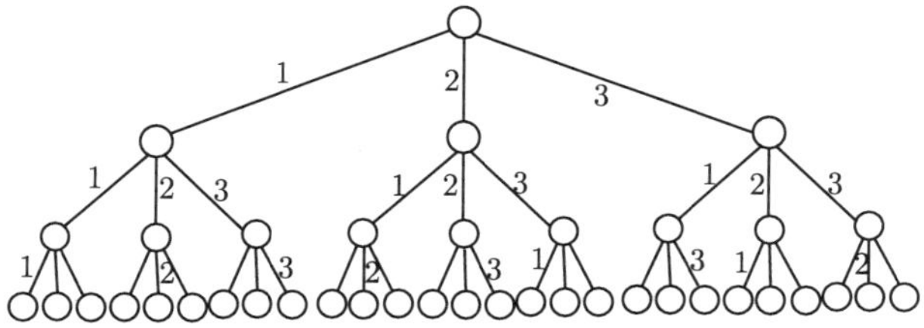

图 2-1　$n = 3, a_1 = a_2 = a_3 = 3$ 的解空间树

两两组合覆盖测试数据是Ts_n 中的一个子集, 在解空间树中分别对应从树根节点到叶节点的路径, 两两组合覆盖测试数据生成就是在解空间树中寻找一个规模最小的路径集来实现各个参数的两两组合覆盖.

2. 算法

基于以上模型, 可以设计出基于解空间树模型的两两组合覆盖测试用例生成算法. 该算法共分如下 4 步进行.

第一步, 由用户指定一个测试数据集Ts. 这组测试数据可以是用户关心的, 或者认为最有可能发生错误的, 也可以不指定即 Ts=∅.

第二步, 用回溯法按照深度优先的次序遍历解空间树, 找出解空间树中蕴涵的与Ts中任何测试数据重叠数不超过 1 的测试数据 t, 将其加入Ts. 重复第二步, 直到无法在解空间树中找到满足要求的测试数据. 具体过程见算法 2-4.

算法 2-4 回溯法解两两组合覆盖问题

输入: 参数个数 n, 每个参数的取值个数 a_i $(1\leqslant i\leqslant n)$.

输出: 两两组合覆盖表 ct.

步骤:

```
//x[i]: 当前解; sum: 当前已找到的测试用例数目
sum=0; //初始化
for i = 1 to n do x[i]=0
    for j = 1 to n × n do ct[j, i]=0 end for;
end for;
x[1] = 0; k = 1;
while (k > 0) do x[k] = (x[k] + 1) mod a_i;
      l = 1;
      while not (Place(k)) and l ⩽ a_k do x[k] = (x[k] + 1) mod a_i; l = l + 1;
      end while;
      if (l ⩽ a_k) then
         if (k == n) then
            for i = 1 to n do ct[sum, i]=x[i] end for;
            sum=sum+1;
         else k = k + 1; x[k] = 0;
         end if;
       else k = k − 1;
       end if;
end while;
return ct;
Procedure Place(k)
//检查当前选择的测试数据第 k 个参数值是否与已有的发生两个以上的重叠
//如果是, 则返回 false, 否则返回 true
```

```
    for j = 1 to sum do
      same=0;
      for i = 1 to k do
          if ct[j, i]==x[i] then same=same+1;
            if same>1 then return(false); end if;
          end if;
      end for;
      return(true);
    end for;
end Place
```

第三步, 检查Ts中的所有测试数据是否满足两两组合覆盖的要求. 如果满足, 则算法结束; 否则, 将没有被 Ts 覆盖的组合列表列出.

这一步算法比较简单, 但计算量很大. 例如, 检查参数 c_i 和 c_j 的所有 $a_i \times a_j$ 个组合对是否全部被 Ts 中的测试数据覆盖, 至少需要计算 $a_i \times a_j$ 次, 因此在 SUT 中总的计算次数至少大概有 $\sum\limits_{1\leqslant i\neq j\leqslant n} a_i \times a_j \leqslant C_n^2 \times a_1 \times a_2$ 次.

第四步, 用贪心算法构造出相应的测试数据, 覆盖所有未被覆盖组合对, 详见算法 2-5.

算法 2-5 追加测试数据生成

输入: Ts 中已经选择的 r 个测试数据, 系统中参数个数及每个参数 c_i 的取值个数, 所有未被覆盖的组合对集合 uncover.

输出: 追加的测试数据.

步骤:

while (uncover 不为空)

选择参数 c_i 的值, 使该参数的值在所有未被覆盖的组合对集合 uncover 中出现的次数最多;

若某 j 个参数的值已经确定, 选择下一个参数 c_k 的值, 按照如下方法: 对于 c_k 的每个值 $v(v \in V_k)$, 找出它与确定下来的 j 个参数值的所有组合, 把存在于这些组合对中且将在 uncover 中出现个数最多的值 v 确定为 c_k 的值;

将产生的测试数据输出到 Ts 中, 同时将其中包含的组合对从未被覆盖的组合对表中删除;

end while

3. 算法的基本性质

该算法模型将测试数据一一映射为解空间树中的路径, 两两组合测试数据集的生成方法就是在解空间树中寻找一个路径子集的算法. 这个算法具有以下特性和优点.

(1) 算法可以在用户指定的一组测试数据的基础上进行扩展. 这样既能充分考虑用户的测试意图, 又能兼顾组合覆盖测试的要求.

(2) 对于 SUT, 当用户指定的测试数据集Ts=∅ 时, 如果 $a_1 = a_2 = \cdots = a_n = p(p^m)$, $n \leqslant p+1(p^m+1)$, 其中 p 为素数, 则算法 2-4 产生的是正交表.

证明 根据正交表的构造理论, 当 $a_1 = a_2=\cdots=a_n = r(r = p$ 或 $r = p^m)$, $n \leqslant p+1(p^m+1)$ 时 (其中 p 为素数), 存在一个 $r^2 \times n$ 的正交表, 并且该表中任一行 (即 SUT 的一个测试数据) 与其他行之间的重叠数不超过 1 (如果某两行之间的重叠数超过 1, 不妨设为 2, 由于任两列之间的组合对是 r^2 个, 当某两行之间的重叠数是 2 时, 说明某两列之间的一个组合对重复出现了两次. 整个正交表有 r^2 行, 则一定有未被覆盖的组合对). 对应到解空间树上, 存在 r^2 条重叠数不超过 1 的路径. 算法 2-4 采用回溯法找出所有相互之间重叠数不超过 1 的路径全体, 故产生的是一个正交表.

4. 结果的比较

以下将开发的算法与目前同类算法的效果进行比较, 主要与 AETG 和 PAIRTEST 进行比较. 结果显示这些方法各有所长, 效果相当, 可以互为补充. 比较结果分别见表 2-2 和表 2-3.

表 2-3 中每个参数有 4 个取值, 第三列表示当待测系统有 30 个参数, 每个参数有 4 个取值时, 用 PAIRTEST 产生 46 个测试用例, 而这里的工具只产生 44 个测试用例. 从表 2-3 中可以看到, 这里的工具在有些方面与 PAIRTEST 系统相比, 具有明显的优点.

表 2-2 测试数据生成工具与 PAIRTEST、AETG 系统的比较

待测系统	S_1	S_2	S_3	S_4	S_5	S_6
PAIRTEST	9	19	29	29	15	37
AETG	9	15	31	28	10	31
Ourtool	9	20	21	30	16	35

注: S_1 表示有 4 个参数, 每个参数有 3 个值; S_2 表示有 13 个参数, 每个参数有 3 个值; S_3 表示有 17 个参数 (12 个 3 值, 5 个 4 值); S_4 表示有 75 个参数 (1 个 4 值, 39 个 3 值, 35 个 2 值); S_5 表示有 100 个参数, 100 个 2 值; S_6 表示有 9 个参数 (3 个 5 值, 3 个 4 值, 1 个 3 值, 2 个 2 值).

表 2-3 测试数据生成工具与 PAIRTEST 系统的效果比较

参数个数	10	20	30	40	50	60	70	80	90	100
PAIRTEST	31	40	46	49	52	57	60	62	62	66
Ourtool	31	40	44	49	50	54	56	56	58	58

2.1.4　基于网络图模型的两两组合覆盖测试用例生成方法

为了弥补现有的一些启发式两两组合覆盖测试用例生成方法的不足, 充分发挥不同方法之间互补的优势, 我们研究了一些不同的启发式方法. 下面给出基于网络图模型的测试用例集的生成算法. 该算法由主体用例生成、覆盖率检查与追加用例生成 3 个步骤组成. 其中, 第一步主体用例生成用于初步生成一组测试用例, 这一组测试用例是否满足要求将由第二步进行检测. 如果检测的结果满足要求, 那么输出结果; 否则将由第三步追加用例生成补充一些测试用例后一起将符合要求的结果输出[5].

1. 算法模型及算法

针对待测系统 SUT, 按 3 个步骤的顺序来说明如何产生测试用例表, 以使用最少的测试用例实现对任意两个接口参数两两组合的全面覆盖.

1) 主体用例生成

主体用例生成部分基于图 2-2 所示的模型 (在该图中假定 SUT 的 n=4, $a_1 = a_2 = a_3 = a_4$=3). 其基本思想是, 构造一个如图 2-2 所示的网络, 网络的第一层 3 个节点分别表示第 1 个参数的 3 个取值, 余下以此类推, 从第 1 层的某个节点出发沿着节点间的路径向前推进, 直到这个网络的终点 (最右边的节点层), 形成一条路径, 路径上的节点号序列就代表一个测试用例值. 例如, 1—2—3—1, 就表示第 1 个参数取第 1 个值, 第 2 个参数取第 2 个值, 第 3 个参数取第 3 个值, 第 4 个参数取第 1 个值的一个测试用例. 假定每个节点具有一定的计算和处理能力, 对网络赋予以下计算功能.

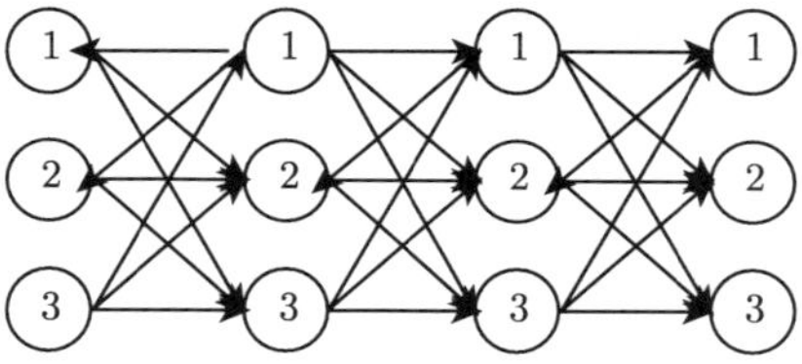

图 2-2　算法的网络结构模型

(1) 计算顺序: 按网络层次从左到右, 每一层按从上到下的顺序逐个节点执行.

(2) 第一层的每个节点沿着路径按下一层节点号递增的次序给每个节点发送自己的节点号.

(3) 第二层的每个节点每接收到一个节点号, 就把自己装配在这个节点号的后面, 形成一个节点号串, 并把它按照接收的顺序保存.

(4) 第一层的每个节点发送完毕, 从第二层的每个节点开始按照下面的算法向下一层每个节点发送该节点内形成的号码串. 第 i 层 ($i \geqslant 2$) 的第 j 号节点 ($1 \leqslant j \leqslant t_i$) 把该节点内第一个组装好的号码串, 与第 i+1 层节点按照 $j, j+1, \cdots, t_{i+1}, 1, 2, \cdots,$

$j-1$ 的顺序与每个节点内已经收到的来自其他第 i 层节点发来的每个符号串进行比较, 前面 i 个位置的相同位置上每有一个相同符号, 则相应计数器加 1(计数器每次初始化为 0), 最后选择第一个遇到的计数器值最小的节点 k 将这个符号串发过去. 然后从第 j 号节点取第二个组装好的号码串, 按照 $k+1$, $k+2$, $\cdots$, t_{i+1}, 1, 2, $\cdots$, k 的顺序从第 $k+1$ 号节点开始, 与该节点内每个符号串进行比较, 前面 i 个位置的相同位置上每有一个相同符号, 则相应计数器加 1(计数器每次初始化为 0), 最后选择第一个遇到的计数器值最小的节点 k 将这个符号串发过去. 以此类推, 直到第 j 号节点内的符号串全部发完.

(5) 最后一层节点为输出层, 每个节点内形成一组节点号串, 这些节点号串全体就是产生的测试用例主体.

2) 覆盖性检查

产生的输出不一定是满足要求的测试用例表, 因此还要对该输出进行检测, 检查任意两个参数之间的所有组合是否被全部覆盖, 如果覆盖, 输出所有符号串就是生成的测试用例表, 计算终止; 否则, 输出所有遗漏的组合, 形成一张遗漏项表(表 2-4), 等待下一步处理. 例如, 表 2-4 中 "参数 1, 4" 列有遗漏项 13 与 22, 就说明是参数 1 与参数 4 的这两个组合没有被覆盖.

表 2-4 组合遗漏项表

遗漏项编号	参数 1,2	参数 1,3	参数 1,4	参数 2,3	参数 2,4	参数 3,4
1	13	11	13	22	33	12
2	22	21	22	11	31	33
3	12					

3) 追加用例生成

这一步的目的是根据检测出来的遗漏项, 设计最少数量的用例追加到前面生成的用例中去, 形成一个完整的测试用例表. 算法步骤如下.

第一步, 从遗漏项表中找出一个遗漏项, 产生一个用例, 使其在相应的参数位置填上相应参数的取值, 其他参数位置上标记为空缺, 从遗漏项表中去掉这个遗漏项.

第二步, 分别以上面产生的这个用例中确定参数值为中心, 查找遗漏表, 找出相关遗漏项, 并把其参数值填在相应的空缺位置上, 同时把表中相应的遗漏项删掉.

第三步, 然后以新填入的参数值为中心, 搜索处理同第二步. 直到这个用例的各个参数位置没有空缺标记或者从表中找不到相关遗漏项.

第四步, 输出该条测试用例.

第五步, 如果表中还有遗漏项, 转第一步.

2. 测试用例表生成算法的性质

下面分析上述算法的特性. 该算法具有以下性质.

性质 2-1 按照前面 "算法模型及算法" 得到的所有测试用例能保证任意两个相邻参数的各种组合都能全部被覆盖, 而不相邻的任意两个参数的各种组合不一定能全部被覆盖. 如果也能被全部覆盖, 那么, 这个算法产生的输出就是测试用例表, 此时测试用例的数量是 $t_1 \times t_2$ 个.

性质 2-2 从前面 "算法模型及算法" 可以看到, 要做到对任意两个参数的所有组合的全面覆盖, 至少需要 $t_1 \times t_2$ 个测试用例.

性质 2-3 对于有 m 个参数, 每个参数有 t 个取值的系统, 最好的设计是对任意两个参数的各种组合只覆盖一次的测试用例表. 反映到该模型上是 t^2 条以第一层节点为起点, 最后一层节点为终点的路径, 这些路径经过模型上所有相邻节点间的连线, 而且只经过一次.

定理 2-1 当 t 为素数, 且 $t_1 = t_2 = \cdots = t_n = t, n \leqslant t + 1$ 时, 该算法产生的测试用例表能够对任意两个参数的所有组合进行一次等概率覆盖.

证明 为了证明这个结论, 先根据正交表构造理论, 证明在该定理条件下存在一张满足要求的正交表, 然后证明依据测试用例表生成算法正好能生成这样一张正交表作为测试用例表.

不失一般性地, 考虑 $n = t+1$, 即 n 取最大值的情况. 当 t 为素数时, 存在正交拉丁方完全组 (图 2-3), 其中的加法以 t 为模. 由正交表构造理论, 该正交拉丁方完全组与基本列一起构成正交表 (图 2-4).

根据测试用例表生成算法依据的算法模型, 定理中条件所形成的网络为 $t + 1$ 层, 每层有 t 个节点. 每一层节点依次执行完之后, 每个节点内形成的表的后三列按顺序具有特征：$1ii$, $2(i-1)i, 3(i-2)i, \cdots, t(i-t+1)i$. 下面分析通过该算法正好能生成这张正交表.

$$C_i = \begin{pmatrix} 1 & 2 & \cdots & t \\ 1+i & 2+i & \cdots & t+i \\ 1+2i & 2+2i & \cdots & t+2i \\ \vdots & \vdots & & \vdots \\ 1+(t-1)i & 2+(t-1)i & \cdots & t+(t-1)i \end{pmatrix}$$

图 2-3 正交拉丁方完全组 $i = 1, 2, \cdots, t-1$

(1) 第一层节点按照前面测试用例生成算法模型中赋予网络的一般计算功能执行后, 在第二层的第一个节点中有 t 个顺序排列的两位符号串, 分别是 11, 21, $\cdots$, $t1$. 对应图 2-4 所示正交表的前两列中从上到下以 1 结尾的两位位串. 同样, 第二

$$
\begin{pmatrix}
1 & 1 & 1 & 1 & \cdots & 1 & 1 & 1 & \cdots & 1 & 1 \\
1 & 2 & 2 & 2 & \cdots & 2 & 2 & 2 & \cdots & 2 & 2 \\
1 & 3 & 3 & 3 & \cdots & 3 & 3 & 3 & \cdots & 3 & 3 \\
\vdots & \vdots & \vdots & \vdots & & \vdots & \vdots & \vdots & & \vdots & \vdots \\
1 & t-1 & t-1 & t-1 & \cdots & t-1 & t-1 & t-1 & \cdots & t-1 & t-1 \\
1 & t & t & t & \cdots & t & t & t & \cdots & t & t \\
2 & 1 & 2 & 3 & \cdots & i & i+1 & i+2 & \cdots & t-1 & t \\
2 & 2 & 3 & 4 & \cdots & i+1 & i+2 & i+3 & \cdots & t & 1 \\
2 & 3 & 4 & 5 & \cdots & i+2 & i+3 & i+4 & \cdots & 1 & 2 \\
\vdots & \vdots & \vdots & \vdots & & \vdots & \vdots & \vdots & & \vdots & \vdots \\
2 & t-1 & t & 1 & \cdots & i-2 & i-1 & i & \cdots & t-3 & t-2 \\
2 & t & 1 & 1 & \cdots & i-1 & i & i+1 & \cdots & t-2 & t-1 \\
\vdots & \vdots & \vdots & \vdots & & \vdots & \vdots & \vdots & & \vdots & \vdots \\
t & 1 & t & t-1 & \cdots & 1+(t-1)(i-1) & 1+(t-1)i & 1+(t-1)(i+1) & \cdots & 1+(t-1)(t-2) & 1+(t-1)^2 \\
t & 2 & 1 & t & \cdots & 2+(t-1)(i-1) & 2+(t-1)i & 2+(t-1)(i+1) & \cdots & 2+(t-1)(t-2) & 2+(t-1)^2 \\
t & 3 & 2 & 1 & \cdots & 3+(t-1)(i-1) & 3+(t-1)i & 3+(t-1)(i+1) & \cdots & 3+(t-1)(t-2) & 3+(t-1)^2 \\
\vdots & \vdots & \vdots & \vdots & & \vdots & \vdots & \vdots & & \vdots & \vdots \\
t & t-1 & t-2 & t-3 & \cdots & t-1+(t-1)(i-1) & t-1+(t-1)i & t-1+(t-1)(i+1) & \cdots & (t-1)^2 & t(t-1) \\
t & t & t-1 & t-2 & \cdots & t+(t-1)(i-1) & t+(t-1)i & t+(t-1)(i+1) & \cdots & t+(t-1)(t-2) & t+(t-1)^2
\end{pmatrix}
$$

图 2-4 正交表

个节点中也有 t 个顺序排列的符号串, 分别是 12, 22, 32, $\cdots$, $t2$, 对应该表中前两列中以 2 结尾的两位位串, $\cdots$, 第 t 个节点内也有 t 个顺序排列的符号串, 分别是 $1t, 2t, 3t, \cdots, tt$, 对应该表中前两列中从上到下以 t 结尾的两位位串.

(2) 从第二层的每个节点开始, 第一个节点把位串 11, 21, $\cdots$,$t1$, 分别发给第三层的 1 号, 2 号, $\cdots$,t 号节点; 第二个节点把 12, 22, 32, $\cdots$, $t2$, 分别发给第三层的 2 号, 3 号 , $\cdots$,t 号, 1 号节点; 以此类推, 第 t 个节点把 $1t$, $2t$, $3t$, $\cdots$, tt, 分别发给 t 号, 1 号, 2 号, $\cdots$,$t-1$ 号节点. 这样, 第二层每个节点执行完毕之后, 在第三层每个节点中形成 t 个三位的符号串, 第三层中第 $i(1\leqslant i\leqslant t)$ 号节点中按照顺序排列着下面 t 个三位符号串——$1ii$, $2(i-1)i$,$3(i-2)i, \cdots$,$t(i-t+1)i$. 其中加减运算的结果以 t 取模. 这些位串分别对应图 2-4 中的正交表中从上到下前三列中以 i 结尾的位串.

(3) 依次类推, 第 t+1 层每个节点内的符号串输出则构成图 2-4 所示的正交表.

性质 2-1 说明了该算法的第一步 (前面 “算法模型及算法”) 在有些条件下, 可能直接产生满足要求的测试用例表, 这是算法的最佳效果, 此时测试用例数量规模为 $t_1\times t_2$. 性质 2-2 说明这是满足要求的测试用例数量的最小值. 此性质给出了这样一种情况, 即当系统每个接口参数都取某素数个不同值, 且参数个数不超过一定值时, 算法的第一步就能完成测试用例表的生成. 性质 2-3 针对该算法模型说明了算法的实际意义是寻求最少路线实现对网络中不同层上的任意两个节点之间的路径覆盖 (图 2-2).

3. 测试用例自动生成工具及其效果

为了提高软件的测试效率, 降低软件测试成本, 我们研究开发了一套测试数据自动生成工具, 并且把前面 “算法模型及算法” 中的算法作为测试数据生成算法的一个重要组成部分加以实现. 该算法的运行具有很好的效果. 下面列举了一组测试用例生成需求, 用该算法产生了一组相应的测试用例表, 测试用例的数量即测试用例表的行数, 见表 2-5. 从表 2-5 中可以看到, 当系统有 4 个参数, 每个参数有 3 个取值时, 这里的生成算法生成 9 个用例, 而如果对这 4 个参数的各种组合进行全面覆盖, 则需要 81 个测试用例, 精简测试用例高达 75%. 实际上, 在多数情况下, 用该算法产生的测试用例数量远远小于全面覆盖测试要求的测试用例数. 关于这一点, 从表 2-5 中的其他几个例子可以看出. 例如, 该表中第二列表示一个系统有 10 个参数, 其中有 3 个参数是每个参数有 5 个取值, 3 个参数是每个参数有 4 个取值, 1 个参数有 3 个取值, 3 个参数是每个参数有 2 个取值时, 达到对任意两个参数两两组合的全面覆盖需要的测试用例是 30 个, 即测试用例表有 30 行, 而对这 10 个参数的各种组合的全面覆盖需要 192000 个测试用例, 精简了 99.8%. 对于定理中论证的结果也在该算法中得到验证.

表 2-5 生成工具效果

3^4	$5^34^332^3$	3^{13}	$4\times3\times2$	2^{10}	17^{18}	2^{126}	$3^{12}4^5$
9	30	19	12	10	289	86	28

2.1.5 贪心算法框架优化

软件系统的正常运行受到很多因素的影响, 这些因素间未知的相互作用可能会造成一些难以预料的系统故障, 需要设计一个科学有效的测试计划, 系统的检测这些因素间的交互关系. 组合测试是一种有效的软件测试方法, 它生成少量高质量的测试数据, 对参数之间的组合进行系统的检测. Kuhn 等对一些软件系统进行研究发现, 测试检测任意两个参数之间的交互关系能够找出 70%的错误. 基于测试的成本、测试用例的生成难度、各种组合覆盖程度对测试用例集 (覆盖表) 规模的影响等因素, 覆盖任意两个参数之间组合的二维组合测试 (使用二维覆盖表作为测试用例集的测试方法) 是人们最常使用的方法.

覆盖表生成是组合测试研究中的一个热点问题, 关于组合测试研究的论文中的 50%以上是研究覆盖表生成问题的. 人们已经提出多种数学方法、启发式搜索方法和贪心算法, 但这些方法都有各自的局限性, 并只能在解决某些特定问题时具有一定的优势. 例如, TConfig 是一种利用正交表等基本成分进行递归构造的数学方法. 该方法具有生成速度快的特点, 不足之处就是需要依赖已有的代数或组合对象. 在启发式搜索方面, 可以使用禁忌搜索和模拟退火 (simulated anealing, SA) 等方法生成较小的测试用例集, 但这些方法一般需要较长的时间. 相比之下, 启发式贪心算法不仅灵活, 而且速度快, 人们已经分别提出了 AETG[1]、TCG[2]、DDA[6] 和 IPO[3] 等多种启发式贪心方法, 这些方法之间既有区别又有很大的相似性.

Bryce 等[7] 根据 AETG、TCG 和 DDA 方法构建了一个贪心算法框架. 该框架不仅包括已有的这三种方法, 而且从该框架又可以衍生出很多新的贪心算法, 因此, 如何科学地配置、优化受多个因素影响的该算法框架, 有效生成覆盖表是一个新的挑战. Bryce 等利用统计工具 ANOVA 来分析各层框架对覆盖表规模的影响, 给出了一些定性的结果, 但是他们没有给出具体可用的框架配置. 本节针对该算法框架的 6 个决策点设计了 3 条不同的试验路线, 系统地探索各个决策点以及它们之间相互作用对生成覆盖表规模的不同影响. 针对具体问题, 可以寻找最佳配置, 生成规模更小的覆盖表, 为覆盖表生成的贪心算法的设计和优化提供理论和实践基础.

1. *覆盖表生成的贪心算法框架*

Bryce 等[7] 从已有的贪心算法 (AETG、TCG 和 DDA) 中提炼出一个 4 层的具有 6 个决策点的算法框架 (图 2-5). 框架的基本思想是每次只生成一条测试用例使该测试用例尽可能多地覆盖已有测试用例集 C 中未出现的参数组合. 该方法每次确定一个参数, 然后为该参数赋值, 依次执行直到所有参数值都被确定, 一条测试用例就生成了, 具体过程如图 2-5 所示, 该过程涉及表 2-6 所列的 6 个主要决策点 (图 2-5 中的阴影部分所示). 以下分别介绍图 2-5 中的各个决策点.

1) 算法的循环次数 (repetitions)

由于某些决策点的策略是随机的, 算法的每次运行一般结果都不相同, 多次运行会有更多机会获得较小的覆盖表, 但运行次数也不能过多. 如果算法循环次数过多, 不仅会导致时间成本增加, 而且在实践中发现, 当次数增加到一定程度时, 覆盖表规模不再减小, 因此在本节中循环次数只考虑 1、5、10 和 20 这 4 种情况.

```
待测试系统具有 k 个参数, 每个参数 f_i 有 a_i 个值, 已有测试用例集 C (可为空).
(1)按照参数排序策略选择第 i 个参数                                          //参数排序策略
(2)若有多个参数可选, 采取同序参数选择策略选择参数 f_i                        //同序参数选择策略
(3)给选定的参数 f_i 按照值选择策略赋值                                      //值选择策略
(4)若参数 f_i 有多个值可选, 采取同序值选择策略选择一个值                    //同序值选择策略
(5)反复执行 (1)~(4) 步直到所有参数都被取值, 生成测试用例 T                  //第四层
(6)对 (1)~(5) 步循环执行 candidateCount 次, 生成多个候选测试用例            //候选用例集
(7)选择覆盖未被覆盖对最多的作为最终的测试用例 BstT, 加入 C 中               //第三层
(8)反复执行 (1)~(7) 步直到参数之间的两两组合都被覆盖为止, 得覆盖表          //第二层
(9)循环执行 (1)~(8) 步 repetitionCount 次, 选最小的作为最终覆盖表           //循环次数: 第一层
```

图 2-5 贪心算法框架

2) 候选用例集的数目 (candidates)

由于某些决策点策略的随机性, 贪心算法框架每一轮都可生成多个候选测试用例, 选择覆盖未被覆盖对最多的一条用例加入测试用例集 C 中. 这里将候选用例集数目定为 1、5、10 和 20 这 4 种取值.

3) 参数排序 (factor ordering selection)

这是框架的核心之一, 目前从已有算法中提炼出 5 种策略, 分别是: ①与已确定参数相关, 即选择和已确定参数覆盖最多未被覆盖对的参数 (uncovered pairs); ②与已确定参数及待定参数的期望相关 (density); ③与参数的取值数目相关 (level), 按参数的取值数目降序排列; ④随机排序 (random); ⑤杂交策略 (hybrid), 第一个参数的选择和后续参数策略不同, 第一个参数是选择的未被覆盖对最多的参数 (uncovered pairs), 其余参数是随机排序 (random).

4) 值选择 (level selection)

值选择的目标是覆盖最多的未被覆盖对, Bryce 等提出以下 3 种确定参数取值的标准: ①随机选择 (random); ②与已确定参数相关 (uncovered pairs), 即所选择的值和已确定参数之间存在最多的未被覆盖对; ③与所有参数未被覆盖对的期望值相关, 即取决于该参数值的密度 (density).

5) 同序参数选择 (factor tie-breaking)

当采用参数排序的 5 种方法选择参数时, 可能会出现多个参数具有相同的排序而无法确定. 为了解决这种情况, 设计出了打破平局的策略. 按字典序 (take first)、随机选择 (random) 以及选择未被覆盖对 (uncovered pairs) 最多的参数是本书采用的 3 种方法.

6) 同序值选择 (level tie-breaking)

按照参数值选择方法给每个参数赋值时, 也可能出现多个取值具有相同排序而无法为参数赋值的情况. 这里采用 4 种方法: 随机选择 (random)、按字典序 (take first)、选择未被覆盖对最多的值 (uncovered pairs) 以及最少使用过的值 (least frequently).

表 2-6 贪心算法框架中 6 个决策点的具体决策

value no.	repetition count	candidate count	factor ordering	level selection	factor tie-breaking	level tie-breaking
0	1	1	random	random	random	random
1	5	5	uncovered pairs	uncovered pairs	uncovered pairs	uncovered pairs
2	10	10	density	density	take first	take first
3	20	20	level			least frequent
4			hybrid			

7) 贪心算法框架与已有贪心算法的关系

当框架中的策略组合为 (—, 50, hybrid, uncovered pairs, —, uncovered pairs) 时, 是已有的 AETG 算法, 其中, "—" 表示该策略可以随意指定. 在 AETG 中循环次数、同序参数选择策略均可任意指定, 它的参数排序采用了杂交策略, 第一个参数选择了未被覆盖对最多的参数, 其余参数随机排序.

当框架中的策略组合为 (1, 1, density, density, take first, take first) 时, 生成的是 DDA 算法, 它的参数排序也考虑了未赋值参数, DDA 给所有参数都定义了一个密度值, 它是一个确定性的算法.

TCG 和 AETG 非常接近, 差异在于它的参数排序是按照参数取值数目的降序排列的, 候选测试用例的数目也是确定的, 即排序后第一个参数的取值数目 $v_{\max}$. 每条候选测试用例的第一个参数也依次赋值为 $1, 2, \cdots, v_{\max}$. TCG 中值选择也是一个杂交策略, 第一个参数的取值异于其余参数, 这里考虑的是所有参数按照同一策略赋值, 在框架中如果让候选用例集规模 (candidate) 与参数的最大取值个数 ($v_{\max}$) 保持一致, 就形成了 TCG 算法.

2. 试验设计

覆盖表的生成是一个 NP 难问题, 所有方法一般都只能够求近似求解. AETG、

TCG 和 DDA 等方法在解决具体问题时各有千秋, 但是没有一个方法能够在精确性、有效性、一致性以及可扩展性等方面均具有优势. Bryce 等从这些算法中提炼出具有 6 个决策点的贪心算法框架, 框架下的每个决策点均存在多种策略, 任意组合这些决策点可以生成一大类 (本例有 $4\times4\times5\times3\times3\times4=2880$ 种) 贪心算法, 其中也包括 AETG 和 DDA 等已有算法. 本书研究该框架下的各种贪心算法, 关注这类算法在生成覆盖表规模上的性能, 主要解决以下问题.

(1) 算法框架下各个决策点的配置是否对其生成的覆盖表规模具有明显的影响?

(2) 如果影响明显, 是否存在最优配置, 对于某些实例使用该配置总能生成规模较小的覆盖表?

(3) 最优配置是否具有一定的普遍性, 即利用该配置对其他实例能够生成较小规模的覆盖表?

(4) 最优配置下的贪心算法和已有的 AETG、DDA、TCG 方法比较是否具有竞争力?

为了回答这些问题, 设计实现了一个可配置贪心算法下的覆盖表自动生成工具作为试验平台, 它能够运行任意组合配置的贪心算法. 该工具的输入有两个: ①待测系统的参数个数和相应取值, 如 4^{40}(表示一个系统具有 40 个参数, 每个参数有 4 个取值); ②配置集, 框架中 6 个决策点的取值, 形如 (5, 10, uncovered pairs, uncovered pairs, random, random) 这样的配置组成的集合. 为了记录方便, 对表 2-6 中的各个策略用自然数表示, 假定某个决策点有 n 种策略, 记为 $\{0,1,\cdots,n-1\}$, 分别对应表 2-6 最左边第一列的值编号 (value No.). 例如, 配置 (5, 10, uncovered pairs, uncovered pairs, random, random) 即可表示成 (1,2,1,1,0,0). 该工具的输出有两个: ①对于具体待测系统, 能够生成最小规模覆盖表的最优配置及相应的覆盖表; ②每个配置下生成的覆盖表规模.

试验分为最佳配置的探索和验证两个阶段. 首先是从不同角度生成算法框架的配置集, 通过试验平台对每个配置集进行系统的试验, 探索每个决策点以及相互之间关系对框架的不同影响 (问题 (1)), 找出最佳配置 (问题 (2)). 第二阶段则是对得出的最佳配置进行验证, 检测它是否适用于其他实例 (问题 (3)), 并与 AETG、TCG 和 DDA 等已有算法进行比较, 查看在生成覆盖表规模上是否具有竞争力 (问题 (4)). 在第一阶段, 从 3 个角度来设计配置集, 形成 3 条不同的试验路线.

1) pairwise 配置集

针对表 2-6 中的多个决策点和策略, 设计生成一个二维覆盖的配置集. 它能够保证任意两个决策点的所有组合均被覆盖, 共 23 条配置, 如表 2-7 所示. 表 2-7 第一行 $f_0, f_1, \cdots, f_5$ 表示框架中的 6 个决策点, 第一列是配置的编号, 这个配置集覆盖了所有决策点的二维组合, 配置集包含了常见的贪心算法. 例如, 第 3 条配置对应的是 DDA 算法, 第 10 条配置对应的是 AETG 算法.

表 2-7 pairwise 试验的配置集

test no.	f_0	f_1	f_2	f_3	f_4	f_5
P_1	2	2	0	0	0	0
P_2	0	0	1	1	1	1
P_3	1	1	2	2	2	2
P_4	3	3	3	1	0	3
P_5	1	0	4	0	1	0
P_6	0	1	0	0	2	3
P_7	3	2	4	2	2	1
P_8	2	3	1	2	1	2
P_9	2	0	2	2	0	3
P_{10}	2	1	4	1	0	1
P_{11}	0	2	3	0	1	2
P_{12}	0	3	2	1	2	0
P_{13}	3	0	0	1	1	2
P_{14}	3	1	1	0	0	0
P_{15}	1	3	0	0	0	1
P_{16}	1	2	1	1	2	3
P_{17}	1	0	3	2	2	0
P_{18}	0	3	4	2	0	2
P_{19}	3	2	2	0	1	1
P_{20}	2	1	3	1	1	1
P_{21}	0	0	0	2	1	3
P_{22}	1	1	4	0	2	3
P_{23}	2	2	1	1	2	0

2) base choice 配置集

base choice[8] 是一种组合设计方法, 它能够满足一维覆盖. 该方法先确定一个基准配置, 后续配置则是依靠一次只变动基准配置中一个决策点的取值来完成, 其余决策点保持不变. 这样, 直到所有决策点的取值都被覆盖, 配置集就生成了, 表 2-8 是以表 2-7 中配置 P_{23}=(2,2,1,1,2,0) 作为基准配置对应的一个 base choice 配置集.

表 2-8 base choice 配置集 (基准配置 $B_1 = P_{23}$)

test no.	f_0	f_1	f_2	f_3	f_4	f_5	test no.	f_0	f_1	f_2	f_3	f_4	f_5
B_1	2	2	1	1	2	0	B_{10}	2	2	3	1	2	0
B_2	0	2	1	1	2	0	B_{11}	2	2	4	1	2	0
B_3	1	2	1	1	2	0	B_{12}	2	2	1	0	2	0
B_4	3	2	1	1	2	0	B_{13}	2	2	1	2	2	0
B_5	2	0	1	1	2	0	B_{14}	2	2	1	1	0	0
B_6	2	1	1	1	2	0	B_{15}	2	2	1	1	1	0
B_7	2	3	1	1	2	0	B_{16}	2	2	1	1	2	1
B_8	2	2	0	1	2	0	B_{17}	2	2	1	1	2	2
B_9	2	2	2	1	2	0	B_{18}	2	2	1	1	2	3

3) 爬山法的配置集

爬山法是先选定基准配置 C, 然后从第一个决策点 f_0 开始, 只改变 C 中 f_0 的取值, 其他决策点保持不变, 直到该决策点的所有取值都被覆盖, 这样就生成了一组配置, 比较该组配置下贪心算法生成覆盖表的规模, 从中挑选出生成规模最小的配置 C_1 作为新的基准配置, 接着改变配置 C_1 中下一个决策点 f_1 的取值, 基于配置 C_1 生成一组配置, 从中挑选出生成规模最小的配置 C_2 作为新的基准配置, 重复以上步骤直到第 6 个决策点 f_5, 挑选出生成覆盖表规模最小的配置 C_6. 爬山法的配置集是动态生成的, 需要在具体试验中一步步产生.

3 条试验路线体现了 3 种不同的可配置贪心算法优化机制. 利用 pairwise 配置集的试验路线在配置空间中均匀地选择样本来配置贪心算法, 可以系统地检查各个决策点以及它们之间的相互作用对算法性能产生的贡献. 利用 base choice 配置集的试验路线可以更专注于观察每个决策点各种取值对算法性能的影响, 最后取出各个决策点的最佳取值作为最佳配置. 与之非常相似的是利用爬山法 (hill climbing, HC) 配置集的试验路线. 不同之处在于, 爬山法的初始配置在探索每个决策点各个取值对算法性能影响过程中是不断变化的, 它始终被更新为使算法性能最好的配置, 而 base choice 配置集中的初始配置不变, 依次变更每个决策点的各个取值而产生新配置. 这 3 种路线既可以相互独立使用, 也可以互相配合使用, 例如, 可以对利用 pairwise 试验产生的最优配置再进行爬山法或 base choice 法试验, 从而进一步改善算法性能.

3. 试验结果及分析

根据以上 2 个配置集, 配置贪心算法, 并且对多个规模不一的待测系统生成覆盖表, 并记录它们各自的覆盖表规模. 例如, 表 2-9 中的系统 6^4(4 个参数, 每个参数 6 个取值), 在配置 P_1 下, 能得到 59 条测试用例. 试验结果在下面进行具体分析.

表 2-9　运行 pairwise 配置集生成的覆盖表规模

	P_1 (size)	P_2 (size)	P_3 (size)	P_4 (size)	P_5 (size)	P_6 (size)	P_7 (size)	P_8 (size)	P_9 (size)	P_{10} (size)	P_{11} (size)	P_{12} (size)
6^4	59	44	42	42	76	62	43	42	44	42	58	43
$5^1 3^8 2^2$	29	22	22	20	43	32	21	21	20	22	29	20
$8^2 7^2 6^2 5^2$	113	72	71	73	279	129	70	73	71	73	119	71
$3^4 4^5$	33	25	24	24	44	40	24	24	24	24	33	23

	P_{13} (size)	P_{14} (size)	P_{15} (size)	P_{16} (size)	P_{17} (size)	P_{18} (size)	P_{19} (size)	P_{20} (size)	P_{21} (size)	P_{22} (size)	P_{23} (size)
6^4	f	62	53	44	45	45	55	46	47	63	42
$5^1 3^8 2^2$	f	29	27	21	21	21	28	22	23	32	19
$8^2 7^2 6^2 5^2$	f	120	103	75	71	78	112	75	81	125	68
$3^4 4^5$	f	36	30	f	25	25	31	28	28	37	22

1) pairwise 试验

试验结果见表 2-9, 其中第一列是待测系统, 例如, $5^1 3^8 2^2$ 表示一个系统中共 11 个参数, 其中 1 个参数有 5 个取值, 8 个参数有 3 个取值, 2 个参数有 2 个取值. 表中数据记录的是每个配置下贪心算法生成的覆盖表规模的最优解, 其中 "f" 表示在该配置下未能生成覆盖表. 比较这些数据, 可以看出, 不同配置对生成的覆盖表规模影响是很明显的, 如在配置 P_2 和 P_5 下, 对于系统 6^4, 前者生成的覆盖表规模是 44, 后者是 76, 差距比较大.

有时, 不合适的配置还会导致死循环, 以第 13 条配置 (P_{13}) 为例, 它对 4 个待测系统生成覆盖表均失败. 这里以 3^4 为例, 按照配置 P_{13} 来生成覆盖表, 分析算法失败的原因. 表 2-10 是按照该配置已生成的 11 条测试用例, 此时只有 f_0 和 f_1 之间的 (2, 1) 未被覆盖, 按照 P_{13}=(3,0,0,1,1,2) 继续生成测试用例, 按照random策略随机选择一个参数作为第一个参数, 再按照uncovered pairs策略对该参数进行赋值, 由于该测试用例中还没有一个参数被确定, 对于第一个参数所有取值和已确定参数之间的未被覆盖对均为 0, 因此该参数的所有取值均可被用来对该参数进行赋值. 根据同序值选择的策略take first, 选择第一个值就将第一个参数赋值为 0, 后续参数没有一个参数的取值可以和第一个参数的 0 形成新的未被覆盖对, 因此后续参数取值也只能为 0, 依次下去得出测试用例 (0, 0, 0, 0). 无论循环多少次, 都是生成这条测试用例, 它无法覆盖新的未被覆盖对, 算法就陷入了病态循环, 不能得出最终结果. 从这个例子可以看出, 当值选择策略为uncovered pairs, 同序值选择为take first时, 极可能发生病态循环的情况, 那么是这两个策略本身存在缺陷吗? 显然不是, 若改变配置的同序值选择为random或者uncovered pairs就可以避免病态循环的发生, 因此应该是这两个策略组合使用造成了算法的失败, 用户在实际应用时最好避免将这两个策略同时使用.

表 2-10 3^4 的覆盖表

test no.	f_0	f_1	f_2	f_3	新覆盖对数
1	0	0	0	0	6
2	1	0	1	1	6
3	2	0	2	2	6
4	1	1	0	2	6
5	0	2	1	2	6
6	2	2	0	1	6
7	0	1	2	1	6
8	0	1	1	0	3
9	0	2	2	0	3
10	1	2	2	0	3
11	2	0	1	0	2

除了发现无法得出结果的配置, 还找到了最佳配置 P_{23}(表 2-9). 在配置 P_{23} 下, 本书的 4 个研究实例都可得到规模较小的覆盖表, 例如, 6^4 生成的覆盖表规模为 42, $3^4 4^5$ 生成的覆盖表规模为 22, 都是这一系列算法中性能最优的. 因此将 P_{23}=(2, 2, 1, 1, 2, 0) 这一配置作为 pairwise 试验得到的最优配置.

2) base choice 试验

试验首先选定一个基准配置, 然后通过 base choice 方法来系统探索每个决策点对生成覆盖表规模的不同影响. 第一个试验选择的基准配置是 pairwise 试验得出的最佳配置 P_{23}= (2, 2, 1, 1, 2, 0), 其对应的 base choice 配置表见表 2-8, 试验结果如表 2-11 所示.

表 2-11　运行 base choice 配置集生成的覆盖表规模

	B_1	B_2	B_3	B_4	B_5	B_6	B_7	B_8	B_9	B_{10}	B_{11}	B_{12}	B_{13}	B_{14}	B_{15}	B_{16}	B_{17}	B_{18}
$5^1 3^8 2^2$	20	21	20	19	21	20	20	21	20	20	20	29	20	20	20	20	f	21
$3^4 4^5$	24	26	24	23	25	24	24	25	22	23	25	33	24	23	23	25	f	f
$6^1 5^1 4^6 3^8 2^3$	33	36	34	33	37	34	33	38	33	34	39	53	34	34	34	38	f	35
6^4	42	42	42	41	44	43	42	41	41	43	41	55	43	42	43	44	f	44
$8^2 7^2 6^2 5^2$	69	70	69	69	73	70	68	72	69	70	74	114	69	69	68	71	f	75

由于 base choice 配置集中的配置都是单独改变基准配置中某个决策点的取值生成的, 它们和基准配置之间只改变了一个决策点的取值, 其余保持不变. 因此将配置集 (除基准配置) 中改变同一个决策点的配置放入一个集合, 这样可以划分成 6 个集合, 再将基准配置放入所有集合, 按照这种方法, 表 2-8 中的配置集可以划分为$\{B_1, B_2, B_3, B_4\}$、$\{B_1, B_5, B_6, B_7\}$、$\{B_1, B_8, B_9, B_{10}, B_{11}\}$、$\{B_1, B_{12}, B_{13}\}$、$\{B_1, B_{14}, B_{15}\}$和$\{B_1, B_{16}, B_{17}, B_{18}\}$. 以下分别系统地观察在表 2-11 中, 各个集合中每个决策点对生成覆盖表规模性能的变化, 找出该决策点的最优策略.

(1) 循环次数

配置 B_1、B_2、B_3 和 B_4 只改变了框架的循环次数, 分别循环了 10 次、1 次、5 次和 20 次.

(2) 候选用例集数目

B_1、B_5、B_6、B_7 只变动了框架中候选用例集的数目, 这 4 条配置下, 候选用例集数目分别为 10, 1, 5 和 20. 以 6^4 为例, 当候选数目为 10 时, 生成规模是 42, 当候选数目为 20 时, 规模仍为 42 没有改变. 同样增加候选用例集数目, 也会造成覆盖表生成时间过长, 用户要权衡好规模和时间这两者之间的关系.

(3) 参数排序

配置 B_1、B_8、B_9、B_{10} 和 B_{11} 不同的是框架中参数排序的策略, 依次是 uncovered pairs、random、density、level 和 hybrid.

(4) 值的选择

配置 B_1、B_{12} 和 B_{13} 的值选择策略不同, 依次是 uncovered pairs random 和 density.

(5) 同序参数选择

配置 B_1、B_{14} 和 B_{15} 下同序参数选择的策略分别是take first、random 和 uncovered pairs.

(6) 同序值选择

配置 B_1、B_{16}、B_{17} 和 B_{18} 中同序值选择的策略依次为random、uncovered pairs、take first、least frequently. 当策略为take first时, 所有实例均得出覆盖表, 这一点在 pairwise 试验中已经分析过. 当策略为 least frequently时, 算法偶尔也会运行失败, 原因和take first相似. 当值选择和同序值选择策略为 (uncovered pairs, least frequently) 组合时, 算法可能会进入病态循环, 建议用户在使用时尽量避免值选择和同序值选择中 (uncovered pairs, take first) 和 (uncovered pairs, least frequently) 这样两种组合. 除了病态的策略组合, 还找出了性能最优的random, 它在这些策略中表现最稳定, 结果也最理想.

经过以上观察, 可以找出循环次数中的 20, 候选用例集数目 20, 参数排序中的density, 值选择中的uncovered pairs和density, 同序参数选择中的任意策略, 以及同序值选择中的random, 这些策略都是 6 个决策点中性能最优的. 组合这些策略形成新的最优配置 (20,20, density, density 或 uncovered pairs, —, random), 即 (3, 3, 2, 1, —, 0) 和 (3, 3, 2, 2,—, 0), 其中 "—" 表示任意策略.

以下分别考察这些配置的性能, 结果见表 2-12. 表 2-12 中前 3 列表示值选择是density, 同序参数选择策略任选, 其他参数取值不变, 即 (20,20, density, density, —, random). 结果表明, 当值选择为 density 时, 这 3 个同序参数选择策略性能非常接近, 可以任意使用, 中间 3 列是值选择uncovered pairs, 同序参数选择策略任选, 即 (20,20, density, uncovered pairs, —, random), 结果显示在值选择是uncovered pairs时, 同序参数选择是random策略时能够生成较小规模的覆盖表. 通过比较, 得出了 base choice 试验中的最优配置 (20, 20, uncovered pairs, random, random), 即 (3, 3, 2, 1, 0, 0).

表 2-12 多个配置生成覆盖表规模的性能比较

	density			uncovered pairs			随机试验
	random	uncovered	take first	random	uncovered	take first	
$5^1 3^8 2^2$	20	20	20	19	20	19	22
$3^4 4^5$	23	23	23	22	22	22	24
$6^1 5^1 4^6 3^8 2^3$	34	34	33	33	33	34	35
6^4	42	42	42	39	41	41	42
$8^2 7^2 6^2 5^2$	69	68	69	67	68	67	71

为了进一步考查初始配置对 base choice 试验结果的影响, 在第二个试验中, 随机生成一个配置 (3, 2, 4, 2, 0, 3), 然后对它进行同样的 base choice 试验, 得出最优配置 (3, 3, 2, 2, 2, 2), 该配置生成覆盖表规模的性能见表 2-12 最后一列. 结果显示, 随机配置得出的结果比 pairwise 试验中最优配置得出的结果效果略差.

3) 爬山试验

爬山法是从另一个角度来探索贪心算法框架中每个决策点对生成覆盖表规模的不同影响. 这里先以 pairwise 试验中得出的最佳配置作为初始配置, 利用爬山法进行优化. 先选定配置 C 为 pairwise 试验中得出的最优配置 $C=P_{23}=(2,2,1,1,2,0)$, 由于爬山法的配置集是动态生成的, 将按照以下决策点一步步为它生成配置集.

(1) 循环次数

先改变 C=(2, 2, 1, 1, 2, 0) 中循环次数这一决策点的取值, 直到循环次数的 4 个取值均被覆盖, 生成的配置为 H_1=(0, 2, 1, 1, 2, 0)、H_2=(1, 2, 1, 1, 2, 0)、H_3=(3, 2, 1, 1, 2, 0), 将 C 和这 3 个配置一起进行试验, 结果见表 2-13, 比较这组数据可以得出 H_3(循环 20 次) 效果最佳, 因此选择 H_3=(3, 2, 1, 1, 2, 0) 作为循环次数中选定的配置 C_1.

表 2-13 多个循环次数在生成覆盖表规模上的性能

	C	H_1	H_2	H_3
$5^1 3^8 2^2$	20	21	20	19
$3^4 4^5$	24	26	24	23
$6^1 5^1 4^6 3^8 2^3$	34	36	34	34
6^4	42	42	42	41
$8^2 7^2 6^2 5^2$	69	70	69	69

(2) 候选用例集数目

接着依次改变 C_1=(3, 2, 1, 1, 2, 0) 中候选用例集的取值, 生成的配置为 H_4=(3, 0, 1, 1, 2, 0)、H_5=(3, 1, 1, 1, 2, 0) 和 H_6=(3, 3, 1, 1, 2, 0), 将 C_1 和这 3 个配置一起比较, 试验结果见表 2-14. 可以明显观察出 H_6(候选用例集数目 20) 的性能最佳, 因此选择 H_6=(3, 3, 1, 1, 2, 0) 作为候选用例集中选定的配置 C_2.

表 2-14 多种候选用例集数目生成覆盖表规模的性能比较

	C_1	H_4	H_5	H_6
$5^1 3^8 2^2$	19	21	20	19
$3^4 4^5$	23	25	23	23
$6^1 5^1 4^6 3^8 2^3$	34	36	34	33
6^4	42	45	42	41
$8^2 7^2 6^2 5^2$	69	75	70	68

(3) 参数排序

对 C_2=(3, 3, 1, 1, 2, 0), 改变配置中参数排序的策略, 依次生成配置 H_7=(3, 3, 0, 1, 2, 0)、H_8=(3, 3, 2, 1, 2, 0)、H_9=(3, 3, 3, 1, 2, 0) 和 H_{10}(3, 3, 4, 1, 2, 0), 将 C_2 和这 4 个配置一起试验, 结果如表 2-15 所示. 可以观察出, 使用density策略对于多个实例均能生成较小的测试用例集, 因此选择 H_8=(3, 3, 2, 1, 2, 0) 作为参数排序中选定的配置 C_3.

表 2-15 多参数排序策略生成覆盖表规模

	C_2	H_7	H_8	H_9	H_{10}
$5^1 3^8 2^2$	20	20	19	20	20
$3^4 4^5$	23	24	22	23	24
$6^1 5^1 4^6 3^8 2^3$	33	38	33	33	36
6^4	41	41	41	42	42
$8^2 7^2 6^2 5^2$	67	71	66	67	70

(4) 值的选择

通过变化 C_3=(3, 3, 2, 1, 2, 0) 中值选择的取值, 生成了配置 H_{11}=(3, 3, 2, 0, 2, 0) 和 H_{12}=(3, 3, 2, 2, 2, 0), 比较这 3 个配置试验的结果见表 2-16. 可以观察出, random效果最差, uncovered pairs和 density 这两个策略性能比较接近, 效果均比 random 好. 不过, uncovered pairs 性能还是比 density 更为理想一些, 在实例中它能够得出更小的覆盖表规模, 这里选择它作为最优策略, 选择 C_3=(3, 3, 2, 1, 2, 0) 作为值选择中选定的配置 C_4.

表 2-16 多值选择策略生成覆盖表规模

	C_3	H_{11}	H_{12}
$5^1 3^8 2^2$	19	26	20
$3^4 4^5$	22	31	23
$6^1 5^1 4^6 3^8 2^3$	34	51	34
6^4	41	52	41
$8^2 7^2 6^2 5^2$	67	105	69

(5) 同序参数选择

改变 C_4=(3, 3, 2, 1, 2, 0) 中同序参数选择的取值, 依次生成配置 H_{13}=(3,3,2,1, 0,0) 和 H_{14}=(3,3,2,1, 1,0), 试验结果见表 2-17. 比较同序参数选择中的 3 个策略, 发现它们性能相似, 不过random效果还是更理想, 因此选取 H_{13}=(3,3,2,1,0,0) 为该决策点选定的配置 C_5.

表 2-17　同序参数选择性能比较

	C_4	H_{13}	H_{14}
$5^1 3^8 2^2$	19	19	20
$3^4 4^5$	22	22	22
$6^1 5^1 4^6 3^8 2^3$	34	33	33
6^4	41	39	41
$8^2 7^2 6^2 5^2$	67	67	68

(6) 同序值选择

依次改变 C_5=(3,3,2,1,0,0) 中同序值选择的取值, 生成配置 H_{15}=(3,3,2,1,0,1)、H_{16}=(3,3,2,1,0,2) 和 H_{17}=(3,3,2,1,0,2), 试验结果如表 2-18 所示. 对这些策略进行比较, 可以观察出random最优, 因此选择 C_5 作为该部分选定的配置 C_6.

表 2-18　多个同序值选择策略生成覆盖表

	C_5	H_{15}	H_{16}	H_{17}
$5^1 3^8 2^2$	19	23	f	21
$3^4 4^5$	22	24	f	24
$6^1 5^1 4^6 3^8 2^3$	33	34	f	36
6^4	42	42	f	43
$8^2 7^2 6^2 5^2$	67	71	f	f

通过这 6 轮试验, 得出了最优配置 $C* = C_6$=(3, 3, 2, 1, 0, 0).

为了进一步检验爬山法的优化效果是否取决于初始配置, 也随机生成一个配置 (2,1,3,1,1,0), 同样按照以上试验步骤, 进行了爬山法试验, 得出最优配置仍为 (3,3,2,1,0,0). 初步结果显示, 初始配置为随机配置和 pairwise 试验中最优配置时, 分别进行相同的爬山法试验得出的结果一样.

4. **验证试验**

在 pairwise 试验中得出最优配置 Bst_1=(2,2,1,1,2,0), 先通过 base choice 和爬山这两种方法对配置 Bst_1 进行优化, base choice 对配置 Bst_1 进行优化后得出最优配置 Bst_2=(3,3,2,1,0,0); 爬山法对配置 Bst_1 进行优化后也得出最优配置 Bst_2=(3,3,2,1,0,0). 为了检查初始配置不同对 base choice 试验和爬山试验的优化结果是否存在很大影响, 又分别对随机生成的配置进行 base choice 试验得出最优配置 Bst_3=(3,3,2,2,2,2), 进行爬山试验得出最优配置 Bst_2=(3,3,2,1,0,0), 其中 Bst_3=(3,3,2,2,2,2) 是已有的 DDA 算法.

对于以上通过试验找到的性能进行的较好配置, 从以下两个方面验证它们的有效性. ① 它们对其他实例是否适用, 即是否也能生成规模较小的覆盖表; ② 和已有的贪心算法 AETG、TCG 及 DDA 相比, 这些配置是否具有优势. 另外又选择了一些新的实例来对这些配置和已有算法进行试验, 结果如表 2-19 所示. 表中第 2、3、4 列记录的是找出的最优配置, 后 3 列是已有算法 DDA、AETG、TCG. 和已有算法相比, 最优配置在生成覆盖表规模的性能上是具有竞争力的, Bst_2 表现更为突出, 它在一些情况下略优于已有的 3 种算法. 例如, 在配置 Bst_2 下为 $5^1 4^4 3^{11} 2^5$ 生成的覆盖表规模为 26, 而在 3 个已有算法下生成覆盖表的规模分别是 27、30 和 30, 又如在配置 Bst_2 下为 $4^{15} 3^{17} 2^{29}$ 生成覆盖表的规模为 34, 而在 3 个已有算法下覆盖表规模分别为 35、41 和 35.

尽管表 2-19 已经显示优化的贪心算法确实比已有的 DDA、AETG 和 TCG 算法可以产生更好的覆盖表, 但还需要进行更进一步的验证: 优化的贪心算法是否可以在更广泛的范围内都能取得很好的效果? 这个效果与最好的结果有多大的差距?

表 2-19 最优配置和已有算法的比较

	Bst_1 Bst/Avg/Worst	Bst_2Bst/Avg/Worst	DDA(Bst_3)	AETG	TCG
3^{13}	19/19.4/20	18/19/20	18	15	20
$5^1 3^8 2^2$	20/20.6/21	19/20.3/22	21	19	20
$6^1 5^1 4^6 3^8 2^3$	34/35/36	33/34.05/37	34	34	33
$5^1 4^4 3^{11} 2^5$	27/28.2/29	26/27.6/29	27	30	30
$4^{15} 3^{17} 2^{29}$	35/36.3/38	34/34.59/36	35	41	35
$7^1 6^1 5^1 4^5 3^8 2^3$	42/43/45	42/42.75/44	43	45	45
4^{40}	45/46.7/48	43/44.5/45	43	42	46

为了回答这两个问题, 从 Charlie Colbourn 维护的覆盖表专门网站上有代表性地选择了 50 个实例, 分别利用 Bst_1 和 Bst_2 配置的贪心算法来为这 50 个实例产生覆盖表, 然后与该网站上公布的最优结果进行比较. 表 2-20 中列出了这些实例, 包括目前关于这些实例的最好结果以及本书优化方法产生的结果. 为了便于在同一张图上更清楚地看出这些结果之间的差异, 对每个实例 $Case_i$ 的各种结果按照如下公式进行标准化:

$$\text{ST-Case}_i(X) = \text{Case}_i(X)/\text{Case}_i(\text{Best})$$

X 可以取 "Best"、"Bst_1" 和 "Bst_2". 其中 $Case_i$(Best) 表示第 i 个实例的目前 Charlie Colbourn 网站上公布的最优的覆盖表规模; $Case_i(Bst_i)$ 表示利用配置 Bst_i 产生的覆盖表规模, $i = 1, 2$.

表 2-20 在 Charlie Colbourn 网站上选择的 50 个实例

Case	3^{10}	3^{20}	3^{33}	3^{48}	3^{92}	3^{101}	3^{122}	3^{146}	4^{15}	4^{27}
Best	14	15	18	20	21	22	23	24	26	29
Bst_1	16	22	25	28	33	33	34	36	34	40
Bst_2	16	20	24	26	30	31	33	34	32	39

Case	4^{35}	4^{57}	4^{66}	4^{72}	4^{83}	4^{139}	5^9	5^{17}	5^{38}	5^{43}
Best	31	35	36	37	38	41	35	42	48	49
Bst_1	44	49	52	52	54	60	42	53	68	70
Bst_2	42	48	50	50	52	59	40	52	66	68

续表

Case	5^{77}	5^{96}	5^{111}	6^{8}	6^{23}	6^{42}	6^{65}	6^{82}	6^{104}	6^{124}
Best	58	60	64	42	67	74	77	83	90	95
Bst_1	82	87	89	56	83	99	111	118	124	130
Bst_2	79	83	86	53	81	95	108	114	121	125
Case	7^{11}	7^{20}	7^{63}	7^{80}	7^{91}	7^{120}	8^{20}	8^{80}	8^{90}	8^{121}
Best	65	87	91	105	111	123	108	120	133	148
Bst_1	84	105	147	155	160	172	135	201	208	221
Bst_2	81	102	144	152	156	167	131	196	201	216
Case	9^{10}	9^{30}	9^{100}	9^{130}	10^{7}	10^{15}	10^{30}	10^{70}	10^{98}	10^{121}
Best	81	148	160	182	113	136	130	202	215	216
Bst_1	130	191	266	282	140	184	233	296	322	339
Bst_2	124	187	259	274	134	179	228	289	315	332

图 2-6 显示了优化的贪心算法在 50 个实例上的性能, 这里 50 个实例按照表 2-20 中的顺序进行编号, 例如, 第 37 个实例就是表 2-20 中的实例 8^{20}, 对于该实例最好的覆盖表规模是 108 条测试用例, 而使用 Bst_1 配置的贪心算法产生 135 条, 而使用 Bst_2 配置的贪心算法产生 131 条, 这两种方法产生的覆盖表都与最好的覆盖表相当地接近. 从整个图 2-11 中的 50 个实例可以看出, Bst_2 配置略好于 Bst_1, 这两个配置对应的贪心算法产生的覆盖表是最好覆盖表的 1.1~1.8 倍, 是最优覆盖表的很好的近似.

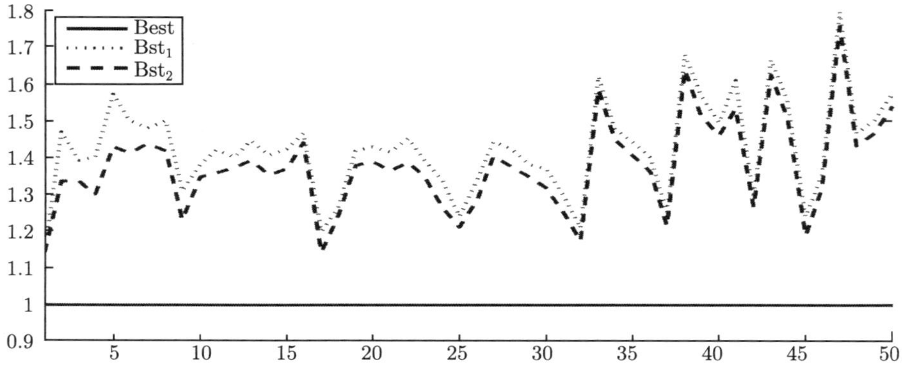

图 2-6　优化的贪心算法在 50 个实例上的性能

5. 结论以及相关工作比较

Bryce 等通过统计工具 ANOVA[7] 研究了几千个贪心算法并进行试验, 得出以下几点结论: ①值选择是最具影响的一层, 其中density效果最佳; ②在值选择固定使用density的前提下, 参数排序对于测试用例集规模的影响最明显; ③在测试用例集规模最为关注时, 增加循环次数比增加候选用例集数目效果更理想.

本节采用 3 种不同的组合设计方法对框架下生成的大量贪心算法进行合理的抽样, 抽取其中一小部分进行研究. 试验结果表明, 这里的试验虽然数据量较小, 但是也得出了和 Bryce 等得出的一致的结论. 例如, 增加循环次数和候选用例集数目能够对覆盖表规模略有改进, 在值选择中密度算法效果较好等. 由于两个试验的研究方法不同, 产生的结论侧重点也有所不同, Bryce 等对框架的各个决策点通过统计工具按照重要程度排好了序, 值选择最重要, 其次是参数选择, 循环次数比候选用例集数目更重要, 而本书更为关注决策点中配置的组合对生成覆盖表的改进, 找出了框架下一个好的配置 (20,20, density, uncovered pairs, random, random).

这里的试验结果是 Bryce 结论的一个补充和验证. 得出以下结论: ①增加循环次数和候选用例集数目, 能对覆盖表规模略有改进, 但同时会增加时间成本, 而且这两个因素增加到一定程度, 覆盖表规模也不再减小, 因此在使用时, 循环次数设为 10~20 次, 候选用例集数目为 10~20 个较为合适; ②参数排序中所有策略性能都比较接近, 但以density最优; ③ 利用random策略给参数赋值时, 其生成覆盖表规模比较大; ④ 在同序值选择中, random性能最佳, 但值选择和同序值选择是 (uncovered pairs, take first) 和 (uncovered pairs, least frequently) 组合时易陷入死循环, 无法生成覆盖表.

6. 结论

本节研究了具有 6 个决策点的覆盖表生成贪心算法框架, 任意组合框架下各个决策点可以生成一大类贪心算法. 为了有效评估这一类算法在生成覆盖表规模上的性能 (回答在试验设计中提出的 4 个问题), 设计实现了一个可配置贪心算法下的覆盖表自动生成工具作为试验平台, 它能够运行任意组合配置的贪心算法.

从不同的路线设计了 3 组试验, 系统地研究框架中各个决策点以及相互作用对生成覆盖表规模的影响, 对 base choice 试验和爬山试验采用了指定基准用例和随机基准用例这两种方法, 得出以下结论.

(1) 算法框架下, 各个决策点的配置对其生成的覆盖表具有明显的影响, 例如, 当值选择是 random 策略时, 会生成规模较大的覆盖表, 值选择和同序值选择是 (uncovered pairs, take first) 时会陷入病态循环.

(2) 通过试验在某些实例中找出了最优配置, 它能够生成较小规模的覆盖表, 例如, (20, 20, density, uncovered pairs, random, random) 和 (20, 20, density, density, —, random).

(3) 在验证试验中通过其他实例对最优配置进行了检测, 结果显示试验中找出的最优配置具有一定的普遍性, 对其他实例也能够生成较小规模的覆盖表.

(4) 试验还将最优配置和已有算法 AETG、TCG 及 DDA 进行了比较, 结果显示找出的最优配置是有优势的, 为多数实例生成的覆盖表都好于已有算法.

(5) 通过对优化配置贪心算法产生的覆盖表与最优覆盖表规模的比较, 发现在最优覆盖表无法获得的情况下, 优化的贪心算法生成的覆盖表可以作为最优覆盖表很好的近似.

本节现有的工作结果可以提供两个方面的用途, 第一, 本节获得的最优配置可以作为现有可配置贪心 (贪心算法框架) 算法的经验配置使用, 用来计算其他覆盖表; 第二, 在一些刻意追求最小规模覆盖表的应用场景下, 本节提供的 3 种试验路线交叉结合使用的方法可以明显改善生成的覆盖表质量.

在下一步工作中, 还将在更广泛的试验基础上寻求和验证更优的框架配置, 具体包括以下几个方面.

(1) 扩大试验规模, 增加试验运行次数, 深入探索框架中病态循环的内在原因. 本节涉及的系统参数个数规模不超过 200, 未来将尝试研究为几百甚至几千个参数的系统生成覆盖表.

(2) 研究参数排序和值选择的杂交策略, 并关注已有部分测试用例 (seed) 和约束 (constraints) 这两种情况.

(3) 进一步研究目前优化后的贪心算法产生的近似最优解与实际最优解之间的接近程度, 研究优化的贪心算法的适用范围等.

(4) 更为透彻地研究决策点之间的相互关系, 为用户提供更有效的经验配置参数, 从而为覆盖表生成的贪心算法的设计和优化提供理论和实践基础.

(5) 研究在可配置贪心算法的经验配置参数不可行的情况下, 直接采用本节提出的 3 种试验路线寻找最优覆盖表的可行性, 进行爬山法、base choice 法、pairwise 法单独使用时的效果比较, 以及它们相互结合后的效果比较, 从而研究出效率更高、效果更好的试验路线.

2.2 数 学 方 法

2.2.1 Kobayashi 等的两两组合覆盖测试用例生成的代数方法

日本大阪大学信息与数学科学系的 Kobayashi 等提出了一种代数方法[9], 在某些情况下, 其效果要比启发式方法和贪心算法好. 该方法考虑一个待测试软件有 n 个参数, 每个参数都有几个取值, 令 p_i 表示取值个数是v_i 的参数的数目 ($1\leqslant i \leqslant k$), 这里 $\sum\limits_{i=1}^{k} p_i=n$. 不失一般性地, 可以假设$\{v_i\}(1\leqslant i \leqslant k)$ 是递减数列, 即若 $i < j$, 则$v_i > v_j$. 用 $[v_1^{p_1}, v_2^{p_2}, \cdots, v_k^{p_k}]$ 表示待测软件系统有 n 个参数, 其中, p_1 个参数有 v_1 个取值, p_2 个参数有 v_2 个取值, $\cdots$, p_k 个参数有 v_k 个取值. 然后分 3 种情况研究如何生成一组数量最少的测试数据, 实现对所有参数两两组合的完全覆盖.

1. $[v^p]$ 的设计

如果待测软件系统有 p 个参数, 每个参数有 v 个取值, 即各个参数取值个数相同, 都是 v 个. 首先限定 v 是某个素数 z 或素数 z 的方幂, 即 $v=z^j(j \geqslant 1)$, 这是 v 个元素的有限域存在的充分必要条件. 下面提出的构造方法就充分利用了这个性质. 用 P 表示素数方幂的集合.

定义 2-1 针对 $[v^p]$ 的两两组合设计称为块结构, 如果这个设计可以划分成若干块, 每一块中元组都可以由这一块中的某个元组 $(\chi_1,\chi_2,\cdots,\chi_p)$ 通过有限域上的加法: $(\chi_1 \oplus i, \chi_2 \oplus i, \cdots, \chi_p \oplus i)$, $i \in (1, 2, \cdots, v)$ 来生成.

把针对 $[v^p]$ 的两两组合设计中的各个分块按照顺序进行编号, 并把各个参数都取相同值的一块作为第一块. 例如, 在图 2-7 中的 $B(3)$ 就是一个具有块结构的针对 $[3^3]$ 的两两组合设计, 其中第一块的每一行都取相同的值. 而图 2-8 中针对 $[3^4]$ 的两两组合设计就不具有块结构的特点.

1	1	1	
2	2	2	block#1
3	3	3	
1	2	3	
2	3	1	block#2
3	1	2	
1	3	2	
2	1	3	block#3
3	2	1	

图 2-7 针对 $[3^3]$ 的具有分块结构的两两组合设计 $B(3)$

1	1	1	1
1	2	2	2
1	3	3	3
2	1	2	3
2	2	3	1
2	3	1	2
3	1	3	2
3	2	1	3
3	3	2	1

图 2-8 针对 $[3^4]$ 的两两组合设计 $D_1(3)$

设 Q_1 和 Q_2 是分别针对 $[v^n]$ 和 $[v^m]$ 的两两组合设计, Q_2 具有块结构. 由这两个设计可以构造出针对 $[v^{nm+1}]$ 的两两组合设计, 并把这个组合设计记为 $Q_1 \times Q_2$, 构造方法如下.

将具有块结构的 Q_2 移去其中的第一块, 形成 Q'_2. 对于 Q_1 中的每一行 $(t_1, t_2, \cdots, t_n)$ 产生 $Q_1 \times Q_2$ 的相应一行:

$$(t_1, t_2, \cdots, t_n, t_1, t_2, \cdots, t_n, \cdots, t_1, t_2, \cdots, t_n, 1)$$

式中, $(t_1, t_2, \cdots, t_n)$ 重复 m 次. 将 Q'_2 中每一块中的每一行 $(t_1, t_2, \cdots, t_m)$ 扩充为

$$(t_1, t_1, \cdots, t_1, t_2, t_2, \cdots, t_2, \cdots, t_m, t_m, \cdots, t_m, i)$$

式中, 每个元素重复 n 次, i 是这一块被指定的块号. 这样就可以产生针对 $[v^{nm+1}]$ 的两两组合设计 $Q_1 \times Q_2$, 其行数为 $|Q_1| + |Q_2| - v$. 对于具有 v(v 为素数或素数方幂) 个元素的有限域, 可以构造 $D_1(v) = (v^2, v^{v+1})$ 和具有块结构的 $B(v)=(v^2, v^v)$. 根据前面的讨论, 可以产生 $D_1(v) \times B(v)$ 作为对 v^2+v+1 个元素 (每个元素有 v 个取值) 的设计. 此时 $D_1(v) \times B(v)$ 有 $2v^2 - v$ 行, 即 $D_1(v) \times B(v)=(2v^2 - v, v^{v^2+v+1})$. 把它记为 $D_2(v)$, 图 2-8 所示的是 $D_1(3)$. 同理, 可以通过观察知: $D_2(v) \times B(v)$ 也是两两组合覆盖的设计, 设为 $D_3(v)$, 即 $D_3(v)=D_2(v) \times B(v)$. 以此类推, 得到 $D_i(v)=D_{i-1}(v) \times B(v)$, 并且 $D_i(v)$ 是 $(v^2 + (i-1)v(v-1), [v^{1+v+v^2+\cdots+v^i}])$. 可以用归纳法证明这个结论.

下面将考虑 v 不是素数方幂的情况. 对于这种情况, 选取大于 v 的最小素数方幂 u 构造两两组合覆盖 $[u^n]$, 对于其中的 $v+1, v+2, \cdots, u$ 设为缺省.

定理 2-2　针对 $[v^n]$ 的两两组合设计的行数 $s = 2u - u^2 + u(u-1)\lceil \log_2\{n(u-1)+1\} \rceil$, 其中, u 是不小于 v 的最小素数方幂.

2. $[v_1, v_2, \cdots, v_n]$ 的设计

考虑系统有 n 个参数, 每个参数有不同数量的取值, 不妨设为 $V=[v_1, v_2, \cdots, v_n]$, 并设 r 为不超过 v_2 的最大素数方幂. 根据 r 的值, 有如下两种情况.

(1) $n \leqslant r+1$, 首先构造 $[r^n]$. 为了对所有参数两两组合情况进行全面覆盖, 还需要增加一些行. 按以下方法设计.

设 l 是一个整数, 且使 $v_l \geqslant r > v_{l+1}$, 根据定义, $l \geqslant 2$. 增加元组 $(t_1, t_2, \cdots, t_n)$ 使 $1 \leqslant t_1 = t_2 = \cdots = t_{l-1} = t_{l+1} = \cdots = t_n \leqslant r$, 且 $r+1 \leqslant t_l \leqslant v_l$, 这种元组一共有 $(v_l - r)r$ 个. 对每个 $i(=l-1, l-2, \cdots, 1)$ 再增加这样的元组: $1 \leqslant t_1 = t_2 = \cdots = t_{i-1} = t_{i+1} = \cdots = t_n \leqslant v_{i+1}$, 且 $r+1 \leqslant t_i \leqslant v_i$, 一共有 $\sum\limits_{i=1}^{l-1}(v_i - r)v_{i+1}$ 个. 因此, 便可以产生针对 $[v_1, v_2, \cdots, v_n]$ 的设计, 其中不可能的值设为缺省. 整个设计的规模是 $r^2 + (v_l - r)r + \sum\limits_{i=1}^{l-1}(v_i - r)v_{i+1}$. 特别是当 $v_2 \geqslant r \geqslant v_3$ 时, 设计的结果是

$(v_1, v_2, [v_1, v_2, \cdots, v_n])$.

(2) $n > r+1$, 设 q 是不小于 v_1 的最小素数方幂, 此时 $q+1 \geqslant n$, 可以构造 $(q^2, [q^n])$, 以此形成 $(q^2, [v_1, v_2, \cdots, v_n])$, 其中不可能的值设为缺省.

定理 2-3 针对 $[v_1, v_2, \cdots, v_n]$ 的设计规模 s 为

$$s = \begin{cases} r^2 + r(v_1 - r) + \sum_{i=1}^{l-1}(v_i - r)v_{i+1}, & n \leqslant r+1 \\ q^2, & n \geqslant r+1 \end{cases}$$

式中, r 是不超过 v_2 的最大素数方幂; l 是一个整数, 使 $v_l \geqslant r > v_{l+1}$; q 是大于 v_1 的最小素数方幂.

3. 一般构造方法

针对 $V=[v_1^{p_1}, v_2^{p_2}, \cdots, v_k^{p_k}]$, 其中 $k \geqslant 2$. 对于某些 i, 有 $p_i \geqslant 2$. 设 u_i 是大于 v_i 的最小素数方幂, 当 $n \leqslant u_1 + 1$ 时, 构造是很直接的, 就是 $(u_1^2, [u_1^n])$.

当 $n > u_1+1$ 时, 设计方法如下.

首先, 根据参数的取值将其划分为 k 个子集: $[v_1^{p_1}], [v_2^{p_2}], \cdots, [v_k^{p_k}]$. 根据前面的构造方法, 产生相应的两两组合覆盖表, 并将其尺寸记为 s_i. 设 $s_m = \max_{1 \leqslant i \leqslant k}\{s_i\}$, 令 $(t_{i,j,1}, t_{i,j,2}, \cdots, t_{i,j,p_i})$ 表示两两覆盖表 $[v_i^{p_i}]$ 的第 j 个元组.

然后, 对每个 $j(1 \leqslant j \leqslant s_m)$ 产生相应设计的元组:

$$(r_{1,j,1}, r_{1,j,2}, \cdots, r_{1,j,p_1}, r_{2,j,1}, r_{2,j,2}, \cdots, r_{2,j,p_2}, \cdots,$$
$$r_{i,j,1}, r_{i,j,2}, \cdots, r_{i,j,p_i}, \cdots, r_{k,j,1}, r_{k,j,2}, \cdots, r_{k,j,p_k})$$

式中

$$(r_{i,j,1}, r_{i,j,2}, \cdots, r_{i,j,p_i}) = \begin{cases} (r_{i,j,1}, r_{i,j,2}, \cdots, r_{i,j,p_i}), & j \leqslant S_i \\ (x, x, \cdots, x), & j > S_i \end{cases}, \quad x \text{ 表示值缺省}$$

最后, 增补一些元组行去覆盖遗漏的组合. 根据上一步, 遗漏项一定发生在取值个数不同的参数之间. 因此, 这里采用针对 $[v_1, v_2, \cdots, v_k]$ 的设计方法, 产生一个对 k 个参数进行两两覆盖的组合设计表. 可以假定对于所有的 $[v_i^{p_i}]$, 第一个元组为 (1, 1, ⋯, 1). 这样在针对 $[v_1, v_2, \cdots, v_k]$ 的设计中的每个元组 $(t_1, t_2, \cdots, t_k)$(去掉 (1, 1, ⋯, 1) 元组) 产生一个增补元组: $(t_1, t_1, \cdots, t_1, t_2, t_2, \cdots, t_2, \cdots, t_k, t_k, \cdots, t_k)$.

定理 2-4 设 $k \geqslant 2$, 对某些 i 有 $p_i \geqslant 2$, 则针对 $V=[v_1^{p_1}, v_2^{p_2}, \cdots, v_k^{p_k}]$ 产生的两两组合设计的规模 s 为

$$s = \begin{cases} u_1, & n \leqslant u_1 + 1 \\ s_m + s - 1, & n > u_1 + 1 \end{cases}$$

$$s=\begin{cases} r^2+r(v_1-r)+\sum\limits_{i=1}^{l-1}(v_i-r)v_{i+1}, & n\leqslant r+1 \\ q^2, & n\geqslant r+1 \end{cases}$$

式中, $s_m=\max_{1\leqslant i\leqslant k}\{2u_i-u_i^2+u_i(u_i-1)\lceil\log_2\{n(u_i-1)+1\}\rceil\}$, u_i 是大于 v_i 的最小素数方幂; r 是不超过 v_2 的最大素数方幂; l 是一个整数, 使 $v_l\geqslant r>v_{l+1}$; q 是大于 v_1 的最小素数方幂.

2.2.2 Williams 的代数方法

加拿大渥太华大学的 Williams 于 2002 年在其博士论文中提出一种新的代数方法[10], 构造两两组合覆盖测试用例集. 在这个方法中, 他首先定义了构造两两组合覆盖表的基本成分 (图 2-9). $O(n^2,n+1,n)$ 表示一个正交表, $B(n^2-1,n+1,n,d)$ 表示将正交表 $O(n^2,n+1,n)$ 第 1 行去掉, 每一列连续重复 d 次而得到的表, 有 n^2-1 行, $(n+1)\times d$ 列; $R(n^2-n,n+1,n,d)$ 表示将 $O(n^2,n+1,n)$ 的前 n 行去掉, 每列重复 d 次而形成的表, 有 n^2-n 行, $n\times d$ 列; $I(c,d)$ 表示全由 1 组成的 c 行 d 列矩阵; $N(n^2-n,n,d)$ 表示由 $n\times d$ 的 2, $n\times d$ 的 3, $\cdots$, $n\times d$ 的 n 从上而下垂直组成的矩阵.

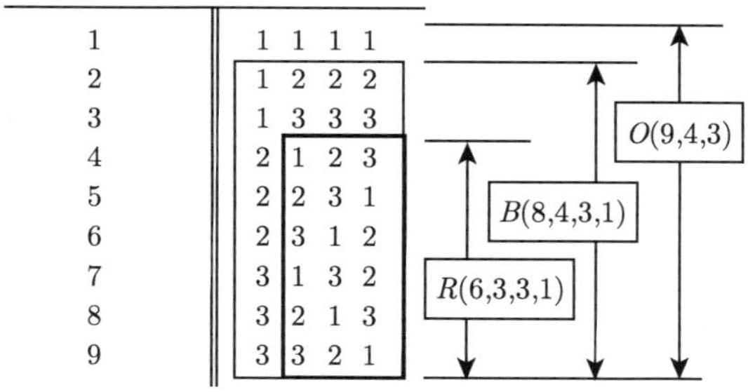

图 2-9　基本构成成分的定义示例

考虑 SUT 有 k 个参数, 其中, 第 i 个参数有 n_i 个取值 (i=1, $\cdots$, k), 这些参数按照取值个数递减排列, 设 n 是不小于 n_1 的最小素数方幂, 即 $n=p^m, n\geqslant n_1, m\geqslant 1, p$ 是素数. 需要构造阶段 $s=[\log_{n+1}(k)]$, 如果 s=1, 在 $O(n^2,n+1,n)$ 中选 k 列就可以了, 不再需要进一步构造, 否则按照算法 2-6 进行构造.

算法 2-6　两两组合覆盖表 $C(c,k,n,2)$ 的构造算法

输入: 参数个数 k, 每个参数的取值个数 n.

输出: 两两组合覆盖表 $C(c,k,n,2)$.

步骤:

```
//设 g_r 表示在第 r 个构造阶段所用的基本块的列数, 初始化时 g_1 = n+1(使用 O(n^2, n+1, n) 作为基本构造块), r = 2, ···, s 时, g_r = n 表示用的是 R 阵, g_r = n + 1 表示用的是
//B 阵. 参数容量为 h
g_1 = n + 1;
for r = 2 to s do g_r = n end for;//初始化
for r = 1 to s do
  h = n + 1;
  for i = 2 to s do//确定参数容量
      h = h × g_i;
      if g_i == n then h = h + 1 end if;//增加附加列
  end for;
  if h < k then g_r = n + 1 else break end if;//决定每个构造阶段使用 R 或 B 阵
end for;
//确定列的重复次数, 决定每一个阶段使用 R 阵或 B 阵时每一列重复的次数 d_r d_1=1;
for r = 2 to s do d_r = d_{r-1} × g_{r-1} end for;
//确定附加列, 设 e_r 为第 r 阶段所增加的附加列, 在这一阶段使用 I(c, e_r) 和
//N(n^2 − n, n, e_r), 其中 c 为第 r 阶段当前覆盖表的行数
for r = 2 to s do
  if g_r == n + 1 then e_r=0 end if;
  if g_r == n then e_r = (d_s g_s)/(d_r g_r) end if;
end for; //设 λ_rq 表示在 q 阶段为 r 阶段的附加列追加的 R 阵数目
if q == r + 1 and r + 1 ⩽ s then λ_rq =1;λ_rq = λ_{rq−1} × n(q = r + 2, ··· , s);
将 O(n^2, n + 1, n) 水平重复 (d_s g_s)/(n + 1) 次形成表 C;
//构造覆盖表 C(c, k, n, 2)
for r = 2 to s do
  在 C 的右边加上 I(c, e_r), c 是 C 当前的行数;
  设 A 为 R(n^2 − n, n, n, d) if g_r = n, 或者 B(n^2 − 1, n + 1, n, d) if g_r = n + 1;
  S 为 A 水平重复 (d_s g_s)/(d_r g_r) 次;
  for q = 2 to s do
    在 S 的右边增加 e_r/(nλ_rq) 个 R(n^2 − n, n, n, λ_rq) 并水平地将 N(n^2 − n, n, e_r) 放在 S 的左边, 将 S 垂直地放在 C 的下边;
  end for;
end for;
```

2.2.3 改进的两两组合覆盖测试用例生成的代数方法

虽然加拿大的 Williams 和日本的 Kobayashi 等各自提出了一种两两组合覆盖测试用例生成的代数方法, 但这两种方法还存在一些问题. 本节在分析比较两种

方法的特点和不足的基础上, 给出了一种改进的代数方法. 为以下叙述的方便, 将 Kobayashi 等的方法记为方法 N, 将 Williams 的方法记为方法 A.

1. *现有代数方法的特点和存在的问题*

两种方法的共同点都是通过一些基本正交表和特征块作为基本成分, 来构造满足要求的复杂的两两组合覆盖表. 方法 N 中的基本成分是正交表 O、具有块结构的表和通过近似方法构造出来的混合覆盖表 $[v_1, v_2, \cdots, v_n]$(详见 2.2.1 节), 方法 A 中的基本成分是正交表 O, 由正交表产生的 B 阵、R 阵、I 阵和 N 阵 (详见 2.2.2 节). 这两种构造方法本质上是一致的, 都是通过基本成分的交叉重叠来构造新的两两组合覆盖表.

方法 N 主要依据的取值个数为某个素数方幂 v 的多因素系统 $[v^k]$, 当参数 (因素) 个数 $k \leqslant v+1$ 时, 存在一个正交表, 而且生成这样的正交表 $O(v^2, k, 2)$ 是容易的, 然后以此为基础, 进行推广; 当 $k > v+1$ 时, 利用 $O(v^2, k, 2)$ 和具有块结构的表按照 2.2.1 节中的方法进行构造. 如果 v 不是素数方幂, 找一个大于 v 的最小素数方幂, 进行近似处理. 对于 $[v_1, v_2, \cdots, v_n]$ 的设计也是找一个不超过 v_2 的最大素数方幂 r(当 $n \leqslant r+1$ 时), 或者找一个不小于 v_1 的最小素数方幂 r(当 $n > r+1$ 时) 生成正交表 $O(r^2, n, 2)$, 以此为基础生成 $[v_1, v_2, \cdots, v_n]$ 的覆盖表. 对于一般情况, 是将这两种情况进行组合使用. 因此, 方法 N 的效果在一定程度上取决于用素数方幂对一般情况取近似时的误差上. 在有些情况下, 这个误差还是比较大的. 例如, 考虑生成 $[6^4]$, 由于 6 不是素数, 找出大于 6 的最小素数方幂是 7, 生成 $[7^4]$ 的需要 49 行, 虽然 $[6^4]$ 至少需要 36 行, 但使用前面介绍的启发式方法中的解空间树的方法只要 42 行. 这是方法 N 存在的问题.

方法 A 在构造覆盖表的基本成分上要比方法 N 丰富, 在方法的形式化描述和算法描述上迈进了一大步, 但研究的问题比较单一, 主要研究方法 N 中 $[v^k]$ 这一种情况的构造方法, 对于其他情况, 则采取比较粗糙的近似方法.

2. *改进的代数方法*

由于正交表的构造还存在很多未解决的问题, 目前只对素数水平的正交表等少数正交表有着较好的构造方法. 在方法 N 和方法 A 中都采用了利用素数水平的正交表作为基本成分来构造一般情况下的覆盖表, 这种做法可以产生任何所需要的覆盖表, 但存在很大误差, 即与符合要求的最小覆盖表存在较大差距. 因此, 本节考虑使用基本覆盖表作为正交表的补充, 把基本覆盖表和正交表一起作为一般覆盖表构造的基本成分. 该方法的关键是在已有方法中使用正交表作为基本成分构造一般的覆盖表时, 考虑是否可用规模更小的覆盖表来替代该正交表作为基本成分, 从而生成规模更小的覆盖表.

下面通过一个例子来说明这里提出的方法的有效性. 例如, 考虑为一个具有 25 个参数 (每个参数有 6 个取值) 的系统生成两两组合的覆盖表 $[6^{25}]$, 利用方法 N 首先找出不小于 6 的最小素数方幂是 7, 通过正交表 $O[7^2, 7, 2]$ 和它对应的 R 阵, 可以构造出 91 行的覆盖表. 如果考虑通过覆盖表 $[6^5]$ 来构造, 由于用前面介绍的方法可以为此产生一个 42 行的覆盖表, 因此利用 $[6^5]$ 可以构造一个只有 84 行的覆盖表. 而对于这种情况, 直接使用方法 A 和方法 N 产生的是 95 行.

因此通过以上例子可以看出, 改进的代数方法实际上是将启发式方法的灵活性和代数方法的简洁性优点进行了结合, 取长补短, 具有一定的优势. 以下针对 3 种情况进行介绍.

第一种情况, 针对系统有 p 个参数, 每个参数有 v 个取值, 即方法 N 中 $[v^p]$ 这种情况的覆盖表的生成方法. 当 v 为素数或素数方幂时, 按照方法 N, 或者按照方法 A 都可以生成满足要求的较好的覆盖表. 这里的方法主要针对当 v 不是素数或素数方幂时, 考虑用前面介绍的 4 种启发式方法生成几个基本覆盖表 $[v^k]$, 其中 $k \leqslant v+1$. 例如, 对于前面的例子, 当考虑生成覆盖表 $[6^p]$ 时, 首先考虑用已有的启发式方法生成这样一组基本覆盖表 $[6^3]$、$[6^4]$、$[6^5]$、$[6^6]$ 和 $[6^7]$, 它们对应的规模分别是 36 行、42 行、42 行、47 行和 56 行. 所以可以分别用这组覆盖表构造一些新的覆盖表, 如 $[6^9]$、$[6^{12}]$、$[6^{25}]$、$[6^{36}]$ 等, 所产生的覆盖表一定比单纯通过方法 N 和方法 A 产生的要好, 但有些不一定比由启发式方法产生的覆盖表好.

第二种情况, 针对 $[v_1, v_2, \cdots, v_n]$ 的设计可以直接采用启发式方法生成相应的覆盖表, 并与由方法 N 生成的覆盖表进行比较, 择优采用.

对于一般情况, $[v_1^{p_1}, v_2^{p_2}, \cdots, v_k^{p_k}]$(其中 $k \geqslant 2$, 对某些 i 有 $p_i \geqslant 2$), 采用类似方法 N 中的两阶段方法: 第一阶段, 生成 $[v_i^{p_j}]$ 的覆盖表, 其中, 当 v_i 为素数或素数方幂且 $p_j \leqslant v_i+1$ 时, 采用正交表, 否则采用产生的覆盖表; 第二阶段生成 $[v_1, v_2, \cdots, v_n]$ 对应的覆盖表, 然后将这些成分按照方法 N 和方法 A 的步骤进行组装即可形成新的覆盖表.

2.2.4 二水平多因素系统的测试数据生成

本节研究二水平多因素系统的一种测试数据生成方法, 给出这类系统基于任意两个因素两两组合覆盖的最优测试数据生成算法, 并证明生成的测试数据具有数量少、效率高的优点, 最后将结果应用于 Linux 的一些源代码的测试, 以及软件配置测试的测试方案的设计等, 表明生成的测试数据具有很高的代码覆盖率和错误检测能力[11].

1. 基本概念

定义 2-2 如果一个系统有 n 个因素 (参数): $f_1, f_2, \cdots, f_n$, 每个因素 (参数)

有两个取值, 将这样的系统称为二水平多因素系统. 如果每个因素 (参数) 有 3 个取值, 那么称为三水平多因素系统; 类似地, 可以定义其他多水平多因素系统. 如果这 n 个因素系统中的每个因素 (参数) 取值个数不完全相同, 那么将这样的系统称为混合水平多因素系统.

本节研究二水平多因素系统的测试数据生成算法及其应用, 对于其他情况, 由于生成算法区别较大, 将在以后继续研究. 对于一个二水平多因素系统, 考虑进行测试数据生成原因有以下两点. 首先, 如果对系统进行全面试验, 测试用例的数量将随系统因素个数的增加而呈指数增加. 例如, 对于一个具有 n 个因素的二水平多因素系统, 进行全面测试的测试用例的数量就有 2^n 个. 这在因素比较多的情况下, 测试用例的数量是很大的, 因此有必要进行测试用例的选择. 其次, 考虑到使系统产生错误的原因有可能是某个因素的某个取值, 或者某些因素之间的相互作用, 即这些因素之间的取值组合, 因此在生成的测试数据中要考虑对各种因素之间的取值组合的最大限度覆盖.

对于一个一般的多因素系统, 如果只考虑检测出是否存在某个因素导致系统出现错误的可能性, 只要保证这些因素的所有取值在所有的测试用例中都出现一次就可以了, 有关这方面的一般性结论如下.

定理 2-5　设一个多因素系统有 n 个因素：$f_1, f_2, \cdots, f_n$, 每个因素的取值水平分别是 $t_1, t_2, \cdots, t_n$, 为保证能检测出某个因素可能使系统产生的错误, 只要选出 $\max\limits_{1\leqslant i\leqslant n}(t_i)$ 个测试数据, 在这些测试数据中让每个因素的各个取值都至少出现一次.

证明　若系统的某个因素 f_i 出错, 则必然是当因素 f_i 取 t_i 个水平取值中的某个值作为输入时, 系统产生了错误. 此时如果有一个测试用例在因素 f_i 上取了这个值, 则这条测试用例一定能把这个错误检测出来. 由于保证每个因素各个取值都至少出现一次的测试用例数量只要选 $\max\limits_{1\leqslant i\leqslant n}(t_i)$ 个, 因此选出的 $\max\limits_{1\leqslant i\leqslant n}(t_i)$ 个测试用例可以检测出系统因某个因素而产生的故障.

根据定理 2-5, 当 $t_1 = t_2 = \cdots = t_n = 2$ 时, 这个系统就是一个二水平多因素系统, 此时如果要检测某个因素对系统的影响, 测试用例只要选两个, 并且在这两个测试用例中保证每个因素的两个取值都出现一次就可以了. 在实际系统中, 情况往往是很复杂的, 有可能某个参数在有些情况下导致系统故障, 而在另外一些情况下不引起系统故障. 本书只从各个因素覆盖的角度来考虑测试数据的生成.

对于一个多因素系统, 导致系统出错的原因, 更多的可能是由于两个或两个以上因素的相互作用而引起的. 为了达到用最少的测试用例实现对这些相互作用因素最大限度覆盖的目的, 必须在测试用例的数量的大小和组合覆盖程度高低要求之间作出选择. 因为组合覆盖要求越高, 测试用例的数量也就越大, 从而测试费用也相应就越高. 一般从实用角度, 在多数情况下, 要求对各因素进行两两组合覆盖的测试, 希望找到一组数量最少且能实现对各个因素两两组合覆盖的测试用例. 以下研究二水平多因素系统的这种测试用例的生成算法和有关应用.

定理 2-6 对于一个二水平多因素系统, 如果存在一组测试用例实现对系统因素进行两两组合覆盖, 则这组测试用例一定覆盖系统的各个因素.

这个结论是很明显的, 因为系统各个因素的两两组合都在这组测试用例中出现过, 那么每个因素的所有取值当然也出现了. 该结论推广到一般情况, 就是定理 2-7.

定理 2-7 对于一个多因素系统, 如果存在一组测试数据实现对系统任意 m 个因素的组合覆盖, 则这组测试数据也能对这个系统的任意 $m-1, m-2, \cdots, 2, 1$ 个因素进行组合覆盖.

对于任意一个二水平多因素系统, 不妨假设每个因素取 0 和 1 两个值. 在具体应用时, 可以用实际的因素值替换 0 和 1. 构造一个矩阵 (式 (2-1)), 该矩阵的每一列表示一个因素, 每一行是一个测试用例. 这样一来, 关于该系统的测试数据生成, 实际上就是构造一个由 0 和 1 作为其元素的矩阵.

$$\begin{bmatrix} 1 & 1 & 1 & 1 & 1 & 1 & 1 & 1 & 1 & 1 \\ 1 & 1 & 1 & 1 & 0 & 0 & 0 & 0 & 0 & 0 \\ 0 & 0 & 1 & 0 & 0 & 1 & 0 & 1 & 0 & 1 \\ 1 & 0 & 0 & 0 & 1 & 1 & 1 & 0 & 0 & 0 \\ 0 & 1 & 0 & 0 & 1 & 0 & 0 & 1 & 1 & 0 \\ 0 & 0 & 0 & 1 & 0 & 0 & 1 & 0 & 1 & 1 \end{bmatrix} \tag{2-1}$$

定义 2-3 若矩阵 $\boldsymbol{A}_{m\times n}$ 中的元素只有 0 和 1, 且任意两列形成的所有有序对包含 (0, 0), (0, 1), (1, 0), (1, 1), 则称为两两组合覆盖表, 其中每一列表示一个因素 (参数), 每一行表示一个测试数据. 如果 m 是使矩阵 $\boldsymbol{A}_{m\times n}$ 成为两两组合覆盖表的最小正整数, 则将矩阵 $\boldsymbol{A}_{m\times n}$ 称为最小的两两组合覆盖表.

矩阵 $\boldsymbol{A}_{m\times n}$ 每一列中的 0 和 1 用该列所代表因素的值替换后, 就形成一组两两组合覆盖的测试用例. 式 (2-1) 就是一个具有 10 个参数的二水平多因素系统的两两组合覆盖表.

2. 测试数据生成算法

下面首先研究二水平多因素系统的两两组合覆盖表的特征, 然后基于这些特征, 给出测试数据生成算法.

1) 二水平多因素系统的两两组合覆盖表的特征

定理 2-8 若有 n 个因素的二水平多因素系统存在一个两两组合覆盖表 $\boldsymbol{A}_{m\times n}$, 则行数 $m \geqslant 4$.

证明　根据两两组合覆盖表的定义可知：$\boldsymbol{A}_{m\times n}$ 的任两列形成的有序对要包含 (0, 0), (0, 1), (1, 0), (1, 1), 行数 m 至少要 4 行, 即 $m\geqslant 4$.

定理 2-8 给出了二水平多因素系统两两组合覆盖表行数的下界. 下面来研究这种覆盖表行数的上界. 为了研究的方便, 假定每种因素以相同概率取到它的两个值, 则有以下结论.

定理 2-9　令 $\boldsymbol{A}_{2m\times n}$ 为一个由 0 和 1 组成的 $2m$ 行、n 列的矩阵, 矩阵的每一列中 0 和 1 出现的次数相同, 都是 m 次, 则这个矩阵能成为二水平多因素系统的两两组合覆盖表的充要条件如下：

(1) $\boldsymbol{A}_{2m\times n}$ 的任意两列不能相同;

(2) $\boldsymbol{A}_{2m\times n}$ 的任意两列不能互补;

(3) 列数 n 不能超过 $\dfrac{C_{2m}^{m}}{2}$, 即此时因素的个数最多是 $\dfrac{C_{2m}^{m}}{2}$ 个.

定理 2-9 中的一个矩阵的两列互补, 是指对这两列中任意一行的两个元素进行 "异或" 运算的值都必须为 1; 两列不互补指这两列中至少有一行的元素值相同. 下面来证明这个定理.

证明　必要性. 如果一个由 0 和 1 组成的 $2m$ 行、n 列的矩阵 $\boldsymbol{A}_{2m\times n}$ 是一个二水平多因素系统的任意两列组合覆盖表, 即保证 $\boldsymbol{A}_{2m\times n}$ 的任意两列形成的有序对包含 (0, 0), (0, 1), (1, 0), (1, 1).

如果条件 (1) 不满足, $\boldsymbol{A}_{2m\times n}$ 出现两列相同, 即有两列对应位置上同为 0 或同为 1, 则这两列所形成的有序对只包含有序对 (0, 0), (1, 1), 就不会包含有序对 (0, 1), (1, 0), 从而不满足覆盖表的要求.

如果条件 (2) 不满足, $\boldsymbol{A}_{2m\times n}$ 中出现两列互补, 即有两列对应位置上都是一个为 0, 一个为 1, 则这两列所形成的有序对只包含有序对 (0, 1), (1, 0), 就不会包含有序对 (0, 0), (1, 1), 从而也不满足覆盖表的要求.

由于矩阵 $\boldsymbol{A}_{2m\times n}$ 的每一列中 0 和 1 都出现 m 次. 根据以上讨论, 要使每一列各不相同, 这个问题就转化为 "从 $2m$ 个位置选出 m 个放 1, 剩下的位置放 0, 一共有多少种选法" 的排列组合问题. 由排列组合知识可知共有 C_{2m}^{m} 种不同的选法. 但其中有互补的选法, 由排列组合的对称性, C_{2m}^{m} 种不同选法中, 每一种选法, 都存在与它对应的互补的选法, 因此根据条件 (2), 要将互补的两列中去掉一个, 这样只剩下 $\dfrac{C_{2m}^{m}}{2}$ 列. 这就证明了条件 (3) 列数 n 不能超过 $\dfrac{C_{2m}^{m}}{2}$, 即此时因素的个数最多是 $\dfrac{C_{2m}^{m}}{2}$ 个.

充分性. 如果一个由 0 和 1 组成的 $2m$ 行、n 列的矩阵 $\boldsymbol{A}_{2m\times n}$ 满足条件 (1)、(2) 和 (3), 那么该矩阵任两列不会相同 (不妨设这两列分别为第 i 列和第 j

列), 且在这两列中 0 和 1 都出现 m 次, 如果在这两列对应的某个位置一个为 0, 一个为 1, 则必存在另一个位置一个为 1, 一个为 0, 即这两列形成的有序对 (0, 1) 和有序对 (1, 0) 是成对出现的, 有多少组 (0, 1), 就有多少组 (1, 0); 否则就不能保证 0 和 1 在这两列中都出现相同的次数即 m 次. 又由于第 i 列和第 j 列不会互补, 故在这两列形成的有序对中必存在有序对 (0, 0) 和有序对 (1, 1) 且这两种有序对也是成对出现的, 即有多少组 (0, 0) 就有多少组 (1, 1).

因此, 此时 $\boldsymbol{A}_{2m\times n}$ 的任意两列所形成的有序对包含 (0, 0), (0, 1), (1, 0), (1, 1), 即矩阵 $\boldsymbol{A}_{2m\times n}$ 是一个二水平多因素系统的两两组合覆盖表.

定理 2-9 给出了一种二水平多因素系统的任意两列组合覆盖表的生成方法, 但是否是最小的, 如果不是最小的, 它与最小的差别有多大? 还有待下面进一步讨论. 由定理 2-9 可得如下推论.

推论 2-1 如果一个二水平多因素系统有 n 个因素, 其中 $\frac{1}{2}C_{2(m-1)}^{m-1} < n \leqslant \frac{1}{2}C_{2m}^{m}(m \geqslant 2)$, 则可以为该系统生成一组具有 $2m$ 行的两两组合覆盖表.

通过表 2-21 可以比较清楚地看到这一个结论的重要性.

表 2-21 二水平多因素系统中因素数目与相应覆盖表行数一览表

因素数目 (n)	$n=3$	$3<n\leqslant 10$	$10<n\leqslant 35$	$35<n\leqslant 126$	$126<n\leqslant 464$	$\cdots$	$\frac{C_{2(m-1)}^{m-1}}{2}<n\leqslant\frac{C_{2m}^{m}}{2}$
覆盖表行数 $(2m)$	4	6	8	10	12	$\cdots$	$2m$

从表 2-21 中可以看出, 如果一个二水平多因素系统有 100 个因素, 则该系统只要 10 个测试用例就可以达到对这 100 个因素的两两组合覆盖; 如果有 400 个因素, 则只要 12 个测试用例就可以达到对这 400 个因素的两两组合覆盖. 同时, 在这里可以看到, 式 (2-1) 是一个最小的具有 10 个因素的二水平多因素系统的两两组合覆盖表.

下面将证明这些覆盖表是最小两两组合覆盖表.

定理 2-10 令 $\boldsymbol{A}_{2m\times n}$ 为一个由 0 和 1 组成的 $2m$ 行 $(m \geqslant 2)$、n 列的矩阵, 矩阵的每一列中 0 和 1 出现的次数相同, 都是 m 次. 如果 $\boldsymbol{A}_{2m\times n}$ 满足条件如下 3 个条件, 那么 $\boldsymbol{A}_{2m\times n}$ 是二水平多因素系统的最小两两组合覆盖表:

(1) $\boldsymbol{A}_{2m\times n}$ 的任意两列不能相同;

(2) $\boldsymbol{A}_{2m\times n}$ 的任意两列不能互补;

(3) 列数 n 满足 $\frac{C_{2(m-1)}^{m-1}}{2} \leqslant n \leqslant \frac{C_{2m}^{m}}{2}$.

证明 由定理 2-8 可知 $\boldsymbol{A}_{2m\times n}$ 是 n 个二水平因素系统的任意两列组合覆盖

表, 主要证明它是最小的. 下面采用归纳法证明这个结论.

当 $n=3, m=2$ 时, 显然可以看出, 二水平三因素系统的最小的两两组合覆盖表是 $\boldsymbol{A}_{4\times 3}$.

设当 $m=k$ 时, 结论成立, 即 $\boldsymbol{A}_{2k\times n}$ 是最小的具有 n 个因素的二水平多因素系统的两两组合覆盖表. 那么, 当 $m=k+1$ 时, 由条件 (3) 有 $\frac{C_{2k}^{k}}{2}<n\leqslant\frac{C_{2(k+1)}^{k+1}}{2}$. 由于要保证每个因素的两个取值出现的次数相同, 对于矩阵 $\boldsymbol{A}_{2k\times n}$, 当因素个数 $n=\frac{C_{2k}^{k}}{2}$ 时, 该矩阵的列数已经不能再进行增加, 即已经达到最大. 因此, 当 $\frac{C_{2k}^{k}}{2}<n\leqslant\frac{C_{2(k+1)}^{k+1}}{2}$ 时, 最小的矩阵是 $\boldsymbol{A}_{2(k+1)\times n}$, 即此时 $\boldsymbol{A}_{2(k+1)\times n}$ 是最小的二水平多因素系统的两两组合覆盖表.

根据归纳法, 定理得证.

2) 测试数据生成算法

由于二水平多因素系统的两两组合覆盖表的每一列是一个由 m 个 0 和 m 个 1 组成的二进制序列, 构造一张两两组合覆盖表, 实际就是找出 n 个由 m 个 0 和 m 个 1 组成的二进制序列. 为了保证这 n 个二进制序列不相同、不互补, 算法从seed=00··· 011···1 开始, 按照二进制数从小到大的顺序逐步搜索, 顺序找出其余的 $n-1$ 个由 m 个 0 和 m 个 1 组成的二进制序列. 可以证明, 算法 2-7 将得到的这 n 个二进制序列作为列而形成的矩阵就是两两组合覆盖表, 原因如下.

(1) 这 n 个二进制序列是按照二进制数从小到大的顺序依次找到的, 因此任意两个不会相同.

(2) 由 m 个 0 和 m 个 1 组成的二进制序列共有 C_{2m}^{m} 个, 但其中任何一个都有一个与它互补, 可以根据首位是 0 还是 1 将这 C_{2m}^{m} 个二进制序列分成两组, 显然首位是 0 的一组 $C_{2m}^{m}/2$ 个二进制序列中任意两列不会互补, 并且作为二进制数一定都小于首位是 1 的一组 $C_{2m}^{m}/2$ 个二进制数, 由于算法是从seed=00···011···1 开始, 按照二进制数从小到大的顺序找出 n 个由 m 个 0 和 m 个 1 组成的二进制序列, 因此, 当 $\frac{C_{2(m-1)}^{m-1}}{2}<n\leqslant\frac{C_{2m}^{m}}{2}$ 时, 找到的 n 个二进制序列中任意两个不会互补, 并且首位都将是 0.

算法 2-7　二水平多因素测试数据生成

输入: 参数个数 n.

输出: n 个二水平因素的系统的两两组合覆盖表.

步骤:

由公式 $\frac{1}{2}C_{2(m-1)}^{m-1} < n \leqslant \frac{1}{2}C_{2m}^{m}, m \geqslant 2$ 算计出 m 的值;

把 $2m \times n$ 矩阵 $\boldsymbol{A}$ 的第一列初始化为 $00\cdots011\cdots1$(前 m 位是 0, 后 m 位为 1),seed=$00\cdots011\cdots1$;

//把与二进制序列 $00\cdots011\cdots1$ 对应的二进制数记为 seed

for $i=2$ **to** n **do**

  repeat

   seed=seed+1;

  until seed 对应的二进制序列是由 m 个 1 和 m 个 0 组成;

  把 seed 对应的二进制序列填入矩阵 $\boldsymbol{A}$ 的第 i 列;

end for;

算法的时间复杂性为 $o(2^{2m-1})$, 其中 $\frac{C_{2(m-1)}^{m-1}}{2} < n \leqslant \frac{C_{2m}^{m}}{2}$. 由于一般情况下, m 要远远小于 n. 例如, 当 n=1700 时, m=7; n=6000 时, m=8. 因此, 该算法不仅实现很简单, 而且对二水平多因素系统规模 n 的时间复杂性也不高.

3. 测试数据生成算法的应用

在 Linux 源代码中有很多命令, 这些命令一般都带有很多参数, 多达几十个, 每个参数一般可取一个、两个或多个值. 这些命令程序都需要进行一定程度的严格测试, 进行全面测试一般需要的测试数据量很大. 我们可以把它们处理成二水平多因素系统进行模块测试. 例如, 用来检测连接的 ping 命令, 就可以作为一个具有 15 个参数的二水平多因素系统, 如果进行全面测试需要 2^{15} 个测试用例, 利用测试数据生成算法只产生 8 条测试数据就实现了两两组合覆盖. 用来列磁盘目录的 ls 命令可以作为含有 29 个参数的二水平多因素系统, 也只需要 8 条测试用例就能实现两两组合覆盖; 用来查询内存使用情况的 vmstat 命令可以作为具有 8 个参数的二水平多因素系统, 需要 6 条测试用例实现两两组合覆盖. 当用这些产生出来的测试用例对各个命令进行测试时, 代码覆盖率一般都为 40%~60%. 由于测试用例的数量很少, 因此这个代码覆盖率相对较高.

4. 结论

本节提出了二水平多因素系统测试数据的一种生成算法, 生成的测试用例能够实现对各个参数两两组合的全面覆盖, 同时各个参数的每个取值在这些测试用例中是等概率出现的. 证明了该算法的有关性质, 并将算法产生的测试数据应用于一些 Linux 源代码的测试, 表明这种算法能够产生有效的高质量测试数据, 具有广阔的应用前景.

关于两两组合覆盖的测试数据生成算法, 还有很多没有解决的问题. 例如, 对于一般的多因素系统, 如何找出最小的两两组合覆盖表. 本节解决的只是二水平多因素系统在各个参数的取值等概率出现的情况下的最小两两组合覆盖表的生成算法问题. 关于一般情况下的最小两两组合覆盖表的生成算法已经在前面章节中进行了系统论述.

2.3 演化算法

2.3.1 覆盖表生成的遗传算法配置参数优化

Ghazi 等在 2003 年最先将遗传算法应用于覆盖表的生成[12], 他们通过试验得出在参数个数为 4, 每个参数取值个数都为 3 的待测系统中, 利用遗传算法可以得到包含 11 条测试用例的二维覆盖表. 文章只表明使用遗传算法生成覆盖表的可行性, 试验只用了一个例子, 试验设计过于简单且没有进行深入的研究.

Shiba 等在 2005 年介绍覆盖表生成的人工智能技术的文章[13] 中, 对遗传算法如何确定染色体结构、适应度函数、选择交叉变异策略等进行了讨论, 并对其中一组配置进行了试验, 文章中并没有对遗传算法生成覆盖表的性能进行分析.

McCaffrey 在 2010 年提出遗传算法生成覆盖表的性能会受到其自身配置参数的影响[14], 提取出种群规模、染色体结构、进化选择策略等因素并进行了讨论. 但是 McCaffrey 只通过试验验证了在其中一种参数配置下, 遗传算法生成覆盖表的效果比较理想, 并没有系统地探索遗传算法自身的这些因素及其相互作用对算法性能的影响性质和影响程度.

针对已有工作未能系统探索遗传算法生成覆盖表的性能, 本节对遗传算法的配置参数进行更深入的探索, 重点关注种群规模、进化代数、交叉概率、变异概率和遗传算法的变种算法这 5 个重要配置参数及其相互关系对遗传算法生成覆盖表性能的影响程度和影响性质. 通过科学的试验设计, 对这 5 个配置参数的取值组合进行优化以找出覆盖表生成遗传算法的最优参数配置, 从而进一步发掘遗传算法在覆盖表生成方面的潜力.

1. *覆盖表生成的遗传算法*

遗传算法是一种通过模拟自然世界生物进化过程探索问题最优解的演化搜索算法, 已被广泛地用于复杂的优化问题. 在遗传算法中, 问题的一组候选解以染色体的形式构成算法的初始种群, 算法对每一代种群中的染色体进行交叉变异, 然后通过适应度函数值这一评价标准, 淘汰适应值较差的染色体, 保留适应值较好的染色体进入下一代, 直到某一代种群中出现适应值满足问题要求的染色体, 该染色体就是问题的最优解.

本节采用待测系统 SUT 中参数 $C_1, C_2, \cdots, C_n$ 的一个取值组合 $< a_1, a_2, \cdots, a_n >$ 作为染色体, 即候选测试用例, 以逐条生成测试用例的方式构造二维覆盖表. 其具体流程如下 (图 2-10).

第一步, 初始化测试用例集 TG(TG 可设为空集, 也可放入所需的初始用例); 初始化待测系统 SUT 中需要被覆盖的二元组集合 S; 随机生成初始的种群, 种群规模为 m; 初始化进化代数 T; 初始化种群个体的适应值数组为 fitness.

第二步, 计算种群中各染色体的适应度函数值, 适应值就是该染色体所包含的未被 TG 覆盖的二元组合对个数.

第三步, 对种群中的染色体进行选择, 交叉 (交叉概率为 P_{c}), 变异 (变异概率为 P_{m}) 以产生新的种群. 对新种群中的个体进行适应值评价, 若新的种群中存在最优染色体 c, 则将其作为覆盖表中的一条新的用例, 跳至第五步; 否则重复该步过程, 直到迭代次数达到 T.

第四步, 在当前种群中选择适应值最高的染色体 c, 作为覆盖表中的一条新的用例.

第五步, 将 c 加入 TG 中, 并从 S 中删去 c 所包含的二元组合对, 若 S 为空集, 即当前 TG 中的用例包含了所有二元组合对, 则算法结束, TG 就是所求覆盖表; 否则, 跳至第三步.

```
/*第一步*/
initialize(TG);                  //初始化测试用例TG (TG可以设为空集, 也可放入一些指定的初始用例)
initialize(S);                   //初始化未被TG覆盖的二元组集合S
initialize(group[m][n]);         //初始化种群, 种群规模为m, 每条染色体为一条测试用例, n为测试用例参数个数
initialize(T);                   //初始化最终进化代数T
initialize(fitness[m]);                //初始化种群个体的适应值数组
/*第二步*/
evaluate(group[m][n],fitness[m]);     //对种群个体进行适应值评价
while(there are uncovered pairs in S)
{
      /*第三步*/
      t=0;                             //重置当前进化代数t
      while(t<T)                       //当前进化代数t没有达到T
      {
            Select(temp[m][n], group[m][n]);       //利用轮盘赌选择法从group中选取染色体进入temp
            Crossover(temp[m][n]);                 //对temp中的染色体进行交叉
            Mutate(temp[m][n]);               //对temp中的染色体进行变异
            transit(group[m][n], temp[m][n]);      //将temp中的染色体放回group中
            evaluate(group[m][n], fitness[m][n]); //对种群个体适应值进行评价
            if(there is a best chromosome "c" in group[m][n])
                  break;
            t++;
      }
      /*第四步*/
      if(there isn't a best chromosome in group[m][n])
            choose a chromosome "c" in group[m][n] with the highest finess;
      /*第五步*/
      TG = TG∧c; //将最优解c加入测试用例集TG
      S = S - {c};     //从S中删去c所包含的二元组合对
}
//TG即为所求覆盖表
```

图 2-10 覆盖表生成的遗传算法流程图

由于遗传算法的效果受其自身配置参数的影响, 为了进一步提高算法生成覆盖

表的性能, 以下从中提取出种群规模 m、进化代数 T、交叉概率 P_{c}、变异概率 P_{m} 以及遗传算法变种算法这 5 个对其性能影响较大的重要因素进行进一步讨论.

1) 种群规模 m

遗传算法中种群是由一定数量的染色体组成的, 种群中染色体的数量称为种群规模 m. 通常, 种群规模太小则不能提供足够的采样点, 造成算法过早收敛; 种群太大虽然可以增加优化信息, 阻止早熟收敛的发生, 但无疑会增加计算量, 造成收敛时间太长. 本书的种群规模取值集合为{100, 2100, 4100, 6100}, 以确定覆盖表生成效果最好的种群规模.

2) 进化代数 T

通过进化代数 T 限定算法每轮的迭代次数, 迭代次数达到进化代数 T 则算法终止. 与种群规模取值相似, 终止进化代数过小, 则生成的解无法接近最优解, 过大则运行消耗代价过大. 因此, 在实际问题解决时, 需要权衡各方面的因素, 力图找到一个平衡点. 本书中 T 的取值集合为{100, 600, 1100}.

3) 交叉概率 P_{c}

对种群中的染色体进行交叉操作以产生新的染色体, 实质上是对问题解空间的广度搜索. 若交叉概率太大, 则种群中个体更新很快, 容易破坏已有的高适应值的个体; 若概率太小, 则交叉操作很少进行, 会使搜索停滞不前, 造成算法的不收敛. 本书中 P_{c} 的取值集合为{1, 0.8, 0.6, 0.4, 0.2}.

4) 变异概率 P_{m}

变异操作是对种群模式的扰动, 有利于增加种群的多样性, 实质上是对问题解空间的深度搜索. 同样, 变异概率太小很难产生新模式; 变异概率太大则会使遗传算法成为随机搜索算法, 失去遗传算法的特性和优点. 本书中 P_{m} 的取值集合为{1, 0.8, 0.6, 0.4, 0.2}.

5) 遗传算法的变种算法

本书在对传统遗传算法 4 个配置参数进行探索的同时, 对遗传算法进行一定程度的改动, 以发掘遗传算法生成覆盖表的潜力. 本书探索的算法如下.

(1) GA, 即遗传算法. GA 采用逐条生成测试用例的方法. 在种群进化过程中, 父代的最优个体 c 直接进入子代, 其余染色体的选择策略 select 为轮盘赌选择法; 适应值 f 为该条染色体所包含的未被覆盖对的个数; 交叉策略为多点交叉; 变异策略是单点变异.

(2) GA-. 在种群进化过程中, GA- 将 GA 中适应值 f 改为该条染色体所包含的已被覆盖对的个数, 使 GA 的优胜劣汰制变为优汰劣胜制 (注：优汰劣胜仅为种群进化中 select 的标准, 而个体进入覆盖表的标准仍是选取包含未被覆盖对个数最多的个体).

(3) GAr. 在种群进化过程中, GAr 将 GA 染色体选择策略 select 改为随机选择, 即父代中的个体随机选择进入子代.

(4) GA climb. 在 GA 的基础上, 采用爬山法对每一代种群中最优个体进行处理. GA climb 算法中每一代的最优个体 c 只可能被当前适应值更高的个体替换; 否则直接进入下一代而不参加其他操作. 算法保证了最优个体的优良特性能够在不被交叉变异破坏的基础上得到不断优化.

(5) GA-climb. 在 GA- 的基础上改变对每一代种群中最优个体的处理, 处理过程同 GA climb.

(6) GAr climb. 在 GAr 的基础上改变对每一代种群中最优个体的处理, 处理过程同 GA climb.

2. 试验设计

试验表明, 覆盖表生成的遗传算法的效果会受到其自身 5 个因素 (配置参数) 的影响. 如何确定相应的配置参数取值以求算法达到最好效果, 即如何对有序集 < 算法, 种群规模, 进化代数, 交叉概率, 变异概率 > 进行取值, 这是本书需要解决的问题. 本书通过对形如 <GA-, 2100, 600, 0.21, 0.41> 的不同参数配置下的遗传算法的性能进行测试和比较, 主要回答以下问题: ①遗传算法这 5 个因素对于算法的性能的影响程度和性质如何; ②是否存在一组最优参数配置, 使二维覆盖表的遗传算法对于某个特定问题, 总是能发挥较优的性能; ③该组最优参数配置是否具有通用性, 即对于其他覆盖表生成问题也能产生近优解.

遗传算法的 5 个配置参数在相应取值范围内产生的值组合 (即参数配置) 规模庞大, 在表 2-22 中的参数取值情况下, 共产生 $6\times4\times3\times5\times5=1800$ 种不同的参数配置, 利用每一种配置对应的遗传算法进行覆盖表生成并选优是不可行的.

表 2-22 遗传算法 5 个配置参数的取值集合

算法	种群规模	进化代数	交叉概率	变异概率
GA	100	100	1	1
GA-	2100	600	0.8	0.8
GAr	4100	1100	0.6	0.6
GA climb	6100		0.4	0.4
GA-climb			0.2	0.2
GAr climb				

为了更高效地解决问题, 本试验采用 3 条试验路线对最优参数配置进行搜索, 利用 3 个不同的参数配置集, 在确保击中最优参数配置的前提下, 大大减少所需测试的配置个数 (为了在配置集中方便记录各参数的取值, 本书将其对应为有序的自然数, 如表 2-22 中 “种群规模” 中有 4 个不同取值, 将其与 0、1、2、3 这 4 个自然

数相对应).

1) pairwise 参数配置集

假设表 2-22 中各参数两两之间存在相互作用, 对其进行二维组合覆盖, 生成的二维覆盖表作为 pairwise 配置集. 为了更高概率地包含较优配置, 本书没有采用规模最小的覆盖表, 而是加入适量冗余. 如表 2-23 所示, 该覆盖表共有 34 组不同的参数配置, 这 34 条参数配置覆盖了所有参数之间的二维组合. 比较该组参数配置集下遗传算法的待测实例覆盖表生成效果, 从中得到最优参数配置 $P_x(1 \leqslant x \leqslant 34)$.

表 2-23　pairwise 配置集

test no.	a_1	a_2	a_3	a_4	a_5	test no.	a_1	a_2	a_3	a_4	a_5
P_1	5	3	1	0	1	P_{18}	3	1	0	0	4
P_2	4	1	2	0	3	P_{19}	2	3	1	2	2
P_3	2	2	0	4	4	P_{20}	5	2	2	4	3
P_4	3	0	1	1	0	P_{21}	2	2	1	0	0
P_5	0	0	0	2	1	P_{22}	3	3	0	3	1
P_6	5	1	0	3	0	P_{23}	1	0	0	3	4
P_7	3	2	2	3	2	P_{24}	4	2	1	4	1
P_8	1	3	0	1	3	P_{25}	0	1	1	2	3
P_9	0	3	2	4	0	P_{26}	0	1	1	1	2
P_{10}	1	1	1	4	2	P_{27}	3	0	2	4	3
P_{11}	4	3	1	2	4	P_{28}	4	3	1	3	0
P_{12}	2	0	1	3	3	P_{29}	0	2	0	0	4
P_{13}	5	0	2	1	4	P_{30}	5	3	0	2	2
P_{14}	4	0	0	0	2	P_{31}	1	0	2	0	1
P_{15}	1	2	2	2	0	P_{32}	0	2	1	3	1
P_{16}	0	2	1	1	1	P_{33}	4	3	2	1	1
P_{17}	2	1	2	1	1	P_{34}	3	3	1	2	0

2) base choice 参数配置集

base choice 是一种组合设计方法, 该方法先选取一个参数配置作为基准参数配置 B(在本试验中该基准配置 B 就是 pairwise 法所得最优参数配置 P_x). 在此基础上, 改变其中某一个因素的取值并保持其余因素取值不变, 从而产生一组参数配置集. 采用上述方法对遗传算法所有因素取值进行覆盖, 得到的参数配置集就是 base choice 参数配置集. 例如, 表 2-24 是以表 2-23 中的 P_{13} 为基准参数配置所对应的 base choice 配置集.

3) 爬山法参数配置集

爬山法首先选取一个参数配置作为基准参数配置 C_0. 例如, 假设 C_0 为 $< 5, 0, 2, 1, 4 >$(本试验中该基准配置 C_0 就是 pairwise 法所得最优参数配置 P_x). 从遗传算法第 1 个配置参数变种算法开始, 依次改变其在 C_0 中的取值并保持其余参数取值不变, 从而产生 6 个参数配置集. 比较该组参数配置下遗传算法的覆盖表的生成效果, 选取生成效果最好的参数配置 C_1 作为新的选定配置, 如变种算法取值为 2 时效果最好, 则 $C_1 =< 2,0,2,1,4 >$. 然后在 C_1 的基础上改变遗传算法第 2 个配置参数种群规模的取值, 得到 4 个参数配置集并产生 C_2, 如种群规模取值为 1 时生成效果最好, 则 $C_2 =< 2,1,2,1,4 >$. 以此类推, 直到改变第 5 个配置参数的取值得到 C_5, C_5 就是爬山法所得的最优参数配置. 上述过程说明爬山法参数配置集是在试验中一步步动态生成的.

表 2-24 base choice 配置集

test no.	a_1	a_2	a_3	a_4	a_5	test no.	a_1	a_2	a_3	a_4	a_5
B_1	5	0	2	1	4	B_{11}	5	0	1	1	4
B_2	0	0	2	1	4	B_{12}	5	0	2	0	4
B_3	1	0	2	1	4	B_{13}	5	0	2	2	4
B_4	2	0	2	1	4	B_{14}	5	0	2	3	4
B_5	3	0	2	1	4	B_{15}	5	0	2	4	4
B_6	4	0	2	1	4	B_{16}	5	0	2	1	0
B_7	5	1	2	1	4	B_{17}	5	0	2	1	1
B_8	5	2	2	1	4	B_{18}	5	0	2	1	2
B_9	5	3	2	1	4	B_{19}	5	0	2	1	3
B_{10}	5	0	0	1	4						

为满足试验需求, 设计了可配置的覆盖表生成的遗传算法工具 COGA(configurable and optimized genetic algorithm). COGA 可自动以前面描述的 pairwise 试验、base choice 试验和爬山试验这 3 条试验路线对遗传算法的 5 个因素进行取值集合空间的搜索和取值组合的优化, 得到待测实例的覆盖表生成的最优参数配置. 其输入为: ①待测实例描述, 如 3^{13}(13 个参数, 每个参数都有 3 个取值); ②遗传算法 5 个配置参数各自的参数取值集合. 输出为: ①运行 3 条试验路线过程中覆盖表的生成规模和消耗时间等数据记录; ②能为待测实例生成最优覆盖表的遗传算法配置.

3. 试验结果及分析

根据试验设计, 对不同规模的待测实例进行覆盖表生成, 得到各待测实例在不同配置集下遗传算法生成的覆盖表规模和消耗时间. 考虑到每一个待测实例的参数配置优化过程都需要对 34+23+23=80 个不同参数配置下的待测实例进行覆盖表生成试验, 且为了保证数据的准确性, 本书对 base choice 配置集和爬山配置集中的每一个配置都进行 5 次试验并取最优解为生成结果, 消耗时间较多, 因此只选取 15 个不同待测实例进行试验 (在 24GB 内存, 4 核 CPU(Intel(R)Xeon(R) E7450, 主频 2.40GHz) 的刀片机远程终端上运行, 试验周期为 1 个月). 下面分别对 3 个配置集下的试验数据进行整理分析.

1) pairwise 试验

试验所得覆盖表的生成规模和消耗时间分别如表 2-25 和表 2-26 所示, 表中第一列列出 pairwise 配置集中 34 个不同配置$\{P_1, P_2, \cdots, P_{34}\}$; 第一行是各个待测实例, 例如, 4^{10} 表示该待测实例有 10 个参数, 每个参数取值个数均为 4; $7^6 6^7 5^6$ 表示该待测实例有 19 个参数, 其中 6 个参数有 7 个取值, 7 个参数有 6 个取值, 6 个参数有 5 个取值.

表 2-25 pairwise 配置集生成覆盖表的规模

配置	4^{10}	3^{13}	6^{10}	4^{20}	8^{10}	3^{20}	6^{20}	4^{30}	6^{30}	10^{11}	$7^6 6^7 5^6$	$8^2 7^2 6^2 5^2$	$6^1 5^1 4^6 3^8 2^3$	6^4	$5^1 3^8 2^2$
P_1	30	19	62	39	106	23	87	46	106	173	92	71	39	45	23
P_2	30	20	61	37	106	22	84	45	102	167	89	73	39	44	21
P_3	31	20	70	44	125	24	101	53	121	207	103	80	41	42	22
P_4	31	19	66	41	116	24	96	50	113	190	100	76	39	43	20
P_5	36	21	79	49	151	28	120	60	139	245	121	95	45	45	25
P_6	30	19	64	42	113	23	93	48	112	184	96	75	39	44	21
P_7	31	19	60	38	104	21	86	45	104	170	91	74	40	44	22
P_8	32	19	71	44	124	24	102	52	121	205	105	79	40	45	22
P_9	31	20	70	44	125	24	101	52	122	205	104	78	44	43	25
P_{10}	32	20	72	45	128	25	105	54	126	214	108	81	42	44	22
P_{11}	30	19	62	37	102	22	79	41	96	162	85	74	40	43	24
P_{12}	37	23	82	51	148	27	121	61	141	246	126	92	47	47	25
P_{13}	30	18	64	35	100	23	77	42	90	157	82	75	39	45	21
P_{14}	31	20	70	43	120	24	99	51	118	198	100	77	39	45	23
P_{15}	32	20	72	44	125	23	101	52	123	207	107	79	42	44	23
P_{16}	30	20	70	44	124	24	100	53	122	204	106	79	41	42	21
P_{17}	32	19	72	45	130	25	105	55	124	213	110	81	41	43	24
P_{18}	30	19	60	38	103	22	84	45	101	167	90	75	41	43	23
P_{19}	33	20	69	43	123	25	101	53	121	205	104	79	40	45	23
P_{20}	29	19	60	37	102	22	84	44	103	165	87	74	37	42	23
P_{21}	31	20	70	44	126	24	102	52	121	208	105	80	42	43	22
P_{22}	30	19	63	39	107	22	90	48	109	178	93	75	38	45	22
P_{23}	37	22	86	49	150	28	119	58	140	250	122	94	44	47	24
P_{24}	29	19	62	39	105	22	88	47	107	174	93	74	38	42	22
P_{25}	31	20	68	44	122	24	100	51	120	202	102	80	42	43	22
P_{26}	31	21	71	44	127	24	102	52	122	206	105	79	42	44	22
P_{27}	28	19	59	37	101	21	82	44	99	162	86	74	39	44	22
P_{28}	31	19	62	40	111	22	86	48	105	172	91	72	40	44	23
P_{29}	29	19	64	42	112	24	93	50	114	188	98	77	39	43	22
P_{30}	29	21	64	41	109	22	91	47	109	178	93	73	39	43	21
P_{31}	38	23	82	52	153	28	120	60	142	252	122	95	48	48	26
P_{32}	32	21	71	44	123	24	100	52	121	205	104	80	41	44	24
P_{33}	30	20	63	38	105	22	86	47	105	173	91	73	39	42	23
P_{34}	30	19	61	40	111	22	88	47	106	174	89	75	40	44	22

表 2-26 pairwise 配置集生成覆盖表消耗时间 (单位：s)

	4^{10}	3^{13}	6^{10}	4^{20}	8^{10}	3^{20}	6^{20}	4^{30}	6^{30}	10^{11}	$7^6 6^7 5^6$	$8^2 7^2 6^2 5^2$	$6^1 5^1 4^6 3^8 2^3$	6^4	$5^1 3^8 2^2$
P_1	124.7	126.9	255.11	576.346	395.384	343.17	1303.92	1836.19	4256.82	785.918	3756	218.42	1224.05	38.657	151.883
P_2	196.3	159.4	388.58	431.14	682.645	251.43	1014.19	965.365	2247.35	1147.47	2533	796.65	876.616	139.028	201.132
P_3	12.3	12.45	27.285	59.717	45.849	34.663	139.309	206.733	479.157	89.622	460.4	36.036	140.635	2.917	12.636
P_4	1.96	1.716	4.477	7.113	7.472	4.04	17.191	16.942	39.359	13.713	18.89	4.244	7.02	0.811	1.825
P_5	0.406	0.328	0.936	1.467	1.732	0.827	3.697	3.447	8.175	3.213	3.93	0.811	1.358	0.14	0.344
P_6	6.598	5.928	13.962	27.846	22.885	15.554	63.758	74.584	171.835	44.024	186.8	17.113	58.781	2.091	6.131
P_7	696.1	485.6	1327.9	1341.4	2192.5	716.63	3033.81	2817.99	6692.29	3760.31	6569	1884.06	1808.05	575.207	703.798
P_8	146.1	97.53	322.81	292.798	548.734	163.957	692.926	558.983	1311.05	949.984	1231	675.906	307.042	124.91	145.128
P_9	1489	1123	3422.26	3282.93	6018.41	1818.74	7675.65	6090.19	14289.4	10288.7	13278	7073.29	3733.32	1218.49	1799.47
P_{10}	121.4	88.69	266.72	305.04	465.10	170.07	713.938	657.934	1525.18	840.705	1699	539.062	350.222	119.232	118.296
P_{11}	801.1	563.4	1586.3	1462.6	2565.8	852.28	3087.67	2516.31	6030.95	4446.86	5770	3602.51	1762.69	734.421	927.551
P_{12}	2.137	1.856	4.852	8.268	8.3	4.259	20.047	19.547	46.27	17.332	21.92	6.864	7.098	0.687	2.199
P_{13}	2.855	2.43	6.208	9.579	8.93	5.99	22.4	23.26	53.414	17.77	23.45	8.253	10.046	1.154	3.261
P_{14}	0.343	0.312	0.827	1.295	1.342	0.718	3.042	2.995	6.927	2.714	3.34	1.466	1.077	0.234	0.608
P_{15}	695.6	511.7	1564.6	1604.0	2714.6	800.39	3662.59	3314.43	7847.8	9516.42	7005	3282.45	1834.4	652.615	740.755
P_{16}	370.7	281.5	819.29	881.27	1491.9	480.359	1993.18	1850.17	4284.3	5367.04	3526	1768.58	982.853	230.741	366.743
P_{17}	79.61	68.48	178.12	340.50	303.51	178.309	802.344	927.036	2177.24	1590.6	1714	285.169	369.083	21.996	88.094
P_{18}	18.17	13.38	35.522	40.763	59.202	22.183	89.763	87.719	198.823	223.908	180.9	77.673	57.346	14.602	19.687
P_{19}	140.7	133.1	278.42	671.83	465.35	384.95	1505.13	2115.12	4855.7	4060.78	3386	532.322	815.682	45.302	150.432
P_{20}	136.6	133.0	268.63	578.47	426.79	338.01	1307.88	1914.07	4636.33	2481.77	3510	519.515	620.95	37.846	156.952

续表

	4^{10}	3^{13}	6^{10}	4^{20}	8^{10}	3^{20}	6^{20}	4^{30}	6^{30}	10^{11}	$7^6 6^7 5^6$	$8^2 7^2 6^2 5^2$	$6^1 5^1 4^6 3^8 2^3$	6^4	$5^1 3^8 2^2$
P_{21}	84.396	80.48	182.52	396.96	308.69	220.68	904.743	1219.8	2986.44	2316.97	2333	336.588	501.044	21.201	86.394
P_{22}	136.4	93.88	273.09	266.43	463.05	147.88	607.062	515.365	1184.25	1263.51	951	578.545	293.594	134.925	147.421
P_{23}	0.375	0.328	0.92	1.389	1.513	0.78	3.339	3.089	7.707	3.089	3.59	0.749	1.124	0.094	0.483
P_{24}	338.9	257.0	721.11	774.65	1197.3	421.40	1712.39	1671.07	3744.48	3971.43	3159	939.906	906.459	284.624	417.49
P_{25}	116.5	85.50	246.84	292.05	437.94	149.59	665.375	587.781	1403.49	1406.24	1265	301.191	346.977	95.909	127.531
P_{26}	118.2	92.22	264.41	299.68	464.32	158.80	693.456	604.192	1503.99	1471.95	1303	305.512	343.109	125.409	133.911
P_{27}	3.09	2.995	6.93	11.23	11.31	6.02	26.146	26.723	61.963	22.776	28.1	6.287	11.388	1.872	4.82
P_{28}	849.1	557.5	1618.7	1628.9	2895.02	884.35	3437.12	3066.03	6772.35	7634.66	5555	2023.26	1846.54	838.849	966.489
P_{29}	57.77	42.63	124.94	134.85	213.54	77.064	292.767	281.145	664.408	620.151	651.9	165.283	153.255	53.492	66.347
P_{30}	20.12	22.68	42.557	107	68.313	58.329	223.83	309.459	732.799	357.086	648.4	48.298	133.319	6.584	24.305
P_{31}	4.79	3.963	10.609	17.176	18.86	9.079	40.201	38.158	91.058	38.158	44.1	9.017	14.742	1.794	5.476
P_{32}	382.9	291.2	850.99	882.16	1454.7	466.21	1954.01	1816.52	4260.86	4007.92	3378	1066.63	991.37	355.323	446.693
P_{33}	1496	1094	3023.1	2786.1	4958.5	1579.9	6372.31	5476.74	12436.2	12170	9921	3844.5	3310.33	1256.71	1701.78
P_{34}	816.2	562.9	1621.6	1632.3	2932.8	870.30	3540.49	2962.76	6801.13	6821.83	5463	2147.67	1859.83	834.793	866.039

通过不同配置下的覆盖表生成结果对比可以发现, 利用遗传算法生成覆盖表的最终效果受算法自身配置参数的影响很大. 例如, 在实例 6^{20} 中, 不同参数配置下的覆盖表生成规模最多时相差 42 个, 差距十分明显. 综合覆盖表的生成规模和消耗时间这两个标准, 得到 pairwise 配置集中各待测实例的最优参数配置 P_x 并在表中用阴影标记.

表中数据显示, 所有待测实例除了 6^4, 其余最优参数配置均选择爬山法, 由此得出初步结论: 利用遗传算法生成覆盖表时, 算法选择以爬山法为优.

pairwise 试验主要考虑了遗传算法各配置参数之间的二维组合关系对算法效果的影响, 并从中得到各待测实例的覆盖表生成的最优参数配置 P_x, 但试验没有对遗传算法的 5 个配置参数进行单独的深入探索, 因此无法准确评价这 5 个配置参数各自对算法效果的影响性质和影响程度, 这在很大程度上影响了试验结论的完备性. 为了解决这一问题, 在 pairwise 试验的基础上设计了 base choice 试验. base choice 试验以 pairwise 试验所得的配置 P_x 为基准参数配置, 通过改变 P_x 中的某一个参数取值得到参数配置集并进行试验, 更注重于发掘各配置参数自身对算法效果的影响.

2) base choice 试验

试验以 pairwise 法所得的最优参数配置 P_x 作为基准参数配置. 由于在 pairwise 试验中得到的不同待测实例的覆盖表生成的最优参数配置不一致, 如表 2-25 和表 2-26 所示, 相应的 base choice 试验配置集也不相同. 考虑到演化搜索算法的不确定性, 本书对每一个配置都进行了 5 次测试并取最优解为生成结果. 下面分别探索各个集合中每个配置参数对遗传算法生成覆盖表效果的影响性质和影响程度, 找出该配置参数的最优取值.

(1) 遗传算法的变种算法

本书中遗传算法共有 6 个不同的变种算法, 即每个待测实例对应 6 个不同的参数配置. 这 6 个配置下各覆盖表生成规模和消耗时间如表 2-27 和表 2-28 所示 (5 次测试取最优结果), 由于基准参数配置 P_x 不一致, 本书以算法选择为标准对生成结果进行统一排序, 其中 P_x 用阴影标记.

为了准确分析表中的数据, 本书用 “*” 标记出各待测实例的覆盖表生成的最优算法选择, 并将算法进行如下划分: A = {GA, GA-, GAr};B = {GA climb, GA-climb, GAr climb}. 通过比较 A 和 B 集合的数据可以发现表 2-27 和表 2-28 中 “*” 都集中于 B 集合, 即无论覆盖表的生成规模还是消耗时间, B 集合中算法的整体性能明显优于 A 集合. 以待测实例 6^{30} 为例, B 中覆盖表最大生成规模 (90 个测试用例) 相比 A 中覆盖表最小生成规模 (126 个测试用例) 仍少 36 个测试用例, 且消耗时间也少于 A. 这表明, 对遗传算法的种群最优个体进行爬山优化能够在加快算法收敛速度的同时有效提高算法的性能. 通过进一步分析, 发现在 A 集合中, GA

的性能总体优于 GA- 和 GAr, 但在 B 集合中这种性能上的差距却基本消失. 这表明, 选择机制的不同对算法性能也有影响 (优胜劣汰的轮盘赌选择机制要优于优汰劣胜的轮盘赌选择机制和随机选择机制), 但这种影响会在种群最优个体的爬山优化过程中被削弱.

表 2-27 base choice/爬山试验中选择不同算法时覆盖表的生成规模

算法	4^{10}	3^{13}	6^{10}	4^{20}	8^{10}	3^{20}	6^{20}	4^{30}	6^{30}	10^{11}	$7^6 6^7 5^6$	$8^2 7^2 6^2 5^2$	$6^1 5^1 4^6 3^8 2^3$	6^4	$5^1 3^8 2^2$
GA	33	19	76	44	126	26	104	48	126	212	107	78	38	44	24
GA-	36	22	81	50	147	27	115	52	139	249	121	77	40	45	24
GAr	35	21	82	49	147	27	116	52	136	245	121	76	41	42	24
GAclmb	28	19	59*	36	99*	21	74*	41	89*	154*	82	74	38	42	20
GA-climb	28	19	60	35	100	21*	77	41	90	160	83	70*	37	43	20
GAr climb	28*	17*	61	35*	100	21	77	41*	90	157	82*	71	36*	42*	20*

表 2-28 base choice/爬山试验中选择不同算法时覆盖表的消耗时间 (单位: s)

算法	4^{10}	3^{13}	6^{10}	4^{20}	8^{10}	3^{20}	6^{20}	4^{30}	6^{30}	10^{11}	$7^6 6^7 5^6$	$8^2 7^2 6^2 5^2$	$6^1 5^1 4^6 3^8 2^3$	6^4	$5^1 3^8 2^2$
GA	3.89	2.95	9.19	13.20	13.76	7.94	32.18	2995	76.28	27	32.7	2225	1588.6	56.1	2.93
GA-	4.24	3.50	9.68	15.09	16.19	8.22	35.21	3322	82.46	33.20	37.47	2204	1698.8	54.7	2.18
GAr	3.68	2.9	8.83	13.79	14.15	7.83	33.38	1965	79.2	28.74	34.88	325.28	869.1	2.92	1.69
GAclimb	3.09	2.8	6.93*	10.42	10.25*	6.02	22.93*	2547	53.3*	19.8*	25.02	2141	1619.8	44.9	1.83
GA-climb	3.14	2.7	7.01	10.16	10.39	5.67*	23.29	2516	54.87	19.97	25.11	2034*	1562.2	45.4	1.93
GAr climb	2.9*	2.3*	6.48	9.58*	8.93	5.79	22.4	1524*	52.87	17.8	23.5*	218.42	627.7*	2.7*	1.78*

(2) 种群规模

本书种群规模的参数取值集合为{100, 2100, 4100, 6100}, 对应 4 个不同的参数配置, 这 4 个参数配置下各待测实例的覆盖表生成规模和消耗时间如表 2-29 和表 2-30 所示 (5 次测试取最优解). 阴影部分是基准参数配置 P_x, “*” 标记的是 base choice 试验所得各待测实例覆盖表生成的遗传算法种群规模最优取值.

表 2-29 base choice 试验中选择不同种群规模时覆盖表的生成规模

种群规模	4^{10}	3^{13}	6^{10}	4^{20}	8^{10}	3^{20}	6^{20}	4^{30}	6^{30}	10^{11}	$7^6 6^7 5^6$	$8^2 7^2 6^2 5^2$	$6^1 5^1 4^6 3^8 2^3$	6^4	$5^1 3^8 2^2$
100	28*	18*	59*	35*	100	21*	77*	41*	90*	157*	82*	75	39	46	20*
2100	29	19	59	36	100	22	77	42	91	159	85	72	39	42*	21
4100	28	18	59	35	99*	21	77	41	91	159	83	73	37*	42	21
6100	29	18	59	35	100	22	77	41	91	157	83	71*	38	43	21

表 2-30 base choice 试验中选择不同种群规模时覆盖表的消耗时间 (单位：s)

种群规模	4^{10}	3^{13}	6^{10}	4^{20}	8^{10}	3^{20}	6^{20}	4^{30}	6^{30}	10^{11}	$7^6 6^7 5^6$	$8^2 7^2 6^2 5^2$	$6^1 5^1 4^6 3^8 2^3$	6^4	$5^1 3^8 2^2$
100	3.09*	2.43*	6.93*	9.58*	8.94	6.02*	22.4*	13.0*	53*	17.8*	23.5*	3.21	10.733	0.05	1.83*
2100	195.1	58.52	381.1	240.8	197.4	249.2	544.1	476.1	1451	631	1146	93.5	307.2	1.1*	113.8
4100	622.5	118.3	1239	506.4	391*	696.3	1177	1371	3928	1657	3133	231	620.95*	2.92	361.5
6100	1363	191.7	2842	861.3	599.7	1503	2002	2516	6354	3408	4914	218*	1079.3	5.16	799.6

表 2-29 和表 2-30 中数据显示，“*”大多集中在第一行，即种群规模取值为 100 时算法性能最优. 通过进一步比较发现，种群规模取值不同时，同一待测实例的覆盖表生成规模相互之间差距并不大，但消耗时间会随着种群规模的增加而明显增加. 例如，待测实例 6^{20} 中 4 个配置下的覆盖表生成规模均为 77，消耗时间的差距最大时却达到 100 倍之多. 这表明，在本试验中，种群规模对算法的影响主要体现在时间上，即种群规模的增加会增加时间负担，但不会为算法性能的提升提供较大帮助. 不过除了待测实例 6^4，上述 4 个配置中的算法选择都是爬山算法，而没有涉及非爬山算法. 为了保证结论的准确性，利用待测实例 10^{11} 另做了一组验证试验，以探索种群规模取值对 GA、GA-、GAr 这 3 个非爬山算法的性能影响. 数据显示，虽然非爬山算法的整体性能不如爬山算法，但在非爬山算法中，一定范围内增加种群规模能够减小覆盖表的生成规模.

因此可以得出结论，种群规模对非爬山遗传算法的性能具有一定影响，在一定范围内，种群规模越大，算法性能越好，但这种影响会被爬山遗传算法中种群最优个体的爬山优化过程削弱.

(3) 进化代数

本书进化代数的取值集合为{100, 600, 1100}，对应 3 个不同的配置，这 3 个参数配置下各待测实例的覆盖表生成规模和消耗时间如表 2-31 和表 2-32 所示 (5 次测试取最优解).

表 2-31 base choice 试验中选择不同进化代数时覆盖表的生成规模

进化代数	4^{10}	3^{13}	6^{10}	4^{20}	8^{10}	3^{20}	6^{20}	4^{30}	6^{30}	10^{11}	$7^6 6^7 5^6$	$8^2 7^2 6^2 5^2$	$6^1 5^1 4^6 3^8 2^3$	6^4	$5^1 3^8 2^2$
100	28*	18*	62	39	108	22	87	45	103	178	90	73	37*	42*	20*
600	29	19	60	36	100*	21*	79	41*	94	160	85	71*	38	42	20
1100	28	18	59*	35*	100	21	77*	41	90*	157*	82*	72	37	43	21

表 2-32 base choice 试验中选择不同进化代数时覆盖表的消耗时间 (单位：s)

进化代数	4^{10}	3^{13}	6^{10}	4^{20}	8^{10}	3^{20}	6^{20}	4^{30}	6^{30}	10^{11}	$7^6 6^7 5^6$	$8^2 7^2 6^2 5^2$	$6^1 5^1 4^6 3^8 2^3$	6^4	$5^1 3^8 2^2$
100	0.30*	0.23*	0.67	1.0	0.94	0.61	2.31	479.3	5.6	1.92	2.43	69.1	52.28*	2.9*	0.44*
600	1.78	1.40	3.82	5.40	5.04*	3.43*	12.46	2516*	30.1	9.77	13.4	218.4*	330.07	17.3	1.83
1100	3.09	2.43	6.93*	9.58*	8.93	6.02	22.4*	4463	53*	17.8*	23.5*	602.9	620.95	32.1	3.78

根据以往的经验来看, 进化代数的取值会对算法的性能产生较大影响, 但本试验的数据显示, 对于不同大小待测实例的覆盖表生成, 进化代数的影响程度并不相同. 例如, 在较大的待测实例 10^{11} 和 6^{20} 中, 随着进化代数的增加, 覆盖表的规模明显减小; 但在较小的待测实例 4^{10} 和 3^{13} 中, 进化代数取值不同时覆盖表的规模变化不大. 上述结论表明, 进化代数的取值改变不会对较小规模待测实例的覆盖表生成产生很大影响, 但对于较大规模待测实例的覆盖表生成, 进化代数在一定范围内取值越大, 生成规模越小. 为了验证这种现象是否是由算法种群最优个体的爬山优化引起的, 将 3 个配置中的爬山算法全部替换为非爬山算法并再次测试, 结果显示, 算法的改变与该现象无关, 这进一步论证了之前的结论.

(4) 交叉概率

本书交叉概率的取值集合为{1.0, 0.8, 0.6, 0.4, 0.2}, 对应 5 个不同的配置, 这 5 个配置下各待测实例的覆盖表生成规模和消耗时间如表 2-33 和表 2-34 所示 (5 次测试取最优解).

表 2-33 和表 2-34 中 "*" 分布十分分散, 且比较每一列数据可以发现, 交叉概率取不同值时, 同一待测实例的覆盖表生成规模最大差距仅为 2 个测试用例. 由于算法性能十分接近, 将其看成遗传算法的不确定性所引起的随机扰动, 即交叉概率在一定范围内的改变不会对覆盖表生成的遗传算法性能造成太大影响.

表 2-33　base choice 试验中选择不同交叉概率时覆盖表的生成规模

交叉概率	4^{10}	3^{13}	6^{10}	4^{20}	8^{10}	3^{20}	6^{20}	4^{30}	6^{30}	10^{11}	$7^6 6^7 5^6$	$8^2 7^2 6^2 5^2$	$6^1 5^1 4^6 3^8 2^3$	6^4	$5^1 3^8 2^2$
1.0	29	19	59	36	100	21	77	42	91	158	82	71*	36	42	20
0.8	28	18	59*	35	100	21	77	42	90	157	82*	71	36*	43	20*
0.6	28	18	59	35	100	22	76	41	90	157	84	73	36	41*	21
0.4	29	18*	60	36	99*	21	76	41*	89	158	84	72	37	42	21
0.2	28*	19	59	35*	100	21*	76*	42	88*	156*	84	72	37	42	20

表 2-34　base choice 试验中选择不同交叉概率时覆盖表的消耗时间　(单位: s)

交叉概率	4^{10}	3^{13}	6^{10}	4^{20}	8^{10}	3^{20}	6^{20}	4^{30}	6^{30}	10^{11}	$7^6 6^7 5^6$	$8^2 7^2 6^2 5^2$	$6^1 5^1 4^6 3^8 2^3$	6^4	$5^1 3^8 2^2$
1.0	3.42	2.56	7.254	9.89	9.13	6.08	22.29	2567	53.6	17.58	23.67	218*	627.67	2.86	1.97
0.8	3.28	2.43	6.83*	9.58	8.93	6.07	22.4	2551	53	17.8	23.5*	219.9	568.05*	2.87	1.83*
0.6	3.26	2.45	6.99	9.58	9.03	6.35	21.97	2516	52.8	17.58	23.84	219.7	569.9	2.5*	1.86
0.4	3.26	2.42*	7.08	9.83	8.83*	6.13	21.86	2510*	51.6	17.63	23.70	225	620.79	2.82	1.95
0.2	3.09*	2.54	6.93	9.55*	8.97	6.02*	21.84*	2574	51.4*	17.3*	23.80	214.1	620.95	2.92	1.86

(5) 变异概率

本书变异概率的取值集合为{1.0, 0.8, 0.6, 0.4, 0.2}, 对应 5 个不同的配置, 这 5 个配置下各待测实例的覆盖表生成规模和消耗时间如表 2-35 和表 2-36 所示 (5 次测试取最优解).

表 2-35 base choice 试验中选择不同变异概率时覆盖表的生成规模

变异概率	4^{10}	3^{13}	6^{10}	4^{20}	8^{10}	3^{20}	6^{20}	4^{30}	6^{30}	10^{11}	$7^6 6^7 5^6$	$8^2 7^2 6^2 5^2$	$6^1 5^1 4^6 3^8 2^3$	6^4	$5^1 3^8 2^2$
1.0	29	18	63	41	113	22	92	47	112	184	97	73	40	42	20*
0.8	29	19	62	40	112	22	92	46	112	185	95	71	40	42	21
0.6	28	18	61	39	107	21	91	46	110	178	93	71*	39	42	20
0.4	28	18	59	37	103	21	83	45	102	164	87	72	37*	42	20
0.2	28*	18*	59*	35*	100*	21*	77*	41*	90*	157*	82*	73	38	42*	21

表 2-36 base choice 试验中选择不同变异概率时覆盖表的消耗时间 (单位：s)

变异概率	4^{10}	3^{13}	6^{10}	4^{20}	8^{10}	3^{20}	6^{20}	4^{30}	6^{30}	10^{11}	$7^6 6^7 5^6$	$8^2 7^2 6^2 5^2$	$6^1 5^1 4^6 3^8 2^3$	6^4	$5^1 3^8 2^2$
1.0	3.39	2.70	7.61	12.45	11.78	6.8	29.23	2973	69.7	23.68	30.3	219.9	689.38	3.24	1.83*
0.8	3.53	2.9	7.41	12.4	12.06	6.93	29.31	2880	70.7	24.28	30.3	218.4	695.59	3.51	2.01
0.6	3.23	2.75	7.44	12.15	11.69	6.62	29.03	2883	69.1	23.56	30.2	206*	671.1	3.49	1.90
0.4	3.09	2.58	6.93	11.03	10.23	6.02	25.49	2809	62.7	20.47	27.5	214.8	620.9*	3.43	2.11
0.2	2.9*	2.43*	6.44*	9.58*	8.93*	5.77*	22.4*	2516*	53*	17.8*	23.5*	197.2	588.11	2.9*	2.06

表 2-35 和表 2-36 中 “*” 集中在最后一行, 即本试验中绝大多数待测实例的变异概率最优取值都为 0.2. 通过对每一列数据的进一步比较可以发现, 在多数覆盖表中, 其生成规模和消耗时间都随着变异概率的减小总体呈递减趋势. 例如, 在待测实例 8^{10} 中, 随着变异概率的逐渐减小, 生成的覆盖表规模减小了 13 个测试用例, 同时算法的消耗时间从 11.78s 逐步减到了 8.93s. 上述结果表明, 变异概率的取值对覆盖表生成的遗传算法性能具有较大影响, 多数情况下, 变异概率越小, 算法性能越好.

综合上述试验数据可以得到遗传算法 5 个配置参数在不同待测实例中的覆盖表生成的最优参数取值. 将这些最优参数取值进行组合, 即得到不同待测实例的遗传算法覆盖表生成的最优参数配置. 如表 2-37 所示, 待测实例不同, 其最优参数配置也不同. 下面利用这些最优参数配置生成 15 个待测实例的覆盖表. 为了保证结果的准确性, 可以从 10 次生成结果中取最优解.

base choice 试验能够准确评价遗传算法 5 个配置参数各自对算法性能的影响性质和影响程度, 并找出每一个配置参数在不同待测实例的覆盖表生成问题中的最优取值, 但试验只注重算法配置参数的局部优化, 没有考虑算法整体性能是否得到提升. 试验数据显示, 在待测实例 8^{10} 中, 覆盖表最小生成规模为 99(见试验过程), 而 base choice 试验得出最优参数配置的覆盖表生成规模为 101, 因此, 算法各配置参数达到局部最优时, 算法整体性能不一定最优. 为了更好地探索覆盖表生成的遗传算法最优配置, 设计了另一条试验路线——爬山试验, 爬山试验能够较好地处理算法局部配置参数优化和算法整体性能提升之间的平衡关系, 试验对参数配置的每一轮优化都是在上一轮优化的基础上进行的, 算法的整体性能会随配置参数的逐步优化而一步步提升, 从而得到能使算法整体性能达到最优的参数配置.

表 2-37　base choice 试验所得各待测实例的最优参数配置及覆盖表生成结果

	algorithm	m	T	P_c	P_m	size	time		algorithm	m	T	P_c	P_m	size	time
4^{10}	GAr climb	100	100	0.2	0.2	28	0.234	6^{30}	GA climb	100	1100	0.2	0.2	87	71.99
3^{13}	GAr climb	100	100	0.4	0.2	18	0.187	10^{11}	GA climb	100	1100	0.2	0.2	154	22.09
6^{10}	GA climb	100	1100	0.8	0.2	59	6.724	$7^6 6^7 5^6$	GAr climb	100	1100	0.8	0.2	82	29.39
4^{20}	GAr climb	100	1100	0.2	0.2	35	11.75	$8^2 7^2 6^2 5^2$	GA-climb	6100	600	1.0	0.6	70	2413
8^{10}	GAr climb	4100	600	0.4	0.2	101	252.6	$6^1 5^1 4^6 3^8 2^3$	GAr climb	4100	100	0.8	0.4	39	69.51
3^{20}	GA-climb	100	600	0.2	0.2	21	3.57	6^4	GAr climb	2100	100	0.6	0.2	42	1.123
6^{20}	GA climb	100	1100	0.2	0.2	75	30.9	$5^1 3^8 2^2$	GAr climb	100	100	0.8	1.0	21	0.234
4^{30}	GAr climb	100	600	0.4	0.2	41	16.97								

3) 爬山试验

试验以 pairwise 试验所得最优参数配置 P_x 作为基准参数配置. 由于爬山试验是在试验过程中一步步对遗传算法的配置参数进行优化, 所以配置集是动态生成的. 下面将按照算法配置参数的优化顺序对试验进行逐步分析并找出该配置参数的最优取值. 考虑到演化搜索算法结果的不确定性和运行时间较长这一实际问题, 试验从 5 次运行结果中选取最优解作为测试结果.

(1) 遗传算法的变种算法

首先改变遗传算法的变种算法这一参数取值. 由于基准参数配置 P_x 不一致, 每个待测实例各自产生 5 个参数配置, 对应算法的不同参数取值. 试验结果见表 2-27 和表 2-28. 综合覆盖表的生成规模和消耗时间这两个标准, 可以得到算法选择的最优取值, 其所对应的参数配置 C_1 如表 2-38 所示.

表 2-38　爬山试验各待测实例中算法优化所对应的参数配置

C_1	a_1	a_2	a_3	a_4	a_5	C_1	a_1	a_2	a_3	a_4	a_5
4^{10}	5	0	2	4	3	6^{30}	3	0	2	1	4
3^{13}	5	0	2	1	4	10^{11}	3	0	2	1	4
6^{10}	3	0	2	4	3	$7^6 6^7 5^6$	5	0	2	1	4
4^{20}	5	0	2	1	4	$8^2 7^2 6^2 5^2$	4	3	1	0	1
8^{10}	3	0	2	1	4	$6^1 5^1 4^6 3^8 2^3$	5	2	2	4	3
3^{20}	4	0	2	4	3	6^4	5	2	0	4	4
6^{20}	3	0	2	1	4	$5^1 3^8 2^2$	5	0	1	1	0
4^{30}	5	3	1	2	4						

(2) 种群规模

在 C_1 的基础上对种群规模的取值进行改变, 每个待测实例各自对应 4 个不同的参数配置, 测试结果如表 2-39 和表 2-40 所示, 表中 “*” 标记种群规模的最优参数取值. 由此得到各待测实例的参数配置 C_2, 如表 2-41 所示. 通过观察表 2-39 和表 2-40 中的数据可知, 种群规模的改变对算法性能的影响主要体现在消耗时间上, 对覆盖表的生成规模没有产生较大影响, 这进一步验证了 base choice 试验中的结论.

表 2-39 爬山试验中选择不同种群规模时覆盖表的生成规模

种群规模	4^{10}	3^{13}	6^{10}	4^{20}	8^{10}	3^{20}	6^{20}	4^{30}	6^{30}	10^{11}	$7^6 6^7 5^6$	$8^2 7^2 6^2 5^2$	$6^1 5^1 4^6 3^8 2^3$	6^4	$5^1 3^8 2^2$
100	29	17*	59	35*	99	21*	74*	40*	89*	154*	82*	75	39	42*	20*
2100	28*	18	60	35	98*	22	77	41	89	155	85	70*	39	42	21
4100	29	18	60	36	99	21	77	41	90	156	83	72	36*	42	20
6100	28	18	58*	36	98	21	76	41	91	155	83	70	38	43	21

表 2-40 爬山试验中选择不同种群规模时覆盖表的消耗时间 (单位: s)

种群规模	4^{10}	3^{13}	6^{10}	4^{20}	8^{10}	3^{20}	6^{20}	4^{30}	6^{30}	10^{11}	$7^6 6^7 5^6$	$8^2 7^2 6^2 5^2$	$6^1 5^1 4^6 3^8 2^3$	6^4	$5^1 3^8 2^2$
100	2.99	2.28*	6.16	10.1*	10.25	5.67*	22.9*	12.7*	53.3*	19.8*	23.5*	3.68	10.73	0.13*	1.78*
2100	64.4*	56.1	135	394.5	614*	246	897	459	1898	1529	1146	283.2*	37.21	1.31	38.75
4100	131	118.9	269	1222	1972	679	2612	1354	5591	5150	3133	899.7	627.7*	2.92	77.84
6100	202	190.3	413*	2431	4379	1465	5272	2474	10500	9267	4914	2034	1079.3	4.56	132.4

表 2-41 爬山试验各待测实例中种群规模优化所对应的参数配置

C_2	a_1	a_2	a_3	a_4	a_5	C_2	a_1	a_2	a_3	a_4	a_5
4^{10}	5	1	2	4	3	6^{30}	3	0	2	1	4
3^{13}	5	0	2	1	4	10^{11}	3	0	2	1	4
6^{10}	3	3	2	4	3	$7^6 6^7 5^6$	5	0	2	1	4
4^{20}	5	0	2	1	4	$8^2 7^2 6^2 5^2$	4	1	1	0	1
8^{10}	3	1	2	1	4	$6^1 5^1 4^6 3^8 2^3$	5	2	2	4	3
3^{20}	4	0	2	4	3	6^4	5	0	0	4	4
6^{20}	3	0	2	1	4	$5^1 3^8 2^2$	5	0	1	1	0
4^{30}	5	0	1	2	4						

(3) 进化代数

在 C_2 的基础上改变进化代数的参数取值, 对应各待测实例的 3 个不同参数配置, 测试结果如表 2-42 和表 2-43 所示, 其中 “*” 标记进化代数的最优取值. 比较表中的数据可以发现, 在 $7^6 6^7 5^6$、10^{11} 和 8^{10} 这些规模较大的待测实例中, 进化代数取值越大覆盖表生成规模越小; 而在 3^{20}、4^{10} 和 $5^1 3^8 2^2$ 这些规模较小的待测实例中, 覆盖表生成规模变化却没有明显规律, 这验证了 base choice 试验中的结论. 试验最终得到各待测实例的参数配置 C_3, 见表 2-44.

表 2-42　爬山试验中选择不同进化代数时覆盖表的生成规模

进化代数	4^{10}	3^{13}	6^{10}	4^{20}	8^{10}	3^{20}	6^{20}	4^{30}	6^{30}	10^{11}	$7^6 6^7 5^6$	$8^2 7^2 6^2 5^2$	$6^1 5^1 4^6 3^8 2^3$	6^4	$5^1 3^8 2^2$
100	29	19	61	37	103	22	83	43	101	166	90	72	37	42*	20*
600	28*	19	60	36	100	21*	77	40*	91	158	85	70*	38	43	20
1100	28	17*	58*	35*	98*	21	74*	40	89*	154*	82*	71	36*	43	21

表 2-43　爬山试验中选择不同进化代数时覆盖表的消耗时间　(单位：s)

进化代数	4^{10}	3^{13}	6^{10}	4^{20}	8^{10}	3^{20}	6^{20}	4^{30}	6^{30}	10^{11}	$7^6 6^7 5^6$	$8^2 7^2 6^2 5^2$	$6^1 5^1 4^6 3^8 2^3$	6^4	$5^1 3^8 2^2$
100	6.11	0.172	39.1	1.03	58.9	0.61	2.34	2.36	5.59	2.18	2.43	45.24	52.28	0.13*	0.44*
600	34.8*	1.7	224	5.71	339	3.34*	12.83	12.7*	30.0	11.6	13.4	283*	330.07	0.33	1.78
1100	64.4	2.28*	413*	10.1*	614*	5.67	22.9*	22.2	53.3*	19.8*	23.5*	489.1	627.7*	0.70	3.26

表 2-44　爬山试验各待测实例中进化代数优化所对应的参数配置

C_3	a_1	a_2	a_3	a_4	a_5	C_3	a_1	a_2	a_3	a_4	a_5
4^{10}	5	1	1	4	3	6^{30}	3	0	2	1	4
3^{13}	5	0	2	1	4	10^{11}	3	0	2	1	4
6^{10}	3	3	2	4	3	$7^6 6^7 5^6$	5	0	2	1	4
4^{20}	5	0	2	1	4	$8^2 7^2 6^2 5^2$	4	1	1	0	1
8^{10}	3	1	2	1	4	$6^1 5^1 4^6 3^8 2^3$	5	2	2	4	3
3^{20}	4	0	1	4	3	6^4	5	0	0	4	4
6^{20}	3	0	2	1	4	$5^1 3^8 2^2$	5	0	0	1	0
4^{30}	5	0	1	2	4						

(4) 交叉概率

在 C_3 的基础上改变交叉概率的取值, 对应各待测实例的 5 个不同参数配置, 测试结果如表 2-45 和表 2-46 所示, 其中 "*" 标记交叉概率的最优取值. 通过对表中的数据进行观察可知, 交叉概率的改变对覆盖表的生成规模和消耗时间没有太大影响, 不同交叉概率取值下覆盖表的生成规模之间差距很小, 且没有明显的规律可循. 结论与 base choice 试验一致. 在对交叉概率进行优化后得到各待测实例的参数配置 C_4, 见表 2-47.

表 2-45　爬山试验中选择不同交叉概率时覆盖表的生成规模

交叉概率	4^{10}	3^{13}	6^{10}	4^{20}	8^{10}	3^{20}	6^{20}	4^{30}	6^{30}	10^{11}	$7^6 6^7 5^6$	$8^2 7^2 6^2 5^2$	$6^1 5^1 4^6 3^8 2^3$	6^4	$5^1 3^8 2^2$
1.0	29	19	61	37	99	21	76	41	89	155	82	70	36	42	21
0.8	28	17*	60	35*	98	21	74*	41	89	154*	82*	70*	36*	42	20*
0.6	29	18	61	36	98*	22	75	40	88	155	84	71	36	41*	21
0.4	28*	19	59	36	99	21	75	41	88	156	84	72	37	43	22
0.2	28	19	58*	36	98	21*	76	40*	87*	155	84	71	36	42	21

表 2-46 爬山试验中选择不同交叉概率时覆盖表的消耗时间 (单位: s)

交叉概率	4^{10}	3^{13}	6^{10}	4^{20}	8^{10}	3^{20}	6^{20}	4^{30}	6^{30}	10^{11}	$7^6 6^7 5^6$	$8^2 7^2 6^2 5^2$	$6^1 5^1 4^6 3^8 2^3$	6^4	$5^1 3^8 2^2$
1.0	37.44	2.76	416.4	11.2	607.7	3.37	23.1	12.41	54.2	20.8	23.67	283	626.2	0.047	0.45
0.8	35.68	2.28*	407.2	10.1*	614	3.4	22.9*	12.24	53.3	19.8*	23.5*	281*	568.1*	0.19	0.44*
0.6	35.37	3.06	418.1	11.3	604*	3.45	22.95	12.71	53.3	20.3	23.84	282	569.9	0.03*	0.47
0.4	34.3*	2.67	411.2	10.6	611	3.45	22.74	12.25	53.0	20.3	23.70	291	620.8	0.047	0.47
0.2	34.8	2.78	413*	10.3	614.	3.34*	22.93	12.4*	52.6*	20.15	23.80	263	627.7	0.13	0.45

表 2-47 爬山试验各待测实例中交叉概率优化所对应的参数配置

C_4	a_1	a_2	a_3	a_4	a_5	C_4	a_1	a_2	a_3	a_4	a_5
4^{10}	5	1	1	3	3	6^{30}	3	0	2	4	4
3^{13}	5	0	2	1	4	10^{11}	3	0	2	1	4
6^{10}	3	3	2	4	3	$7^6 6^7 5^6$	5	0	2	1	4
4^{20}	5	0	2	1	4	$8^2 7^2 6^2 5^2$	4	1	1	1	1
8^{10}	3	1	2	2	4	$6^1 5^1 4^6 3^8 2^3$	5	2	2	1	3
3^{20}	4	0	1	4	3	6^4	5	0	0	2	4
6^{20}	3	0	2	1	4	$5^1 3^8 2^2$	5	0	0	1	0
4^{30}	5	0	1	4	4						

(5) 变异概率

在 C_4 的基础上对变异概率的取值进行改变, 对应各待测实例的 5 个不同参数配置, 测试结果见表 2-48 和表 2-49, 其中 "*" 标记交叉概率的最优取值. 通过观察可以发现, 随着变异概率的减小, 覆盖表的生成规模和消耗时间总体呈减小趋势. 这表明在一定范围内, 变异概率的取值越小, 覆盖表生成的遗传算法性能越好, 与 base choice 试验结论一致. 试验最终得到各待测实例的参数配置 C_5, 见表 2-50.

表 2-48 爬山试验中选择不同变异概率时覆盖表的生成规模

变异概率	4^{10}	3^{13}	6^{10}	4^{20}	8^{10}	3^{20}	6^{20}	4^{30}	6^{30}	10^{11}	$7^6 6^7 5^6$	$8^2 7^2 6^2 5^2$	$6^1 5^1 4^6 3^8 2^3$	6^4	$5^1 3^8 2^2$
1.0	29	19	61	41	109	23	93	49	112	185	97	71	40	43	20
0.8	29	18	61	39	104	22	91	48	110	183	95	70	40	43	20
0.6	28	19	59	39	102	22	88	47	107	172	93	70*	39	42	20
0.4	28	19	58	36	99	21	81	44	98	161	87	71	36*	42	21
0.2	28*	17*	58*	35*	98*	21*	74*	40*	87*	154*	82*	70	38	41*	20*

表 2-49 爬山试验中选择不同变异概率时覆盖表的消耗时间 (单位: s)

变异概率	4^{10}	3^{13}	6^{10}	4^{20}	8^{10}	3^{20}	6^{20}	4^{30}	6^{30}	10^{11}	$7^6 6^7 5^6$	$8^2 7^2 6^2 5^2$	$6^1 5^1 4^6 3^8 2^3$	6^4	$5^1 3^8 2^2$
1.0	37.71	2.87	431.2	12.1	716.9	3.84	30.22	16.47	71.1	27.5	30.3	290.2	699.38	0.047	0.44
0.8	38.36	3.70	425.4	12.2	680.3	3.74	30.14	16.54	71.5	27.6	30.3	281	695.59	0.047	0.45
0.6	37.04	3.15	422.2	11.5	666.5	3.74	29.16	16.21	69.0	25.8	30.2	277*	671.1	0.047	0.45
0.4	34.3	3.01	413.7	10.8	635.4	3.34	26.04	14.52	61.7	22.7	27.5	273.4	568.1*	0.047	0.442
0.2	32.1*	2.3*	402*	10.1*	604*	3.31*	22.9*	12.4*	52.6*	19.8*	23.5*	279.5	588.1	0.03*	0.43*

表 2-50　爬山试验各待测实例中变异概率优化所对应的参数配置

C_5	a_1	a_2	a_3	a_4	a_5	C_5	a_1	a_2	a_3	a_4	a_5
4^{10}	5	1	1	3	4	6^{30}	3	0	2	4	4
3^{13}	5	0	2	1	4	10^{11}	3	0	2	1	4
6^{10}	3	3	2	4	4	$7^6 6^7 5^6$	5	0	2	1	4
4^{20}	5	0	2	1	4	$8^2 7^2 6^2 5^2$	4	1	1	1	2
8^{10}	3	1	2	2	4	$6^1 5^1 4^6 3^8 2^3$	5	2	2	1	3
3^{20}	4	0	1	4	4	6^4	5	0	0	2	4
6^{20}	3	0	2	1	4	$5^1 3^8 2^2$	5	0	0	1	4
4^{30}	5	0	1	4	4						

通过这 5 轮试验, 可以得到各待测实例覆盖表生成的最优参数配置. 如表 2-51 所示, 不同覆盖表的最优参数配置各不相同. 下面利用这些最优参数配置生成各待测实例的覆盖表, 为了保证结果的准确性, 从 10 次生成结果中取最优解.

表 2-51　爬山试验所得各待测实例的最优参数配置和覆盖表生成结果

	algorithm	m	T	P_c	P_m	size	time		algorithm	m	T	P_c	P_m	size	time
4^{10}	GAr climb	2100	600	0.4	0.2	28	32.1	6^{30}	GA climb	100	1100	0.2	0.2	87	52.6
3^{13}	GAr climb	100	1100	0.8	0.2	17	2.28	10^{11}	GA climb	100	1100	0.8	0.2	154	19.8
6^{10}	GA climb	6100	1100	0.2	0.2	58	402	$7^6 6^7 5^6$	GAr climb	100	1100	0.8	0.2	82	23.5
4^{20}	GAr climb	100	1100	0.8	0.2	35	10.1	$8^2 7^2 6^2 5^2$	GA-climb	2100	600	0.8	0.6	70	277
8^{10}	GA climb	2100	600	0.6	0.2	98	604	$6^1 5^1 4^6 3^8 2^3$	GAr climb	4100	1100	0.8	0.4	36	568.1
3^{20}	GA-climb	100	600	0.2	0.2	21	3.31	6^4	GAr climb	100	100	0.6	0.2	41	0.03
6^{20}	GA climb	100	1100	0.8	0.2	74	22.9	$5^1 3^8 2^2$	GAr climb	100	100	0.8	0.2	20	0.43
4^{30}	GAr climb	100	600	0.2	0.2	40	12.4								

4) 试验结论

本试验通过 pairwise 试验、base choice 试验和爬山试验这 3 条试验路线系统地探索了覆盖表生成的遗传算法中各配置参数的取值及其相互作用对算法性能的影响. 3 条试验路线探索算法性能的角度和侧重点各不相同. pairwise 试验主要探索遗传算法各配置参数之间的二维组合关系对算法性能的影响, 试验的参数配置集是遗传算法 5 个配置参数的二元组合覆盖表. base choice 试验更侧重于发掘各配置参数自身对算法效果的影响, 试验对遗传算法的 5 个配置参数进行了单独地深入探索. 爬山试验则是对参数配置进行逐步优化, 参数配置的整体性能会随每一轮参数优化的完成而一步步提高.

通过试验可以得出结论, 算法选择、进化代数和变异概率这 3 个配置参数对覆盖表生成的遗传算法整体性能影响较大, 种群规模的影响只体现在算法消耗时间上, 而交叉概率的影响相对较小. 其中算法选择以 GA climb 和 GAr climb 算法较优, 且进化代数取值较大, 交叉概率取值较小时算法性能会有明显提高. 结论表明, 对于某个特定问题的二维覆盖表生成, 遗传算法中存在一组最优参数配置, 使其总是能发挥较优的性能. 表 2-52 中是比较 3 组试验后所得 15 个待测实例的最优参数配置和覆盖表生成结果. 观察可知, 不同待测实例中, 覆盖表生成的最优参数配置之间差异很大, 即不存在一组适用于所有二维覆盖表生成的最优参数配置.

表 2-52 各待测实例的最终最优配置和覆盖表生成结果

	algorithm	m	T	P_c	P_m	size	time		algorithm	m	T	P_c	P_m	size	time
4^{10}	GAr climb	100	100	0.2	0.2	28	0.234	6^{30}	GA climb	100	1100	0.2	0.2	87	52.6
3^{13}	GAr climb	100	1100	0.8	0.2	17	2.28	10^{11}	GA climb	100	1100	0.8	0.2	154	19.8
6^{10}	GA climb	6100	1100	0.2	0.2	58	402	$7^6 6^7 5^6$	GAr climb	100	1100	0.8	0.2	82	23.5
4^{20}	GAr climb	100	1100	0.8	0.2	35	10.1	$8^2 7^2 6^2 5^2$	GA-climb	2100	600	0.8	0.6	70	277
8^{10}	GA climb	2100	600	0.6	0.2	98	604	$6^1 5^1 4^6 3^8 2^3$	GAr climb	4100	1100	0.8	0.4	36	568.1
3^{20}	GA-climb	100	600	0.2	0.2	21	3.31	6^4	GAr climb	100	100	0.6	0.2	41	0.03
6^{20}	GA climb	100	1100	0.8	0.2	74	22.9	$5^1 3^8 2^2$	GAr climb	100	100	0.8	0.2	20	0.43
4^{30}	GAr climb	100	600	0.2	0.2	40	12.4								

4. 结论

本节系统地研究了遗传算法这一演化搜索算法在进行覆盖表生成时的性能优化问题, 通过 3 条试验路线探索遗传算法的变种算法、种群规模、进化代数、交叉概率和变异概率这 5 个因素及其相互作用对算法性能的影响, 得出以下结论.

(1) 覆盖表生成的遗传算法性能受算法的参数配置影响很大. 不同参数配置下的覆盖表生成结果之间具有明显差异. 例如, 参数配置中算法选择为 GA climb 或 GAr climb 算法时生成覆盖表的规模普遍较小, 而算法选择为 GA- 时, 则会生成较大规模的覆盖表.

(2) 遗传算法的各配置参数对算法生成覆盖表性能存在不同程度的影响, 其中, 算法选择、进化代数和变异概率这 3 个配置参数对覆盖表生成的遗传算法整体性能影响较大, 种群规模的影响只体现在算法的消耗时间上, 而交叉概率的影响相对较小.

(3) 对于特定的二维覆盖表生成问题, 存在一组最优参数配置, 使遗传算法总能发挥较优的性能. 对于一般的二维覆盖表生成问题, 则不存在这样一组通用的最优参数配置. 不同的覆盖表生成问题, 其最优参数配置之间存在差异, 但也具有一定的共性, 试验结论显示, 在本书涉及的 15 个待测实例的最优参数配置中, 算法选择集中于 GA climb 和 GAr climb 算法, 进化代数取值总体较大, 变异概率取值总体较小.

在以后的工作中, 将在已有的工作基础上对试验中得到的遗传算法最优参数配置进行验证和进一步优化, 例如, 以试验结论为基础扩大配置参数取值集合, 进一步探索爬山算法下更大进化代数, 更小变异概率的遗传算法性能; 对相同参数配置下的待测实例进行 10 次甚至 20 次的覆盖表生成试验以使试验结果更加精确等.

此外, 由于试验规模和复杂度会进一步增加, 我们计划将试验迁移到云计算环境中, 利用云计算平台优越的计算能力更好更快地设计和实施试验.

针对覆盖表生成过程中, 遗传算法的通用最优配置不存在的情况, 我们将研究利用本书试验方法构建一种两阶段多配置并行遗传算法. 该方法首先使用 pairwise 参数覆盖表配置一组遗传算法先行进行计算, 然后选择其中性能好的配置, 以这几个配置为基础分别进行爬山和 base choice 配置试验, 将它们中产生的最好结果作为并行遗传算法的结果. 关于这个方法的效果验证将另行讨论.

针对特定的覆盖表生成实例, 另外一个改进遗传算法性能的方向是拟采用配置演化的方法, 演化过程中首先随机生成一组遗传算法的配置作为初始种群, 运行这组配置对应的遗传算法, 生成该特定实例的覆盖表, 以每个算法生成的该特定实例的覆盖表规模作为适应值度量, 覆盖表规模越小, 适应值越高, 从而对这组配置进行适应值排序, 并对其进行选择、交叉和变异, 形成第二代种群. 循环该过程, 直到性能不再提高或达到某种收敛标准, 系统研究这种方法的性能和成本[15].

2.3.2 覆盖表生成的粒子群算法

最小覆盖表的生成是组合测试研究的一项重要工作, 然而该问题已被证明是一个 NP 难问题. 为了生成尽可能小的覆盖表, 人们相继提出了很多算法. 近年来, 受到基于搜索的软件工程的启发, 很多基于人工智能的演化搜索技术相继被应用于软件测试中. 在覆盖表生成这一研究领域, 模拟退火、遗传算法、蚁群算法等技术相继得到应用, 能生成规模相对较小的覆盖表. 粒子群算法 (particle swarm optimization, PSO) 作为一种较新的启发式搜索算法, 实现简单且收敛速度较快, 目前也被应用于该领域中[16].

在启发式搜索算法中, 对于不同的应用环境中的具体问题, 参数配置往往会对算法性能有巨大影响. 目前, 在使用粒子群算法生成覆盖表的相关研究中, 绝大多数并没有对参数配置进行考虑, 或者仅通过部分试验来确定一组经验参数, 没有考虑到参数选择在不同覆盖表生成上的特殊性. 因此, 通过对具体覆盖表生成的算法参数进行调优, 能进一步提升粒子群算法的性能, 得到规模更小的覆盖表. 此外, 对于不同的覆盖表, 选取合适的参数往往是困难的, 需要花费大量的时间进行参数优化. 因此, 使用自适应策略对粒子群算法进行改善, 不需要对算法参数进行具体设置, 能使粒子群算法在覆盖表生成上具有更强的适用能力.

基于上述考虑, 为了进一步提升粒子群算法的性能, 本节主要进行下面两方面的工作.

(1) 考虑粒子群算法中粒子数、迭代次数、惯性权重和学习因子这 4 个对算法性能有主要影响的参数, 并考虑每个参数的 3 个不同取值, 使用正交试验设计的方法对每个覆盖表生成进行具体的参数调优, 以此来进一步提升传统粒子群算法在覆盖表生成上的性能.

(2) 简化对学习因子进行自适应调整的方法, 同时对算法的适应值策略增加距离度量, 以及使用粒子随机重生成策略, 并依据覆盖表规模选取合适的粒子数和迭代次数, 提出一种应用于覆盖表生成的自适应粒子群算法. 该算法更加适用于覆盖表生成这一具体问题, 且不需要对算法参数进行具体设置.

为了验证参数调优和自适应粒子群算法的有效性, 本节选取了将粒子群算法应用于覆盖表生成的相关文献中所报告的部分结果, 将其与参数调优后的结果进行比较, 同时使用统计学方法, 对参数调优后的结果与自适应粒子群算法的结果进行检验.

1. 粒子群算法

覆盖表生成是组合测试研究的关键问题, 其目的是在保证覆盖率的前提下, 构造规模尽可能小的覆盖表. 在基于计算的方法中, 人们主要使用 one-test-at-a-time 策略[9] 来迭代地构造覆盖表, 算法 2-8 给出了该策略的伪代码描述. 其中, 对于不同的测试用例生成方法, 只需要对算法 2-8 中的相应部分进行替换, 就可以将其应用于覆盖表生成.

算法 2-8　one-test-at-a-time 策略

```
输入: 参数个数 n, 各参数取值 v, 覆盖强度 t.
输出: 覆盖表 TS.
TS=∅,S= 所有待覆盖的组合对
while(S ≠ ∅)
    使用计算方法生成一条适应值最大的测试用例 p;
    将 p 加入 TS 中;
    从 S 中移去 p 所能覆盖的组合.
```

在这个过程中, 为了衡量候选测试用例的优劣, 还需要使用一个适应值函数来进行评估. 对于覆盖表生成, 一般按如下方式定义.

定义 2-4　适应值函数 (fitness function)　令 S 为所有未被覆盖的组合, 则适应值函数fitness(p) 的返回值为测试用例 p 在 S 中所能覆盖的组合数目.

粒子群算法是一种基于群体智能的演化搜索技术, 来源于对鸟类捕食和鱼类迁徙的观察, 最初由 Kennedy 等提出[17]. 在该算法中, 每个粒子作为一个候选解, 代表解空间中的一个具体位置, 并包含对应的速度信息, 同时一个适应值函数被用于评价粒子质量的好坏. 初始时, 粒子均匀地分布在整个解空间中, 随后的每次迭代, 每个粒子都将依据自身过去的最优位置 (pBest) 和整个种群的最优位置 (gBest) 来不断更新当前状态. 通过这样的不断 “飞行”, 每个粒子逐渐趋向于个体最优和全局最优的方向, 以此来寻找问题的最优解或者近似最优解.

假设求解的问题是一个 D 维实数空间, 粒子 i 的速度和位置就可以分别用向量 $x_i \in R^D$ 和 $v_i \in R^D$ 来表示. 在每次迭代中, 每个粒子的速度和位置将按下面公式进行更新:

$$v_i(k+1) = \omega \times v_i(k) + C_1 \times r_1 \times (\text{pBest} - x_i(k)) + C_2 \times r_2 \times (\text{gBest} - x_i(k)) \quad (2\text{-}2)$$

$$x_i(k+1) = x_i(k) + v_i(k+1) \quad (2\text{-}3)$$

这里的速度更新式 (2-2) 由 3 部分组成: 第一部分是惯性部分, 代表粒子保持自身运动的趋势; 第二部分是认知部分, 代表粒子对自身历史最优的学习; 第三部分是社会部分, 代表粒子之间的交互协作. k 代表当前迭代次数, 种群的搜索是一个迭代演化的过程. ω被称为惯性权重, 其可以被设定为一个常量或者使其动态改变. C_1 和 C_2 是两个正实数, 称为学习因子, 控制粒子向个体最优和全局最优学习的趋势. r_1 和 r_2 则是两个在 [0.0, 1.0] 内服从均匀分布的随机数, 用于保证种群的多样性.

目前, 粒子群算法已被广泛应用于各类问题中[11,12]. 在使用粒子群算法生成覆盖表时, 可以将覆盖表的 n 个参数看成一个 N-维空间, 粒子 $p_i = (x_1, x_2, \cdots, x_n)$ 代表一条候选测试用例. 由于标准的粒子群算法是在实数空间中求解问题, 需要对位置进行取整运算以使算法适应于覆盖表生成, 但同时粒子速度仍保留为实数值. 适应值函数是启发式搜索算法的重要组成部分, 这里使用定义 2-4 中的适应值函数. 由于一条测试用例最多能覆盖 $C(n,t)$ 个组合, 因此, 当一条测试用例的适应值等于 $C(n,t)$ 时, 就可以直接返回该测试用例, 而不需要继续演化. 算法 2-9 描述了使用粒子群算法生成一条测试用例的过程, 其中, it表示当前的迭代次数, it_max 是一个预先设定的最大上限值.

算法 2-9 使用粒子群算法生成一条测试用例

输入: 参数个数 n, 各参数取值 v, 待覆盖组合 S.

输出: 测试用例gBest.

```
it=0, gBest=NULL
for (每个粒子 p_i)
    随机初始化位置 x_i 和速度 v_i
while (it<it_max)
    // 适应值评估阶段
    for (每个粒子 p_i)
```

```
        计算适应值 fitness(p_i)
        if (fitness(p_i) == C(n,t))
            return p_i
        种群中具有最大适应值的粒子作为gBest
        粒子 i 的历史最优位置作为 pBest_i
    // 位置和速度更新阶段
    for (每个粒子 p_i)
        使用式 (2-2) 和式 (2-3) 更新粒子的速度和位置
        最大速度和边界处理
    it++
return gBest
```

在更新粒子的速度和位置时, 如果不对速度范围的上界和下界加以限制, 在有些情况下会使粒子飞出解空间, 从而得到一个无效解. 在这里, 对于每个维度, 使用对应参数取值范围的一半作为最大速度的限制, 即 $v_{\max} = v_i/2$, 以使粒子的速度位于 $[-v_{\max}, v_{\max}]$ 中. 此外, 即使有最大速度的限制, 但粒子还是有可能达到或者越过解空间的边界, 为了使粒子再次回到解空间中, 就需要考虑边界处理策略. 这里依据文献 [7] 的建议, 使用反射策略来进行处理. 在该策略中, 粒子的运动会被解空间的边界反弹, 当粒子越过边界时, 依据反射公式来计算粒子的新位置, 以此来使粒子一直处于合法解的范围内.

2. 相关研究

粒子群算法目前已被应用于解决各种优化问题. 在软件测试领域中, Windisch 等首先将粒子群算法用于结构测试中, 并将其与遗传算法进行比较. Ganjali 则提出了一种基于需求文档的划分测试框架, 并使用粒子群算法生成相应的测试用例.

在组合测试覆盖表生成的相关研究中, Ahmed 等相继提出了用于二维覆盖表生成的 PPSTG 方法, 多维覆盖表生成的 PSTG 方法, 可变强度覆盖表生成的 VS-PSTG 方法, 并进一步扩展 PSTG 方法使其用于统一和可变强度的覆盖表生成. Chen 等同样将粒子群算法应用于二维覆盖表的生成, 并使用测试用例集约简算法对生成覆盖表的规模进行进一步的约简. 尽管这些研究在覆盖表生成上都取得了较好的结果, 但其没有考虑到不同参数在不同覆盖表生成上对算法性能的影响. 已有文献的方法仅选用了一组建议取值作为算法参数, 没有对参数的选择进行分析, 虽然使用两个覆盖表作为基准进行试验以确定参数的取值, 但没有考虑到对于不同覆盖表生成最优参数往往不同, 所得到的最优参数缺乏普遍性.

为了选取粒子群算法在这类启发式算法的最优参数, 通过试验进行尝试是最广泛使用的方法. Shi 等最初讨论了粒子群算法中最大速度和惯性权重对算法性能的影响. Gallad 等则指出, 在一定参数取值范围内, 粒子群算法都能得到较好的解, 具有良好的鲁棒性. 其使用完全因素试验设计的方法, 对 3 个参数的 3 个不同取值进行试验. Beielstein 等同样使用完全因素试验设计的方法对粒子群算法的参数进行分析, 并研究参数间的交互作用. 与上述研究使用的试验设计方法不同, Tewolde 等提出了一种两层的粒子群参数自动调整算法. 其中, 内层粒子群算法 (fPSO) 用于具体的函数优化, 外层粒子群算法 (sPSO) 则用于调整内层算法的参数. 该方法在实际应用中都能提升粒子群算法的性能, 但所需要的时间开销较大.

为了提升粒子群算法的性能, 除了对一组固定的参数进行调优外, 也有很多研究建议采用随迭代而变化的参数. 包括对惯性权重和学习因子进行线性或非线性的变化[18], 使用模糊系统进行参数调整[19], 或者将算法参数一同编码到粒子中, 使其随粒子一同演化. 尽管这些方法在一定程度上也能提升粒子群算法的性能, 但没有对种群的演化状态进行考虑, 容易错误地调整参数, 从而有降低粒子群算法性能的风险. 基于这一考虑, Zhan 等提出了一种依据最优粒子与其余粒子间距离来划分演化状态的方法, 并以此来自适应地对惯性权重和学习因子进行调整. Iwasaki 等使用所有粒子的平均速度绝对值作为衡量当前粒子群活性的指标, 并以此来调整惯性权重. Chen 等则依据种群密度, 提出了一种周期性地对粒子数进行自适应调整的算法.

此外, 尽管粒子群算法在合适的参数下能获得较好的性能, 但在解决复杂的多值问题时, 传统的粒子群算法往往容易陷入局部最优. 为了避免陷入局部最优, 多种辅助技术被结合到粒子群算法中, 例如, 引入选择、交叉和变异算子, 局部搜索, 粒子的重设置和重初始化等. 当这类方法能合适地被执行时, 可以有效增强粒子群算法的性能[20].

3. *参数调优及结果*

对于启发式搜索算法, 参数的选择对算法性能有巨大影响. 因此, 在使用粒子群算法生成覆盖表时, 为每个具体的覆盖表寻找最优的算法参数, 能提升粒子群算法的性能, 生成规模更小的覆盖表.

在参数调优试验中, 首先需要确定待优化的参数和其取值. 这里, 选取粒子数、迭代次数、惯性权重和学习因子这 4 个对算法性能有重要影响的参数作为待优化的参数. 而对于最大速度和边界处理策略等参数, 在覆盖表生成中对算法性能的影响并不大, 为了减少参数调优的时间消耗, 这些参数将依据经验结果选取固定值. 表 2-53 中给出了试验设计的这 4 个参数及其对应取值. 其中, 粒子数和迭代次数的取值均选取为{100, 500, 900}, 分别代表了不同程度的种群规模和迭代开销. 经验研究表明, 小于 100 的种群规模由于搜索能力不强, 不容易找到最优解, 而在更大的种群规模下, 算法性能在时间开销大幅增长的情况下并没有显著提升, 对于迭代次数, 也是相同的考虑. 惯性权重和学习因子在经验结果中, 较适宜的取值为 0.9 和 1.7, 其在大部分情况下都能得到较优的结果, 同时考虑了已有文献中给出的合理取值空间, 最终分别确定这两个参数选取范围为{0.5, 0.9, 1.3}和{1.3, 1.7, 2.1}.

表 2-53 试验设计参数及其取值

粒子数	迭代次数	惯性权重	学习因子
100	100	0.5	1.3
500	500	0.9	1.7
900	900	1.3	2.1

试验设计是参数优化中广泛使用的方法, 其可以系统地对参数的影响进行分析, 这里使用正交表作为试验设计的配置 (表 2-54). 使用该方法可以确保每个参数的每个取值都将在试验中出现相同的次数, 因此可以依据试验结果计算出一组最优的参数配置.

表 2-54 试验设计配置 $L_9(3^4)$

序号	P_1	P_2	P_3	P_4
C_0	0	0	0	0
C_1	0	1	1	1
C_2	0	2	2	2
C_3	1	0	1	2
C_4	1	1	2	0
C_5	1	2	0	1
C_6	2	0	2	1
C_7	2	1	0	2
C_8	2	2	1	0

在本书中, 选取了已有文献中报告的 20 个有代表性的覆盖表 (表 2-55), 每个覆盖表将分别在这 9 组参数配置下生成. 考虑到算法的随机性以及计算的时间开销, 对每个参数配置进行 20 次重复试验.

在试验中发现, 粒子群算法在多组参数配置下都能生成最小结果, 因此首先对其进行统计, 如表 2-56 所示. 在该表中, 每行代表一个覆盖表, $C_0 \sim C_8$ 列代表试验设计的 9 组参数配置, "$\surd$" 表示在该组参数配置下算法能生成最小规模的覆盖表. 通过试验设计, 还可以分别计算出每个参数的最优取值, 以此来得到一组最优的参数配置. 不同覆盖表的最优参数配置不尽相同, 在该组配置下算法也并不一定能得到最小结果, 将其单独记录在 best 这一部分.

表 2-55　试验使用的 20 个覆盖表

$CA_1(2,10,4)$	$CA_2(2,10,6)$	$CA_3(2,10,10)$
$CA_4(2,20,10)$	$CA_5(2,15,3)$	$CA_6(2,10,2)$
$CA_7(3,10,2)$	$CA_8(4,10,2)$	$CA_9(2,7,5)$
$CA_{10}(3,7,5)$	$CA_{11}(4,7,5)$	$MCA_{12}(2,8,4^3 5^3 6^2)$
$MCA_{13}(2,9,10^1 9^1 8^1 7^1 6^1 5^1 4^1 3^1 2^1)$		$MCA_{14}(3,10,4^1 3^7 2^2)$
$MCA_{15}(4,5,2^2 3^3)$	$MCA_{16}(4,8,8^2 7^2 6^2 5^2)$	
$VSCA_{17}(2,15,3,CA(3,3^4))$		
$VSCA_{18}(2,15,3,CA(4,3^7))$		
$VSCA_{19}(2,8,4^3 5^3 6^2,CA(3,4^3))$		
$VSCA_{20}(2,9,10^1 9^1 8^1 7^1 6^1 5^1 4^1 3^1 2^1,MCA(3,10^1 9^1 8^1))$		

在表 2-56 中, 从每行来看, 可以发现对于大多数覆盖表, 粒子群算法在多组参数配置下都能得到最小规模的结果, 表现出算法在覆盖表生成上的鲁棒性. 而从每列来看, 并不存在一个通用的参数配置使对任意覆盖表都能获得最小结果, 表现出算法的参数设置在不同应用环境下的特殊性.

表 2-56　能得到最小结果的配置

	C_0	C_1	C_2	C_3	C_4	C_5	C_6	C_7	C_8	best
1		√		√	√					{1,1,1,1}
2						√		√	√	√{2,1,1,1}
3										√{2,1,1,1}
4									√	√{2,1,1,1}
5					√			√		{1,2,2,2}
6	√	√	√	√	√	√	√	√	√	√{0,1,0,0}
7	√	√	√	√	√	√	√	√	√	√{0,2,1,1}
8									√	{2,1,2,1}
9										√{2,1,1,2}
10					√				√	√{2,2,2,2}
11									√	√{2,2,2,2}
12							√			{1,1,2,2}
13						√			√	{2,2,1,2}
14			√							{2,1,2,2}
15	√	√	√	√	√	√	√	√	√	√{2,2,1,0}
16										√{2,1,1,2}
17			√			√				√{1,2,2,2}
18								√		√{2,1,1,0}
19	√	√	√	√	√	√	√	√	√	√{1,0,1,0}
20	√	√	√	√	√	√	√	√	√	√{1,1,1,1}

尽管并不存在一组通用的最优参数配置使算法总能生成规模最小的覆盖表，但也可以看出，配置 C_8={2, 2, 1, 0}能在大约一半的情况下获得最小结果. 同时，从试验得到的最优参数配置 (best 列) 来看，粒子数适合于一个较大的取值，迭代次数和惯性权重在适中值时效果较好，学习因子则应选取适中或较大的值. 因此建议，在使用粒子群算法生成覆盖表时，参数配置{2, 1, 1, 1}可以作为一个较好的默认取值. 尽管该配置并不一定能保证对任意覆盖表都生成最小规模的结果，但其可以在不进行大量参数优化试验的前提下，使算法获得相对较理想的性能.

为了与文献中已有的结果进行比较，选取了试验设计中能得到最小规模覆盖表并且均值最小的一组数据，以此作为每个覆盖表的最优生成结果和最优参数配置，表 2-57 中列出了相应结果，"NA" 表示对应均值信息没有在文献中报告.

表 2-57 试验设计最终结果

covering	best report		PSO with optimal parameters		parameters			
array	min	mean	min	mean	particle	iteration	weight	study
CA_1	29	NA	28	29.3	1	1	2	0
CA_2	62	NA	59	60.45	2	2	1	0
CA_3	170,156	NA	151	153.75	2	1	1	1
CA_4	213	NA	196	197.6	2	1	1	1
CA_5	19	20.92	18	19.95	1	1	2	0
CA_6	8	NA	8	8.6	0	0	0	0
CA_7	17	NA	16	16.35	0	1	1	1
CA_8	37	NA	35	39.2	1	1	2	0
CA_9	37	38.14	35	37.2	2	1	1	2
CA_{10}	225	227.21	218	221.25	2	2	2	2
CA_{11}	1176	1180.63	1160	1168.05	2	2	1	0
MCA_{12}	42	43.57	40	43.35	2	0	2	1
MCA_{13}	97	99.82	93	97.3	2	1	0	2
MCA_{14}	65	68.34	63	66.15	0	2	2	2
MCA_{15}	54	54.63	54	55.75	2	2	1	0
MCA_{16}	4506	NA	4272	4296.1	2	2	1	0
$VSCA_{17}$	30	31.47	27	30.95	0	2	2	2
$VSCA_{18}$	158	160.31	153	156.65	2	1	0	2
$VSCA_{19}$	64	65.51	64	64.15	2	2	1	0
$VSCA_{20}$	720	721.75	720	720	0	1	1	1

从表 2-57 的结果来看，通过试验设计进行参数优化，粒子群算法的性能得到了增强，对于所有选取的覆盖表，几乎都获得了规模更小的结果. 而在最优参数配置上，可以发现，并不存在某个参数的某个取值能使得总生成最优的结果，也不存在一组对任意覆盖表都能获得最优结果的参数配置.

进一步对 CA_6、CA_7、MCA_{15}、$VSCA_{19}$ 和 $VSCA_{20}$ 的生成结果进行观察, 在表 2-56 和表 2-57 中可以发现, 其在试验设计的任一组参数下都能生成最小规模的覆盖表, 并且除 CA_7 外, 参数调优并没有生成更小规模的结果. 对于 CA_6 和 CA_7, 认为是由于这两个覆盖表参数个数和取值均较少, 使覆盖表的生成较为简单, 因此不同参数对性能影响不大. 而对于 MCA_{15}、$VSCA_{19}$ 和 $VSCA_{20}$ 这 3 个覆盖表, 为了达到其覆盖强度, 可以分别计算出最少需要的测试用例数分别为 $3\times3\times3\times2=54$, $4\times4\times4=64$ 和 $10\times9\times8=720$ 条, 因此在任意参数下都仅能获得该最小结果.

尽管在有些覆盖表生成上参数调优并没有获得更小规模的结果, 但在均值的比较上, 可以发现参数调优后的结果都比已有文献中的结果好. 对于这一类随机算法, 最小值容易受到随机性的干扰, 而均值更适合于衡量算法的平均性能. 因此可以认为, 在这 20 个覆盖表的生成上, 通过参数调优, 粒子群算法都获得了更好的结果.

4. 自适应粒子群算法和试验结果

尽管参数调优能使粒子群算法在覆盖表生成上获得更好的结果, 但是注意到, 对于不同的覆盖表, 算法的最优参数往往不同, 并且进行参数调优需要花费大量的时间. 此外, 由于粒子群算法在一定的参数取值范围内都能获得最小规模的结果, 所以并没有必要去寻找一组确切的最优参数配置. 因此, 在粒子群算法本身具有的良好鲁棒性下, 使用自适应策略对参数进行调整, 并引入算法相关的优化机制, 能使粒子群算法更加适用于覆盖表的生成, 进一步加强其在覆盖表生成上的性能.

1) 自适应粒子群算法

本书提出的用于覆盖表生成的自适应粒子群算法包括学习因子自适应调整、新的适应值策略、粒子重生成策略以及粒子数和迭代次数选择 4 部分. 对于惯性权重, 尽管也可以同样进行自适应调整, 但将惯性权重保持一个适中的固定值, 不仅能在演化初期进行更广范围的搜索, 还能在演化后期有跳出局部最优的能力, 参数调优的结果也显示该取值的有效性. 因此, 在自适应粒子群算法中, 固定惯性权重值 $\omega=0.9$. 下面将分别对自适应粒子群算法的 4 部分进行说明.

(1) 学习因子自适应调整

已有研究表明, 依据种群状态进行参数自适应调整, 能使种群演化更符合粒子群算法的假设, 使算法的收敛性和解的正确性得到提高. 本书对学习因子进行自适应调整的方法使用文献 [8] 中的思想, 并对其进行简化.

考虑粒子群算法的演化过程, 初始时所有粒子均匀分布在整个解空间中, 随后整个粒子群会逐渐向最优位置收敛, 同时, 当有粒子找到更优的位置时, 整个群体又会向新的最优位置移动, 跳出局部最优. 为了对粒子群的不同演化状态进行区分, 预先将其分为探索 (exploration)、开发 (exploitation)、收敛 (convergence) 和跳出 (jumping-out)4 个状态, 并使用粒子群中最优解 (gBest) 与其余粒子之间的距离作为区分不同状态的依据. 显然, 在探索状态中, 粒子具有在解空间中广泛搜索的能力, 最优解与其余粒子之间距离较远; 随后粒子群进入开发状态, 粒子集中在最优解附近运动, 该距离相应缩小; 在收敛状态时, 大部分粒子都位于最优解处, 此时距离最小; 如果粒子群跳出当前最优解, 即处于跳出状态时, 由于当前大部分粒子的位置仍在原最优解附近, 因此距离会相应增大.

对于距离度量, 有很多方法可以使用. 在本书中, 使用欧氏距离来计算当前最优粒子和其余粒子间的平均距离:

$$f=\frac{\dfrac{1}{N}\sum_{i=1}^{N}\sqrt{\sum_{k=1}^{D}(x_{\mathrm{gBest}}^{k}-x_{i}^{k})}}{\dfrac{1}{2}\sqrt{\sum_{k=1}^{p}v_{k}^{2}}} \tag{2-4}$$

式中, N 表示粒子数; D 表示覆盖表的参数个数. 分子部分代表了当前最优粒子 gBest 与其余粒子间的平均距离, 分母部分则是用于对计算得到的平均距离进行标准化, 这里使用解空间中最大距离的一半作为最大距离度量.

依据 f 的值就可以划分种群的演化状态, 并以此对学习因子 c_1 和 c_2 进行调整. 这里, 简单使用区间划分的方法, 表 2-58 中给出了划分的依据和具体的调整方法.

表 2-58 c_1 和 c_2 的自适应调整

f	$0\leqslant f<0.15$	$0.2\leqslant f<0.35$	$0.4\leqslant f<0.55$	$f\geqslant 0.6$
	convergence	exploitation	exploration	jumping-out
c_1	decrease slightly	increase slightly	increase	decrease
c_2	increase slightly	decrease slightly	decrease	increase

在式 (2-2) 中, c_1 和 c_2 控制了粒子向个体最优和群体最优学习的权重, 分别保证了种群的多样性和向最优位置收敛的能力. 当种群处于探索状态时, 希望粒子能在尽可能大的范围内搜索, 此时, 增加 c_1 并降低 c_2 能增强粒子独自搜索的能力. 当种群处于开发状态时, 大部分粒子聚集在最优解周围, 但该最优解可能是一个局部最优解. 此时缓慢增加 c_1 并使其取值相当较大, 缓慢降低 c_2 并使其取值相对较小, 能使粒子更趋向于个体最优而不是当前最优解, 从而能对其余最优位置进行探测. 由于开发状态往往处于探索状态和收敛状态之间, 因此对学习因子进行缓慢调整能使状态间过渡更加平稳. 当种群进入收敛状态时, 可以认为当前已经找到了最优解; 此时缓慢减少 c_1 并缓慢增加 c_2 能有助于种群向最优解移动, 加速算法的收敛. 当种群处于跳出状态时, 表明当前的最优粒子与其余粒子间距离较远, 此时应

使粒子群更快向新的最优位置靠近, 降低 c_1 并增加 c_2 能有助于达到这一目标.

传统的粒子群算法本身就具有跳出局部最优的能力, 但为了进一步避免种群陷入局部最优, 并改善收敛速度, 当粒子群处于收敛状态时, 文献 [8] 还给出了一种精英学习策略. 在该策略中, 考虑当前的最优粒子, 对其某一维度的取值进行更改, 并比较修改后的粒子是否优于当前的最优粒子. 如果修改后的粒子更优, 则使其成为种群的最优解; 否则, 将当前种群的最差粒子用修改后的粒子进行替换.

在学习因子自适应调制策略中, 依据经验研究结果, 初始时设定 $c_1 = c_2 = 1.7$, 并用一个均匀分布于 [0, 0.05] 的随机值δ作为自适应策略中增加与减少的变化量, 对于缓慢增加与减少, 则使用 0.5δ作为对应的变化量. 在精英学习策略中, 随机选取当前最优粒子的一个参数 d, 并对其取值按 $x_d + \Delta$ 进行更改, Δ 随机地从$\{-1, 0, 1\}$中取值. 在对最优粒子或最差粒子进行位置的更改时, 都保持其原先的速度不变.

(2) 新的适应值策略

在覆盖表生成中, 传统的粒子群算法使用的是定义 2-4 中的适应值函数, 其目的是选取一个覆盖能力最强的粒子作为最优解. 由于覆盖表生成是一个不断加入测试用例的迭代过程, 该策略只考虑了在每次迭代时找出当前的最优测试用例, 并没有考虑到该最优测试用例与已生成测试用例集之间的关系, 从而容易陷入局部最优.

例如, 考虑覆盖表CA$(2, 4, 3)$ 的生成. 表 2-59 中给出了两种不同的测试用例生成方式, 其中, 第 1 条相同, 但第 2 和第 3 条不同. 前 3 条测试用例的适应值都为最大值 $C(4, 2) = 6$, 但在生成第 4 条测试用例时, 如果按方法 1 的构造方式, 由于任意两参数间相同取值的组合都被覆盖, 就不可能再找到任何一条适应值仍为 6 的测试用例, 而按方法 2 的构造方式, 仍可以找到一条适应值为 6 的测试用例 (1, 0, 1, 2). 更进一步, 由于覆盖表CA$(2, 4, 3)$ 的最小规模为 9, 那么就需要每条测试用例都有最大的适应值, 方法 1 的构造因此就不能达到最小规模的覆盖表, 而方法 2 的构造则可以.

表 2-59　CA(2,4,3) 的两种构造方式

方法 1				方法 2			
0	0	0	0	0	0	0	0
1	1	1	1	0	1	1	1
2	2	2	2	0	2	2	2
—	—	—	—	1	0	1	2
⋮	⋮	⋮	⋮	⋮	⋮	⋮	⋮

同时, 在经验研究中发现, 每次迭代都会产生多个具有相同适应值的测试用例, 这就要求进一步对这些测试用例进行选择. 从表 2-59 的结果可以看出, 如果每次

新增的测试用例都能接近于已生成的测试用例集, 例如, 在生成第二条测试用例时, (0, 1, 1, 1) 比 (1, 1, 1, 1) 更接近于已生成的测试用例 (0, 0, 0, 0), 以此来使测试用例的构造更加"紧密", 就可以在未来的生成中有更多可能找到更大适应值的测试用例.

为了衡量当前测试用例 t 与已生成测试用例集 T 之间的紧密程度, 在这里使用平均海明距离. 测试用例 t_1 与 t_2 之间的海明距离 d_{12} 定义为两测试用例间取值不同的参数个数, 则平均海明距离 $H(t,T)$ 可以定义为 t 与 T 中每条测试用例间海明距离之和的平均值:

$$H(t,T)=\frac{1}{|I|}\sum_{k=T}d_{tk} \tag{2-5}$$

这样一来, 通过在具有最大适应值的测试用例中, 挑选一条平均海明距离最小的作为全局最优粒子 (gBest), 就可以增加粒子群算法生成规模更小覆盖表的可能性.

(3) 粒子重生成策略

在传统的粒子群算法中, 一般情况下, 种群经过探索和开发状态, 最终达到收敛并返回找到的最优解, 而在部分情况下, 种群还能跳出局部最优, 找到更好的解. 算法的迭代次数对这个过程有重要影响. 迭代次数太少, 种群难于达到收敛状态, 而较大的迭代次数尽管能有更多跳出局部最优的可能, 但大部分粒子在一定迭代次数后都将收敛到当前最优解处, 对种群的进一步演化没有帮助. 同时, 应用学习因子自适应调整策略后, 算法的收敛已经得到增强, 单纯的大迭代次数对进一步提升算法性能没有很大帮助. 因此, 通过引入粒子重生成策略, 来增强算法跳出局部最优的能力.

在粒子重生成策略中, 预先设定一个迭代次数iter作为两次重生成之间的间隔. 每当标准的演化过程经过iter次迭代后, 整个种群中适应值最差的 30%个粒子将被重初始化, 即在解空间中重新随即分配位置, 但保持原速度不变. 之后, 为了适合于学习因子自适应调整, 还需要将学习因子重置为初始值. 整个种群将不断重复这个演化过程, 直到达到一个预先设定的最大迭代次数it_max.

(4) 粒子数和迭代次数的选取

粒子数和迭代次数同样可以在算法演化中自适应调整, 但在使用上述 3 种策略后, 认为预先选取一个合适的粒子数和迭代次数, 就可以使粒子群算法在覆盖表生成上获得很好的结果. 相反地, 过多地对这两个参数进行动态调整, 或者单纯地将其设定为一个较大的值, 反而会增加演化中粒子间的干扰, 从而降低算法性能. 在经验研究中, 粒子数为 100, 最大迭代次数为 600 时, 即能保证算法有良好的结果. 但为了在复杂覆盖表生成中适当增加搜索强度, 使用下述公式来确定算法的粒子数和最大迭代次数.

$$\text{particle} = 100 \times [\log |S|/2] + 100 \tag{2-6}$$

$$\text{iteration} = \text{iter} \times [\log |S|] + \text{iter} \tag{2-7}$$

式中, $|S|$代表待覆盖的组合数, 其能在一定程度上反映覆盖表生成的复杂程度, 粒子数和最大迭代次数的选取都将以其为依据.

综上所述, 就得到了用于覆盖表生成的自适应粒子群算法, 算法 2-10 给出了该算法的伪代码描述.

算法 2-10　自适应粒子群算法

输入: 参数个数 n, 各参数取值 v, 待覆盖组合 S.
输出: 测试用例gBest.

```
iter=150, ω = 0.9, c1 = c2 = 1.7, 依据式 (2-6) 和式 (2-7) 计算得到粒子数和最大迭代次数it_max, it=0, gBest=NULL
for(每个粒子 p_i)
    随机初始化位置 x_i 和速度 v_i
while (it < it_max )
    //适应值评估阶段
    for (每个粒子 p_i)
      计算适应值 fitness(p_i)
      if ( fitness(p_i) == C(n,t) && TS==∅ ) return p_i
        种群中适应值最大且平均海明距离最小的粒子作为gBest; 粒子 i 的历史最优位置作为pBest_i
    //粒子重生成阶段
    if (it>iter)
      重生成种群中适应值最差的 30% 个粒子; iter+=150
      c1 = c2 = 1.7
    //学习因子自适应调整及精英学习阶段
    计算演化状态因子 f 并以此判断当前演化状态state
    依据state自适应调整学习因子 c1 和 c2
    if (state==convergence)
      Temp = gBest
      随机选取一个参数 d
      随机选取一个变量ch∈{−1,0,1}
      Temp[d] +=ch
      if ( fitness(Temp) > fitness(gBest))
          gBest = Temp
```

```
    else
        用Temp替换适应值最差的粒子
  // 粒子更新阶段
  for (每个粒子 p_i)
    使用式 (2-2) 和式 (2-3) 更新粒子的速度和位置
    最大速度和边界处理
  it++
return gBest;
```

2) 试验结果

将上述自适应粒子群算法应用于表 2-60 中的 20 个覆盖表, 并将其与第 4 部分参数调优的最优结果进行比较. 由于均值更能衡量这一类有随机因素的搜索算法的性能, 为了使算法之间的比较更有统计学意义, 进一步使用t-Test来对两种算法均值之间的差异进行统计检验. 表 2-60 列出了最终的试验结果, 其中括号内的值代表算法消耗的时间 (单位为 s).

表 2-60　自适应粒子群算法与参数调优后粒子群算法的比较

covering array	PSO with optimal parameter		adaptive PSO		t-Test (5% level)	
	min	mean	min	mean	t-statistic	p-value
CA_1	28(25)	29.3(28)	28(13)	28.9(13)	1.6330	0.1189
CA_2	59(165)	60.45(174)	58(35)	60.3(35)	0.3888	0.7017
CA_3	151(234)	153.75(240)	149(85)	150.9(86)	6.6144	0.0000
CA_4	196(1151)	197.6(1164)	194(660)	195.05(675)	11.4190	0.0000
CA_5	18(32)	19.95(37)	19(14)	19.7(17)	0.9604	0.3489
CA_6	8(1)	8.6(1)	8(3)	8.5(3)	0.4904	0.6295
CA_7	16(11)	16.35(11)	16(18)	16.3(19)	1.5519	0.1372
CA_8	35(241)	39.2(272)	36(177)	39.15(197)	0.0590	0.9536
CA_9	35(27)	37.2(29)	34(9)	36.15(9)	3.5658	0.0021
CA_{10}	218(655)	221.25(680)	215(170)	218.4(173)	4.1812	0.0005
CA_{11}	1160(4642)	1168(4838)	1140(3460)	1150(3512)	15.5839	0.0000
MCA_{12}	40(10)	43.35(11)	39(12)	42.3(14)	2.5015	0.0217
MCA_{13}	93(132)	97.3(139)	92(51)	95.6(54)	2.6347	0.0163
MCA_{14}	63(66)	66.15(71)	63(116)	65.95(124)	0.6122	0.5155
MCA_{15}	54(30)	55.75(35)	54(12)	54.4(13)	3.4392	0.0027
MCA_{16}	4272(20732)	4296.1(19895)	4253(36399)	4266.7(35640)	6.6938	0.0000
$VSCA_{17}$	27(25)	30.95(29)	27(33)	31.6(40)	-0.8691	0.3956
$VSCA_{18}$	153(891)	156.65(912)	153(342)	156.55(334)	0.1844	0.8557
$VSCA_{19}$	64(151)	64.15(153)	64(27)	64.1(27)	0.5675	0.5770
$VSCA_{20}$	720(139)	720(140)	720(1120)	720(1272)	NaN	NaN

从表 2-60 的整体结果看, 自适应粒子群算法在均值和时间消耗上几乎都优于参数调优后的算法. 而对于覆盖表生成规模的最小值, 除了 CA_5 和 CA_8 外, 自适应粒子群算法都能得到与参数调优后相同或更好的结果.

特别地, 在 9 个覆盖表生成上, 自适应粒子群算法生成规模更小. 其中, 除 CA_2 外, 统计检验也表明两种算法之间在性能上确实存在显著差异 (p-value<0.05). 此外, 对于 MCA_{15}, 虽然在最小值上两种算法获得的结果相同, 但统计检验表明, 自适应粒子群算法的均值要明显优于参数调优后的均值. 对于覆盖表 CA_5 和 CA_8, 虽然自适应粒子群算法的结果在最小值上要略差于参数调优后的结果, 但从统计角度来看, 两者之间在均值上并不存在显著差异, 其在最小值上的差别可以认为是由随机性造成的.

基于上述试验结果, 可以认为, 本书提出的自适应粒子群算法在大部分情况下, 能获得比参数调优后更好的性能, 更加适用于覆盖表生成. 同时, 使用自适应粒子群算法不需要对参数进行设置, 可以减少算法参数优化的时间开销, 能在较短的时间内找到更优的解.

5. 有效性讨论

在参数调优部分, 首先考虑到, 除了正交试验设计外, 还有很多试验设计方法 (如爬山法等) 也可以用于参数调优. 使用不同的试验方法, 能从不同的角度对参数取值进行优化, 因此有可能会得到规模更小的结果, 以及不同的最优参数配置. 其次, 试验中参数及其取值的选取同样会对结果造成影响, 在不同的参数及其不同的取值下, 得到的最优结果也有可能不同, 不恰当的设置也会带来额外的计算开销.

在自适应粒子群算法部分, 并没有比较不同的自适应策略以及粒子群算法的不同变种版本, 而在覆盖表生成这一问题中, 这些不同的方法都具有不同的潜力. 因此, 在更适合的策略下, 粒子群算法的性能有进一步提升的可能, 进而能得到规模更小的覆盖表. 此外, 自适应算法中同样有参数的设定. 虽然对于自适应策略, 通过经验研究得到的一组参数配置能适用于大多数情况, 但对其取值进行合适的分析, 有助于找到更合适的自适应参数.

在试验部分, 认真检查了算法的代码实现, 并对所生成覆盖表的正确性进行检测, 以确保试验得到正确的结果. 出于计算开销的考虑, 从已有文献报告的结果中挑选了 20 个有代表性的覆盖表, 其涵盖了不同的种类和不同的覆盖强度. 同时, 还使用统计方法来对自适应粒子群算法和参数调优后算法的均值结果进行了检验, 能进一步保证本书所得结论的有效性.

6. 结论

覆盖表生成是组合测试研究的一个关键问题, 启发式搜索算法尽管能得到较优的解, 但其性能容易受到配置参数的影响. 为了提升粒子群算法在覆盖表生成上的性能, 本书首先使用试验设计的方法, 对粒子数、迭代次数、惯性权重和学习因子这 4 个参数进行调优. 随后, 考虑到最优参数的不确定性以及参数调优过程的较大时间消耗, 本书提出了一种适用于覆盖表生成的自适应粒子群算法, 来进一步提升粒子群算法在覆盖表生成上的潜力.

与已有文献中报道的结果相比, 通过对粒子群算法进行参数调优, 能得到规模更小的覆盖表. 试验结果表明, 大多数覆盖表在多组参数取值下都能使算法获得最小的结果, 且不存在一组对任意覆盖表都能有最优性能的算法参数. 同时, 本书提出的自适应粒子群算法在绝大多数情况下能获得比参数调优后更好的结果, 且算法所需的时间消耗更少, 统计检验的结果也表明了自适应粒子群算法的有效性.

在未来的工作中, 一方面考虑到目前所使用自适应策略的局限性, 因此需要对粒子群算法的自适应策略进行更广泛的研究. 同时, 可以结合试验设计的方法, 以此来系统地寻找最优的自适应粒子群算法. 另一方面, 除了传统的粒子群算法外, 目前人们已经提出了各种变种粒子群算法, 对这些算法进行研究也有助于寻找更适合覆盖表生成的版本.

2.4 几种特殊的覆盖表生成

2.4.1 单因素覆盖方法

根据多次单因素试验方法和均匀设计方法的优缺点, 考虑到软件测试在有些情况下涉及的参数以及各个参数的取值个数都比较多等特点, 提出了一种新的快速适用于这种情况的最小测试用例集概念及其生成方法, 称为单因素覆盖方法. 下面给出它的严格定义.

定义 2-5 设 $\boldsymbol{A}$ 是一个 $n \times m$ 的矩阵, 即 $\boldsymbol{A}=(a_{ij})_{n\times m}$, 其第 j 列表示第 j 个参数, 它的元素取自有穷符号集合 $T_j(j = 1,2,\cdots,m)$ 且覆盖这个集合, 即 $\{a_{ij}|i=1,2,\cdots,n\}=T_j$, $a_j=|T_j|$ 表示集合 T_j 中符号元素的个数 (即第 j 个参数的取值个数) 为 a_j, 且 $n=\max\limits_{1\leqslant i\leqslant m}(a_i)$. 如果 $\boldsymbol{A}$ 的任两列第 i 列和第 j 列都满足: T_i 的符号和 T_j 的符号的全部组合都在第 i 列和第 j 列形成的二元有序对中最大限度地出现, 那么称 $\boldsymbol{A}$ 是一个单因素覆盖表, 其中 n 是测试用例的个数, $\boldsymbol{A}$ 的每一行就是一条测试用例. 将利用单因素覆盖表进行试验设计的方法称为单因素覆盖方法.

算法 2-11 单因素覆盖测试数据生成算法

输入: 系统 S 的 n 个参数 $f_1, f_2, \cdots, f_n$ 及相应的值集 $T_1, T_2, \cdots, T_n$.

输出：为系统 S 生成的单因素覆盖测试用例集 T.
步骤：

$T=\{(v_1)|v_1$ 是参数 p_1 的值 $\}$;
if n ==1 **then return**; **end if**;
//对剩下的参数构造测试用例
for $i=2$ **to** n **do**
//对于参数 f_i, 对 T 中每个测试用例进行水平扩充
π={参数 f_i 和参数 $f_1, f_2, \cdots, f_{i-1}$ 中任何一个参数形成的组合对};
s=min($|T_i|$, $|T|$);
for $j=1$ **to** s **do**
将参数 p_i 的第 j 个值添加到 T 中第 j 个测试用例的第 i 个位置上, 即用 $(v_1, v_2, \cdots, v_{i-1}, v_i)$ 取代 $(v_1, v_2, \cdots, v_{i-1})$;
$\pi=\pi-$\{扩充的测试用例覆盖的组合对\};
end for;
if s==$|T|$ **then return**; **end if**;
//否则需要对参数 p_i 的值进行选择
for $j=s+1$ **to** $|T|$ **do**
$\pi'=\{\}$;
for T_i 中每个值 v **do**
π''=\{将参数 f_i 的值 v 加入 T 中第 j 个测试用例时, 覆盖 π 中的两两组合\};
if $|\pi''|\geqslant|\pi'|$ **then** $\pi'=\pi''$; $v'=v$; **end if**;
end for;
用参数 f_i 的值 v' 来扩展 T 中第 j 个测试用例;
$\pi=\pi-\pi'$;
end for;
end for;

单因素覆盖方法产生测试用例的第一步是将各个配置参数按照取值个数的多少进行排序, 不妨设 $a_1\geqslant a_2\geqslant\cdots\geqslant a_m$, 并按照这个次序来生成测试用例. 首先生成 a_1 个 m 元组, 每个 m 元组中的第一个元素分别为集合 T_1 中 a_1 个不同的符号. 然后, 将 T_2 中的 a_2 个符号分别安排在这些元组的第二个位置上. 当 $a_1>a_2$ 时, 这 a_1 个 m 元组中还有 a_1-a_2 个元组的第二个位置上是空的, 在 T_2 中选取一个元素, 使其尽可能多地覆盖 T_1 和 T_2 之间未被覆盖的两两组合. 以此类推, 直到将这 a_1 个 m 元组中所有空位置填满, 就得到一个单因素覆盖表. 详见算法 2-11.

算法 2-11 具有两个特性：产生的测试用例数量 $n=\max\limits_{1\leqslant i\leqslant m}(a_i)$ 条; 实现对各个参数各种取值的覆盖的同时, 尽量考虑对各个参数之间两两组合的覆盖. 因此, 这种方法与文献 [8] 中的单因素覆盖方法是有区别的, 文献 [8] 中只能实现对各个参

数各种取值的覆盖.

应该说, 单因素覆盖法是需要测试用例数量最少的一种方法. 应用单因素覆盖方法, 在各个参数取值个数相差比较大, 而且取值数比较多的情况下, 这种方法效果比较明显, 可以作为均匀设计方法和多次单因素设计方法有效的改进和补充[21].

2.4.2 多因素覆盖方法

组合测试技术研究的重点是对两两组合覆盖最小测试用例集生成方法的研究. 目前还没有一种通用算法, 可以生成对系统任意个参数进行组合覆盖的测试用例集. 而在一些特殊的应用领域, 软件测试人员为了保证软件具有更好的可靠性, 有可能需要对系统参数进行 n 维组合覆盖, 以确保对于系统输入参数的任意 $n(n \geqslant 2)$ 元组合, 都至少被一条测试用例覆盖. 本节提出了两种利用组合设计方法实现 n 维组合覆盖的不同算法, 并证明了它们生成的测试用例具有数量少、能实现对接口参数最大限度组合覆盖的特点. 本节实现了基于这两种算法的测试用例生成工具, 并通过试验数据比较了这两种算法的性能[22].

1. 基本概念

假设一个系统的对外接口由 k 个参数 $f_1,f_2,\cdots,f_i,\cdots f_k$ 组成, 每个参数都取一组离散值 $T_1,T_2,\cdots,T_i,\cdots,T_k$, 其中, T_i 表示参数 f_i 可取的有限离散点集, 并假设符号 t_i 表示第 i 个参数 f_i 可取值的个数, 即 T_i 中元素的个数 $t_i=|T_i|$. 如果对系统参数进行全面测试, 则需要 $m=t_1\times t_2\times\cdots\times t_k$ 条测试用例. 由于全面测试需要的测试用例数量庞大, 测试代价高, 在多数情况下需要精简测试用例, 选择一批满足一定性质的测试用例对系统进行测试.

通常导致系统失效的因素如下: 某个参数的某种取值, 某两个参数的某种取值组合, $\cdots$, 某 $k-1$ 个参数的某种取值组合, 直到所有这些参数的某种取值组合. 因此, 考虑挑选的测试用例能够以最少的数量最大限度地对上面各种可能性因素进行覆盖. 如果对每个参数的各个取值进行覆盖, 即在测试用例中, 保证每个参数的各个取值都至少出现一次, 需要 $m=\max\limits_{1\leqslant i\leqslant n}(t_i)$ 条测试用例; 如果对任意两个参数的所有取值组合进行覆盖, 保证它们的每一个组合都在测试用例中出现, 则至少需要 $m=\max\limits_{1\leqslant i\neq j\leqslant n}(t_i\times t_j)$ 条测试用例, 以此类推, 随着参数组合覆盖要求的递增, 测试用例的数量也呈指数上升. 注意到, 如果某组测试用例能实现对 $m(1\leqslant m\leqslant k)$ 个参数的组合覆盖, 则它也能实现对 $m-1$, $m-2$, $\cdots$, 2, 1 个参数的所有取值组合进行覆盖.

定义 2-6 设 $\boldsymbol{A}$ 是一个 $l\times k$ 的矩阵, $\boldsymbol{A}=(a_{ij})_{l\times k}$, 其第 j 列表示第 j 个参数, 它的元素取自有穷符号集合 $T_j(j=1,2,\cdots,l)$, 即 $a_{ij}\in T_j, i=1,2,\cdots,l$. 如果

$\boldsymbol{A}$ 的任 n 列 $(2 \leqslant n \leqslant k)$ 第 i_1 列, 第 i_2 列,$\cdots$, 第 i_n 列都满足: T_{i_1} 的符号, T_{i_2} 的符号,$\cdots$, T_{i_n} 的符号全部组合都在第 i_1 列, 第 i_2 列,$\cdots$, 第 i_n 列形成的 n 元有序对中出现, 那么称 $\boldsymbol{A}$ 是一个 n 维组合覆盖测试用例表, 简称为 n 维测试用例表. 其中, l 是测试用例的个数, 它是能保证上述条件成立的最小正整数. $\boldsymbol{A}$ 的每一行就是一条测试用例.

由定义可知, 两两组合测试用例表是 n 维测试用例表在 n =2 下的特例. 这样, n 维测试用例表的生成算法不但可以生成 n 维测试用例表, 同样可以生成两两组合测试用例表.

定理 2-11　设系统有 k 个参数, 每个参数的取值个数为 t_i, i=1,2,$\cdots$,n, 则存在为该系统生成的 n 维测试用例表, 其行数 row 的取值为

$$\text{row} \geqslant \max(t_{i_1} \times t_{i_2} \times \cdots \times t_{i_n}), \qquad 1 \leqslant i_1 \neq i_2 \neq \cdots \neq i_n \leqslant k$$

证明　由于 n 个参数的取值组合共有 $\{(t_{i_1} \times t_{i_2} \times \cdots \times t_{i_n})$ 个, 因此测试用例表要满足对任意 n 个参数的所有取值组合的完全覆盖, 至少要 $\max(t_{i_1} \times t_{i_2} \times \cdots \times t_{i_n})$ 行, 即 row$\geqslant \max(t_{i_1} \times t_{i_2} \times \cdots \times t_{i_n})$.

定理 2-12　设系统有 k 个接口参数, 每个参数 f_i 的取值个数为 t_i, 且 $t_1 \geqslant t_2 \geqslant \cdots \geqslant t_k$, 则该系统对应的 n 维测试用例表 $\boldsymbol{A}$ 对任意 $m(n \leqslant m \leqslant k)$ 个参数的组合覆盖率 $p \geqslant (t_1 \times t_2 \times \cdots \times t_n)/(t_1 \times t_2 \times \cdots \times t_m)$.

证明　对任意 m 个参数 $f_{i_1}, f_{i_2}, \cdots, f_{i_m}$, 不妨设它们所对应的取值个数 $t_{i_1} \geqslant t_{i_2} \geqslant \cdots \geqslant t_{i_m}$. $\boldsymbol{A}$ 中至少有 $t_{i_1} \times t_{i_2} \times \cdots \times t_{i_n}$ 个不同的关于这 m 个参数的不同组合, 而这 m 个参数的所有组合数是 $t_{i_1} \times t_{i_2} \times \cdots \times t_{i_m}$, 所以测试用例表 $\boldsymbol{A}$ 对这 m 个参数的组合覆盖率 p 是

$$\begin{aligned} p &\geqslant \frac{t_{i_1} \times t_{i_2} \times \cdots \times t_{i_n}}{t_{i_1} \times t_{i_2} \times \cdots \times t_{i_m}} = \frac{1}{t_{i_{(n+1)}} \times t_{i_{(n+2)}} \times \cdots \times t_{i_m}} \\ &\geqslant \frac{1}{t_{n+1} \times t_{n+2} \times \cdots \times t_m} = \frac{t_1 \times t_2 \times \cdots \times t_n}{t_1 \times t_2 \times \cdots \times t_m} \end{aligned}$$

从前面的讨论可知, 组合测试是以最少的测试用例实现对各个接口参数的各种组合进行最大限度覆盖的测试用例集. 与现有的一些方法相比, 组合测试所选择的测试用例不仅更科学, 而且更精练.

2. 测试用例表生成算法

基于以上定义和有关性质的讨论, 下面给出测试用例表的生成算法. 设系统的对外接口由 k 个参数 $f_1, f_2, \cdots, f_k$ 组成. 每个参数 $f_1, f_2, \cdots, f_i, \cdots, f_k$ 都取一组离散值 $T_1, T_2, \cdots, T_i, \cdots, T_k$, 其中 T_i 表示参数 f_i 可取的有限离散点集. 并假设符

号 t_i 表示参数 f_i 可取值的个数, 即 T_i 中元素的个数: $t_i = |T_i|$. 测试用例表维数 $n(2 \leqslant n \leqslant k)$ 的具体取值由测试人员指定.

1) 通过逐条生成测试用例来生成测试用例表

Cohen 等提出了一种基于两两组合覆盖的测试数据启发式生成方法, 所产生的测试数据可以实现对系统参数的两两组合覆盖. 本节将把他们的算法推广到 n 维测试用例表的情况, 即讨论构造 n 维测试用例表的生成算法.

本算法是一种贪心算法, 通过逐条生成测试用例来生成测试用例表. 首先, 构造集合uncover, 它的元素是所有 n 元参数取值组合. 然后, 生成一条测试用例, 使该测试用例能够尽可能多地覆盖uncover中的 n 元组合. 把该测试用例加入测试用例表, 同时删除uncover中被它覆盖的 n 元组合. 反复生成测试用例, 删除uncover中被它覆盖的元素, 直到uncover为空. 详细的算法描述见算法 2-12.

下面通过一个例子来说明算法 2-12. 设一个待测系统有 3 个参数: 参数 A 有 2 个值 A_1 和 A_2, 参数 B 有 2 个值 B_1 和 B_2, 参数 C 有 2 个值 C_1 和 C_2. 要求生成一组测试用例对系统参数实现两两组合覆盖. 首先, 置uncover为 $\{(A_1, B_1), (A_1, B_2), (A_2, B_1), (A_2, B_2), (A_1, C_1), (A_1, C_2), (A_2, C_1), (A_2, C_2), (B_1, C_1), (B_1, C_2), (B_2, C_1), (B_2, C_2)\}$. 由于任意两两取值组合都未被覆盖, 不妨生成一条测试用例 (A_1, B_1, C_1) 加入测试用例表, 并修改uncover为 $\{(A_1, B_2), (A_2, B_1), (A_2, B_2), (A_1, C_2), (A_2, C_1), (A_2, C_2), (B_1, C_2), (B_2, C_1), (B_2, C_2)\}$. 此时在uncover中, A_1 出现 2 次, A_2 出现 4 次, B_1 出现 2 次, B_2 出现 4 次, C_1 出现 2 次, C_2 出现 4 次. 由于 A_2、B_2、C_2 出现次数相同, 不妨选择 A_2, 生成测试用例 $(A_2, —, —)$. 现在要从 B_1、B_2 中挑选一个填入测试用例. 由于 (A_2, B_1) 和 (A_2, B_2) 都在uncover中, 不妨选取 B_1 填入, 得 $(A_2, B_1, —)$. 现在要从 C_1、C_2 中挑选一个填入测试用例. 如果选择 C_1, 那么 (A_2, B_1, C_1) 可以覆盖uncover中的 (A_2, C_1); 如果选择 C_2, 那么 (A_2, B_1, C_2) 可以覆盖uncover中的 (A_2, C_2) 和 (B_1, C_2). 因此选择 C_2, 把 (A_2, B_1, C_2) 加入测试用例表, 并修改uncover为 $\{(A_1, B_2), (A_2, B_2), (A_1, C_2), (A_2, C_1), (B_2, C_1), (B_2, C_2)\}$. 然后, 按照相同的方法逐条生成测试用例, 直到uncover为空.

算法 2-12　逐条生成测试用例法

输入: 参数 $f_1, f_2, \cdots, f_k$ 的值集 $T_1, T_2, \cdots, T_k$.

输出: 测试用例集 M.

步骤:

uncover=$\{(l_{i_1}, l_{i_2}, \cdots, l_{i_n}) | l_{i_1} \in T_{i_1}, l_{i_2} \in T_{i_2}, \cdots, l_{i_n} \in T_{i_n} \wedge i_1 \neq i_2 \neq \cdots \neq i_n \wedge 1 \leqslant i_1, i_2, \cdots, i_n \leqslant k\}$;

while (uncover 不为空) **do**

选择参数 $f_{i_1}, f_{i_2}, \cdots, f_{i_{(n-1)}}$ 的一个取值组合 $(l_{i_1}, l_{i_2}, \cdots, l_{i_{(n-1)}})$, 使该组合在 uncover 的元素中出现次数最多;

置 $f_1 = f_{i_1}, f_2 = f_{i_2}, \cdots, f_{n-1} = f_{i_{(n-1)}}$, 剩下的 $p-(n-1)$ 个参数随机排序. k 个参数的重新排序为 $f_1, f_2, \cdots, f_k$;

//产生一条新测试用例 $(v_1, v_2, \cdots, v_k)$

置 $v_1 = l_{i_1}, v_2 = l_{i_2}, \cdots, v_{n-1} = l_{i_{(n-1)}}$;

for $i = n$ **to** k **do** //(1)

  for $x = 1$ **to** t_i **do** //(2)

    为参数 f_i 的取值 y_x 创建计数器 count_x;

    count_x=0;

    从 $(v_1, v_2, \cdots, v_i)$ 中选择 $(n-1)$ 个值与 y_x 组成 n 元取值组合, 这样的取值组合一共有 C_j^{n-1} 个;

    逐个检查这 C_j^{n-1} 个取值组合是否在 uncover 中出现, 用 count_x 记录出现的次数;

  end for;

  遍历所有的 $\text{count}_x(1 \leqslant x \leqslant t_i)$, 搜索出其中的最大值 count_m;

  $v_i = y_m$;

end for;

把测试用例 $(v_1, v_2, \cdots, v_k)$ 加入测试用例表 M;

把所有被测试用例 $(v_1, v_2, \cdots, v_k)$ 覆盖的 n 元取值组合从 uncover 中删除;

end while;

下面讨论算法 2-12 的时间复杂性. 令 $d = \max\{t_i \leqslant 1 \leqslant k\}$. 集合 uncover 的初始尺寸最大为 $C_k^n \times d^n$. 算法的时间复杂性由标记为 (2) 的循环语句支配. 该循环执行一次耗时 $O(|\text{uncover}|)$, 因为只需要遍历 uncover 一次就可以确定计数器 count_x 的取值. 因为标记为 (2) 的循环最多执行 d 次, 所以它总共耗时 $O(|\text{uncover}| \times d)$. 因为标记为 (1) 的循环语句执行 $k-n+1$ 次, 所以它总共耗时为 $O(|\text{uncover}| \times d \times k)$. 在最坏情况下, while 语句需要执行 $|\text{uncover}|$ 次, 因此算法的时间复杂性为 $O(|\text{uncover}|^2 \times d \times k)$, 即 $O((C_k^n)^2 \times d^{2n+1} \times k)$.

在有些情况下, 测试人员指定了一些测试用例, 需要在这些测试用例的基础上生成 n 维测试用例表. 算法 2-12 可以实现这一要求, 具体做法为: 在构造集合uncover后, 把指定的测试用例集加入空的测试用例表 M, 同时把所有被指定测试用例集覆盖的 n 元参数组合从集合uncover中删除, 然后逐条生成测试用例.

2) 按参数顺序生成测试用例表

Lei 等也提出一种基于参数顺序的渐进扩充的两两组合覆盖测试数据生成方法. 本节将把他们的算法推广到 n 维测试用例表的情况.

本算法也是一种贪心算法, 按照参数顺序来生成测试用例表. 首先, 对于前 n

个参数生成 n 维测试用例表. 然后, 把测试用例表扩展到第 $n+1$ 个参数, 使该参数和已有参数的任意 n 元取值都至少被一条测试用例覆盖, 再把测试用例表扩展到其他参数. 把测试用例表扩展到新的参数由以下两步构成: ①水平扩充, 通过加入新参数的取值来扩充已有的测试用例; ②垂直扩充, 在必要时加入新的测试用例, 以确保新参数和已有参数的任意 n 元取值都被覆盖. 详细的算法描述见算法 2-13.

算法 2-13 参数扩展法

输入: 参数 $f_1, f_2, \cdots, f_k$ 的值集 $T_1, T_2, \cdots, T_k$.

输出: 测试用例集 T.

步骤: //对于前 n 个参数 $f_1, f_2, \cdots, f_k$, 构造测试用例表 T

$T=\{(v_1, v_2, \cdots, v_n)|v_1, v_2, \cdots, v_n$ 分别是参数 $f_1, f_2, \cdots, f_n$ 的值$\}$;

if $(n==k)$ **then return**; **end if**;

//把 T 扩充到其余的参数, 对于参数 f_i, 首先对 T 中每个测试用例进行水平扩充

for $i=n+1$ **to** k **do** //(1)

$\pi=\{$参数 f_i 的值和参数 $f_1, f_2, \cdots, f_{i-1}$ 中任何 $(n-1)$ 个参数的值构成的 n 元取值组合$\}$;

s=min(t_i, $|T|$);

for $j=1$ **to** s **do**

使用参数 f_i 的第 j 个值水平扩充 T 中第 j 条测试用例, 即用 $(v_1, v_2, \cdots, v_j)$ 取代 $(v_1, v_2, \cdots, v_{j-1})$;

$\pi=\pi-\{$被 $(v_1, v_2, \cdots, v_j)$ 覆盖的 n 元取值组合$\}$;

end for;//当 $|T|>s$ 时, 需要对参数 f_i 的值进行选择

for $j=s+1$ **to** $|T|$ **do** //(2)

$\pi'=\{\}$;

for each v in f_i **do** //(3)

$\pi''=\{\delta \mid \delta\in\pi\wedge$ 使用 v 水平扩充 T 中第 j 条测试用例时,δ 被新的测试用例覆盖$\}$ //(4)

if $|\pi''|\geqslant|\pi'|$ **then** $\pi'=\pi''$; $v'=v$; **end if**;

end for;

使用 v' 水平扩充 T 中第 j 条测试用例; $\pi=\pi-\pi'$; //(5)

end for;{对 T 进行垂直扩充}

while (π 不为空) **do**

生成测试用例 t, 使 t 尽可能多地覆盖 π 中的 n 元取值组合;

$\pi=\pi-\{t$ 覆盖的 n 元取值组合$\}$;$T=T\cup\{t\}$;

end while;

end for;

通过一个例子来说明算法 2-13. 设一个待测系统有 3 个参数：参数 A 有两个值 A_1 和 A_2, 参数 B 有两个值 B_1 和 B_2, 参数 C 有 3 个值 C_1、C_2 和 C_3. 要求生成一组测试用例对系统参数实现两两组合覆盖. 对于参数 A、B, 生成测试用例集$\{(A_1, B_1), (A_1, B_2), (A_2, B_1), (A_2, B_2)\}$. 当增加了参数 C 后, 首先将这组测试用例进行水平扩充. 由于 C 有 3 个取值 C_1、C_2 和 C_3, 将原测试用例集中前 3 个测试用例分别扩充为$\{(A_1, B_1, C_1), (A_1, B_2, C_2), (A_2, B_1, C_3)\}$. 此时未被覆盖的遗漏项有$\{(A_2, C_1), (B_2, C_1), (A_2, C_2), (B_1, C_2), (A_1, C_3), (B_2, C_3)\}$. 现在要从 C_1、C_2 和 C_3 中选一个加到 (A_2, B_2) 上. 如果选 C_1, 那么 (A_2, B_2, C_1) 可以覆盖遗漏项 (A_2, C_1), (B_2, C_1); 而选择 C_2、C_3 都只能使扩充后的测试用例覆盖一个遗漏项. 因此决定选择 C_1, 将测试用例扩充为 (A_2, B_2, C_1). 通过上一步水平扩充之后, 还有遗漏项$\{(A_2, C_2), (B_1, C_2), (A_1, C_3), (B_2, C_3)\}$未被覆盖. 为了覆盖遗漏项 (A_2, C_2), 产生测试用例 $(A_2, —, C_2)$; 为了覆盖 (B_1, C_2), 将 $(A_2, —, C_2)$ 修改为 (A_2, B_1, C_2); 为了覆盖 (A_1, C_3) 产生测试用例 $(A_1, —, C_3)$, 为了覆盖 (B_2, C_3), 将 $(A_1, —, C_3)$ 修改为 (A_1, B_2, C_3). 这样, 垂直扩充了两条测试用例, 覆盖了所有遗漏项.

为讨论算法 2-13 的时间复杂性, 令 $d = \max\{t_1 | 1 \leqslant i \leqslant k\}$, $m_i = \max\{d_l | 1 \leqslant l \leqslant i\}$, $1 \leqslant i \leqslant k$. 集合 π 的初始尺寸最大为 $m_i^n \times C_{i-1}^{n-1}$. 标记为 (4) 的语句的耗时为 $O(|\pi|)$, 因为只需要遍历π一遍就可以确定 δ 是否被水平扩展的测试用例覆盖. 于是, 标记为 (3) 的循环语句耗时为 $O(|\pi| \times d)$. 标记为 (5) 的语句的耗时为 $O(|\pi|)$, 因为只需要遍历π一遍就可以把π'中元素从π中删除. 因为 $|T|$ 至多为 $m_i^n \times C_{i-1}^{n-1}$, 所以标记为 (2) 的循环语句耗时为 $O(|\pi| \times d \times |T|) = O(|\pi|^2 \times d)$. 因为标记为 (1) 的循环执行 $k - n$ 次, 所以算法 2-13 的时间复杂性为 $O(|\pi|^2 \times d \times k)$, 即 $O((C_{k-1}^{n-1})^2 \times d^{2n+1} \times k)$.

3. 实例研究

为了检验算法的性能, 分别实现了两个算法, 在一台 CPU 频率为 733MHz、内存容量为 256MB 的计算机上进行了多次试验, 获得了一批试验数据.

本书提出的 n 维组合覆盖算法是从两两组合覆盖算法扩展而得, 于是比较了在 n =2 的情况下, n 维组合覆盖算法和两两组合覆盖算法的效果. 表 2-61 记录了 4 种算法对于不同待测系统生成的测试用例表的行数, 即测试用例的个数. 其中 S1~S9 分别代表了 9 个不同的待测系统：系统 S1 有 13 个参数, 每个参数有 3 个值; 系统 S2 有 10 个参数, 每个参数有 5 个值; 系统 S3 有 10 个参数, 每个参数有 2 个值; 系统 S4 有 100 个参数, 每个参数有 2 个值; 系统 S5 有 20 个参数, 每个参数有 10 个值; 系统 S6 有 9 个参数 (3 个 5 值, 3 个 4 值, 1 个 3 值, 2 个 2 值); 系统 S7 有 61 个参数 (15 个 4 值, 17 个 3 值, 29 个 2 值); 系统 S8 有 75 个参数 (1 个 4 值, 39 个 3 值, 35 个

2值); 系统 S9有17个参数 (12个3值, 5个4值).

从表 2-61 中可以看出, 当 $n=2$ 时, 算法 2-12 生成的测试用例个数一般要多于算法 2-12 的二维原型, 但是增长幅度不大, 仍然处于同一数量级; 当 $n=2$ 时, 算法 2-13 生成的测试用例个数一般与算法 2-13 的二维原型相当, 有时生成的测试用例个数甚至略少于其二维原型.

表 2-61　在维数 $n=2$ 时, 算法 2-12、算法 2-13 及其二维原型的效果比较

算法	S1	S2	S3	S4	S5	S6	S7	S8	S9
算法 2-12 的二维原型	20	50	10	16	225	37	42	30	29
算法 2-13 的二维原型	23	58	9	21	293	31	52	36	31
算法 2-12($n=2$)	29	58	12	50	264	31	56	66	35
算法 2-13($n=2$)	22	55	10	21	275	33	47	36	35

接着比较算法 2-12 和算法 2-13 的性能和效率. 表 2-62 记录了两种算法对于不同待测系统生成的测试用例表的行数和生成测试用例表耗费的时间. 从表 2-62 可以看出, 当 $n=2$ 时, 算法 2-12 生成的测试用例个数一般要略多于算法 2-13, 所耗费的时间也略多于算法 2-13, 但是两者之间的差距并不明显; 当 $n=3$ 时, 算法 2-12 生成的测试用例个数一般要明显多于算法 2-13, 所耗费的时间也明显多于算法 2-12. 其他试验结果也表明在 $n\geqslant 3$ 的情况下, 算法 2-13 在生成的测试用例数量和耗费时间方面都明显优于算法 2-12. 虽然算法 2-12 可以在测试人员指定的一些测试用例的基础上生成 n 维测试用例表, 但是算法 2-13 可以通过先生成测试用例表, 再把指定的测试用例加入测试用例表的手段实现相同的效果. 可见, 在 $n\geqslant 3$ 的情况下, 算法 2-13 是更实用的 n 维测试用例表生成算法.

表 2-62　在维数 $n=2$ 或 3 时, 算法 2-12 和算法 2-13 的效果比较

算法	S1	S2	S3	S4	S5	S6	S7	S8	S9
算法 2-12($n=2$)	29	58	12	50	264	31	56	66	35
	1″	1″	1″	10″	6″	1″	4″	7″	1″
算法 2-13($n=2$)	22	55	10	21	275	33	47	36	35
	1″	1″	1″	3″	1″	1″	2″	2″	1″
算法 2-12($n=3$)	103	375	22	305	5424	172	390	418	200
	3″	19″	1″	2539″	17767″	2″	1534″	1638″	15″
算法 2-13($n=3$)	86	288	19	128	2774	153	244	216	154
	1″	1″	1″	859″	904″	1″	296″	592″	2″

注: S1,S2,$\cdots$,S9 代表的待测系统与表 2-61 相同. 表 2-62 每行上方的数字表示算法生成的测试用例个数, 下方的数字表示该算法生成测试用例耗费的时间.

最后, 再利用表 2-62 来说明算法 2-13 降低软件测试成本的效果. 对于待测系统 S1, 如果对所有参数的各种组合进行全面覆盖, 那么需要 $3^{13}=1594323$ 条测试用例. 在 $n=2$ 的情况下, 算法 2-13 生成 22 条测试用例, 实现对所有参数的两两组合覆盖, 精简测试用例高达 99.998%; 在 $n=3$ 的情况下, 算法 2-13 生成 86 条测试用例, 实现对所有参数的三三组合覆盖, 精简测试用例高达 99.995%. 在多数情况下, 算法 2-13 生成的测试用例数远远小于全面覆盖测试要求的测试用例数. 关于这一点, 从表 2-62 中的其他几个例子也可以看出.

在实际的测试过程中, 对所有参数的各种组合进行全面覆盖是不实际的, 但是如果只是随意地选择测试用例进行测试, 那么一定存在很大的风险. 为了把这些风险降低到最低限度, 可以根据具体情况, 选择恰当的维数, 生成高维测试用例表用于测试. 这样, 一方面可以大大降低软件因不完全测试而带来的风险, 另一方面又把软件测试的工作量降到最低限度.

2.4.3　相邻因素两两组合覆盖测试数据生成

本节针对一类只在相邻因素间存在相互作用的系统, 给出一种相邻因素间组合覆盖测试数据生成算法, 证明该算法可以生成最优的测试数据集, 并通过实际应用模型, 分析评价这种测试数据集的应用价值, 最后指出进一步的研究方向.

1. 研究背景

前面主要研究了对任意两个因素的两两组合覆盖测试数据的生成, 这些测试数据可以用来检测软件系统中任意两个因素间的相互作用可能对系统产生的影响.

在实际的软件系统中, 一般很少出现任意两个因素之间都存在相互作用的情况. 更多的情况是有些因素间存在很强的相互作用, 而有些因素间没有任何相互影响. 本节针对一类只在相邻两个因素间存在相互作用的软件系统, 给出相应的相邻元素间组合覆盖测试数据生成方法. 虽然这类系统可以使用任意两个因素的两两组合覆盖测试数据来进行测试, 但基于以下几个原因, 需要研究相邻元素间组合覆盖测试数据的生成方法: ① 任意两个元素间的两两组合覆盖测试数据的生成是一个 NP 难问题, 目前有关的算法都是一些近似算法, 生成的测试数据数量偏多; ② 如果只考虑生成对相邻两个因素间两两组合覆盖, 可以产生最优的 (即数量最少的) 的测试数据集; ③ 在很多软件测试中, 即使精简数量很少的测试数据, 对测试成本的节约和测试效率的提高也是不容忽视的.

定义 2-7　对于系统 SUT, 其中某 t 个相邻参数 f_i, f_{i+1}, $\cdots$, f_{i+t-1}(其中 $1\leqslant i\leqslant n-t+1$, $1\leqslant t\leqslant n$) 的所有组合数为$\mathrm{Ct}=a[i]\times a[i+1]\times\cdots\times a[i+t-1]$, 设 T_{np} 为 SUT 设计的相邻因素两两组合覆盖表, 被 T_{np} 覆盖的这 t 个参数的组合数为CtA, T_{np} 覆盖的这 m 个参数的组合数CtA与该 t 个参数的所有组合数Ct的比值CtA/Ct 称为该系统对应的相邻因素两两组合覆盖表 T_{np} 对该 $t(1\leqslant t\leqslant n)$ 个参

数的组合覆盖率, 记为 p=CtA/Ct.

定理 2-13 设系统 SUT 的相邻因素两两组合覆盖表为 T_{np}, 则该 T_{np} 对任意相邻的 $t(t \geqslant 2)$ 个参数的组合覆盖率 $p \geqslant \dfrac{\max\limits_{i\leqslant j\leqslant i+t-2}(a[j]\times a[j+1])}{a[i]\times a[i+1]\times\cdots\times a[i+t-1]}$.

证明 SUT 的相邻因素两两组合覆盖测试数据集 T_{np} 至少具有 $\max\limits_{1\leqslant i\leqslant n-1}(a_i\times a_{i+1})$ 条测试数据, 实现了对系统的任意两个相邻参数 f_i 和 f_{i+1} 之间全部组合的覆盖, 即任意两个相邻参数的组合覆盖率 $p \geqslant 1$, 且 T_{np} 的任意两行不会相同. 因此 t =2 时结论显然成立. 以下证明 $3\leqslant t\leqslant n$时, 这个结论也是正确的.

对任意 t 个相邻参数 $f_i, f_{i+1}, \cdots, f_{i+t-1}$, 在 T_{np} 中至少有 $\max\limits_{i\leqslant j\leqslant i+t-2}(a[i]\times a[i+1])$ 个关于这 t 个参数的不同组合, 而这 t 个参数的所有组合数是 $a[i]\times a[i+1]\times\cdots\times a[i+t-1]$, 因此 SUT 的相邻因素两两组合覆盖测试数据集 T_{np} 对这 m 个参数的组合覆盖率 p 满足:

$$p \geqslant \frac{\max\limits_{i\leqslant j\leqslant i+t-2}(a[j]\times a[j+1])}{a[i]\times a[i+1]\times\cdots\times a[i+t-1]}$$

故得证.

2. *算法模型和算法*

以下首先给出 SUT 的相邻因素两两组合覆盖测试表生成算法描述, 然后证明基于该算法可以生成最优的测试数据集, 即测试数据集的规模最小, 并能实现对所有相邻参数的两两组合覆盖.

1) 相邻因素两两组合覆盖表生成算法

首先, 找出 SUT 中相邻两个因素间的最大组合数 $m = \max\limits_{1\leqslant i\leqslant n-1}(a[i]\times a[i+1])$, 不妨设 $m = a[i]\times a[i+1]$, 然后用一个 $m\times n$ 的二维数组来存放相邻因素的两两组合覆盖测试数据, 并将具有最大组合数的相邻参数 f_i 和 f_{i+1} 之间的 m 个组合首先填入该数组相应位置, 如表 2-63 所示.

从表 2-63 中可以看出, 第 i+1 列中参数 f_{i+1} 的每个值 v 出现 $a[i]$ 次, 在前 $a[i+2]$ 次出现的 v 值后面依次将参数 f_{i+2} 的 $a[i+2]$ 个值分别填入表 2-63 中第 i+2 列 (因为 $a[i]\times a[i+1]$ 最大, 所以 $a[i+2]\leqslant a[i]$, 否则 $a[i]\times a[i+1] < a[i+1]\times a[i+2]$, 这与条件矛盾). 这样, 对于参数 f_{i+1} 的每个值 v 都剩余 $a[i]-a[i+2]$ 行, 其在参数 f_{i+2} 处的值尚未确定, 一共有 $a[i]\times a[i+1]-a[i+1]\times a[i+2]$ 行. 最后将参数 f_{i+2} 的每个值依次循环填入剩下的 $a[i]\times a[i+1]-a[i+1]\times a[i+2]$ 行相应的位置. 以此类推, 详细见算法 2-14.

表 2-63　相邻因素两两组合覆盖表

row \ col	f_1	f_2	$\cdots$	f_{i-1}	f_i	f_{i+1}	f_{i+2}	$\cdots$	f_n
1					1	1			
2					1	2			
$\vdots$					$\vdots$	$\vdots$			
a_{i+1}					1	a_{i+1}			
$a_{i+1}+1$					2	1			
$a_{i+1}+2$					2	2			
$\vdots$					$\vdots$	$\vdots$			
$2a_{i+1}$					2	a_{i+1}			
$\vdots$					$\vdots$	$\vdots$			
$a_{i-1}a_{i+1}+1$					a_i	1			
$a_{i-1}a_{i+1}+2$					a_i	2			
$\vdots$					$\vdots$	$\vdots$			
$a_i a_{i+1}$					a_i	a_{i+1}			

算法 2-14　相邻因素两两组合覆盖测试数据生成算法

输入：参数个数 n, 每个参数的取值个数 $a[i](1 \leqslant i \leqslant n)$.

输出：相邻因素两两组合覆盖测试数据集 $T[\max\limits_{1\leqslant i\leqslant n-1}(a[i]\times a[i+1]), n]$.

步骤：

$m=0; k=0;$
for $i=1$ **to** $n-1$ **do**
　if $m < a[i]\times a[i+1]$ **then** $k=i; m=a[i]\times a[i+1]$; **end if;** //求出测试数据集 T 的元素个数
end for;
for $i=1$ **to** m **do**
　for $j=1$ **to** n **do** $T[i,j]=0$; **end for;**//测试数据集初始化
end for;
for $i=1$ **to** $a[k]$ **do**
　for $j=1$ **to** $a[k+1]$ **do** $T[k,l]=i; T[k+1,l]=j; l=l+1$; **end for;**
end for;
for $i=k+2$ **to** n **do**
　for l=1 **to** $a[i-1]$ **do** $c[l]=0$; **end for;**
　for $j=1$ **to** m **do**
　　$c[T[j,i-1]]=c[T[j,i-1]]+1;$
　　if $c[T[j,i-1]] \leqslant a[i]$ **then** $T[j,i]=c[T[j,i-1]]$; **end if;**

```
        end for;
        c = 1;
        for j = 1 to m do
            if T[j, I] == 0 then T[j, I] = 1 + cmod(a[i]); c = c + 1; end if;
        end for;
    end for;
    for i = k − 1 downto 1 do
        for l=1 to a[i + 1] do c[l] = 0; end for;
        for j = 1 to m do
            c[T[j, i + 1]] = c[T[j, i + 1]] + 1;
            if c[T[j, i + 1]] ⩽ a[i] then T[j, i] = c[T[j, i + 1]];end if;
        end for;
        c = 1;
        for  j = 1 to m do
            if T[j, i] == 0 then T[j, i] = 1 + c mod(a[i]); c = c+1; end if;
        end for;
    end for;
```

算法 2-14 的 1~4 行找出最多组合数 m 的相邻参数 k 和 k+1, 5~7 行初始化一个 $m \times n$ 的数组 T 作为空表, 8~12 行将相邻的参数 k 和参数 k+1 的两两组合依次填入数组 T 的第 k 列和第 k+1 列, 13~17 行完成将参数 $i(k+2 \leqslant i \leqslant n)$ 各个值填入相应位置, 以确保该参数与前一个参数的两两组合全部出现, 并保证该参数的各个值尽可能地均匀出现, 18~22 行完成将参数 $i(1 \leqslant i \leqslant k-1)$ 各个值填入相应位置, 以确保该参数与前一个参数的两两组合全部出现, 并保证该参数的各个值尽可能地均匀出现. 最后产生的数组 T 就是所求的相邻因素两两组合覆盖表. 整个算法的时间复杂性是 $O(n \times m)$.

2) 算法的性质

定理 2-14 针对待测试软件系统 SUT, 可以生成最优的相邻因素两两组合覆盖测试数据集 T_{np}, 即 $| T_{np} |= \max\limits_{1 \leqslant i \leqslant n-1}(a_1 \times a_{i+1})$.

证明 由引理知 $|T_{np}| \geqslant \max\limits_{1 \leqslant i \leqslant n-1}(a_i \times a_{i+1})$. 如果能证明可以生成相邻因素两两组合覆盖测试数据集 T_{np}, 使 $|T_{np}| = \max\limits_{1 \leqslant i \leqslant n-1}(a_i \times a_{i+1})$ 即可得证. 为了证明这个结论, 不妨假设 $a_i \times a_{i+1}$ 最大, 可以首先生成 $a_i \times a_{i+1}$ 条测试数据集 T, 其中每条测试数据覆盖参数 f_i 和 f_{i+1} 的一个组合, 其他参数的值待定 (表 2-63). 然后, 以此为基础从左右两边依次进行扩充. 考虑将参数 f_{i+2} 扩展进去: 由于在 T 中, 参数 f_{i+1} 的每个值 v 都出现 a_i 次, 且 $a_{i+2} \leqslant a_i$ (否则会出现 $a_i \times a_{i+1} < a_{i+1} \times a_{i+2}$, 这与假

设 “$a_i \times a_{i+1}$ 最大” 矛盾), 将参数 f_{i+2} 的 a_{i+2} 值依次分配给 T 中前 a_{i+2} 个参数 f_{i+1} 的值为 1 的测试数据, 剩下的 $a_i - a_{i+2}$ 个参数 f_{i+1} 的值为 1 的测试数据暂不赋值; 同样, T 中参数 f_{i+1} 的值为 2 的测试数据一共有 a_i 个, 将前 a_{i+2} 个参数的值依次赋为 $1,2,\cdots,a_{i+2}$, 剩下的 $a_i - a_{i+2}$ 个参数 f_{i+1} 值为 2 的测试数据暂不赋值; 以此类推, 直到最后 T 中剩下$\displaystyle\sum_{i=1}^{a_{i+1}}(a_i - a_{i+2}) = a_{i+1}(a_i - a_{i+2}) = a_{i+1}a_i - a_{i+1}a_{i+2}$ 测试数据, 它们的参数 f_{i+2} 未被赋值. 至此, 参数 f_{i+1} 与 f_{i+2} 的两两组合全部被覆盖. 将参数 f_{i+2} 的 a_{i+2} 值依次分配给这些测试数据. 这样形成一个新的测试数据集 T, 参数 f_{i+2} 的 a_{i+2} 个值中的每一个至少出现 $\left[\dfrac{a_i \times a_{i+1}}{a_{i+2}}\right]$ 次, 并且有 $a_{i+3} \leqslant \left[\dfrac{a_i \times a_{i+1}}{a_{i+2}}\right]$(否则, 若 $a_{i+3} > \left[\dfrac{a_i \times a_{i+1}}{a_{i+2}}\right]$, 则有 $a_{i+3} > \dfrac{a_i \times a_{i+1}}{a_{i+2}}$, 即 $a_i \times a_{i+1} < a_{i+2} \times a_{i+3}$, 产生矛盾). 以此类推, 可以得证.

3. 应用举例

在基于输入输出的黑箱测试中, 需要检测软件所有输入对输出的影响, 以判断系统是否符合要求. 用 X 表示所有输入变量的集合, Y 表示所有输出变量的集合; 用 $D(x_i)$ 表示输入变量 x_i 的取值的集合, T 表示输入变量的所有组合: $T = D(x_1) \times D(x_2) \times \cdots \times D(x_n)$. 在一个程序中, 一般不可能每个输出都受到所有输入变量的影响, 而只是受到一些或部分输入变量的影响. 用 $X(y)$ 表示与输出变量 y 有关的输入变量的集合, 用 $T(y)$ 表示只与输出变量 y 有关的输入变量的值组合, 在这个集合中包含 $X(y)$ 中所有变量的值组合, 而 $X(y)$ 外的变量值任意取定. $T(Y)$ 表示与所有输出变量 y 有关的值组合的并集:

$$T(Y) = \bigcup_{y \in Y} T(y)$$

显然有 $T(Y) \subseteq T$.

如果对图 2-11 中的程序进行完全的组合覆盖, 需要的测试用例数量是 $N_T = |D(x_1)| \cdot |D(x_2)| \cdots |D(x_n)|$. 这个数量很大, 而且没有必要, 只需要从 T 中选出一组测试用例 $T_{\min}(Y)$ 保证对所有 $T(y_i)(i = 1,2,\cdots,m)$ 进行覆盖就可以了, 即对影响各个输出变量的输入变量进行组合覆盖就可以了. 例如, 在图 2-11 中的程序 P_1 的特点是每个输出 y_i 只受某两个相邻的输入变量 x_j 和 x_{j+1} 影响, 即 $T(y_i) = \{x_j, x_{j+1}\}(i = 1,2,\cdots,m; j = 1,2,\cdots,n-1)$. 此时, 使用相邻因素间两两组合覆盖测试数据就可以在不降低检测能力的基础上, 对该程序进行全面有效的测试.

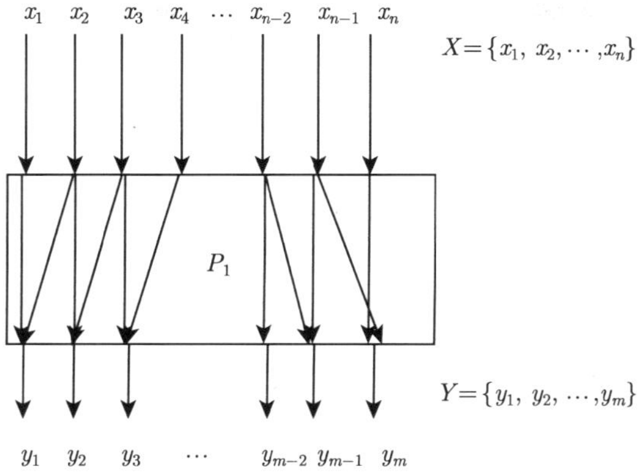

图 2-11 程序 P_1 的多个输入变量和输出变量

软件测试从某种意义上非常类似于购买彩票. 为了进一步说明相邻因素两两组合覆盖测试数据的价值, 以下从另一个角度用软件测试的体育彩票模型来进行分析说明.

现行的体育彩票摇奖规则是通过摇奖, 随机产生一个 7 位数, 这个有序的 7 位数是中奖的依据. 例如, 某次产生的号码是 0393653, 表 2-64 中的号码模式可以中不同级别的奖项.

表 2-64 体育彩票模型的中奖号码模式表

奖级	号码模式 (“X” 为任意数)
特级	0393653
一等	039365X, X393653
二等	03936XX, X39365X, XX93653
三等	0393XXX, X3936XX, XX9365X, XXX3653
四等	039XXXX, X393XXX, XX936XX, XXX365X, XXXX653
五等	03XXXXX, X39XXXX, XX93XXX, XXX36XX, XXXX65X, XXXXX53

体育彩票模型可以看成对一个具体的软件系统 SUT 的黑箱测试, 其中 $n=7$, 即该系统的外部接口由 7 个参数组成; $a[i]=10(1\leqslant i\leqslant 10)$, 即每个参数都有 10 个可能取值. 把中奖号码作为引发系统故障的因素, 这样, 就可以将买体育彩票与软件测试活动基本统一起来了, 它们都希望用最少的投入来达到目的. 如果随机选取号码, 相当于任意选取测试用例, 每个号码的命中机会是千万分之一. 购买一个号码 2 元相当于软件测试每个试验成本是 2 元, 进行遍历需要的代价是 2000 万元. 从彩票的角度看, 即使中了全部奖项, 也是赔本 50% 以上, 即损失 1000 多万元; 从软件角度看, 固然穷尽测试可以找出所有因这些因素间相互作用而产生的故障, 但大大

增加了软件的开发成本, 时间上也不允许这么做. 因此, 必须寻求以最小的代价, 最大可能地发现问题.

对于体育彩票模型, 利用本书提出的相邻因素两两组合覆盖测试数据生成方法可以生成一组规模为 100 的测试数据集. 这组测试数据集具有以下特征: 100 个互不相同的测试数据, 覆盖了所有相邻两个因素间的两两组合. 这个特征对于软件测试, 可以圆满地实现用最少的测试数据检测出所有相邻因素相互作用而引起的故障; 对于体育彩票, 一条数据有一个千万分之一的中大奖机会, 购买这组数据意味着购买了 100 个这样的机会, 同时这组数据可以确保将表 2-64 中五等奖的数据形式全部覆盖, 即可以至少保证中 6 个五等奖. 如果按照每条数据价格 2 元, 每个五等奖奖金 5 元来计算, 按照这组数据来购买彩票号码, 至少可以收回 30 元成本, 实际上相当于用 170 元购买了 100 个中大奖的机会, 而一般随机购买的 100 个号码则很难保证这一点. 从这个意义上讲, 这组数据具有一定的实用价值.

2.5　带约束的组合测试用例生成

在实际的 SUT 中, 参数之间往往存在一定的约束. 例如, 某个参数值出现时, 另一个参数的某个值不能同时出现, 或者反之, 另一个参数的某个值必须同时出现. 根据相关研究, 参数之间的这种约束关系是非常普遍的, 处理不好, 会给测试带来很多问题, 最直接的就是会产生很多违反约束的无效测试用例, 从而造成测试不充分. 处理约束的方法很多, 各有利弊, 目前关于解决带约束的组合测试问题也越来越受到重视, 人们提出了很多解决方案. 以下介绍一些基本的解决方案.

在 1.4 节的交换机系统测试的例子中, 国际电话的付费方式必须是集中付费方式或者是被叫方付费, 不能是免费, 即组合模式 (国际, 免费, —, —) 是被禁止的. 如果在测试用例生成的过程中, 没有考虑这个约束, 生成的表 1-3 的 2-way 组合覆盖表中, 第 9 条测试用例 (国际, 免费, 专用分组, 成功) 就会是无效测试用例. 此时, 受第 9 条测试用例无效的影响, 它所包含的其他 5 个 2-way 组合模式 (国际, —, 专用分组, —), (国际, —, —, 成功), (—, 免费, 专用分组, —), (—, 免费, —, 成功), (—, —, 专用分组, 成功) 都将得不到测试, 因此有必要设计新的测试用例负责检测这些被无效测试用例掩盖的组合. 为了解决这个问题, 目前有 4 种方法, 它们分别为子模型法、综合模型法、替换法和选择排除法. 以下分别介绍这些方法.

1. 子模型法

子模型法是在建模阶段处理约束, 依据约束为待测试软件建立多个子模型. 该方法分为如下 4 步.

第一步, 找出约束中涉及参数中取值最少的参数, 作为模型分解参数.

第二步, 根据模型分解参数, 分别建立子模型, 如果子模型中仍然存在约束, 到第一步继续分解该子模型, 直到所有子模型不再含有约束条件.

第三步, 为每个子模型单独生成组合测试用例, 然后将这些测试用例并在一起, 就形成了最后满足要求的测试用例集.

第四步, 子模型法往往会产生过大的测试用例集合, 一般需要约简, 测试用例集的约简算法将在 3.6 节介绍.

例如, 对于约束 (国际, 免费, —, —), 选择参数呼叫种类作为分解参数, 将该参数按照取值分为两个部分{市话, 长途}和{国际}. 然后建立如表 2-65 和表 2-66 所描述的两个子模型, 这两个子模型实际上就排除了约束 (国际, 免费, —, —). 分别为这两张表生成 2-way 组合测试用例, 每张表需要 9 条测试用例, 合在一起共需要 18 条测试用例. 由此可以看到, 解决约束, 测试成本增加了 1 倍.

表 2-65 交换机系统的测试需求(一)

呼叫种类	资费方式	接入方式	状态
市话	被叫方	环路	成功
长途	集中	综合业务	忙
	免费	专用分组	阻塞

表 2-66 交换机系统的测试需求(二)

呼叫种类	资费方式	接入方式	状态
国际	被叫方	环路	成功
	集中	综合业务	忙
		专用分组	阻塞

2. 综合模型法

与子模型法相对的是综合模型法. 该方法与子模型法刚好相反, 它将约束涉及的参数合成一个新的参数, 把有效的参数组合作为新参数的值, 从而建立新的模型, 最后为这个新模型生成一组测试用例, 就是满足约束条件的测试用例集.

在上面的例子中, 约束 (国际, 免费, —, —) 涉及参数呼叫种类和自费方式, 把这两个参数合成一个参数, 这两个参数的有效组合有 8 个 (除去约束), 这样就形成了新模型: $8^1 3^2$. 为这个新模型生成 2-way 组合测试用例至少需要 24 条测试用例. 显然, 综合模型法可能会产生更多的冗余测试用例.

综合模型在有些场景下可以取得非常好的效果. 下面列举另外一个例子. 要测试图 2-12 中标出的 Word 字体效果的 11 个选项, 这 11 个选项作为 11 个参数, 每个参数可有两个取值 (1 表示启用, 0 表示关闭)(表 2-67).

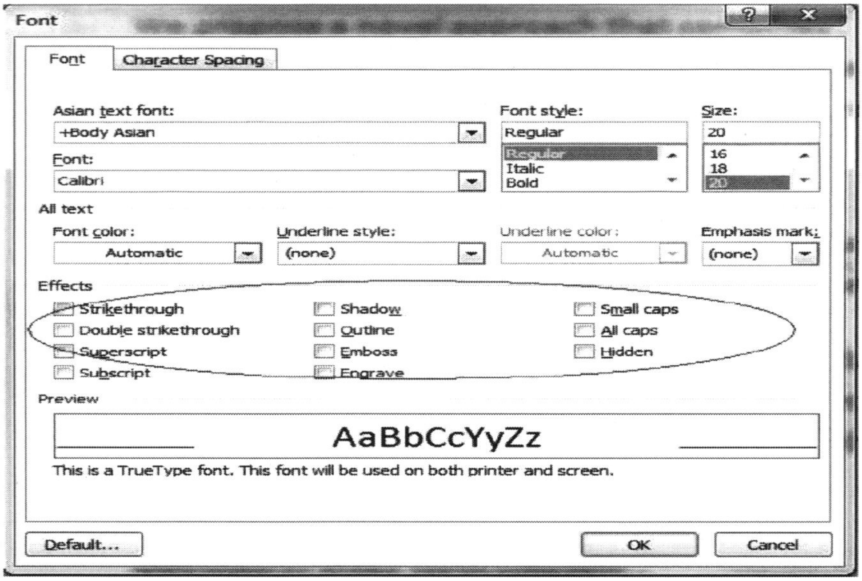

图 2-12　Word 字体效果测试

表 2-67　Word 字体效果测试的原始模型

	P_1	P_2	P_3	P_4	P_5	P_6	P_7	P_8	P_9	P_{10}	P_{11}
V_1	0	0	0	0	0	0	0	0	0	0	0
V_2	1	1	1	1	1	1	1	1	1	1	1

但是这个模型在使用时, 会发现很多约束条件, 例如, 参数 P_1 Strikethough 与参数 P_2 Double strikethrough 不能同时开启, 针对这个约束, 把这两个参数合成一个新的参数, 参数名为 Strikethrough, 其取值可为 0(表示都关闭)、1(表示开启 Strikethrough) 和 2(表示开启 Double strikethrough). 类似地, 可以将参数 P_3 Superscript 和 P_4 Subscript 合并为新参数 Script, 新参数可以取值为 0(表示都关闭)、1(表示开启 Suberscript) 和 2(表示开启 Subscript); 参数 P_5 Shadow, P_6 Outline, P_7 Emboss, P_8 Engrave 可以合并为新参数 SOEE, 其取值可以为 0(表示都关闭)、1(表示开启 Shadow)、2(表示开启 Outline)、3(表示开启 Emboss)、4(表示开启 Engrave) 和 5(表示同时开启 Outline 和 Shadow); 参数 P_9 Small caps 和 P_{10} All caps 合并为新参数 Caps, 其取值为 0(表示都关闭)、1(表示开启 Small caps) 和 2(表示开启 All caps); 参数 P_{11} Hidden 保持不变, 最后形成新模型如表 2-68 所示. 可见利用综合模型法建立的新模型不仅解决了所有约束问题, 而且测试用例规模也不会很大[23].

表 2-68 Word 字体效果测试的新模型

	Strikethrough	Script	OSEE	Caps	Hide
V_1	0=both off	0=both off	0=all off	0=both off	0=off
V_2	1= Strikethrough	1= Superscript	1=Shadow	1= Small caps	1=on
V_3	2= Double strikethrough	2= Subscript	2=Outline	2= All caps	
V_4			3=Emboss		
V_5			4=Engrave		
V_6			5=Outline & shadow		

3. 替换法

替换法是在生成测试用例时不考虑约束问题, 在测试用例生成之后检查测试用例集合, 将其中包含被禁止模式的测试用例找出来进行处理. 通过逐个替换被禁止模式中参数值的方法, 产生一组新的测试用例, 然后用这组新测试用例代替原来的测试用例.

例如, 在 1.4 节的例子中, 首先为表 1-1 中的测试模型生成表 1-3 所示的 2-way 组合覆盖表, 然后用约束 (国际, 免费, —, —) 检查该表, 发现第 9 条测试用例 (国际, 免费, 专用分组, 成功) 包含该约束将成为无效测试用例. 逐个修改该测试用例中包含的约束组合的值, 得到两个新的测试用例 (市话, 免费, 专用分组, 成功), (国际, 集中, 专用分组, 成功). 最后用这两个新测试用例取代第 9 条测试用例, 这样形成的新测试用例集将包含 10 条测试用例, 排除了约束条件, 且保持了相应的组合覆盖率.

4. 选择排除法

选择排除法是指在生成每条测试用例的过程中进行检查, 如果不满足约束条件就排除该条测试用例, 因此这种方法直接生成满足约束要求的测试用例集.

例如, AETG 算法中植入约束检查功能, 每产生一条候选测试用例都要进行约束检查. 选择排除法需要将所有的约束描述好, 然后植入生成算法中, 需要大量细致的前期工作[24].

2.6 本章小结

本章介绍了多种组合测试用例的生成方法, 包括数学方法、贪心算法、演化搜索方法和混合方法等, 主要以二维覆盖表生成为例, 这些方法都可以推广到高维覆盖表的生成, 例如, 2.4.2 节就是将 AETG 和 IPO 方法从二维推广到高维覆盖表的生成. 这些方法各有优缺点, 很难说哪种方法好与不好, 在解决问题时, 往往可以互相补充, 取长补短. 在未来的工作中, 人们一方面着力于提出新的组合测试生成方法, 另一方面, 将各种已有方法进行充分集成, 最大限度发挥各种方法的优势, 从而提高组合测试用例的生成质量.

衡量这些测试用例生成方法一般有如下指标: ①生成的测试用例规模可能是主要的指标. 所有的生成方法都需要生成符合测试要求的最小测试用例集, 生成的测试用例规模越小, 测试成本就越少; ②生成算法的运行时间, 即该方法在生成测试用例时是否非常迅速; ③是否可以重现, 即在解决同一个问题时, 算法的每次执行是否都可以得到同一结果; ④约束和指定, 算法是否支持在用户指定部分测试用例的基础上, 生成符合要求的测试用例集, 以及支持生成符合约束条件的测试用例; ⑤有明确的界, 算法产生的测试用例规模是否可以预测, 即有明确的上界. 表 2-69 给出了本章介绍的这几种算法在这几个方面的特征.

表 2-69　各种方法的比较

	数学方法	贪心算法	演化搜索方法	混合方法
测试用例规模	小	小	小	小
生成时间	快	快	慢	慢
可重现	可以	部分可以	不	不
约束和指定	不	支持	支持	支持
有明确的界	有	部分有	没有	没有

本章还介绍了单因素覆盖表、多因素组合覆盖表 (高维覆盖表) 以及相邻因素组合覆盖表等多种特殊的组合覆盖表生成方法, 未来还有可能提出更多种类的组合覆盖表, 如可变力度组合覆盖表和增量组合覆盖表等.

参 考 文 献

[1] Cohen D M, Dalal S R, Fredman M L, et al. The AETG system: an approach to testing based on combinatorial design. IEEE Transactions on Software Engineering, 1997,23(7):437-444.

[2] Tung Y, Aldiwan W. Automating test case generation for the new generation mission software system. IEEE Aerospace Conference Proceedings, 2000,1: 431-437.

[3] Tai K C, Lei Y. A test generation strategy for pairwise testing. IEEE Transaction on Software Engineering, 2002, 28(1): 109-111.

[4] Nie C H, Xu B W, Shi L, et al. A new heuristic for test suite generation for pair-wise testing. SEKE'2006,2006: 517-522.

[5] 聂长海, 徐宝文. 基于接口参数的黑箱测试用例自动生成算法. 计算机学报, 2004,27(3): 382-388.

[6] Bryce R C, Colbourn C J. The density algorithm for pairwise interaction testing. Journal of Software Testing, Verification, and Reliability, 2007: 159-182.

[7] Bryce R C, Colbourn C J, Cohen M B. A framework of greedy methods for constructing interaction test suites. Proceedings of 27th International Conference on Software Engineering (ICSE2005), 2005: 146-155.

[8] 聂长海, 蒋静. 覆盖表生成的可配置贪心算法优化. 软件学报, 2013, 24(7):1469-1483 .

[9] Kobayashi N, Tsuchiya T, Kikuno T. A new method for constructing pair-wise covering designs for software testing. Information Processing Letters, 2002, 81(2): 85-91.

[10] Williams A W. Software component interaction testing: coverage measurement and generation of configurations. Ottawa: University of Ottawa, 2002.

[11] 聂长海, 徐宝文, 史亮. 一种新的二水平多因素系统两两组合覆盖测试数据生成算法. 计算机学报, 2006, 29(6):841-848.

[12] Ghazi S A, Ahmed M A. Pair-wise test coverage using genetic algorithms. Proceedings of the 2003 Congress on Evolutionary Computation, 2003, 2: 1420-1424.

[13] Shiba T, Tsuchiya T, Kikuno T. Using artificial life techniques to generate test cases for combinatorial testing. Proceedings of 28th Annual International Computer Software and Applications Conference (COMPSAC2004), 2004: 72-78.

[14] McCaffrey J D. An empirical study of pairwise test set generation using a genetic algorithm. Seventh International Conference on Information Technology, 2010: 992-997.

[15] 梁亚澜, 聂长海. 覆盖表生成的遗传算法配置参数优化. 计算机学报, 2012(7): 1522-1539.

[16] Nie C H, Wu H Y, Liang Y L, et al. Search based combinatorial testing. The 19th Asia-Pacific Software Engineering Conference (APSEC 2012), 2012, 1: 778-783.

[17] Kennedy J, Eberhart R. Particle swarm optimization. IEEE International Conference on Neural Networks, 1995, 4: 1942-1948.

[18] Nurmela K J. Upper bounds for covering arrays by tabu search. Discrete Applied Mathematics, 2004, 138(1/2):143-152.

[19] Walker R A, Colbourn C J. Tabu search for covering arrays using permutation vectors. Journal of Statistical Planning and Inference, 2009, 139(1): 69-80.

[20] 吴化尧, 聂长海. 覆盖表生成的粒子群算法: 参数优化和自适应算法. 小型微型计算机系统, 2012(10):2259-2267.

[21] Nie C H, Xu B W. Test case for software configuration testing. Journal of Southeast University(English Edition), 2004, 20(1): 26-30.

[22] Nie C H, Xu B W, Shi L, et al. Automatic test generation for n-way combinatorial testing. Second International Workshop on Software Quality (SOQUA 2005), Lecture Notes in Computer Science, 2005: 203-211.

[23] Nie C H, Chen S Y, Leung H, et al. A case study of adaptive combinatorial testing. COMPSAC,2013(2): 47-52.

[24] Cohen M B, Dwyer B, Shi J F. Constructing interaction test suites for highly-

configurable systems in the presence of constraints: a greedy approach. IEEE Transactions on Software Engineering (TSE),2008, 34(5): 633-650.

第 3 章　组合测试的优化与约简

组合测试优化与约简的目的是寻找最好的执行顺序和最小的测试用例集, 追求以最小的测试成本, 最高效率地发现待测试软件中潜在的错误. 除了在最初生成测试用例阶段, 需要根据软件规格说明等非执行信息来优化与约简测试用例集之外, 另一个非常重要的应用场景就是在回归测试阶段的组合测试优化与约简. 本章在 3.1 节介绍回归测试的相关概念, 3.2~3.5 节分别介绍若干组合测试优化方法. 3.6 节介绍组合测试用例约简方法.

3.1　回 归 测 试

软件开发不是一次性完成的, 需要经过不断的改进、演化和升级, 这些改变会给软件系统带来风险, 一方面, 软件系统的演化和升级是否正确, 另一方面, 关于软件的修改是否可能会引入新的错误. 在软件生命周期中的任何一个阶段, 只要软件发生了改变就有可能给该软件带来问题. 而回归测试是一种验证已变更的系统的完整性和正确性的测试技术. 因此, 每当软件发生变化时, 就必须重新测试, 以便确定修改是否达到了预期目的, 检查修改是否损害了原有的正常功能. 同时还要补充新的测试用例来测试新的或被修改的功能. 因此, 为了验证修改的正确性及其影响就必须进行回归测试.

1. 回归测试的概念

回归测试是指待测试软件中的错误被修改后或增加新的功能等, 重新进行测试以确认修改的正确性, 且没有引入新的错误或导致其他代码产生错误. 回归测试的自动化将大幅降低系统测试和维护升级等阶段的成本.

回归测试作为软件生命周期的一个组成部分, 在整个软件测试过程中占有很大比例的工作量, 软件开发的各个阶段都会进行多次回归测试. 在渐进和快速迭代开发中, 新版本的连续发布使回归测试进行得更加频繁, 而在极限编程方法中, 更是要求每天都进行若干次回归测试. 因此, 通过选择正确的回归测试策略来改进回归测试的效率和有效性是非常有意义的.

2. 回归测试的过程

回归测试需要时间、经费和人力来计划、实施和管理. 为了在给定的预算和进度下, 尽可能有效率和有效力地进行回归测试, 需要对测试用例集进行维护并依据一定的策略选择相应的回归测试用例, 包括删除过时的测试用例、改进不受控制的测试用例、删除冗余的测试用例、增添新的测试用例等, 然后测试全部用例. 测试用例选择策略包括基于风险选择测试和基于操作剖面选择测试等. 有了测试用例库的维护方法和回归测试包的选择策略, 回归测试可遵循下述基本过程进行: ① 识别出软件中被修改的部分; ② 从原测试用例库 T 中, 排除所有不再适用的测试用例, 保留那些对新的软件版本依然有效的测试用例, 其结果是建立一个新的测试用例库 T_0; ③ 依据一定的策略从 T_0 中选择测试用例测试被修改的软件; ④ 如有必要, 生成新的测试用例集 T_1, 用于测试 T_0 无法充分测试的软件部分; ⑤ 用 T_1 执行修改后的软件. 第②和第③步测试验证修改是否破坏了现有的功能, 第④和第⑤步测试验证修改工作本身.

3. 回归测试的科学问题

回归测试的一个重要问题是测试用例的选择问题, 即如何在之前使用过的测试用例集中选择适当的测试用例进行有效的测试, 检查系统的修改与更新是否正确, 且没有引入新的故障. 针对这个问题的理想目标是在原来的测试用例集中找到一个最小的测试用例子集, 使该子集与原来的测试用例集具有等效的错误检测能力.

回归测试的另一个重要问题是回归测试用例集的优化问题, 即把回归测试用例按照执行先后进行排序, 使按照该次序执行时, 回归测试可以最早发现软件故障, 或最快达到覆盖要求, 或者在测试资源有限的情况下, 只执行最重要的测试用例, 以尽早地发现软件中可能存在的错误, 做到对错误早发现, 早修改, 从而提高软件演化的速度.

4. 回归测试优化的度量

设测试用例集合 T 有 n 个测试用例, $T=\{t_1,t_2,\cdots,t_n\}$. 这些测试用例可以检测到待测试系统 SUT 中潜在的 m 处错误, T' 是测试用例集 T 的一个执行次序, TF_i 表示 T' 中第 i 个测试用例执行后累计检测到的错误个数, 测试用例执行顺序 T' 的错误检测效率 (rate of fault detection, RFD) 定义为

$$\mathrm{RFD}=\frac{\mathrm{TF}_1+\mathrm{TF}_2+\cdots+\mathrm{TF}_i+\cdots+\mathrm{TF}_n}{m\times n}$$

从上面的错误检测效率的定义中可以看出, 在按照 T' 中测试用例顺序执行过程中, 早期发现的错误个数越多, 检测效率就越高. 例如, 假设待测试系统中存在 1 处错误, 测试用例集 $T=\{t_1,t_2,\cdots,t_n\}$ 除了 t_2 的执行可以发现该处错误, 其他每条测试用例都没有发现错误, 如果在测试中执行的第一个测试用例就是 t_2, 此时发现了所有错误, 即 $\mathrm{TF}_1=1$, 会有 $\mathrm{TF}_2=\cdots=\mathrm{TF}_n=1$, 这时该测试用例的执

行顺序错误检测率为 RFD=1. 相反, 如果在测试的过程中最后一个执行 t_2, 此时有 $\mathrm{TF}_1=0, \mathrm{TF}_2=0, \cdots, \mathrm{TF}_{n-1}=0, \mathrm{TF}_n=1$, 这时该执行顺序的错误检测率为 RFD=$\dfrac{1}{n}$, 见图 3-1 和图 3-2[1].

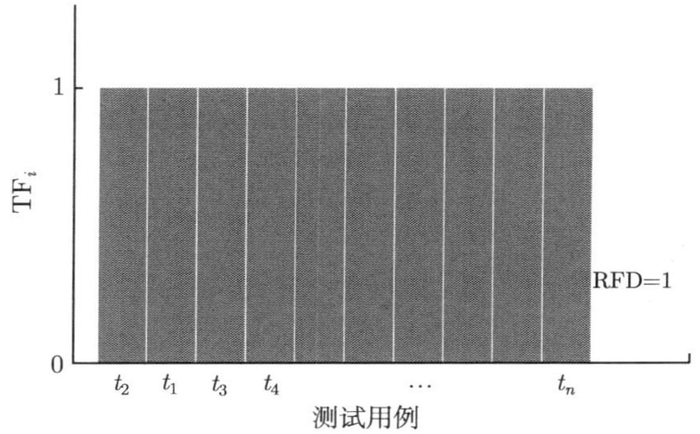

图 3-1 执行顺序 $t_2-t_1-t_3-\cdots-t_n$ 的 RFD

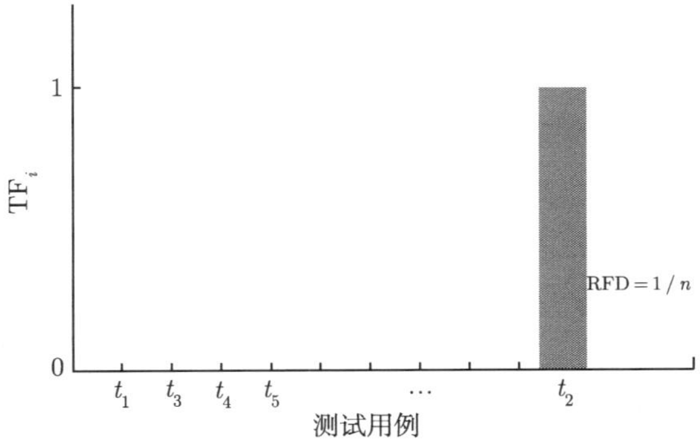

图 3-2 执行顺序 $t_1-t_3-\cdots-t_2$ 的 RFD

3.2 组合测试的基本优化规则

测试用例优化问题是寻找测试用例的最好执行顺序, 以达到最好的效果. 具体来说, 形式化定义如下.

(1) $T=\{t_1,t_2,t_3,\cdots,t_m\}$ 是待测软件 SUT 的一组测试用例.

(2) Π 是这组测试用例的所有执行顺序集, 可以有 $m!$ 个, 是测试用例集 T 中元素的全排列.

(3) f 是执行顺序集 Π 上的评价函数.

测试优化问题就是找到一个最优的测试顺序 π, $\pi\in\Pi$, 使任意 $\pi',\pi'\in\Pi$, $f(\pi')\leqslant f(\pi)$.

3.1 节介绍的错误检测效率就是一个常用的测试用例优化的评价函数. 以下介绍组合测试中错误检测率的概念. 由于组合测试主要用于检查参数值组合促发的软件故障, 而在测试之前, 无法确定哪些值组合可以促发故障, 因此可以假定每个用例中的每个值组合都有相同的促发故障的可能性. 故依据 3.1 节的定义, 给出如下的组合测试中错误检测效率的定义.

定义 3-1 组合测试错误检测率 设 $T=\{t_1,t_2,t_3,\cdots,t_m$ 是 SUT 的一组测试用例, $T_i=\{t_1,t_2,\cdots,t_i\},1\leqslant i\leqslant m,|T_i(\tau)|$表示测试用例集 T_i 覆盖的所有 τ-值模式数, $|T_i(\tau)|=|\bigcup_{s=1}^{i}\mathrm{ts}(\tau)|$. 依次执行测试用例 $t_1,t_2,t_3,\cdots,t_m$ 时, 测试用例集 T 的 τ-值模式错误检测率为 $\sum_{i=1}^{m}|T_i(\tau)|$, 当 $\tau=2$ 时, 就是 2-值错误检测率, 简写为 2-RFD.

例如, 表 3-1 列出了 8 条测试用例, 它们都覆盖 6 个 2-值模式, 图 3-3 表示的是依次执行这 8 条测试用例时的 2-值错误检测率, 图 3-4 表示的是按照 $t_1-t_8-t_7-t_5-t_4-t_2-t_3-t_6$ 顺序执行时的 2-值错误检测率. 可以看出, 不同的执行顺序在检测 2-值错误时的效果是不一样的.

表 3-1 8 条测试用例的 2-值模式

$t_i(1\leqslant i\leqslant 8)$	2-value schemas covered by t_i
$t_1=(A_2,B_1,C_0,D_1)$	$(A_2,B_1,—,—)(A_2,—,C_0,—),(A_2,—,—,D_1),$ $(—,B_1,C_0,—),(—,B_1,—,D_1),(—,—,C_0,D_1)$
$t_2=(A_1,B_1,C_0,D_1)$	$(A_1,B_1,—,—)(A_1,—,C_0,—),(A_1,—,—,D_1),$ $(—,B_1,C_0,—),(—,B_1,—,D_1),(—,—,C_0,D_1)$
$t_3=(A_1,B_0,C_0,D_1)$	$(A_1,B_0,—,—)(A_1,—,C_0,—),(A_1,—,—,D_1),$ $(—,B_0,C_0,—),(—,B_0,—,D_1),(—,—,C_0,D_1)$
$t_4=(A_1,B_1,C_1,D_1)$	$(A_1,B_1,—,—)(A_1,—,C_1,—),(A_1,—,—,D_1),$ $(—,B_0,C_1,—),(—,B_1,—,D_1),(—,—,C_1,D_1)$
$t_5=(A_1,B_1,C_0,D_0)$	$(A_1,B_1,—,—)(A_1,—,C_0,—),(A_1,—,—,D_0),$ $(—,B_1,C_0,—),(—,B_1,—,D_0),(—,—,C_0,D_0)$
$t_6=(A_2,B_0,C_0,D_1)$	$(A_2,B_0,—,—)(A_2,—,C_0,—),(A_2,—,—,D_1),$ $(—,B_0,C_0,—),(—,B_0,—,D_1),(—,—,C_0,D_1)$
$t_7=(A_1,B_0,C_2,D_1)$	$(A_1,B_0,—,—)(A_1,—,C_2,—),(A_1,—,—,D_1),$ $(—,B_0,C_2,—),(—,B_0,—,D_1),(—,—,C_2,D_1)$
$t_8=(A_0,B_2,C_2,D_2)$	$(A_0,B_2,—,—)(A_0,—,C_2,—),(A_0,—,—,D_2),$ $(—,B_2,C_2,—),(—,B_2,—,D_2),(—,—,C_2,D_2)$

依次地, 可以讨论一般的 τ-值模式错误检测率. 很显然, τ-值模式错误检测率是一种测试用例优化时可以使用的非常有效的评价函数[1].

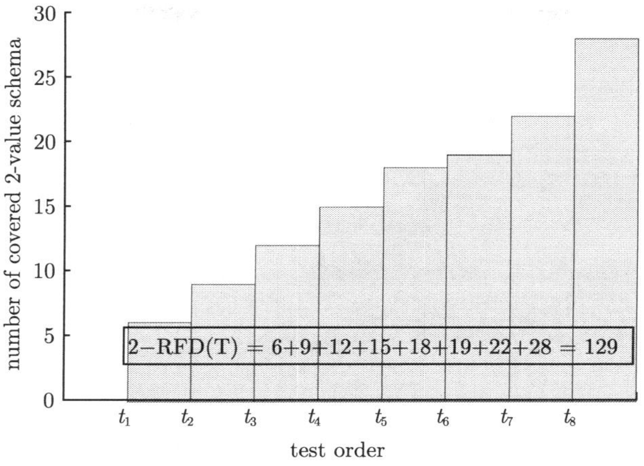

图 3-3 执行 $t_1 - t_2 - t_3 - t_4 - t_5 - t_6 - t_7 - t_8$ 的 2-RFD

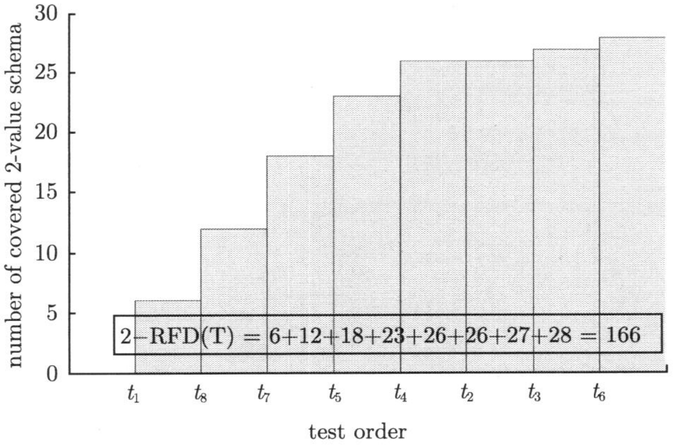

图 3-4 执行 $t_1 - t_8 - t_7 - t_5 - t_4 - t_2 - t_3 - t_6$ 的 2-RFD

3.3 测试配置改变成本优化

在进行组合测试时, 需要依次执行测试用例, 这里仍然以交换机系统测试为例, 依次执行表 3-2 中的 9 条测试用例 $t_1, t_2, t_3, \cdots, t_9$. 当执行完 t_1, 执行 t_2 时, 需要将 t_1 的设置 (市话, 集中, 专用分组, 忙) 修改为 t_2 的 (长途, 免费, 环路, 忙), 这时需要修改呼叫种类、资费方式和接入方式 3 个参数的值, 第 4 个参数值保持不变. 在测试完 t_2 之后, 需要接下来修改参数值, 设置 t_3 的参数值进行测试, 以此类推, 直到 9 个测试用例全部测试完成[2].

表 3-2 组合测试的测试用例

测试用例	呼叫种类	资费方式	接入方式	状态
t_1	市话	集中	专用分组	忙
t_2	长途	免费	环路	忙
t_3	国际	被叫方	综合业务	忙
t_4	市话	免费	综合业务	阻塞
t_5	长途	被叫方	专用分组	阻塞
t_6	国际	集中	环路	阻塞
t_7	市话	被叫方	环路	成功
t_8	长途	集中	综合业务	成功
t_9	国际	免费	专用分组	成功

在以上测试过程中, 每次修改测试用例中的参数值一般都需要耗费一定的成本(时间和人力), 而且不同参数设置的代价有所不同. 这里不妨设向量 cost=(1, 1, 3, 1) 表示在修改参数呼叫种类、资费方式、接入方式和状态时需要的单位成本分别是 1、1、3、1. 此时可以计算从 t_1 开始依次执行到 t_9 时, 测试配置的累计改变成本为

$$\text{初次设置}t_1\text{的成本} + \sum_{i=1}^{8}(t_i - t_{i+1}\text{成本})$$

初次设置 t_1 的成本为 1+1+3+1=6, $\sum\limits_{i=1}^{8}(t_i \to t_{i+1}\text{成本})$=36, 所以配置修改总成本为 42.

但是如果将该测试用例集的执行次序改为 $t_1 - t_5 - t_9 - t_2 - t_6 - t_7 - t_3 - t_4 - t_8$ 时, 配置修改总成本将为 34. 由此可见, 适当调整测试次序, 可以降低配置修改成本. 下面给出单独考虑配置修改成本问题的基本模型和解决方法.

待测软件系统 SUT 的参数 (因素) 有 n 个, SUT 的每个参数 c_i 在有限离散点集 V_i 中取值, 该集合中有 a_i 个元素: $a_i = | V_i | (1 \leqslant i \leqslant n)$, 参数值修改成本向量 cost=($\text{co}_1,\text{co}_2,\cdots,\text{co}_n$), 测试用例集 $T = \{t_1, t_2, \cdots, t_m\}$ 包含了 m 个测试用例, 依次执行该测试用例集时, 测试用例配置修改总成本为 $\sum\limits_{j=1}^{n}\text{co}_j + \sum\limits_{i=1}^{m-1}(t_i \to t_{i+1}\text{成本})$.

为了找到修改成本最小的测试顺序, 一个最简单的方法是使用贪心算法. 在生成的测试用例集中任意选择一个测试用例作为初始测试用例, 然后在该测试用例集中找一个从初始测试用例到该测试用例修改成本最小的测试用例作为第二个测试用例, 然后找修改成本最小的第 3 个测试用例, 以此类推, 可以找到一个总修改成本较小的测试顺序 (算法 3-1).

算法 3-1 参数值修改成本最小测试用例集执行顺序求解的贪心算法 $G(t_i)$

输入: 测试用例集 $T=\{t_1,t_2,\cdots,t_m\}$, 参数值修改成本向量 cost=($co_1,co_2,\cdots,co_n$).

输出: 以 t_i 开始的修改成本最小为 cost(t_i) 的测试用例集 T 的执行顺序 To(t_i).

步骤:

To(t_i)=$\{t_i\}$; //初始化最优测试用例集执行顺序;

Ts=$T-\{t_i\}$;//需要将剩下的测试用例进行排序;

cost(t_i)=0;//最小配置修改成本

cost=0;//配置修改成本

while |Ts| $\neq \varnothing$

选择 Ts 中配置修改成本 cost 最小的 t_j 作为下一个执行的测试用例, 若有多个修改成本相同的, 则随机选择其中一个

To(t_i)= To(t_i)+t_j; Ts=Ts$-\{t_j\}$; cost(t_i)=cost(t_i)+cost;

cost(t_i) 和 To(t_i) 是最后输出的最小成本和相应的执行顺序.

尽管贪心算法能快速地找到一个修改成本较小的测试顺序, 但并不能保证所得的结果是最优解. 例如, 表 3-3 所示的组合测试的测试用例集, 其待测系统包含 8 个参数 ($p_1\sim p_8$), 每个参数有两个不同取值 (0 和 1). 为了简化计算, 令 cost=(1,1,1,1,1,1,1,1).

表 3-3 一个测试用例集

	p_1	p_2	p_3	p_4	p_5	p_6	p_7	p_8
t_1	0	1	0	1	1	0	1	1
t_2	1	0	1	1	0	1	0	0
t_3	1	0	0	0	1	0	0	0
t_4	0	1	1	0	0	1	1	1
t_5	0	0	1	0	0	0	1	0
t_6	1	1	1	0	1	1	0	1
t_7	1	0	0	1	0	1	1	1
t_8	0	1	1	1	0	1	0	0

对于该测试用例集, 若按 $t_1-t_2-t_3-t_4-t_5-t_6-t_7-t_8$ 的顺序执行, 则总修改成本为 8+7+4+7+3+6+5+5 =45. 下面使用贪心算法进行排序. 假设第一个测试用例选择为 t_4, 此时 t_4 与 $t_1,t_2,t_3,t_5,t_6,t_7,t_8$ 之间的修改成本分别为 4, 5, 7, 3, 3, 4, 3, 因此从 t_5、t_6 和 t_8 中随机选择一个作为第二条测试用例, 假设选择 t_6. 以此类推, 贪心算法将得到测试顺序 $t_4-t_6-t_8-t_2-t_7-t_1-t_5-t_3$, 此时总修改成本为 8+3+4+2+3+4+5+4=33. 但是, 对于该测试用例集, 还存在测试执行顺序 $t_1-t_7-t_2-t_8-t_4-t_5-t_3-t_6$, 其总测试成本为 8+4+3+2+3+3+4+4=31.

从上面的例子可以看出, 一次贪心算法的执行无法得到最优的执行顺序, 由于

测试用例集 $T=\{t_1,t_2,\cdots,t_m\}$ 共包含 m 个测试用例, 依次选择其中每一个测试用例作为第一个执行的测试用例, 然后使用贪心算法依次寻找最好的测试序列, 计算相应的配置修改成本, 最后采用成本最低的测试顺序作为测试用例集的执行序列 (算法 3-2).

即使这样, 算法 3-2 仍然无法找到最优解. 同样对表 3-3 中的测试用例, 使用算法 3-2 对其进行排序, 所得结果如表 3-4 所示.

算法 3-2 改进的参数值修改成本最小测试用例集执行顺序求解的贪心算法

输入: 测试用例集 $T=\{t_1,t_2,\cdots,t_m\}$, 参数值修改成本向量 cost=(co_1,co_2,$\cdots$,co_n).

输出: 修改成本最小的测试用例集 T 的执行顺序.

步骤:

```
tbest = {}; //初始化最优测试用例集执行顺序
mincost=+∞;//最小配置修改成本
cost(t_i)=0;//配置修改成本
for i = 1 to m
  选择 T 中 t_i 作为第一个执行的测试用例
  利用算法 3-1 G(t_i) 找出一个配置修改成本最小为 cost(t_i) 的执行顺序 To(t_i);
  if mincost<cost(t_i) then mincost= cost(t_i) and tbest= To(t_i);
mincost 和 tbest 是最后输出的最小成本和相应的执行顺序.
```

表 3-4 使用算法 3-2 对表 3-3 进行排序的结果

序列	总测试成本
$t_1-t_4-t_8-t_2-t_7-t_3-t_6-t_5$	8+4+3+2+3+5+4+6=35
$t_2-t_8-t_4-t_5-t_3-t_6-t_1-t_7$	8+2+3+3+4+4+5+4=33
$t_3-t_5-t_4-t_8-t_2-t_7-t_1-t_6$	8+4+3+3+2+3+4+5=32
$t_4-t_6-t_8-t_2-t_7-t_1-t_5-t_3$	8+3+4+2+3+4+5+4=33
$t_5-t_4-t_8-t_2-t_7-t_1-t_6-t_3$	8+3+3+2+3+4+5+4=32
$t_6-t_4-t_5-t_3-t_2-t_8-t_7-t_1$	8+3+3+4+4+2+5+4=33
$t_7-t_2-t_8-t_4-t_5-t_3-t_6-t_1$	8+3+2+3+3+4+4+5=32
$t_8-t_2-t_7-t_4-t_5-t_3-t_6-t_1$	8+2+3+4+3+4+4+5=33

从表 3-4 可知, 使用算法 3-2 求得的最小测试用例执行顺序为 $t_3-t_5-t_4-t_8-t_2-t_7-t_1-t_6$(或者为 $t_5-t_4-t_8-t_2-t_7-t_1-t_6-t_3$ 或 $t_7-t_2-t_8-t_4-t_5-t_3-t_6-t_1$), 总测试成本为 32. 相比算法 3-1, 算法 3-2 得到了总测试成本更低的解. 但是, 对于这个测试用例集, 算法 3-2 仍然不能求得总测试成本为 31 的最优测试执行顺序 $t_1-t_7-t_2-t_8-t_4-t_5-t_3-t_6$. 这是因为对于 t_1 为第一条测试用例的情况, t_4 和 t_7 具有同样的测试配置改变成本 4, 此时若选择 t_4 作为第二条测试用例, 则无法得到最优解. 因此, 算法 3-2 同样不能保证一定找到最优解.

配置改变成本问题可以使用动态规划方法获得最优解, 但动态规划方法在使用计算机求解过程中需要消耗大量的内存, 因此, 当问题规模比较大时, 该方法几乎不可以执行[1].

3.4 密度算法优化

AETG 和 TCG 算法虽然在实际应用中有时可以选择到最优的测试用例, 但是在理论上却不能提供这样的保证. 主要原因是 AETG 和 TCG 在参数赋值时, 只考虑了已确定参数. 例如, 一个具有 100 个参数的系统, 若已有 5 个参数被赋值, 现要为第 6 个参数赋值, 该参数和后面的 94 个未确定参数之间的关系可以说比与前 5 个已确定参数之间关系更重要. 而密度算法 (deterministic density algorithm, DDA) 综合考虑了赋值参数与已确定参数及未赋值参数之间的未被覆盖对数目, 可以从理论上保证选择下一个最优的测试用例.

密度算法 DDA 的基本思想是[3]: 为参数 i 和参数 j 设置一个局部密度 δ_{ij}, 设置一个测试用例的全局密度为 $\delta = \sum\limits_{1 \leqslant i<j \leqslant n} \delta_{ij}$, 从未被确定的参数中选择使全局密度最大的参数作为待赋值参数, 并计算该参数所有取值的值密度, 为该参数选择值密度最大的取值, 更新该参数和其他参数之间的局部密度和全局密度, 按照以上步骤直到所有参数都赋值, 就生成了一条测试用例.

和 AETG、TCG 这两种贪心算法比较, 它每次只生成一条候选用例, 不需要生成一批候选用例. 在生成测试用例规模上, 与其他算法相比也是很有竞争力的. 而且密度算法生成出来的测试用例就是按照密度要求排列顺序的. 具体的密度算法见算法 3-3, 其中涉及参数密度和值密度的计算如下.

1. 参数密度计算

令 $a_{\max} = \max\{a_1, a_2, \cdots, a_k\}$, r_{ij} 为参数 f_i 和 f_j 之间当前未被覆盖对数量, 参数 f_i 和 f_j 之间的局部密度 δ_{ij} 计算如下 (表 3-5).

(1) 如果参数 f_i 和 f_j 都没有被赋值, 那么 $\delta_{ij} = \left(\dfrac{r_{ij}}{a_{\max}^2}\right)^2$.

(2) 如果两个参数中有一个已经被赋值(此时赋值参数只有一个值参与 r_{ij} 计算), 那么 $\delta_{ij} = \left(\dfrac{r_{ij}}{a_{\max}}\right)^2$.

(3) 如果两个参数都已经被赋值, 那么当这两个参数的赋值组合对是未被覆盖对时, $\delta_{ij} = 1$; 否则 $\delta_{ij} = 0$.

参数 f_s 的密度为 $d_s = \sum\limits_{j=1, j \neq s}^{k} \delta_{sj}$.

表 3-5　参数密度和参数值密度计算公式

密度计算公式	参数 f_i	参数 f_j	计算公式
参数局部密度计算公式 1	未赋值	未赋值	$\delta_{ij}=\left(\dfrac{r_{ij}}{a_{\max}^2}\right)^2$
参数局部密度计算公式 2	未赋值	已赋值	$\delta_{ij}=\left(\dfrac{r_{ij}}{a_{\max}}\right)^2$
参数局部密度计算公式 3	已赋值	已赋值	赋值组合对未被覆盖时, $\delta_{ij}=1$; 否则 $\delta_{ij}=0$
参数值局部密度计算公式 1	值 v_{i_l}	未赋值	$\delta_{i_lj}=\dfrac{r_{i_lj}}{a_{\max}}$
参数值局部密度计算公式 2	值 v_{i_l}	已赋值	组合对未被覆盖时, $\delta_{i_lj}=1$; 否则 $\delta_{i_lj}=0$

算法 3-3　基于密度的贪心算法

输入: SUT 参数集 $F=\{f_1,f_2,\cdots,f_k\}$, f_i 有 a_i 个可能取值, 为 $V_i=\{0,1,\cdots,a_i-1\}$, $1\leqslant i\leqslant k$.

输出: 按照密度优化测试用例集 T.

步骤:

$T=\{\ \}$; uncovered pairs=SUT 中所有需要覆盖的组合对//初始化测试用例集及未被覆盖组合对;

while uncovered pairs$\neq\varnothing$ **do**

　计算每个参数 $f_i\in F$ 的参数密度,

　产生一个新的每个参数都未赋值的测试用例 t=$(-,-,\cdots,-,-)$;

　while 存在 $f_i\in F$ 没有赋值**do**

　　选择密度最大的参数 f_i,

　　如果有多个, 随机选择一个,

　　计算该参数每个取值的值密度,

　　选择密度最大的值 v_i 赋给参数 f_i,

　　如果有多个, 随机选择一个,

　　重新计算每个参数的密度;

　end while;

　$T=T+\{t\}$ //将新产生的测试用例 $t=(v_1,v_2,\cdots,v_k)$ 加入 T

　uncovered pairs= uncovered pairs-t 覆盖的组合对;

end while ;

2. 值密度计算

利用密度法生成覆盖表时, 首先要将参数按照密度值进行排序, 选择密度值最高的参数进行赋值. 当给该参数进行赋值时, 由于每个参数都有多个值, 这时需要计算该参数每个可取值的密度, 选择密度值最高的值赋给该参数. 假设为当前参数 f_i 赋值, 参数 f_i 每个值 $v_{i_l}(0\leqslant l\leqslant a_i-1)$ 与其他参数 f_j 的局部密度计算如

表 3-5 最后两行所示.

(1) 如果参数 f_j 没有被赋值, 那么 $\delta_{i_l j} = \dfrac{r_{i_l j}}{a_{\max}}$, 其中 $r_{i_l j}$ 是参数 f_i 的值 v_{i_l} 与参数 f_j 形成的未被覆盖组合对个数.

(2) 如果参数 f_j 已经被赋值, 那么当这两个参数的值组合对是未被覆盖对时, $\delta_{i_l j} = 1$; 否则 $\delta_{i_l j} = 0$. 参数 f_i 的值 v_{i_l} 的密度为 $d_{i_l} = \sum\limits_{j=1, j\neq i}^{k} \delta_{i_l j}$.

3.5 综合优化

除了按照未被覆盖对、最小修改成本等标准进行排序之外, 还可以考虑一般情况下, 基于各种测试收益和成本的考虑, 以下介绍一般情况下偏序覆盖表概念及其构造方法.

偏序覆盖表 (biased covering array)是一种排好序的覆盖表, 该表前 s 条测试用例最大限度地达到测试效益最大化, 即任意选择相同规模 (s 条) 的其他测试用例集, 其测试效益都不会超过该表中的前 s 条. 这里测试效益可以指代码覆盖率、错误检测率、时间、成本等多种指标.

偏序覆盖表的构造分两步: 第一步, 依据关心的测试标准、成本或者收益, 给待测试系统 SUT 的参数值赋予相应的权值; 第二步, 根据参数及其取值的重要程度构造偏序覆盖表[4].

3.5.1 参数取值的权值分配

本节主要介绍两种权值分配方案, 依据软件规格说明的分配方案和依据代码覆盖率的分配方案. 其他分配方案可以参考进行.

1. 依据规格说明分配权重

在最初生成测试用例时, 一般没有待测试系统 SUT 相关的执行信息, 例如, 代码覆盖信息等. 在这种情况下, 要对 SUT 的参数及其取值赋予相应的权重, 只能参考利用规格说明提供的信息. 以下给出一些依据规格说明对系统参数及其取值情况进行权重赋值的启发式规则.

(1) 对于一个二值参数 (值为 1 和 0), 如果该参数对应的是某项功能, 选 1 表示是开启此功能, 选 0 表示关闭此功能. 由于开启功能将使 SUT 运行过程中涉及更多代码, 因此, 值 1 对应的权重可以赋为 0.9, 而值 0 对应的权重赋为 0.1.

(2) 对于多值参数, 给那些对应高复杂性的取值赋予更高的权重. 例如, 对于 make 程序的文件个数选项可以有 4 个值: 0 个文件、1 个文件、2 个文件和 4 个文件, 可以依次给它们赋予权重: 0.1、0.2、0.3 和 0.4.

(3) 如果一个参数的几个取值之间的重要性无法分辨, 就将权重平均分配给它们.

2. 依据代码覆盖率分配权重

利用贪心算法, 按照代码覆盖率增长最快, 选择 m 条测试用例, 使其完成对 SUT 的全代码覆盖 (或者 90%以上的代码覆盖), 形成测试用例集合 T_1; 由于在选择过程中, 一般会出现有多个可选的情况, 尽量形成 s 个不同的满足要求的测试用例集合: $T_1, T_2, \cdots, T_s$. 根据测试用例的重要性, 给每个测试用例集赋予不同的权值: $w_1, w_2, \cdots, w_s$.

针对每个选出来的测试用例集 T_i, 通过公式以下计算参数 f 的值 v 的权值:

$$w_i(f,v) = \frac{\text{值 } v \text{ 在测试用例集 } T_i \text{ 中出现的次数}}{T_i \text{ 中测试用例的个数}}$$

综合 s 个测试用例集中获得的不同权值, 按照这些测试用例集的重要性进行综合, 得到参数 f 的值 v 的权值为

$$w(f,v) = \sum_{i=1}^{s} w_i \times w_i(f,v)$$

其他优化方法可以根据测试成本、测试时间、错误检测情况等安排相应的测试排序标准.

3.5.2 偏序覆盖表的生成

偏序覆盖表生成有两种方式: 一种是利用算法 3-4 直接生成; 另一种是利用算法 3-5 对已有的覆盖表按照相应的权值和重要性进行排序. 以下是算法 3-4 和算法 3-5 中涉及的重要值的计算说明, 包括参数权值的计算、参数值权值的计算和测试用例权值的计算.

1. 参数的 t-way 交互权重

计算参数 f 的 t-way 交互权重分如下 3 步.

第一步, 对于参数 f 的每个取值, 找出它与其他所有参数的所有未被覆盖的 t-way 值组合.

第二步, 对于找出来的每个 t-way 值组合, 将其中每个值对应的权重相乘, 得到该 t-way 值组合的权重.

第三步, 将第二步得到的每个 t-way 值组合的权重相加, 即得到参数 f 的 t-way 交互权重.

算法 3-4 偏序覆盖表生成的贪心算法

输入: SUT 参数集 $F=\{f_1,f_2,\cdots,f_k\}$, f_i 有 a_i 个可能取值和权重, 为 $V_i=\{0,1,\cdots,a_i-1\}$, $w_i=\{w_{i_1},w_{i_2},\cdots,w_{i_{a_i-1}}\}, 1\leqslant i\leqslant k$.

输出: 按参数权重优化的测试用例集 T.

步骤:

$T=\{\ \}$; uncovered pairs=SUT 中所有需要覆盖的组合对//初始化测试用例集及未被覆盖组合对;

while uncovered pairs$\neq\varnothing$ **do**

计算每个参数 $f_i\in F$ 的参数交互权重,

产生一个新的每个参数都未赋值的测试用例 $t=(-,-,\cdots,-,-)$;

while 存在 $f_i\in F$ 没有赋值 **do**

选择交互权重最大的参数 f_i, 如果有多个, 随机选择一个, 计算该参数每个取值的值交互权重, 选择交互权重最大的值 v_i 赋给参数 f_i; 如果有多个, 随机选择一个, 重新计算每个参数的交互权重.

end while;

$T=T+\{t\}$ //将新产生的测试用例 $t=(v_1,v_2,\cdots,v_k)$ 加入 T

uncovered pairs= uncovered pairs-t 覆盖的组合对;

end while ;

算法 3-5 对已有测试用例集的优化算法

输入: 未经优化的测试用例集 T.

输出: 按参数权重优化的测试用例集 T'.

步骤:

$T'=\{\ \}$ //初始化测试用例集; uncovered pairs 为需要覆盖的 t-way 组合对集合;

while $T\neq\varnothing$ **and** uncovered pairs$\neq\varnothing$ **do**

计算 T 中每个测试用例的 t-way 交互权重, 并按照权重排序;

选择 t-way 交互权重最高的测试用例 t 加入 T', 即 $T'=T'+\{t\}$;

uncovered pairs= uncovered pairs-t 覆盖的组合对;

end while ;

例如, 计算表 3-6 中参数 f_0 的 2-way 交互权重, 参数 f_0 有 4 个取值, 每个取值与其他参数有 5 个未被覆盖的 2-way 值组合, 一共有 20 个 2-way 值组合, 它们是 (0,4), (0,5), (0,6), (0,7), (0,8), (1,4), (1,5), (1,6), (1,7), (1,8), (2,4), (2,5), (2,6), (2,7), (2,8), (3,4), (3,5), (3,6), (3,7), (3,8). 每个组合对的权重分别是 0.2×0.2, 0.2×0.3, 0.2×0.3, 0.2×0.1, 0.2×0.9, 0.1 ×0.2, 0.1×0.3, 0.1×0.3, 0.1×0.1, 0.1×0.9, 0.1 ×0.2,

0.1×0.3, 0.1×0.3, 0.1×0.1, 0.1×0.9, 0.1 ×0.2, 0.1×0.3, 0.1×0.3, 0.1×0.1, 0.1×0.9. 因此, 参数 f_0 的权重是以上组合权重的和, 为 0.04+0.06+⋯+0.09=0.9. 同样, 可以计算参数 f_1 和参数 f_2 的权重分别是 1.2 和 1.3. 参数权重的最大值记为 $W_{\max}$=1.3, 后面在计算值交互权重时会用到.

表 3-6　SUT 的 3 个参数的取值及相应的权重

参数	v_0	v_1	v_2	v_3
f_0	0(0.2)	1(0.1)	2(0.1)	3(0.1)
f_1	4(0.2)	5(0.3)	6(0.3)	
f_2	7(0.1)	8(0.9)		

如果计算参数 f_0 的 3-way 交互权重, 首先找出参数 f_0 的所有未被覆盖的 3-way 组合: (0,4,7), (0,4,8), (0,5,7), (0,5,8), ⋯, (3,6,7) 和 (3,6,8), 一共 24 个 3-way 组合. 然后计算每个 3-way 组合的权重. 最后将这些权重相加得到参数 f_0 的 3-way 交互权重为 0.4. 相似地, 可以得到参数 f_1 和 f_2 的 3-way 交互权重分别为 0.4 和 0.4, 此时参数权重的最大值也为 $W_{\max}$=0.4.

2. 参数值的 t-way 交互权重

参数值的 t-way 交互权重计算与参数权重计算相似, 对于给定参数 f 以及它的值 v, 第一步是找出所有与 v 相关的未被覆盖的 t-way 组合对; 第二步, 将每个未被覆盖的 t-way 组合对中参数值的权重相乘, 并除以参数权重的最大值 ($W_{\max}$) 得到该组合对的权重; 第三步, 将这些 t-way 组合对的权重相加就得到参数值 v 的权重.

例如, 计算表 3-6 中参数 f_2 的值 v_1(值为 8) 的 2-way 交互权重, 与该值相关的未被覆盖的 2-way 组合对有 7 对: (0,8), (1,8), (2,8), (3,8), (4,8), (5,8), (6,8). 每个组合对的权重分别是 0.2×0.9÷1.3, 0.1×0.9÷1.3, 0.1×0.9÷1.3, 0.1×0.9÷1.3, 0.2×0.9÷1.3, 0.3×0.9÷1.3, 0.3×0.9÷1.3. 最后将这些值相加得到值 8 的 2-way 交互权重为 0.1. 相似可以计算其他参数值的权重.

3. 测试用例的 t-way 交互权重

测试用例的权重是用来优化排序的, 其计算方法也分三步: 第一步, 找出测试用例中包含的 t-way 未被覆盖对; 第二步, 计算出这些未被覆盖对的权重; 第三步, 将这些未被覆盖对的权重相加, 就得到该测试用例的权重.

例如, 计算测试用例 (0,4,7) 的权重, 首先, 找出 (0,4,7) 中包含的 2-way 组合对: (0,4,—), (0,—,7), (—,4,7), 共 3 个; 然后, 分别计算这 3 个组合对的权重: 0.2×0.2=0.04, 0.2×0.1 =0.02, 0.2×0.1=0.02; 最后, 将这些权重相加得到测试用例的权重: 0.04+0.02+0.02=0.08.

需要强调的是, 无论计算参数值权重、计算参数权重还是计算测试用例的权重, 都涉及计算相关的 t-way 组合对的权重, 如果相关组合对未被覆盖, 则该组合对的权重为对应参数值权重的积; 否则为 0.

3.6 组合测试用例集的约简

由各种算法生成的两两组合覆盖测试数据集往往还有冗余, 可以对其进行进一步的约简, 这里介绍两种约简方法, 一种是基本的约简方法, 另一种是改进的约简方法[5].

3.6.1 基本的约简方法

定义 3-2 设 $t_1=(x_1,\cdots,x_n)$ 为待测软件 SUT 的测试数据集 A 中的一个测试数据, 如果这个 n 元组在某个位置 i(第 i 个参数) 的取值与其他 $n-1$ 个位置上取值形成的 $n-1$ 个组合对, 已经出现在 $A\backslash\{t_1\}$ 的测试数据所形成组合对中, 则称 t_1 的位置 i 相对于 $A\backslash\{t_1\}$ 为不关心位置; 否则称为关心位置.

例如, $A=\{(1,2,3),(1,2,1),(1,1,3)\}$, 取 $t_1=(1,2,3)$, 则 t_1 中第一个位置为不关心位置, 因为由第一位置所构成的组合对 $(1,2,-),(1,-,3)$ 分别出现在 $(1,2,1)$ 和 $(1,1,3)$ 中.

下面给出测试数据集约简的基本原理.

定理 3-1 当一个测试数据 t_i 的所有位置相对于测试数据集 $\mathrm{Ts}\backslash\{t_i\}$ 都是不关心位置时, 此测试数据为冗余测试数据, 删除后不会影响测试数据集的两两组合覆盖率.

证明 由于测试数据 t_i 的所有位置都是不关心位置, 故其每个位置的取值与其他位置的取值所形成组合对, 都出现在 $\mathrm{Ts}\backslash\{t_1\}$ 的测试数据所形成组合对中, 从而测试数据集 Ts 的两两组合覆盖率与 $\mathrm{Ts}\backslash\{t_1\}$ 两两组合覆盖率相同.

定理 3-2 当两个测试数据 t_i 和 t_j 的各个参数对应位置或者取值相同, 或是存在一个相对于测试数据集 $\mathrm{Ts}\backslash\{t_i,t_j\}$ 的不关心位置, 合并成新测试数据 t 时, 在 t 中对应位置保留 t_i 和 t_j 的相同值和相同的不关心位置, 如果 t_i 和 t_j 的一个对应位置上一个是不关心位置, 另一个不是. 此时在 t 中相应位置采用非不关心位置的值, 则这两个测试数据合并为一个测试数据 t 后, 测试数据集 $\mathrm{Ts}\backslash\{t_1,t_2\}\bigcup\{t\}$ 不会降低两两组合覆盖率.

证明 当两个测试数据 t_i 和 t_j 各个参数对应位置取值相同 (即 $t_i=t_j$), 则这两个测试数据合并为一个测试数据时, 不会影响整个测试数据集的两两覆盖率. 如果 t_i 和 t_j 含有不关心位置, 当 t_i 和 t_j 的不关心位置相同时, 则合并后该位置仍然是不关心位置, 从而该位置取值所形成的两两组合覆盖率相同, 若 t_i

和 t_j 的不关心位置不相同, 则合并后相应位置取值为非不关心位置的值, 即 $t_i = (a_1, \cdots, a_{i-1}, a_i, a_{i+1}, \cdots, a_{j-1}, *, a_{j+1}, \cdots, a_n)$, $t_j = (a_1, \cdots, a_{i-1}, *, a_{i+1}, \cdots a_{j-1}, a_j, a_{j+1}, \cdots, a_n)$, $i \neq j$, 合并为 $t = (a_1, \cdots, a_{i-1}, a_i, a_{i+1}, \cdots, a_{j-1}, a_j, a_{j+1}, \cdots, a_n)$, 则 t_i 的位置 a_i 与 t_j 的位置 a_j 的取值在 Ts 中两两组合覆盖率同合并后在 $\mathrm{Ts}\backslash\{t_1, t_2\} \bigcup\{t\}$ 中两两组合覆盖率一样, 这是因为不关心位置的取值 "$*$" 不影响 a_i 与 a_j 在合并前后取值的两两组合覆盖率, 从而该定理是正确的.

例 3-1　不妨设有两条测试数据 $(*, 2, *, 1, 3, 4)$、$(*, 2, 1, 1, *, 4)$(其中 $*$ 表示不关心位置), 根据定理 3-2 可合并为一条测试数据 $(*, 2, 1, 1, 3, 4)$.

根据定理 3-1 和定理 3-2, 给出如算法 3-6 所示的组合测试数据集约简算法. 该算法第一步查找可以直接去除冗余测试数据, 第二步找出相似度最高的两个测试数据 (这里相似度高是指值相同的对应位置个数多), 检查值不同的对应位置是否都存在不关心位置, 若都存在不关心位置, 则可以合并形成新测试数据, 去掉原来的这两个测试数据.

算法 3-6　组合测试数据集约简算法

输入: 一个两两组合覆盖测试数据集 Ts.

(1) 从 Ts 中依次选出测试数据 t_i, 标注 t_i 相对于 $\mathrm{Ts}\backslash\{t_i\}$ 的不关心位置. 如果测试数据 t_i 每个位置都是相对于 $\mathrm{Ts}\backslash\{t_i\}$ 的不关心位置, 根据定理 3-1 直接从测试数据集 Ts 中删除测试数据 t_i;

(2) 从 Ts 中依次选择相似度最高的两个测试数据 t_i 和 t_j, 标注 t_i 和 t_j 相对于 $\mathrm{Ts}\backslash\{t_i, t_j\}$ 的不关心位置, 由定理 3-2 判断是否能合并, 若能, 则合并 t_i 和 t_j 为一个新的测试数据 t_c, 加入当前测试数据集 Ts, 并从 Ts 中删除 t_i 和 t_j.

输出: 一个约简后规模更小的两两组合覆盖测试数据集.

例 3-2　不妨设有一 4 因素系统 A, B, C, D, 其中因素 A 有 4 个取值, 因素 B 有 2 个取值, 因素 C 有 2 个取值, 因素 D 有 2 个取值, 现有覆盖所有因素两两组合覆盖的测试用例集:

$$\mathrm{Ts} = \{(1,2,2,2), (1,1,1,2), (1,2,2,1), (2,1,1,1), (2,2,2,2), \\ (3,1,2,1), (3,1,1,2), (3,2,1,1), (4,1,1,1), (4,2,2,2)\}$$

下面应用约简算法对其进行约简. 首先对测试数据集中每条测试数据标注不关心位置, 找出是否有测试数据中每个位置都标注为不关心位置. 根据算法, 这里只有第一条测试数据 $t_1 = (1,2,2,2)$ 中的每个位置是不关心位置, 而其余均不是. 这是由于 $t_1 = (1,2,2,2)$ 中的第一个因素取值 1 所构成的组合对 $(1,2,—,—), (1,—,2,—), (1,-,-,2)$ 出现在 $\mathrm{Ts}\backslash\{t_1\}$ 的测试数据 $t_2 = (1,1,1,2)$ 与测试数据 $t_3 = (1,2,2,1)$ 中, 故将其标注为 "$*$"(不关心位置), 测试数据 t_1 中第二个因素取值 2 所构成的组合

对 $(1,2,-,-),(-,2,2,-),(-,2,-,2)$ 在 $\mathrm{Ts}\backslash\{t_1\}$ 中的测试数据 $t_3=(1,2,2,1),t_5=(2,2,2,2)$ 出现, 第二个因素的位置标注为 “$*$”(不关心位置); 同样对测试数据 t_1 中第三个因素取值 2 与第四个因素取值 2, 所构成的组合对 $(1,-,2,-),(-,2,2,-),(-,-,2,2)$ 与组合对 $(1,-,-,2),(-,2,-,2),(-,-,2,2)$ 分别出现在 $\mathrm{Ts}\backslash\{t_1\}$ 的测试数据 $t_3=(1,2,2,1),t_5=(2,2,2,2)$ 与测试数据 $t_2=(1,1,1,2),t_5=(2,2,2,2)$ 中, 测试数据 t_1 的第三与第四位置也都标注为 “$*$”(不关心位置); 从而测试数据 t_1 的所有位置都标注为 “$*$”(不关心位置), 根据定理 3-1 直接从测试数据集 Ts 中删除测试数据 t_1.

接着在删除测试数据 t_1 后对覆盖集 $\mathrm{Ts}'=\mathrm{Ts}\backslash\{t_1\}$ 中依次选取两条相似度最高的两个测试数据标注其相应不关心位置, t_6 和 t_7 的相似度最高为 2, 此时 $\mathrm{Ts}'=\mathrm{Ts}\backslash\{t_1\}$ 中的测试数据 $t_6=(3,1,2,1)$ 的第四位置标注为 “$*$”(不关心位置) 与 $t_7=(3,1,1,2)$ 的第三位置标注为 “$*$”(不关心位置); 这是因为测试数据 $t_6=(3,1,2,1)$ 的第四位置 1 所构成的组合对 $(3,—,—,1),(—,1,—1),(—,—,2,1)$ 被 $\mathrm{Ts}'\backslash\{t_6,t_7\}$ 中的测试数据 $t_3=(1,2,2,1),t_8=(3,2,1,1),t_9=(4,1,1,1)$ 覆盖, $t_7=(3,1,1,2)$ 的第三位置 1 所构成的组合对 $(3,—,1,—),(—,1,1,—),(—,—,1,2)$ 被 $\mathrm{Ts}'\backslash\{t_6,t_7\}$ 中的测试数据 $t_2=(1,1,1,2),t_8=(3,2,1,1)$ 覆盖, 所以将 $t_6=(3,1,2,1),t_7=(3,1,1,2)$ 根据定理 3-2 合并为新的测试数据 $t=(3,1,2,2)$ 放入 Ts' 中并删除 $t_6=(3,1,2,1)$ 与 $t_7=(3,1,1,2)$, 形成约简后的覆盖集:

$$
\begin{aligned}
\mathrm{Ts}=\{&(1,1,1,2),(1,2,2,1),(2,1,1,1),(2,2,2,2),(3,1,2,2),\\
&(3,2,1,1),(4,1,1,1),(4,2,2,2)\}
\end{aligned}
$$

3.6.2 改进的约简方法

在介绍改进的算法之前, 首先给出一些相关定义.

位置 (position): 一条测试用例中的某个参数取值, 如 (0,1,1,0,0) 中 0、1、1、0、0 分别处于该条测试用例中的 5 个不同位置.

灵活位置 (flexible position): 对于一个 t-way 覆盖表中的每条测试用例, 每个位置均包含在 $C(n-1,t-1)$ 个 t-way 组合中, 如果这些组合都在其余的测试用例中出现, 则该位置称为灵活位置.

相对灵活位置集 (relatively flexible set, RFS): 覆盖表中所有灵活位置的集合称为相对灵活位置集.

例如, 对于图 3-5 中的覆盖表, 图 3-6 中 $*$ 标识的位置就是其灵活位置, 这些位置构成一个相对灵活位置集. 下面以第三条测试用例 (1,$*$,1,0,$*$,$*$) 为例来说明, 对于该测试用例的第二个位置 0, 包含其的 2-way 组合有 (1,0,—,—,—), (—,0,1,—,—), (—,0,—,0,—), (—,0,—,—,1) 共 4 个. 由于这些组合都可以在其余测试用例中找到,因此该位置 0 为灵活位置.

一个位置是灵活位置表示该位置的取值可以随意替换而不影响覆盖表的覆盖率, 如果覆盖表中存在某条测试用例其所有位置均为灵活位置, 则该条测试用例可以被约简, 例如, 图 3-6 中第二条测试用例. 但是需要注意, 当一个灵活位置被替换后, 原先的某些灵活位置可能会变为非灵活. 为了能同时替换这些位置, 下面引入灵活位置集.

灵活位置集 (flexible set, FS): 灵活位置集是相对灵活位置集的一个子集, 其满足可以同时对这些位置进行替换而不影响覆盖表的覆盖率.

同样对于图 3-5 中的覆盖表, 图 3-7 中 $*$ 标识的位置即构成一个灵活位置集, 这些位置可以同时替换而影响覆盖率.

0	1	1	0	0
0	1	0	1	1
1	0	1	0	1
1	1	0	1	1
0	0	0	0	1
1	0	0	1	0
0	0	1	1	1

图 3-5　覆盖表 CA(7, 2,5,2)

0	1	1	0	0
*	*	*	*	*
1	*	1	0	*
1	1	*	*	*
*	*	0	0	*
1	0	0	1	0
*	*	1	1	*

图 3-6　相对灵活位置集

0	1	1	0	0
0	1	0	1	1
1	0	1	0	1
1	1	0	1	*
0	0	0	0	*
1	0	0	1	0
*	*	1	1	*

图 3-7　灵活位置集

对于一个覆盖表, 显然仅存在一个相对灵活位置集 (RFS), 但可能存在多个不同的灵活位置集 (FS). 约简算法的目标, 就是通过不断替换灵活位置集中各位置的取值, 使尽可能多地构造可约简的测试用例 (全为灵活位置), 从而对覆盖表进行约简. 算法 3-9 给出了约简算法的基本流程, 算法 3-7 和算法 3-8 分别为寻找相对灵活位置集和灵活位置集的算法, 其中算法 3-7 得到结果将用于指导灵活位置集的寻找.

算法 3-7　寻找相对灵活位置集

输入: 覆盖表 CA.

输出: 相对灵活位置标记为 $*$ 的 CA.

将 CA 中所有位置标记为 $*$

for (对 $C(n,t)$ 列中的每 t 列)

　与这 t 列相关的组合共有 v^t 个, 如果某个组合仅出现一次, 则将该组合对应位置还原为原始取值.

算法 3-8 寻找灵活位置集

输入: 覆盖表 CA.

输出: 灵活位置标记为 $*$ 的 CA.

将 CA 中所有位置标记为 $*$

for (对 $C(n,t)$ 列中的每 t 列)

与这 t 列相关的组合共有 v^t 个, 对于每个组合, 其第一次出现时对应位置还原为原始取值.

算法 3-9 改进的约简算法

输入: 覆盖表 CA.

输出: 约简后的覆盖表 CA′.

$\mathrm{CA}_1 = \mathrm{CA}$

$i = 1$

while $(i <= m)$

  使用算法 3-7 寻找 CA_i 的相对灵活位置集 RFS_i,

  依据 RFS_i 中各测试用例灵活位置的个数, 按从小到大顺序对覆盖表 CA_i 重新排序,

  使用算法 3-8 寻找 CA_i 的灵活位置集 FS_i;

  if (存在全为灵活位置的测试用例)

    删除这些测试用例,

    随机替换灵活位置集中所有灵活位置的取值得到新的覆盖表 CA_{i+1},

    $i++$;

end while;

$\mathrm{CA}' = \mathrm{CA}_m$

在算法 3-9 中, 首先需要对原测试用例进行排序, 以使包含灵活位置较多的测试用例尽可能地排在测试用例集的末尾几行, 这是为了利用算法 3-8 寻找灵活位置集时, 在末尾有更多可能得到全为灵活位置的测试用例.

下面以图 3-5 所示的覆盖表为例来对约简算法进行说明. 首先使用算法 3-7 寻找该覆盖表的相对灵活位置集, 得到的 RFS_1 如图 3-6 所示. 依据 RFS_1 中各测试用例灵活位置的个数, 对原覆盖表进行重新排序, 得到如图 3-8 所示的覆盖表. 然后使用算法 3-8 寻找图 3-8 覆盖表的灵活位置集, 得到的 FS_1 如图 3-9 所示. 由于最后一行测试用例全为灵活位置, 因此该行可以被删除, 其余灵活位置的取值将被随机替换, 得到的结果如图 3-10 所示. 该过程将迭代数次, 以使覆盖表可以被不断约简.

下面仍以图 3-5 所示的覆盖表为例对算法 3-7 和算法 3-8 进行说明. 对于算法 3-7, 该算法首先将 CA 中所有位置标记为 $*$, 覆盖表 CA 共有 $C_5^2=10$ 个不同的列组合, 首先考虑第 1 和第 2 列. 与这两列相关的组合共有 (0,0,—,—,—), (0,1,—,—,—), (1,0,—,—,—) 和 (1,1,—,—,—), 其中只有 (1,1,—,—,—) 在第 4 行出现一次,

其余 3 个组合均出现两次, 因此将第 4 行的组合 (1,1,—,—,—) 还原. 随后依次考虑第 1 和第 3 列, 第 1 和第 4 列等列组合, 并还原仅出现一次的组合, 即可得到覆盖表的相对灵活位置集.

0	1	1	0	0
1	0	0	1	0
1	0	1	0	1
1	1	0	1	1
0	0	0	0	1
0	0	1	1	1
0	1	0	1	1

图 3-8　排序后的覆盖表

0	1	1	0	0
1	0	0	1	0
1	0	1	0	1
1	1	0	1	1
0	0	0	0	1
0	*	1	1	1
*	*	*	*	*

图 3-9　灵活位置集 FS_1

0	1	1	0	0
1	0	0	1	0
1	0	1	0	1
1	1	0	1	1
0	0	0	0	1
0	1	1	1	1

图 3-10　约简后的覆盖表

算法 3-8 的流程和算法 3-7 类似, 仅是将算法 3-7 中 “出现一次的组合还原” 改为算法 3-8 中 “第一次出现的组合还原”. 同样以图 3-5 所示的覆盖表进行说明. 同样地, 对于第 1 和第 2 列, 组合 (0,0,—,—,—), (0,1,—,—,—), (1,0,—,—,—) 和 (1,1,—,—,—) 分别第一次出现于第 5, 1, 3 和 4 行, 因此将这几行的这几个对应组合还原. 随后依次考虑剩余的列组合, 最终得到覆盖表的灵活位置集. 在算法 3-7 和算法 3-8 中, 如果在还原时某个位置已被还原, 则该位置的值将保持不变.

3.7　本 章 小 结

测试用例的优化和约简是软件测试中的重要问题, 不仅在最初软件测试过程中需要对生成的测试用例集进行约简和优化, 更重要的是在回归测试中, 利用前期测试执行过程中收集到的各种信息, 对已有测试用例集进行约简和优化, 达到以最少的测试用例, 最高效地检测软件中隐藏的错误.

测试用例约简要求在不能降低错误检测能力的前提下, 约简已有测试用例集, 以达到减低软件测试和后期维护的成本. 所谓错误检测能力, 一般是指各种测试充分性准则规定的测试要求. 例如, 功能覆盖、参数组合覆盖等黑盒测试充分性准则, 代码覆盖、故障覆盖、修改覆盖等白盒测试充分性准则.

测试用例优化则在已有的测试用例集合上寻找最优的执行顺序, 从而提高软件测试的效率. 测试用例优化所依据的原则都是一些启发式准则, 如最快达到代码覆盖、参数组合覆盖、原来软件出现错误的故障点覆盖, 或者让最重要的测试用例最早得到执行. 因为其实不知道新版本软件的错误到底在哪里, 但有理由认为错误可能分布在代码中、错误可能会被某些参数组合促发、在原来发生错误点可能还会隐藏错误、那些认为很重要的测试用例可能会发现某些错误等, 因此, 在优化测试用例集时就依据这些启发式规则来安排测试用例的执行顺序, 以期达到尽早发现故障的目的. 测试用例的优化还需要发现更多更有效的启发式优化准则, 并需要在实践中进行有效性检验.

参 考 文 献

[1] Wu H Y, Nie C H, Kuo F C. Test suite prioritization by switching cost. Proceedings of the 7th International Conference on Software Testing, Verification and Validation Workshops (ICSTW), 2014: 133-142.

[2] Qu X, Cohen M B, Woolf K. Combinatorial interaction regression testing: a study of test case generation and prioritization. International Conference on Software Maintenance, ICSM '07, 2007: 255-264.

[3] Bryce R C, Colbourn C J. Prioritized interaction testing for pair-wise coverage with seeding and constraints. Information and Software Technology, 2006, 48(10): 960-970.

[4] Bryce R C, Chen Y N, Colbourn C J. Biased covering arrays for progressive ranking and composition of Web services. Journal of Simulation and Process Modelling, 2007, 3(4): 80-87.

[5] Li X H, Zhao D, Wu H Y, et al. Refining a randomized post-optimization method for covering arrays. Proceedings of the 7th International Conference on Software Testing, Verification and Validation Workshops (ICSTW), 2014: 143-152.

第 4 章　组合测试的故障定位

故障定位问题是组合测试领域的又一个热点. 多年来, 在该领域进行了深入系统的研究. 4.1 节介绍早期给出的排除法, 该方法只是将发现错误的测试用例中包含的故障模式与未发现错误的测试用例所包含的故障模式进行比对排除, 这样可以缩小可能的故障模式范围. 但这种方法效果很差, 特别是在使用覆盖表进行测试时, 几乎无法缩小这个可疑故障模式范围. 为了进一步缩小这个范围, 使用一些附加测试用例进行补充测试. 由于一条发现故障的测试用例所包含的所有可能的故障模式形成一个偏序集, 这样, 通过发现故障的测试用例和未发现故障的测试用例形成的偏序集做差, 形成新的偏序集. 认为这个偏序集的极小元是最大可能的故障模式, 这个结果尽管比之前的结果改进很多, 但找出来的还只是可能的故障模式. 为了改进已有方法, 4.2 节给出组合测试中最小故障模式的理论和应用, 4.3 节利用差异调试法, 4.4 节利用元组关系树方法对故障模式进行定位; 4.5 节介绍两种故障模式定位的其他方法: 谱分析方法和分类树方法.

4.1 排　除　法

对于系统 SUT, 导致系统运行时出现故障的因素可能是某一个参数或者是某些参数的相互作用. 如果对这 n 个参数的各种组合进行完全测试, 需要 $a_1 \times a_2 \times \cdots \times a_n$ 个测试用例, 在一般情况下, 因测试用例数量太大而不可行, 也没有必要. 如果要对每个参数的各个取值进行覆盖 (即在测试用例中, 要保证每个参数的各个取值都至少出现一次), 那么需要 $m = \max(a_i)$ 个测试用例; 如果对任意两个参数的所有取值组合进行覆盖, 保证它们每一个都在测试用例中出现, 那么至少需要 $m = \max(a_l \times a_l)$ 个测试用例; 以此类推, 随着参数组合覆盖要求的递增, 测试用例的数量也呈指数上升. 同时, 如果某组测试用例能实现对任意 $l(1 \leqslant l \leqslant n)$ 个参数的组合覆盖, 则也能实现对任意 $l-1, l-2, \cdots, 2, 1$ 个参数的组合覆盖. 组合测试方法充分考虑了所选择的测试用例应能够以最少的数量最大限度地实现对各种可能性进行覆盖, 同时综合考虑测试用例的规模、覆盖能力以及测试成本、时间等因素, 来决定测试方案, 实现科学有效的测试.

当应用组合测试方法对待测系统进行测试时, 如果发现了问题, 那么应如何根据测试结果来确定导致故障发生的原因呢？本节提出一种基于组合测试的调试方法, 该方法根据组合测试的结果来分析运行时发现故障的测试用例, 以及通过在必要时补充一些附加测试用例进行重新测试的手段来迅速将故障原因锁定在很小的范围内, 从而可以为软件的调试和测试工作提供方便、有效的线索和参考.

软件调试是在测试之后不可缺少的关键性工作. 方便、可靠、有效的调试方法能帮助软件测试和调试人员迅速找出故障的原因并消除故障, 从而提高软件测试的效率, 降低成本, 因此, 对于组合测试中调试方法的研究具有相当重要的现实意义[1,2].

4.1.1 基本概念和术语

为了讨论方便, 先给出测试用例及其模式的有关定义.

定义 4-1 称 n 元组 $(v_1, v_2 \cdots, v_n)(v_1 \in T_1, v_2 \in T_2, \cdots, v_n \in T_n)$ 为待测系统 SUT 的一个测试用例.

定义 4-2 对于待测系统 SUT, 取定某 $k(1 < k \leqslant n)$ 个位置上的参数值后形成的 n 元组 $m = (—, \cdots, v_l, —, \cdots, v_l, —, \cdots, v_l, —, \cdots, —)$, m 称为待测系统 SUT 的一个 k 值模式, 在不引起混淆时, 简称为模式, 其中 "—" 表示相应位置上的参数取值待定.

其中, 当 $k = n$ 时, 对应的模式称为全模式, 就是 SUT 的一个测试用例.

定义 4-3 设 m_1 和 m_2 是待测系统 SUT 的两个模式, 如果模式 m_1 中固定的参数值是 m_2 中固定参数值的子集, 则将 m_1 称为 m_2 的子模式, m_2 是 m_1 的父模式, 记为 $m_1 \prec m_2$.

待测系统 SUT 的一个模式是它自身的子模式, 同时也是它自身的父模式.

定义 4-4 待测系统 SUT 的某个测试用例 $t = (v_1, v_2, \cdots, v_n)$ 对应的所有模式组成的集合称为该测试用例 t 的模式集, 记为 M_t.

显然, $(M_t, \prec)$ 是一个偏序集, 且对于 SUT 的测试用例 $t = (v_1, v_2, \cdots, v_n)$, 对应的 M_t 中所有的 1 值模式有 n 个, 它们是偏序集 $(M_t, \prec)$ 中的极小元, 所有的 2 值模式有 C_n^2 个, $\cdots$, 所有的 k 值模式有个 C_n^k, 全模式只有一个, 就是该测试用例, 它是偏序集 $(M_t, \prec)$ 中唯一的极大元, 也是最大元. 因此, 集合 M_t 中一共有 2^n-1 个模式. 在 M_t 中, 对于其中某个 k 值模式, 它的子模式有 2^k-1 个, 父模式有 2^{n-k} 个.

定义 4-5 对于系统 SUT 的一组测试用例, 如果它们对应的模式集的交集非空, 则称这组测试用例具有共同模式.

如果某个 k 值模式是一组测试用例的共同子模式, 说明这组测试用例在某 k 个参数上取值相同.

定义 4-6 设 m 是待测系统 SUT 的一个 k 值模式, 它的所有子模式组成的集合称为模式 m 的子模式集, 记为 M_m. 它的所有父模式组成的集合称为模式 m 的父模式集, 记为 P_m.

根据定义 4-6 可以知道, 待测系统 SUT 的一个 k 值模式 m 可以有 2^k-1 个子模式, 即集合 M_m 中有 2^k-1 个元素; 因为 $m \in P_m$, 所以模式 m 的父模式集 P_m 中的模式个数为

$$1+\sum_{i\in I/I(k)} a_i+\sum_{i\neq j\in I/I(k)} a_i a_j+\cdots+\sum_{i\neq j\neq\cdots\neq l\in I/I(k)} a_i a_j\cdots a_l \tag{4-1}$$

在式 (4-1) 中一共有 $n-k+1$ 项, 其中用 I 表示待测系统 SUT 的所有参数在测试用例中对应的编号集合, 用 $I(k)$ 表示 k 值模式 m 中 k 个固定的参数在测试用例中对应的编号集合, $I/I(k)$ 表示 k 值模式中未固定值的参数对应的编号集合.

例如, 设有一个待测系统, 它有 n =3 个参数, 每个参数有 3 个取值, 不妨都设为 $T_1=T_2=T_3$={1,2,3}. 三元组 t_1=(2,2,1), t_2=(1,2,1) 都是该系统的测试用例, 它们对应的模式集分别为

$$\begin{aligned}
M_{t_1} &= \{(2,—,—),(—,2,—),(—,—,1),(2,2,—),(2,—,1),(—,2,1),(2,2,1)\}\\
M_{t_2} &= \{(1,—,—),(—,2,—),(—,—,1),(—,2,1),(1,—,1),(1,2,—),(1,2,1)\}\\
M_{t_1}\cap M_{t_2} &= \ \{(—,—,1),(—,2,1),(—,2,—)\}
\end{aligned}$$

它们具有公共 2 值模式 $m=(—,2,1)$, 其中模式 $(—,—,1),(—,2,1),(—,2,—)$ 都是模式 $m=\ (—,2,1)$ 的子模式, 即 $M_m=\{(—,—,1),(—,2,1),(—,2,—)\}$. 模式 $m=(—,2,1)$ 在测试用例 t_1=(2,2,1) 的模式集 M_t 中具有父模式 $(—,2,1)$ 和 (2,2,1), 在测试用例 t_2=(1,2,1) 的模式集中具有父模式 $(—,2,1)$ 和 (1,2,1), 其在该系统中所有的父模式组成的集合为

$$P_m=\ \{(1,2,1),(2,2,1),(3,2,1),(—,2,1)\}$$

4.1.2 基本模型和方法

导致系统发生这样和那样故障的原因很多, 但往往由于某个参数或某些参数的相互作用, 在测试时则集中表现在测试用例中的某些取值模式中, 因而可以假设系统 SUT 的故障只由某些取值模式引起. 设 SUT 在应用测试用例集Ts进行测试时, 有 l 个测试用例 (记为集合Ts_1) 在执行中发现某个故障, 而其他 $m-l$ 个测试用例 (记为集合Ts_2) 不发生该故障. 假如当某个模式是引发该故障的原因时, 其任意父模式也将引发这个故障. 为了分析产生这个故障的原因, 先引入如下定理.

定理 4-1 假设待测系统的某个故障是由某个模式 $m=(—,\cdots,v_l,—,\cdots,v_l,—,\cdots,v_l,—,\cdots,—)$ 引起的, 且任意模式 $m'\in P_m$ 也将导致系统出现该故障, 那么一定有 $P_m\cap M_t\neq\varnothing(\forall t\in \mathrm{Ts}_1)$, $P_m\cap M_t=\varnothing(\forall t\in \mathrm{Ts}_2)$.

证明 用反证法. 如果模式 $m' \in P_m$ 导致系统故障, 而对于某个测试用例 $t \in \mathrm{Ts}_2$, 有 $m' \in M_t$, 那么这个测试用例 t 一定会在测试中发生该故障, 这与条件矛盾.

定理 4-1 表明, 导致系统出现某个故障的取值模式 $m = (—, \cdots, a_1, \cdots, a_2, \cdots, a_k, \cdots, —)$ 及其父模式一定在发生该故障的 l 个测试用例中都出现, 而在另外 $m-l$ 个没有发生该故障的测试用例中不会出现. 这个结果是基于假设: 如果模式 m 引起某个故障, 那么它的任意父模式也引起这个故障.

根据定理 4-1, 对于待测系统 SUT 可以得出如下推论.

推论 4-1 SUT 的模式 $m = (—, \cdots, a_1, \cdots, a_2, \cdots, a_k, \cdots, —)$ 导致某个故障, 对于任意测试用例 t, 如果有 $m \in M_t$, 那么测试用例 t 也将导致系统出现这个故障.

推论 4-2 如果待测试系统 SUT 的某个故障是由多个取值模式引起的, 即一个模式集 $M = \{m_1, m_2, \cdots\}$, 那么 $M \subseteq \bigcup\limits_{t \in \mathrm{Ts}_1} M_t$, 且 $M \bigcap \bigcup\limits_{t \in \mathrm{Ts}_2} M_t = \varnothing$.

推论 4-2 说明引起待测系统 SUT 某个故障的这些取值模式一定只会出现在发生该故障的 l 个测试用例中, 而不会出现在另外 $m-l$ 个没有发生该故障的测试用例中.

推论 4-3 设 $M = \bigcap\limits_{t \in \mathrm{Ts}_1} M_t - \bigcup\limits_{t \in \mathrm{Ts}_2} M_t$, 则对于任意 $m \in M$, m 最有可能就是引起系统 SUT 故障的模式.

推论 4-3 中的集合 M 是从发生某个故障的 l 个测试用例中找到某些共同的取值模式组成的集合, 这些共同的取值模式只在这 l 个测试用例中都出现, 而在另外 $m-l$ 个没有该故障的测试用例中不出现, M 中的取值模式都是有可能引起系统 SUT 出现故障的因素.

推论 4-4 若 $m \in \bigcup\limits_{t \in \mathrm{Ts}_1} M_t - \bigcup\limits_{t \in \mathrm{Ts}_2} M_t$, 则模式 m 可能是引起故障的因素. 而若 $m \in \bigcup\limits_{t \in \mathrm{Ts}_2} M_t$, 则模式 m 不可能是引起故障的因素.

基于以上定理和推论, 要确定故障因素, 首先, 要找出

$$M_1 = \bigcap_{t \in \mathrm{Ts}_1} M_t - \bigcup_{t \in \mathrm{Ts}_2} M_t$$

该集合包含了最有可能引发这个故障的因素; 其次, 找出

$$M_2 = \bigcup_{t \in \mathrm{Ts}_1} M_t - \bigcup_{t \in \mathrm{Ts}_2} M_t$$

这里包含了引发 l 个测试用例出现该故障的所有可能的因素. 显然 $M_1 \subseteq M_2$. 在一般情况下, 这两个集合中的元素比较多, 需要进行进一步精简和确认.

为了进一步确定出是哪些取值模式导致了软件故障，需要为发生某个故障的每个测试用例设计 n 个附加测试用例：$t_1=(*,v_{2i_2},\cdots,v_{ni_n})$, $t_2=(v_{1i_1},*,\cdots,v_{ni_n})$, $\cdots$, $t_n=(v_{1i_1},v_{2i_2},\cdots,v_{(n-1)i_{n-1}},*)$, 其中 “*” 号表示可以用任意不同于原来测试用例 $(v_{1i_1},v_{2i_2},\cdots,v_{ni_n})$ 相应位置的参数的取值来代入. 这样需要产生 nl 个测试用例，将这组测试用例称为附加测试用例集，记为 CTs. 运行这组测试用例，记仍然发生该故障的测试用例组成的集合为 CTs_1, 不发生该故障的测试用例组成的集合记为 CTs_2, 显然 $\mathrm{CTs}_1\cup\mathrm{CTs}_2=\mathrm{CTs}$. 根据这个结果，就可以确定出很小范围的导致故障的因素，即

$$M_1=\bigcap_{t\in\mathrm{Ts}_1}M_t-\bigcup_{t\in\mathrm{Ts}_2}M_t-\bigcup_{t\in\mathrm{CTs}_2}M_t$$

$$M_2=\bigcup_{t\in\mathrm{Ts}_1}M_t-\bigcup_{t\in\mathrm{Ts}_2}M_t-\bigcup_{t\in\mathrm{CTs}_2}M_t$$

此时亦有 $M_1\subseteq M_2$.

根据定理 4-1, 当系统故障由一个原来发生某个故障的测试用例中某两个参数的一个取值组合引起时，前面设计的相应的 n 个测试用例中一定至少有 $n-2$ 个包含这个取值模式，因此，当用这 n 个测试用例对软件系统进行测试时，至少有 $n-2$ 个测试用例会使系统发生该故障. 以此类推，可以得到如下定理.

定理 4-2　如果系统中某个故障是只由测试用例 $(v_{1i_1},v_{2i_2},\cdots,v_{ni_n})$ 中某 k 个值 $(2\leqslant k\leqslant n)$ 的相互作用导致的，即某一个 k 值模式引起的，且相应构造的 n 个测试用例为 $(*,v_{2i_2},\cdots,v_{ni_n}),(v_{1i_2},*,\cdots,v_{ni_n}),\cdots,(v_{1i_2},v_{2i_2},\cdots,v_{n-1i_{n-1}},*)$, 其中 “*” 号表示用不同于原来测试用例 $(v_{1i_1},v_{2i_2},\cdots,v_{ni_n})$ 相应位置的参数的任意值代入，那么，在用这 n 个测试用例进行测试时，至少有 $n-k$ 个会使系统出现该故障.

证明　当测试用例 $(v_{1i_1},v_{2i_2},\cdots,v_{ni_n})$ 中某个 k 值模式 $(2\leqslant k\leqslant n)$ 引发系统故障时，依据测试用例 $(v_{1i_1},v_{2i_2},\cdots,v_{ni_n})$ 生成的 n 个附加测试用例中一定有 $n-k$ 个会包含这个 k 值模式. 根据假设，所有包含这个 k 值模式的测试用例都会引发同样的故障，因此在用这 n 个测试用例进行测试时，至少有 $n-k$ 个会使系统出现该故障.

运行了附加测试用例之后，根据其中无该故障产生的测试用例，可以将集合 M_1 和 M_2 中的元素大大减少，从而将错误的原因最终锁定在极少的几种取值组合上. 如果在组合测试中发现多个故障，以上原理和方法对其中每个故障都可适用，因此在这里只对一个故障的情况进行讨论.

将 M_1 和 M_2 中的模式按照其中固定的参数值个数进行排列，即把 1 值模式，$\cdots$, k 值模式分别放在一起.

定理 4-3 若 k 值模式 m 是 M_1 中的最大元, 则 $M_m = M_1$, 且 m 在 M_2 中至少有 $2^{n-k}-1$ 个父模式; 若模式 m 是 M_2 中的一个 k 值模式, 则在 M_2 中含有该模式 m 的 2^{n-k} 个父模式.

证明 当 k 值模式 m 是 M_1 中的最大元时, M_1 中所有模式都是 m 的子模式, 有 $M_1 \subseteq M_m$; 又模式 m 在模式集 M_1 中, 它所有的子模式也应在集合 M_1 中, 故有 $M_m \subseteq M_1$, 因此得 $M_m = M_1$. 由于模式 m 至少是测试用例集Ts_1 中的某一个测试用例中含有的模式成分, 该测试用例的含有模式 m 的子模式除了模式 m 自身之外, 正好有 $2^{n-k}-1$, 而且这些含有模式 m 的子模式一定都包含在 M_2 中, 否则, 模式 m 不可能在模式集 M_1 中, 因此 m 在 M_2 中至少含有 $2^{n-k}-1$ 个父模式.

同理可证, 当模式 m 是 M_2 中的一个 k 值模式时, M_2 中含有该模式 m 的 2^{n-k} 个父模式.

定理 4-4 对于以 $\prec$ 为序的偏序集 M_1 和 M_2, M_1 中的所有极小元和 M_2 中的所有极小元是最有可能导致系统故障的因素.

证明 用反证法. 假设导致系统发生某个故障的 k 值模式 m 既不是 M_1 中的极小元, 又不是 M_2 中的极小元. 设 k 值模式 m 不是 $M_1(M_2)$ 中的极小元, 那么它在 $M_1(M_2)$ 中一定存在子模式, 该子模式不导致系统出现故障. 根据定理 4-4, 当使用附加测试用例 CTs 对系统进行测试时, 一定有 k 个测试用例不包含模式 m, 但这 k 个测试用例将包含模式 m 的任意子模式 (m 自身除外), 即 m 的任意子模式不可能在 $M_1(M_2)$ 中, 因此假设不成立. 故 $M_1(M_2)$ 中的极小元是导致系统故障的因素.

根据定理 4-4, 要确定出导致系统故障的因素, 只要找出 M_1 和 M_2 中的极小元就可以了. 由于 $M_1 \subseteq M_2$, M_1 中的极小元也一定是 M_2 中的极小元, 但反之不一定成立, 因此最后问题就可以归结为: M_2 中的极小元是最有可能导致系统故障的因素.

4.1.3 实例分析

这里以 1.4 节中交换机通话功能测试为例, 如表 1-1 所示. 如果要把表 1-1 中的所有情况都测试到, 那么将需要 $3^4=81$ 个测试用例来遍历所有的测试情况. 可以认为 81 次测试的工作量太大, 而且没有必要进行完全测试. 使用组合设计方法可以得到所示的这样一组测试用例. 表 1-3 中每一行都给出了一个测试用例, 实现了对每个两参数间所有变量组合的完全覆盖, 而且在这个例子中组合出现的频率都是相同的, 都只出现一次.

当用这组测试用例对交换机进行测试后, 如果没有发现问题, 那么就说明交换机功能在这个水平上的测试是合格的. 当然不能因此就说交换机肯定没有问题, 由于任何测试只能证明被测对象的不完美性, 而无法证明它的完美性. 如果这组测试用例中有一个或几个运行时发生了故障, 那么作为测试应该是比较成功的, 因为经过测试发现了系统故障. 接下来的重要工作就是分析故障的原因, 对它进行定位, 并排除故障. 不能撇开前面所做的测试工作, 泛泛地去重新分析、检查系统, 而应该以前面所做的测试工作为基础, 进行全面分析. 如果能迅速找出错误原因, 将大大提高软件测试的效率, 缩短时间, 并降低成本.

不失一般性地, 下面仅考虑当用表 1-3 中这组测试用例对交换机进行测试时, 系统运行时发生某个故障的测试用例组成的集合 Ts_1(表 4-1), 即表 1-3 中第 2 个和第 6 个测试用例. 不发生该故障的测试用例集合 Ts_2 是表 1-3 中剩下的 6 个测试用例.

表 4-1 发生某个故障的测试用例集 Ts_1

呼叫种类	资费方式	接入方式	状态
国际	集中	环路	阻塞
长途	免费	环路	忙

根据前面的讨论, 首先找出集合 M_1 和 M_2:

$$M_1 = \bigcap_{t\in \mathrm{Ts}_1} M_t - \bigcup_{t\in \mathrm{Ts}_2} M_t = \varnothing$$

$M_2 = \bigcup\limits_{t\in \mathrm{Ts}_1} M_t - \bigcup\limits_{t\in \mathrm{Ts}_2} M_t =$ {(国际, 集中,—,—), (国际, —, 环路,—), (国际,—,—, 阻塞), (—, 集中, 环路,—), (—, 集中,—, 阻塞), (—,—, 环路, 阻塞), (国际, 集中,—, 阻塞), (国际, 集中, 环路,—), (—, 集中, 环路, 阻塞), (国际,—, 环路, 阻塞), (国际, 集中, 环路, 阻塞), (长途, 免费, 环路, 忙), (—, 免费, 环路, 忙), (长途, —, 环路, 忙), (长途, 免费, —, 忙), (长途, 免费, 环路, —), (—, —, 环路, 忙), (长途, —, —, 忙), (长途, 免费, —, —), (—, 免费, —, 忙), (长途, —, 环路, —), (—, 免费, 环路, —)}

即 M_1 是空集, M_2 中的元素是所有可能导致系统出现这个故障的因素. 在这种情况下, 单个参数不是导致系统出错的原因, 因为单个参数的某个取值多次出现在其他测试用例中, 例如, 这个出错的测试用例中参数呼叫种类的取值 "国际" 就在其他两个无故障的测试用例中出现过, 因此参数呼叫种类的取值 "国际" 不会成为系统出错的原因.

为了进一步找出导致系统故障的因素, 需要设计一个附加测试用例集CTs, 如表 4-2 所示, 其中 "*" 号表示相应位置的参数值取任意一个不同于原来出错测试用例在相应位置的值 (在本例中取括号内的值). 用这组测试用例再对交换机进行测试, 根据测试结果就可以确定出导致故障的原因, 分成以下几种情况讨论.

情形 1 这 8 个测试用例的运行都没有发生原先的故障. 可以计算:

$$M_2 = \bigcup_{t \in \mathrm{Ts}_1} M_t - \bigcup_{t \in \mathrm{Ts}_2} M_t - \bigcap_{t \in \mathrm{CTs}} M_t$$
$$= \{(\text{国际, 集中, 环路, 阻塞}), (\text{长途, 免费, 环路, 忙})\}$$

此时, 模式 (长途, 免费, 环路, 忙) 和 (国际, 集中, 环路, 阻塞) 都是极小元, 因此是导致故障的因素.

表 4-2 附加测试用例集 CTs

呼叫种类	资费方式	接入方式	状态
*(长途)	集中	环路	阻塞
国际	*(免费)	环路	阻塞
国际	集中	*(专用分组)	阻塞
国际	集中	环路	*(忙)
*(市话)	免费	环路	忙
长途	*(被叫方)	环路	忙
长途	免费	*(综合业务)	忙
长途	免费	环路	*(阻塞)

情形 2 只有某一个测试用例运行时发生原来的故障, 如表 4-2 中第二个测试用例所示. 可以计算:

$$M_2 = \bigcup_{t \in \mathrm{Ts}_1} M_t - \bigcup_{t \in \mathrm{Ts}_2} M_t - \bigcap_{t \in \mathrm{CTs}_2} M_t$$
$$= \{(\text{国际,—, 环路, 阻塞}), (\text{国际, 集中, 环路, 阻塞}), (\text{长途, 免费, 环路, 忙})\}$$

式中, CTs_2 是表 4-2 中所有未发生该故障的测试用例组成的集合, 则此时导致故障的因素是极小元 (国际,—, 环路, 阻塞), (长途, 免费, 环路, 忙).

情形 3 有某 5 个测试用例测试时发生故障, 例如, $\mathrm{Ts}_1 = \{t_3, t_4, t_5, t_6, t_7\}, \mathrm{Ts}_2 = \{t_1, t_2, t_8\}$. 此时可以计算:

$M_2 = \bigcup_{t \in \mathrm{Ts}_1} M_t - \bigcup_{t \in \mathrm{Ts}_2} M_t - \bigcup_{t \in \mathrm{CTs}_2} M_t =$ {(国际, 集中,—,—), (国际, 集中,—, 阻塞), (国际, 集中, 环路,—), (国际, 集中, 环路, 阻塞), (长途, 免费, 环路, 忙), (—, 免费, 环路, 忙), (长途, —, 环路, 忙), (长途, 免费, —, 忙), (—, —, 环路, 忙), (长途,—,—, 忙), (—, 免费,—, 忙)}

M_2 的极小元 (国际, 集中,—,—)、(—, —, 环路, 忙)、(长途,—,—, 忙) 与 (—, 免费,—, 忙) 是导致故障的因素.

类似地, 可以讨论其他各种情形. 由此看出, 在组合测试的基础上, 并辅之以一些必要的相关测试用例, 可以对导致系统故障的因素进行有效的定位; 在产生故障的测试用例比较多的情况下, 分析过程比较复杂. 但由于多数情况下, 导致系统出错的测试用例数量很少 (这种测试用例对软件测试来说是高质量的测试用例). 如果这种导致系统出现错误的测试用例数量多, 说明系统质量太低, 需要进行广泛的重新分析和检查. 因此, 无论什么情况, 基于组合测试的基础, 并辅之以一些必要的新的相关测试用例, 对故障原因进行分析是非常重要的, 也是非常有效的.

在应用组合设计产生的测试用例集对软件系统进行测试之后, 如果发现故障, 那么一方面说明测试工作是成功的, 另一方面还需要通过对试验结果的分析和处理, 初步确定故障原因, 并探求可能更优试验方案, 来对故障原因进行进一步的分析、处理和验证. 目前人们关于这方面的研究还不多见, 虽然在正交试验设计方法中有关于试验结果分析的方法, 如直观分析方法、方差分析方法等, 但是这些方法并不适合对软件测试结果的分析.

本节在假设软件系统故障仅由系统的某些取值模式引起, 并且这些模式的任意父模式也引发同样故障的前提下, 提出了一种根据测试结果和附加测试用例的测试结果进行故障原因定位的方法. 基于本节的模型, 该方法可以解决故障原因的诊断问题. 但事实上, 在实际系统中的情况是非常复杂的, 完全有可能出现与本节模型假设相反的情况, 即某个模式引发一个系统故障, 但它的某些父模式不会引发这个故障, 或者引发其他故障. 因此, 作为组合测试方法的一种辅助调试方法, 这种方法具有一定的适用范围, 提供的分析结果只能作为一个有益的参考. 我们将在以后的工作中进一步研究各种复杂的情况, 从而更有效地提高软件测试的效率, 降低软件测试的成本.

4.2　最小故障模式的理论及应用

4.2.1　最小故障模式理论

最小故障模式 (minimal failure-causing schema, MFS) 是软件系统中众多可能故障模式的内核, 是使软件系统发生组合相关的故障的根本原因, 它精确地描述了哪些因素间的相互作用会触发故障. 最小故障模式中涉及的每个因素都是触发软件故障必不可少的条件之一, 组合测试以及其后的故障定位过程本质上就是发现和寻找最小故障模式的过程. 以下首先定义 MFS, 然后给出它存在性的证明及其性质[3].

选择了一个网络游戏系统 (network game system, NGS) 作为 SUT 的例子. 用户将 NGS 设计成高配置系统. 例如, 它应该能够运行在各种平台上, 各种网络环境和各种应用场景中. 在 NGS 发布之前, 必须确保它是可配置的, 既能在家中运行也能在购物中心运行. 在研究中假设参数和参数取值已经被确定, 如表 4-3 所示: 也就是, $C=\{c_1,c_2,c_3,c_4\}$, $V=\{V_1,V_2,V_3,V_4\}$. 当对 SUT 有了更好的了解, 可以对 C 中的参数和 V 中的取值进行添加和删除.

1. MFS 的概念及存在性

定义 4-7 SUT 的一个 m 值模式 s_m 被称为一个最小故障模式 MFS, 如果包含 s_m 的所有测试用例 $t\in T_{\text{all}}$ 都能触发软件故障, 同时对 s_m 的任何子模式 $s_l(l<m\text{且}s_l\prec s_m)$ 总存在一个测试用例 $t\in T_{\text{all}}$, 它包含 s_l 并且执行通过, 这里把最小故障模式 MFSs_m 记为 m-MFS, m 称为 MFS 的维度. 如果一个测试用例包含 MFS, 则称它击中 MFS.

表 4-3 NGS 的配置参数及其取值

c_1:Browser	c_2:Os	c_3:Access	c_4:Audio
Netscape	Windows	ISDL	Creative
IE	Linux	Modem	Digital
Firefox	Macintosh	VPN	Maya

最小故障模式可以解释如下. 如果 s_m 中的 m 个固定参数值同时出现, 则软件发生故障. 如果能找出待测试软件 SUT 中的 MFS. 则成功进行了故障诊断. 但是并不知道 SUT 中是否总存在 MFS. 现在来讨论它的存在性. 如果 SUT 存在某些与它的一些参数或者这些参数之间交互相关的故障 (注意一些故障可能不是由于参数之间的交互导致的), 当运行整个测试集 T_{all} 时, 某些测试用例 $t\in T_{\text{all}}$ 一定执行失败. 有如下存在性定理.

定理 4-5 运行 SUT 的整个测试集 T_{all} 之后, 将 T_{all} 中执行失败的测试用例放入 T_1, 把 T_{all} 中执行通过的测试用例放入 T_2, 设 M_1 表示 T_1 中执行失败的测试用例的所有值模式的集合, $M_1=\bigcup\limits_{t\in T_1}M_t$; 设 M_2 表示 T_2 中执行通过的测试用例的所有值模式的集合, $M_2=\bigcup\limits_{t\in T_2}M_t$; 设 $M=M_1-M_2$, 则 M 中的所有极小元就是 MFS.

证明 首先, 可以看出 $M\neq\varnothing$. 对于每一条测试用例 $t_i\in T_{\text{all}}$, 如果 $t_i\in T_1$, 那么 $t_i\notin T_2$. 这样, T_1 中的测试用例与 T_2 中的测试用例是不相同的, 虽然它们可能有一些共同模式, 但 T_1 和 T_2 一定有不相同的模式. 由于 $T_1\neq\varnothing$, 因此 $M_1\neq\varnothing$. 计算 M_1-M_2, 即从 M_1 中移出 M_1 和 M_2 的公共模式. 这样 $M=M_1-M_2\neq\varnothing$, 且 M 一定有极小元. 接下来, 证明 M 中的极小元是 MFS.

设 $s_m\in M$ 且 s_m 是 M 的一个极小元, 则 $s_m\in M_1$. 对每条测试用例 $t\in T_{\text{all}}$, 如果 t 包含 s_m, 则 $t\in T_1$, 且 t 执行失败; 否则, 如果 $t\in T_2$, s_m 将会从 M 中被移出, 因为 $M=M_1-M_2$. 对于 s_m 每个子模式 $s_l(l<m$ 且 $s_l\prec s_m$, 总存在一条测

试用例 $t \in T_2$ 且 t 包含子模式 s_l; 否则, 由 $M = M_1 - M_2$, s_m 子模式 s_l 将会留在 M 中, 这样就与 s_m 是 M 的一个极小元这个前提相矛盾. 因此, M 中的极小元是 MFS.

这个定理表明了当 SUT 有与参数相关的故障时, MFS 的存在性. 如果 SUT 有与参数相关的故障时, MFS 一定存在. MFS 有如下重要性质.

定理 4-6　如果 m- 值模式 $(—, \cdots, v_{i_1}, \cdots, v_{i_m}, \cdots, —)$是 SUT 的一个 MFS$(1 \leqslant m \leqslant n)$, 则 T_{all} 中至少存在 $\dfrac{a_1 \times a_2 \times \cdots \times a_n}{a_{i_1} \times a_{i_2} \times \cdots \times a_{i_m}}$ 条测试用执行失败, 其中 $v_{i_j} \in V_{i_j}$, $1 \leqslant i_1 < i_2 < \cdots < i_m \leqslant n$ 且 $T_{\text{all}} = V_1 \times V_2 \times \cdots \times V_n$.

证明　如果 $s_m = (—, \cdots, v_{i_1}, \cdots, v_{i_m}, \cdots, —)$ 是 SUT 的一个 MFS$(1 \leqslant m \leqslant n)$, 可以根据下面的流程基于模式 s_m 生成包含 s_m 测试用例 $t \in T$.

s_m **Gen 算法** //生成包含 s_m 的测试用例
for i=1 to n //扫描模式 s_m 的每一个位置生成新的测试用例
{如果模式 s_m 的第 i 个位置的值是 "—", 则从 V_i 中选择一个值 v_i 填充该位置; //填充值
如果模式 s_m 的第 i 个位置的值已经指定了值, 不需要做任何操作. }

在 s_m Gen 中, s_m 有 $n - m$ 个位置需要填充, 每一个位置可以用 $a_i = |V_i|$ 个值进行填充, $1 \leqslant i \leqslant n$ 且 $i \neq i_k, 1 \leqslant k \leqslant m$. 根据 s_m Gen, 由排列组合理论可以获得 $\dfrac{a_1 \times a_2 \times \cdots \times a_n}{a_{i_1} \times a_{i_2} \times \cdots \times a_{i_m}}$条不同的测试用例. 每一条测试用例 $t \in T$ 包含了模式 s_m. 当使用 T 测试 SUT, 根据 MFS 的定义, T 中的所有测试用例都执行失败.

在 NGS 的例子中, 如果 s_2 = (Netscape, —, ISDL, —) 是 MFS, 首先用参数 c_2(Os) 的 3 个值填充 s_2 的第 2 个位置然后使用参数 c_4(Audio) 的 3 个值填充第 4 个位置. 这样可以获得 9 条测试用例. 这 9 条测试用例全部包含了模式 s_m, 因此在测试中它们都会执行失败. 2-维组合测试用例表如表 4-4 所示.

表 4-4　2-维组合测试用例表

	c_1: Browser	c_2: Os	c_3: Access	c_4: Audio
t_1	Netscape	Windows	ISDL	Creative
t_2	Netscape	Linux	Modem	Digital
t_3	Netscape	Macintosh	VPN	Maya
t_4	IE	Windows	Modem	Maya
t_5	IE	Linux	VPN	Creative
t_6	IE	Macintosh	ISDL	Digital
t_7	Firefox	Windows	VPN	Digital
t_8	Firefox	Linux	ISDL	Maya
t_9	Firefox	Macintosh	Modem	Creative

根据定理 4-6, 当使用 τ-维覆盖表进行测试时, 可以得到以下结论.

定理 4-7 设 T_c 是 SUT 的一个 τ-维覆盖表. 如果 m-值模式 $(—,\cdots,v_{i_1},\cdots,v_{i_m},\cdots,—)$ 是 SUT 的一个 MFS$(1\leqslant m\leqslant \tau)$, 则在 T_c 中至少存在 $a_{m+1}\times\cdots\times a_\tau$ 条测试用例执行失败, 其中 $v_{i_j}\in V_{i_j}$, $(1\leqslant j\leqslant m\leqslant\tau)$, $1\leqslant i_1<i_2<\cdots<i_m\leqslant n$.

证明 对于 SUT, 当 $a_1\geqslant a_2\geqslant\cdots\geqslant a_n$ 时, τ-维覆盖表 T_c 应该能覆盖 SUT 中任意 τ 个参数的所有值组合, 因此, T_c 至少有 $a_1\times a_2\times\cdots\times a_\tau$ 条测试用例, 即 τ-维覆盖表的大小不小于 $a_1\times a_2\times\cdots\times a_\tau$. 类似地, $s_m=(—,\cdots,v_{i_1},\cdots,v_{i_m},\cdots,—)$ 的模式有 $a_{i_1}\times a_{i_2}\times\cdots\times a_{i_m}$ 个, 其中 $i_l\neq i_k, 1\leqslant l\leqslant k\leqslant m$. 显然, $a_{i_1}\times a_{i_2}\times\cdots\times a_{i_m}\leqslant a_1\times a_2\times\cdots\times a_m$.

当 $m\leqslant\tau$ 时, 每个模式 $s_m=(—,\cdots,v_{i_1},\cdots,v_{i_m},\cdots,—)$在 τ-维覆盖表应该至少出现 $a_{m+1}\times\cdots\times a_\tau$ 次. 因为$\dfrac{a_1\times a_2\times\cdots\times a_\tau}{a_{i_1}\times a_{i_2}\times\cdots\times a_{i_m}}\geqslant\dfrac{a_1\times a_2\times\cdots\times a_\tau}{a_1\times a_2\times\cdots\times a_m}=a_{m+1}\times a_{m+2}\times\cdots\times a_\tau(=1,\text{当}m=\tau\text{时})$, 所以至少有 $a_{m+1}\times a_{m+2}\times\cdots\times a_\tau$ 条测用例包含模式 $s_m=(—,\cdots,v_{i_1},\cdots,v_{i_m},\cdots,—)$. 这样, 当 s_m 是 SUT 的一个 MFS 时, T_c 中一定至少有 $a_{m+1}\times a_{m+2}\times\cdots\times a_\tau$ 条测试用例执行失败.

有了定理 4-7, 可以很容易从 SUT 的 τ-维测试结果中确定 MFS. 例如, 如果能找到执行失败的测试用例的某一公共模式 $s_m=(—,\cdots,v_{i_1},\cdots,v_{i_m},\cdots,—)$, 它可能是一个 MFS. 如果不少于 $a_{m+1}\times a_{m+2}\times\cdots\times a_\tau$ 条失败测试用例包含 s_m, 则它就是一个 MFS.

2. CT 和 MFS

本节讨论 CT 的故障检测能力. 对于 SUT, 存在一个测试集 T_{all}, 它是 CT 所有可能的测试用例构成的一个集合. 同时也存在一个可以促发 SUT 故障的失败测试用例空间 T_f. T_{all} 是由 SUT 确定的, 它的大小是 $a_1\times a_2\times\cdots\times a_n=|V_1\times V_2\times\cdots\times V_n|$. 但是对于 T_f, 只知道它可能存在, 它的大小和它的准确位置是不知道的. CT 使用覆盖表作为测试集 T_c, 其目标是击中 T_f, 如图 4-1 所示. 只有当测试集 T_c 击中 $T_f(T_f\cap T_c\neq\varnothing)$, CT 才能检测到故障.

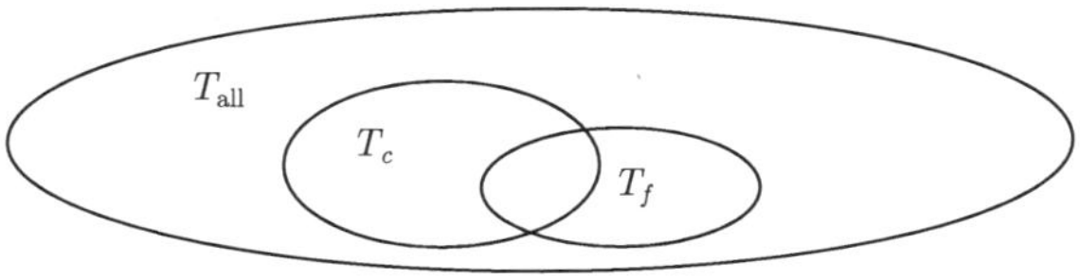

图 4-1 组合测试的目标

从图 4-1 中可以看出, 当 T_{all} 很大, 而 T_f 很小时, T_c 击中 T_f 是很困难的. 找出 SUT 的 MFS 就更加难了, 下面给出一种计算 T_c 故障检测能力的方法.

定理 4-8 设 $T_{\text{all}} = V_1 \times V_2 \times \cdots \times V_n$, T_c 为 SUT 的 τ-维覆盖表, m 值模式 $s_m = (—, \cdots, v_{i_1}, \cdots, v_{i_m}, \cdots, —)$ 是一个 MFS, 则当 $\tau < m$ 时, T_c 故障率至少为 $\dfrac{1}{a_{\tau+1} \times \cdots \times a_m}$; 当 $\tau \geqslant m$ 时, 故障检测率为 1.

证明 当 $\tau \geqslant m$ 时, 因为覆盖表能覆盖 SUT 的所有 τ-值子模式, 所以它能覆盖 MFSs_m 并检测到故障. 这样一来, 故障检测率为 1.

当 $\tau < m$ 时, T_c 是一个 τ-维覆盖表, s_m 中的每一个 τ-值子模式都能被 T_c 覆盖. 设 τ-值子模式 $s_\tau = (—, \cdots, v_{i_1}, \cdots, v_{i_\tau}, \cdots, —)$ 为 s_m 的一个子模式. 根据定理 4-2, 至少有 $\dfrac{a_{i_1} \times a_{i_2} \times \cdots \times a_{i_m}}{a_{i_1} \times a_{i_2} \times \cdots \times a_{i_\tau}} = a_{i_{\tau+1}} \times \cdots \times a_{i_m}$个像 s_m 的 m-值模式包含 s_τ. 而 s_τ 在 τ-维覆盖表 T_c 中至少出现 1 次, 这样 T_c 至少覆盖包含 s_τ 的 m-值模式 1 次. 因此 T_c 检测故障的概率至少为 $\dfrac{1}{a_{\tau+1} \times \cdots \times a_m}$.

定理 4-8 给出了一条非常明确的方法去计算 τ-维测试的成功率. 可以看出, 当 MFS s_m 的维度 m 很小时, τ-维测试是一种故障检测有效性很高的方法. 对于前面的 NGS 例子, 当 MFS 为 (Netscape, —, ISDL, —) 时, 成对测试 (2-维测试) 故障检测率为 1. 也就是, 它总是能够检测到这种故障. 但是当 MFS 为 (Netscape, —, ISDL, Digital) 时, 成对测试的故障检测率至少为 1/3. CT 的故障检测能力可以类似计算, 如表 4-5 所示.

表 4-5 τ-way 测试的最小错误检测率

	1-MFS	2-MFS	3-MFS	m-MFS
1-way	1	$\dfrac{1}{a_2}$	$\dfrac{1}{a_2 \times a_3}$	$\dfrac{1}{a_2 \times \cdots \times a_m}$
2-way	1	1	$\dfrac{1}{a_3}$	$\dfrac{1}{a_3 \times \cdots \times a_m}$
3-way	1	1	1	$\dfrac{1}{a_4 \times \cdots \times a_m}$
τ-way	1	1	1	$\dfrac{1}{a_{\tau+1} \times \cdots \times a_m}$

因为 CT 是一种不完全测试, 只有当它覆盖了 SUT 所有的 MFS 时, 它才与穷尽测试的效果相同. 由于在测试过程中, SUT 的 MFS 是不知道的, 不可能使用定理 4-5 去找到它.

例如, 设 T_c 是 SUT 的一个 CT 测试集. 当使用 T_c 测试 SUT 时, 如果一条测试用例 $t \in T_c$ 能检测到故障, 则把它放入 T_{cf} 中; 否则, 它被放入 T_{cp} 中. 当 $T_{cf} \neq \varnothing$ 时, 设 $M = \bigcup\limits_{t \in T_{cf}} M_t - \bigcup\limits_{t \in T_{cp}} M_t$, 则不能认为 M 中的所有极小元都是 MFS, 因为 CT 是不完全测试. 但是可以说某些 MFS 是存在 M 中的. 后面将给出查找和定位 SUT 中 MFS 的方法.

4.2.2 基于最小故障模式的组合测试方法学

组合测试方法由如图 4-2 所示的 7 步构成[3].

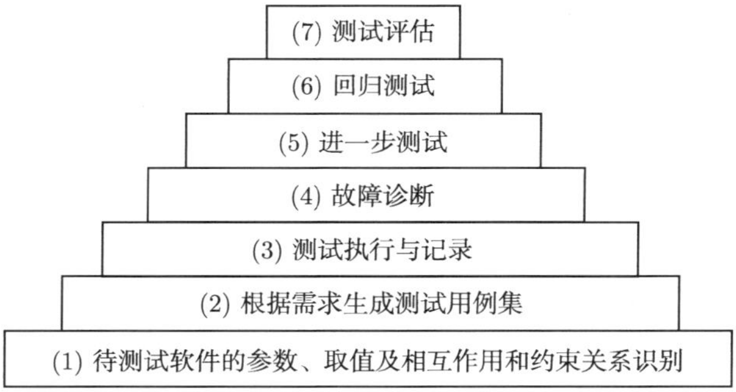

图 4-2 基于最小故障模式的组合测试方法

(1) 识别影响 SUT 的参数以及它们的取值, 同时分析参数间的交互和约束. 它是 CT 的起点和重要内容. 只有当参数、参数取值、参数交互关系以及参数间约束等信息准确和恰当了, 后面的步骤才能被有效地应用.

(2) 在考虑某些约束如时间和测试成本等情况下, 使用组合设计方法生成测试用例集. 虽然没有最好的测试用例生成方法, 但对于某些特定的 SUT 存在一些策略能够生成令人满意的测试用例集.

(3) 运行测试集. 一个设计良好的测试集应该按照尽早检测出故障的顺序执行测试用例.

(4) 基于测试结果进行故障诊断. 目前大多数 CT 研究忽视故障的诊断, 但是分析触发故障的原因, 利用前面步骤获得的信息定位故障和矫正故障是非常有价值的.

(5) 设计、执行、观察和实施进一步故障诊断, 尽可能找出其他相关故障.

(6) 结合常规的回归测试策略和 CT 确保 SUT 修订的正确性.

(7) 利用整个测试流程中收集的信息评估软件质量.

以下将对组合测试方法的每一步作更详细的解释.

1. 确定参数、参数取值、参数间交互和约束

本步中有 3 个问题需要解决：首先, 如何确定影响 CT 的参数; 其次, 每个参数应该选取多少个值; 第三, 参数或参数取值之间存在什么样的交互关系以及约束. 只有当这些问题解决了, CT 才能有效地发挥作用. 下面对这些进行讨论.

首先, 在 SUT 中选择一个适当的系统参数 (因素) 集是至关重要的. 因为 CT 的核心功能是检测由参数和参数交互触发的故障. 选择一个合适的参数将直接影响测试的效果.

SUT 有各种各样的参数. 它们可以是系统配置参数, 也可以是用户输入参数、SUT 的特征、接口或者 GUI、组件或对象. 通过检查系统各种文档、实施案例研究, 可以先为 SUT 选择一个原始的参数集, 然后在建模过程中通过添加和删除某些参数来精简这个集合.

第 2 个问题是参数的取值. 参数和参数交互是通过参数某些取值或取值的组合对软件产生作用. 为每个参数确定合适的取值是非常重要的. 一个参数可能会有多种取值. 特别是, 当参数是一个具有连续取值的输入, 它会有无穷多个值. 在这种情况下, 必须选择一些典型值. 等价类划分、边界值分析以及主要元素选择法是常用的方法. 通过从等价类中选取典型的具有代表性的取值, 用边界值作为补充, 以及指定一些重要或相关的值, 能够使 SUT 中的每一个 $V_i(1 \leqslant i \leqslant n)$ 的大小比较小且合理.

第 3 个问题是识别出参数之间的实际交互. 有两种情况需要考虑. 第一种情况是一些参数与其他参数没有交互. 例如, 在众多参数中, 交互关系只存在于两个及两个以下参数中. 第二种情况是一个参数的某些取值与另一个参数的一些取值会发生冲突. 当有了参数之间的交互和约束关系后, 能够使 CT 变得更恰当更有效.

为了获得参数之间的交互和约束等信息, 可以研究需求文档、设计文档、源代码以及其他相关文档. 同时也可以通过与系统设计者和编程者交流来获得相关信息. 有时可以使用软件分析和理解技术如程序切片, 去识别参数之间的交互.

这一步的输出为 PVRC: 参数集合 P, 参数取值集合 V, R 为参数之间交互关系, C 为约束的集合. PVRC 规定了哪些组合应该被覆盖而哪些不需要被覆盖, 为 CT 的下一步提供了基础.

2. 设计一个合适的测试集 T_c

当获得了 SUT 的 PVRC 后, 需要一个生成尽可能小的测试集的有效工具, 因为人工很难生成一个测试集. 根据可用的测试资源、软件质量需求和 SUT 的 PVRC, 能够为各种情况生成不同的测试集. 当设计一个合适的测试集时, 主要有以下 5 种情况需要考虑.

情况 1 交互关系只存在于 k 个或 k 个以下参数中. 可以设计一个 k-维覆盖表作为测试集, 它的有效性等同于完全的组合测试.

情况 2 不知道参数之间是否存在交互. 在这种情况下, 最好进行穷尽测试. 然而, 穷尽测试非常耗时, 通常情况下也不实际. 需要在有效性和代价之间找到一个平衡. 根据 70%的软件故障是由不多于 3 个参数交互触发的, 同时考虑时间、成本等因素, 可以设计一个 2-维或者 3-维覆盖表 T_c 去测试 SUT.

情况 3 参数之间的交互力度并不是统一的, 或者需要对某些参数给予更多的关注. 可以设计一个变力度覆盖表 T_c 去测试 SUT.

情况 4 在测试用例的生成过程中, 还要考虑参数之间的约束. 如果没有正确考虑约束将会导致无效测试用例的生成, 这会降低测试的整体有效性.

情况 5 测试时会存在一些现有的测试用例或者人为指定某些测试用例或值模式 (被指定的测试用例和值模式称为种子) 基于种子为 CT 生成测试集能够产生一个满足覆盖需求 R 的较小测试集.

测试用例生成是一个热门的研究领域, 它是一个 NPC 问题. 截至目前, 主要有 4 种测试用例生成方法: 贪心算法、启发式搜索算法、递归算法和一些数学设计方法. 人们已开发了 20 多种软件工具来生成测试用例. 因为每种工具都有自己的特点和优势, 所以没有哪个对所有场景都是最好的. 当需要解决某一特定问题时, 可以同时使用它们, 然后选择一个最好的结果.

使用工具生成测试集 T_c 后, 至少还有两项工作需要去做. 第一为每条测试用例添加预期结果完善每条 n 元组测试用例. 这个通常由人工完成. 由于生成的 T_c 一般不大, 因此这并不是一项复杂的任务. 第二项工作是执行某些检查, 例如, 检查某些测试用例是否有效以及是否遗漏了某些约束或交互关系. 在测试用例生成时, 考虑约束这方面的研究工作已经开始. 特别是存在复杂约束, 应该使用支持约束处理的测试用例生成方法. 最后, 将生成的完整测试集上传给测试执行和管理工具.

3. 使用 T_c 测试软件

在使用 T_c 测试 SUT 过程中, 有两个问题需要解决: 一个是测试用例的执行顺序; 另一个是在测试执行中, 应该观察和记录哪些信息.

一个设计良好的测试执行顺序能够较早发现故障, 从而使故障诊断和修复尽可能早地开始. Bryce 和 Colbourn 提出了一种成对测试优化的方法. 该方法首先为每个参数值指定一个权值, 然后对已有贪心算法进行修改使其考虑参数值对的重要性. 该方法能够生成一个有序测试集, 同时它还可以保证那些重要的或者优先级较高的测试用例能够较早地被运行. 当然, 在测试用例集 T_c 较小和每一条测试用例都必须运行时, 可以以一种随机顺序测试用例.

当 T_c 中的一条测试用例运行时, 除了检查预期输出, 同时还应该收集其他有用的信息. 收集的这些数据将用于故障诊断、回归测试和质量评估. 这些数据对测试用例进行了扩展. 在表 4-6 中, 对观察和记录的项目给出了一张参考表. 在实践中, 基于项目的具体需求, 可以添加或删除某些条目对参考表进行一些调整.

表 4-6 测试记录参考表

test case	expected	actual	code	path	failure	cost	others
t_1							
t_2							
$\vdots$							

如果测试没有发现故障, 认为测试通过, 但是不能由此而得出 SUT 中没有与参数相关的故障这一结论. 遗漏 m-MFS 的风险可以计算出来(在表 4-7 中列出). 例如, 在 3-way 测试中, 遗漏 4-MFS 的风险不大于 $1-\dfrac{1}{a_4}$.

表 4-7　遗漏 m-MFS 的风险

	1-MFS	2-MFS	3-MFS	m-MFS
1-way	0	$1-\dfrac{1}{a_2}$	$1-\dfrac{1}{a_2\times a_3}$	$1-\dfrac{1}{a_2\times\cdots\times a_m}$
2-way	0	0	$1-\dfrac{1}{a_3}$	$1-\dfrac{1}{a_3\times\cdots\times a_m}$
3-way	0	0	0	$1-\dfrac{1}{a_4\times\cdots\times a_m}$
τ-way	0	0	0	$1-\dfrac{1}{a_{\tau+1}\times\cdots\times a_m}$

如果测试用例执行失败, 可以认为测试成功地检测到了故障. 将 T_c 分成两组: T_{cf} 和 T_{cp}, 其中 T_{cf} 是 T_c 中所有检测到故障的测试用例集, 而 T_{cp} 是 T_c 中执行通过的测试用例集.

一般来说, $|T_{cf}|$ 是很小的, 也就是, 只有很少测试用例检测到故障. 如果大量测试例执行失败, CT 是有效的但 SUT 的质量很差.

4. 故障诊断

由于 CT 能够检测到由参数值组合触发的故障, 因此若在测试中发现一个故障, 想确定究竟是哪个具体的参数值组合导致了该故障, 这对于后续修正这个错误具有重要意义.

首先, 观察失败测试用例的预期条数. 可以利用这个特征进行故障诊断. 根据 CT 的特点, 如果 SUT 有一个 m-MFS, 当使用 τ-维覆盖测试 SUT 时, 如果 $m<\tau$, 则至少有 $a_{m+1}\times\cdots\times a_\tau$ 条测试用例执行失败; 如果 $m=\tau$, 则至少一条测试用例执行失败; 如果 $m>\tau$, 则 τ-维测试能够检测到 SUT 故障的概率为 $\dfrac{1}{a_{\tau+1}\times\cdots\times a_m}$. 例如, 如果 MFS 是一个 2-值模式, 使用 3-维测试, 则应用至少有 a_3 条失败测试用例. 表 4-8 给出了在各种场景下的最少失败测试用例条数.

利用这一点, 可以对 T_{cf} 做些快速分析, T_{cf} 为 T_c 中失败的测试用例集. 例如, T_c 是一个 2-维覆盖表, T_{cf} 不为空, 如果发现某一值 v_i 出现在 T_{cf} 的所有测试用例中, 则可以认为 SUT 可能存在一个 1-MFS=$(—,\cdots,v_i,\cdots,—)$.

表 4-8 各种场景下的最少失败测试用例条数

	1-MFS	2-MFS	3-MFS	τ-MFS
1-way	1	$\frac{1}{a_2}$	$\frac{1}{a_2 \times a_3}$	$\frac{1}{a_2 \times \cdots \times a_\tau}$
2-way	a_2	1	$\frac{1}{a_3}$	$\frac{1}{a_3 \times \cdots \times a_\tau}$
3-way	$a_2 a_3$	a_3	1	$\frac{1}{a_4 \times \cdots \times a_\tau}$
τ-way	$a_2 \times \cdots \times a_\tau$	$a_3 \times \cdots \times a_\tau$	$a_4 \times \cdots \times a_\tau$	1

这样, 当 T_c 是一个 τ-维覆盖表时, 如果 SUT 存在一个 MFS $s_m(m < \tau)$, 则可以从 T_{cf} 中识别出这个 MFS. 因为在这种情况下, 应该至少存在 $a_{m+1} \times \cdots \times a_\tau$ 条失败测试用例, 它们中的每一条都包含了 s_m.

当使用前面的方法不能确定具体的 MFS 时, 设 $M_1 = \bigcup\limits_{t \in T_{cf}} M_t$. M_1 为 T_{cf} 中测试用例的所有值模式集合, 其中每一个值模式都可能是一个 MFS. 设 $M_2 = \bigcup\limits_{t \in T_{cp}} M_t$. 根据 MFS 的定义, T_{cp} 中的测试用例的任何值模式都不是 MFS.

为了进行故障诊断, 设 $M = M_1 - M_2$, 则 M 中值模式可能就是触发故障的 MFS. 准确地说, 某些 MFS 包含在 M 中, 但 M 的极小元可能不是 MFS, 因为使用 T_c 进行的是不完全测试, 所以 M 可以作为一个寻找 MFS 的参考. 如果在 M 中找到了触发故障的原因, 可以修复故障后进行回归测试; 否则, 还需要做更多的测试.

5. 进一步测试

为了验证缺陷修复的有效性并检测更多的缺陷, 接下来基于 T_{cf} 为附加测试生成一个合适的测试用例集. 本步中应用了一个公认原理 "若在测试中暴露了一个缺陷, 则存在与它相关或在它附近的缺陷".

希望生成一个有效的测试集, 一方面去检测已被暴露的缺陷附近的缺陷, 同时还想找到 SUT 的 MFS. 首先介绍一种测试用例生成方法称为一次因子法及其简化形式. 接下来解释为什么要用它进行进一步测试以及如何在实践中使用它.

1) 进一步测试的测试用例生成方法—— 一次一因子 (one factor one time, OFOT) 法

设 $t = (t_1, t_2, \cdots, t_n)$ 为 SUT 的一条测试用例. 使用参数 c_1 的其他取值依次替换 v_1, 同时保持其他参数的取值不变. 这样能够获得 $a_1 - 1$ 条新测试用例, 表示为 $t_{11}, t_{12}, \cdots, t_{1(a_1-1)}$. 接下来使用参数 c_2 的其他取值依次替换 v_2, 同时保持其他参数的取值不变. 这样又能够获得 $a_2 - 1$ 条新测试用例, 表示为 $t_{21}, t_{22}, \cdots, t_{2(a_1-1)}$. 继续下去, 最后使用参数 c_n 的其他取值用同样的方法依次替换 v_n, 这样生成 $a_n - 1$

条新测试用例, 表示为 $t_{n1}, t_{n2}, \cdots, t_{n(a_n-1)}$.

例如, 设 $t=$ (Netscape,Windows,ISDL,Creative) 为 NGS 的一条测试用例. 首先使用第 1 个参数的其他两个取值替换 “Netscape”, 这样生成两条新的测试用例: $t_{11}=$ (IE,Windows,ISDL,Creative), $t_{12}=$ (Firefox,Windows,ISDL,Creative). 然后替换第 2 个参数取值. OFOT 所生成的所有测试用例如图 4-3 所示.

$t=$ (Netscape, Windows, ISDL, Creative)
$t_{11}=$ (IE , Windows, ISDL, Creative)
$t_{12}=$ (Firefox, Windows, ISDL, Creative)
$t_{21}=$ (Netscape, Linux , ISDL, Creative)
$t_{22}=$ (Netscape, Macintosh, ISDL, Creative)
$t_{31}=$ (Netscape, Windows, Modem, Creative)
$t_{32}=$ (Netscape, Windows, VPN , Creative)
$t_{41}=$ (Netscape, Windows, ISDL, Digital)
$t_{42}=$ (Netscape, Windows, ISDL, Maya)

generate 8 test cases by one factor one time from (Netscape, Windows, ISDL, Creative)

图 4-3　OFOT 所生成的所有测试用例

设 T_t 为 t 通过 OFOT 方法生成的测试用例集, 如图 4-4 所示. 显然 $|T_t| = \sum_{i=1}^{n} a_i - n$. 设 $T_a = \bigcup_{t \in T_{cf}} T_t$, 则 T_a 就是为进一步测试生成的测试集且 $|T_a| = |T_{cf}| \sum_{i=1}^{n} a_i - n$. 也可以使用 OFOT 的简化形式生成测试用例集.

下面介绍简化的一次一因子(simplified one factor one time, SOFOT) 法. 设 $t=(v_1, v_2, \cdots, v_n)$ 为待测系统的一条测试用例. 依次替换 t 中的每个参数取值, 这样可以生成测试用例集 $T_{st} = \{t_1^t = (*, v_2, \cdots, v_n), t_2^t = (v_1, *, \cdots, v_n), \cdots, t_n^t = (v_1, v_n, \cdots, *)\}$, 其中 “$*$” 代表不同于原始测试用例中相应位置的其他任意允许的取值. 显然, T_{st} 为 OFOT 生成的 T_t 的子集且 $|T_{ts}| = n$. 同时, T_t 的子集 $\{t_{11}, t_{21}, \cdots, t_{n1}\}$ 是 SOFOT 生成的一个测试集.

例如, 设 $t=$(Netscape,Windows,ISDL,Creative) 为 NGS 的一条测试用例. 由 t 通过 SOFOT 方法生成的测试集可能为 $T_{st} = \{t_1^t=$ (IE,Windows,ISDL,Creative), $t_2^t=$ (Netscape,Linux,ISDL,Creative), $t_3^t=$ (Netscape,Window,Modem,Creative), $t_4^t=$ (Netscape,Windows,ISDL,Digital).

2) T_{st} 的特征

可以看出, 如果 $t=(t_1, t_2, \cdots, t_n)$ 是 T_{cf} 一个失败测试用例, 则根据定义 4-7 t 一定至少包含一个 SUT 的 MFS. 现在通过 SOFOT 生成一个测试用例集 T_{st}. 当使用 T_{st} 重新测试 SUT 时, 如果被改变的值没有破坏 t 中原来的 MFS, 则新生成的测试用例将会执行失败; 否则, 它们会执行通过, 除非它包含一个新的 MFS. 接下来分别对 3 种情况进行说明: ①如果 T_{st} 没有包含新的 MFS, 如何确定 t 中的 MFS; ②如何确定 T_{st} 是否包含了新的 MFS; ③如何确定 t 中的 MFS 以及 T_{st} 中新的 MFS.

如果 t 是 SUT 的一条失败测试用例, 则 t 可能包含 SUT 的几个 MFS. 设 $\text{MFS}(t)=\{s_m|s_m\prec t\text{且}s_m\text{是 SUT 的一个 MFS}\}$, $s_l,s_m\in\text{MFS}(t)$ 是被包含在 t 中的两个 MFS. 根据 MFS 的定义, $s_l\prec s_m$ 或 $s_m\prec s_l$ 是不可能的. 这样, s_l 和 s_m 可能包含或者也可能不包含一些共同模式, 也就是 $s_l\neq s_m$ 且 $s_l\cap s_m\neq\varnothing$ 或者 $s_l\cap s_m=\varnothing$.

定理 4-9 $t=(v_1,v_2,\cdots,v_n)\in T_{cf}$ 为 SUT 一条执行失败的测试用例, T_{st} 为由 $t\in T_{cf}$ 通过 SOFOT 生成的测试用例集. 当对 SUT 使用 T_{st} 进行测试时, 如果 T_{st} 没有包含其他新的 MFS, 则有以下结论.

(1) 如果 t 中存在两个 MFS: $s_l,s_m\in\text{MFS}(t)$, $s_l\cap s_m=\varnothing$, 那么 T_{st} 中的所有测试用例都会执行失败.

(2) 如果有 m 个执行通过的测试用例 $t_{i_1}^t,t_{i_2}^t,\cdots,t_{i_m}^t\in T_{st}$, 则 t 的所有 MFS 应包含 m 值模式 $(\cdots,v_{i_1},—,\cdots,v_{i_m},\cdots)$, 即 $(\cdots,v_{i_1},—,\cdots,v_{i_m},\cdots)\prec\bigcap\limits_{s_m\in\text{MFS}(t)}s_m$.

(3) 反过来, 同样正确. 也就是, 如果 $(\cdots,v_{i_1},—,\cdots,v_{i_m},\cdots)\prec\bigcap\limits_{s_m\in\text{MFS}(t)}s_m$, 则这 T_{st} 中 m 条测试用例 $t_{i_1}^t,t_{i_2}^t,\cdots,t_{i_m}^t$ 在测试中将执行失败.

证明 (1) 根据 SOFOT, 每条测试用例 $t_i^t\in T_{st}$ 是用 c_i 的其他取值替换 v_i 而得到的. 如果 v_i 在 s_m 中, 由于 $s_l\cap s_m=\varnothing$, 那么 s_l 不包含 v_i 且 $s_l\prec t_i^t$, 但是 t_i^t 不包含 v_i, 因为 s_m 中的 v_i 已经被替换了. 可以说 t 中的 MFSs_m 在 t_i^t 里被破坏了. 如果 v_i 在 s_l 中, 同样可以得到 $s_m\prec t_i^t$. 如果 v_i 既不在 s_l 中也不在 s_m 中, 则 $s_l\prec t_i^t$ 且 $s_m\prec t_i^t$. 综上所述, 可以看出, 每条测试用例 $t_i^t\in T_{st}$ 总是包含 MFS s_l 或 s_m, 因此它在测试中会执行失败. 这样, T_{st} 中所有的测试用例均执行失败.

(2) 设 $t=(v_1,v_2,\cdots,v_n)\in T_{cf}$, 则 t 至少有 1 个 MFS, 所有包含在 t 中的 MFS 就是 MFS(t). 测试集 $T_{st}=\{t_1^t,t_2^t,\cdots,t_n^t\}$ 从 t 通过 SOFOT 方法生成, T_{st} 中的所有测试用例都没有包含其他新的 MFS, 因此, 如果 $t_i^t\in T_{st}$ 测试失败, 就表明 t_i^t 仍然包含了 t 中的一个 MFS. 在这种情况下, 使用 c_i 的其他取值替换 v_i 并没有破坏 t 中的某些 MFS, 因此 v_i 不是 $\bigcap\limits_{s_m\in\text{MFS}(t)}s_m$ 中的元素. 但是, 如果 $t_i^t\in T_{st}$ 测试通过了, 这表明 t_i^t 不包含 t 中任何的 MFS, 使用 c_i 的其他取值替换 v_i 破坏了 t 中所有的 MFS, 所有 v_i 是 $\bigcap\limits_{s_m\in\text{MFS}(t)}s_m$ 中的元素.

因此, 当 m 条测试用例 $t_{i_1}^t,t_{i_2}^t,\cdots,t_{i_m}^t\in T_{st}$ 执行通过, t 中所有的 MFS

应该包含 m-值模式 $(\cdots,v_{i_1},—,\cdots,v_{i_m},\cdots)$, 这样, $(\cdots,v_{i_1},—,\cdots,v_{i_m},\cdots) \prec \bigcap\limits_{s_m\in \mathrm{MFS}(t)} s_m$.

(3) 当 T_{st} 没有包含任何新的 MFS, 那么前面的证明每一步都是可逆的, 因此能够证明它的逆命题也是正确的.

从定理 4-9 可以得出, 当 T_{st} 中的所有测试用例都执行通过, MFS 就是 t. 通常情况下, 当 t 包含一个 m-MFS 时, 无论 T_{st} 是否包含新的 MFS, T_{st} 中至少 $n-m$ 条测试用例执行失败. 如果 T_{st} 没有包含新的 MFS 且只包含一个 m-MFS, 则 T_{st} 中应该有 $n-m$ 条测试用例执行失败. 但是如果 t 包含多个 MFS 或者 T_{st} 包含新的 MFS, 那么有 $n-m$ 条以上测试用例执行失败.

可以通过观察 T_{st} 的测试结果来获取 $\bigcap\limits_{s_m\in \mathrm{MFS}(t)} s_m$. 当有 m 条测试用例 $t_{i_1}^t$, $t_{i_2}^t,\cdots,t_{i_m}^t \in T_{st}$ 执行通过, 那么 t 应该包含 m-值模式 $(—,\cdots,v_{i_1},\cdots,v_{i_m},\cdots,—)$, 也就是, $(\cdots,v_{i_1},—,\cdots,v_{i_m},\cdots) \prec \bigcap\limits_{s_m\in \mathrm{MFS}(t)} s_m$, 无论 T_{st} 是否包含 SUT 新的 MFS.

当一个新的 MFS 被 T_{st} 击中时, 则 CT 测试成功检测到了已有 MFS 附近的一个新 MFS. 定理 4-10 提供了一个判断是否击中新的 MFS 的有效准则.

定理 4-10 设 T_{cf} 为 τ-way 覆盖表 T_c 中执行未通过的测试用例集. 通过 T_{cf} 由表 4-8 确定它包含一个 m-MFS$(m<\tau)$. T_{st} 是从 $t\in T_{cf}$ 通过 SOFOT 方法生成的测试用例集. 如果 T_{st} 中执行未通过的测试用例数多于 $n-m$, 那么 T_{st} 一定击中新的 MFS.

证明 如果由表 4-8 确定测试用例 $t\in T_{cf}$ 包含一个 m-MFS, 那么 t 中每一个 m'-值模式 $(m'<m)$ 不是它的 MFS, 也就是 t 中的 MFS 的维度大于 m. 根据定理 4-9, 如果 T_{st} 没有击中其他新的 MFS, 那么最多有 $n-m$ 条失败测试用例. 因此, 如果失败的测试用例数大于 $n-m$, 那么 T_{st} 必定击中新的 MFS.

当测试用例 $t\in T_{cf}$ 包含两个或两个以上 MFS 时, 根据定理 4-9, T_{st} 执行全部失败, 如果被 t 击中的两个 MFS 没有包含任何共同模式.

3) T_t 的特征

对 SUT 的每条测试用例 $t=(v_1,v_2,\cdots,v_n)\in T_{cf}$, 可以通过 OFOT 方法生成测试用例集 T_t, 如图 4-4 所示. 每一列的测试用例 $t_{ij}^t(1\leqslant i\leqslant n, 1\leqslant j\leqslant a_i-1)$ 是通过依次使用参数 c_i 剩余的 a_i-1 个取值的第 j 个替换 t 中的 v_i 而生成的.

根据定理 4-9 和定理 4-10, 为了方便观察结果, 一行一行地执行图 4-4 中的测试用例. 每一行实际上是 SOFOT 生成的一个测试集 T_{st}. 从上到下一共有 a_n-1 个完整行. T_t 有如下重要性质.

定理 4-11 设 $t=(v_1,v_2,\cdots,v_n)\in T_{cf}$ 为一个执行失败的测试用例, 通过 OFOT 生成测试用例集 T_t, 如图 4-4 所示.

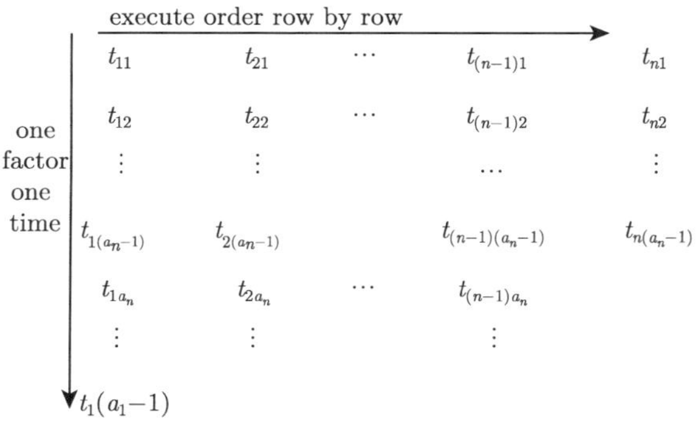

图 4-4 t 通过 OFOT 方法生成的测试用例集 T_t

(1) 如果每列上的测试用例都执行失败或者都执行通过, 也就是, 不存在该列上一些测试用例执行失败而另一些执行通过的列, 则测试集 T_t 没有击中其他新的 MFS, 且 t 中的 MFS 可以根据第一行的执行结果来确定 t 中的 MFS.

(2) 如果 T_t 中存在某一列 i, 该列上某一测试用例 t_{ij} 执行失败, 而另一些执行通过, 则 t 的 MFS 应包含 v_i, 且通过使用参数 c_i 剩余的 a_i-1 个取值的第 j 个替换 t 中的 v_i 产生新的 MFS.

(3) 如果在 T_t 中第 $i_1,i_2,\cdots,i_m$ 列上的测试用例执行全部通过或者部分通过部分不通过, 则被 t 击中的 MFS 应包含 $(\cdots,v_{i_1},—,\cdots,v_{i_m},\cdots)$, 即 $(\cdots,v_{i_1},—,\cdots,v_{i_m},\cdots)\prec\bigcap\limits_{s_m\in \mathrm{MFS}(t)} s_m$.

证明 (1) 当 T_t 中第 i 列的所有测试用例均执行失败, 这表明使用参数 c_i 剩余的 a_i-1 个取值替换 t 中的 v_i 没有破坏 t 中的 MFS. 但是当 T_t 中第 i 列的所有测试用例均执行通过, 这表明使用参数 c_i 剩余的 a_i-1 个取值替换 t 中的 v_i 破坏了 t 中的 MFS. 根据定理 4-9 可以得出, T_t 没有击中新的 MFS, t 中的 MFS 可以由 T_t 的第一行来确定.

(2) T_t 中第 i 列的每条测试用例 $t_{ij}(1\leqslant j\leqslant a_i-1)$ 是通过依次使用参数 c_i 剩余的 a_i-1 个取值的第 j 个替换 t 中的 v_i 而生成. 如果 t 中的 MFS 没有包含 v_i, 该替换不会影响 t 中 MFS, MFS 仍然存在于测试用例 t_{ij} 中. 因此每条测试用例均执行失败. 因此, 如果一些测试用例执行通过而一些执行失败, 那么 v_i 一定包含在 t 的 MFS 中. 因此, 使用参数 c_i 剩余的 a_i-1 个取值替换 $t=(v_1,v_2,\cdots,v_n)\in T_{cf}$ 中的 v_i 会改变 t 中 MFS, 当某些测试用例执行失败, 那么故障一定是其他新的 MFS 导致的, 该新的 MFS 一定包含了参数 c_i 剩余的第 i 个取值.

(3) 从 (2) 中, 如果 T_t 中的第 i 列 (图 4-4) 有一些测试用例通过了, t 中 MFS 应该包含 v_i. 因此, 如果第 $i_1, i_2, \cdots, i_m$ 列的测试用例全部执行通过或部分执行通过, MFS 应该包含值模式 $(\cdots, v_{i_1}, —, \cdots, v_{i_m}, \cdots)$.

可以看出, 当没有新的 MFS 时, 使用 T_t 进行测试找出 MFS$s_m(m > \tau)$ 是很方便的. 当出现了新的 MFS 时, 也可以成功找出失败测试用例附近新的故障. 利用定理 4-11 使用 OFOT 生成的测试集, 通常能找到导致新 MFS 的具体值和 T_t 包含新 MFS 的具体测试用例. 然而, 如果使用 SOFOT 实施进一步测试, 那么可能无法确定新的 MFS.

基于 OFOT 的进一步测试在查找失败测试用例的 MFS 和找出失败测试用例附近新的 MFS 中起到了非常重要的作用. 我们还需要解决的关键问题包括: 如何部署进一步测试? 进一步测试什么时候结束? 下面给出进一步测试的一个策略.

4) 进一步测试策略

基于以上讨论, 在 τ-维测试中, 可以确定 3 类 MFS s_m: ①通过表 4-8, 从 T_{cf} 中一些测试用例的公共模式可找出 MFS $s_m(m \geqslant \tau)$: ②使用 T_{st} 进行测试, 根据定理 4-11 可以找出 MFS $s_m(m > \tau)$: ③被进一步测试击中的新 MFS 可以使用迭代测试找出.

对于每一条执行失败的测试用例 $t \in T_{cf}$, 设计的迭代测试如下.

(1) 对于执行失败的测试用例 t, 根据前面描述的诊断步骤确定 MFS s_m 的某些特征, 如 MFS s_m 的维度 m, 包含在 s_m 中的值.

(2) 使用 OFOT 方法从 t 生成 T_t.

(3) 执行 T_t 中的第一行测试用例, 检查测试结果, 根据定理 4-9 和定理 4-10 验证 MFS 的正确性. 如果根据第 (1) 步确定的结果是一致的, 则在资源受限的情况下, T_t 的剩余行就不需要去执行了; 否则, 执行 T_t 中的下一行并重新检查结果直到获得足够的信息或 T_t 中的每一行都被执行.

(4) 检查 T_t 的测试结果. 如果在 T_t 中存在第 i 列 (图 4-4), 该列上的一些测试用例 t_{ij}^t 执行失败, 而其他的执行成功, 根据定理 4-11, t_{ij}^t 击中了新的 MFS, 选出这一列上所有的失败测试用例 t_{ij}^t, 跳到 (1) 进行进一步的测试; 否则, 测试结束.

在上面的流程中, 对于每一条测试用例 $t \in T_{cf}$, 当 T_t 中的每一列测试用例执行全部失败或者全部通过, 进一步测试在步骤 (4) 结束. 进一步测试的步骤 (4) 只涉及击中新 MFS 的失败测试用例 t_{ij}^t.

对于每条失败测试用例 t, 当使用 T_t 测试 SUT 时, 通常情况下存在一些失败列 (该列上所有测试用例执行全部失败). 有两种特殊的情况需要考虑. 第一种情况是所有的 n 列全部失败. 在介绍定理 4-9 时讨论过这种情况. 当失败测试用例 t 有两个 MFS: s_m, $s_l \in \mathrm{MFS}(t)$, $s_l \cap s_m = \varnothing$ 时, T_t 中所有的测试用例在测试中将执行失败. 第二种情况是所有的 n 列全部通过. 根据定理 4-11, t 的 MFS 就是它自己.

如果 T_t 中的第 i 的所有测试用例都测试通过, 可以确定该 MFS 包含 v_i. 但是如果这一列中的所有测试用例都失败, 则存在 3 种情况: ①t 中的 MFS 不包含 v_i; ②参数 c_i 的剩余 a_i-1 个值都击中了一个新的 MFS; ③v_i 包含在一个 $s_l \in \text{MFS}(t)$ 中, 但是 $v_i \notin s_l \cap s_m$, $s_m \in \text{MFS}(t)$.

从上面进一步测试的流程可以看出, 对于每条失败测试用例 $t \in T_{cf}$ 或者击中了新 MFS 的失败测试用例 $t \in T_t$, 为了验证和确定 MFS, 用 OFOT 方法最多需要生成 $|T_t| = \sum\limits_{i=1}^{n} a_i - n$条测试用例, 用 SOFOT 方法至少需要生成 n 条测试用例. 在实践中, 需要生成的测试用例数目处于这两个最大和最小数中间, 它依赖于测试的具体需要和具体情况.

6. 回归测试

检测到缺陷并进行修复之后, 利用回归测试验证修改版本的正确性以及确保不引入新的故障是必不可少的. 关于回归测试, 有两件事需要确定. ①测试用例的选择. 基于时间、成本、SUT 重要性以及其他的一些限制, 需要选择一个有效的测试集. ②测试优化. 应该确定测试用例的执行顺序. 好的测试执行顺序可以早发现故障, 因为它能保证重要的测试用例先被执行.

虽然回归测试已经进行了广泛的研究, 但基于 CT 的回归测试研究还比较少. 优化技术主要通过使用加权方法对测试用例进行排序, 如基于代码的加权、基于规格的加权和交互加权等. 本书给出一个简单的测试用例选择和优化方法.

由于 T_{cf} 是 T_c 中包含失败测试用例的测试集, 因此首先在回归测试中应该重新执行 T_{cf} 以保证修改的正确性. 然后如果测试资源充足, 可以测试由 T_{cf} 生成的所有附加测试用例 $T_a = \bigcup\limits_{t \in T_{cf}} T_t$. 这样回归测试的测试用例集就是 $T_{cf} + T_a$.

CT 回归测试执行如下：①执行原始测试集 T_c; ②执行 T_c 和 T_a.

还有不利用已有测试用例的回归测试方法. 根据测试结果, 指定一些测试用例或值模式以及参数和参数交互的权值, 重新为回归测试生成一个覆盖率相同的新测试集 T_c.

当在回归测试中没有检测到任何缺陷时, 迭代可以停止; 否则, 迭代应该继续下去.

7. 评估 CT

由于 CT 测试集强调参数取值组合的覆盖率, 因此, CT 的评估应该侧重交互覆盖率和测试集的大小或测试成本. 理论上, 测试集覆盖的交互越多, 它检测故障的能力越强. 但是测试集覆盖的交互越多, 测试集就越大, 测试成本就越高. 例如,

SUT 的 τ-维测试的测试集大小至少为 $a_1 \times a_1 \times \cdots \times a_n$. 因此, 不认为一种 CT 就比其他 CT 好. CT 的选择依赖于具体的测试约束和需求.

CT 测试后, 对 SUT 质量的评估应该至少考虑如下三个方面: 所应用的 CT 的覆盖力度, SUT 中被测试的交互, 整个测试流程中的结果.

本书提出一种基于 k-值模式覆盖率的软件质量度量方法. 测试执行的值模式比例越高, 那么在软件质量上的可信度也就越高. 质量可信度 (quality confidence, QC) 定义如下: $\mathrm{QC} = \dfrac{\mathrm{ES}}{\mathrm{TS}} \times P$, 其中 TS 为需要被覆盖的值模式总个数, ES 为组合测试 T_c 所覆盖的值模式个数, P 为 TS 触发故障的期望百分比. P 可以通过实证研究进行估算或在没有任何可靠的数据情况下, 可设为 100%, 这是对 QC 的一种乐观估计.

由于大多数软件故障是由不多于 3 个参数交互触发的, 当使用 2-维测试测试 SUT 时, 如果没有检测到故障, QC 可以这样计算: QC= (被 2-维测试覆盖的值模式的个数)/(需要被覆盖的值模式的总个数). 对于 NGS, 一共有 $3 \times C_4^1 + 3^2 \times C_4^2 + 3^3 \times C_4^3 + 3^4 \times C_4^4$ 个值模式 (1-值模式、2-值模式、3-值模式和 4-值模式的和), 它们可能触发故障. 2-维测试能够覆盖 $3 \times C_4^1 + 3^2 \times C_4^2 + 3^2 \times C_4^3 + 3^2 \times C_4^4$ 个值模式. 在这种情况下, 可以得出 $\mathrm{QC} = \dfrac{3 \times C_4^1 + 3^2 \times C_4^2 + 3^2 \times C_4^3 + 3^2 \times C_4^4}{3 \times C_4^1 + 3^2 \times C_4^2 + 3^3 \times C_4^3 + 3^4 \times C_4^4} = 44\%$, 而测试成本是完全测试的 $1/4\left(1/4 = \dfrac{\text{2-维覆盖表的大小}}{\text{4-维覆盖表的大小}}\right)$.

4.2.3 基于最小故障模式的组合测试方法学实例

本节使用一个实例说明基于 MFS 的 CT 方法并给出它查找 MFS 的效果和效率. 将按照我们方法的 7 个关键步骤介绍这个实例研究[3].

1) 确定 NGS 的 PVRC

仍然选择网络游戏系统作为 SUT 的例子. 下面调查参数以及参数取值之间是否存在交互和约束. 为了方便讨论, 考虑 3 种不同的交互情况: 情况 1 需要指定某些测试用例的不完全测试; 情况 2 具有某些约束的不完全测试; 情况 3 具有约束的完全测试.

情况 1 交互可能存在于所有参数之间, $R = 2^C/\varnothing = \{\{c_1, c_2, c_3, c_4\}\}$. 但是更加关注测试用例 (Netscape, Windows, ISDL, Creative) 和值模式 (—, Linux, Modem, Digital), 它们应该在测试中被覆盖. 因此, 在这种情况下, 有一个约束, 约束 1: 测试集应该包含测试用例 (Netscape, Windows, ISDL, Creative) 和值模式 (—, Linux, Modem, Digital).

情况 2 交互存在 3 个或 3 个以下参数之间, $R = 2^C/\{\varnothing, \{c_1, c_2, c_3, c_4\}\} =$

$\{\{c_1, c_2, c_3\}, \{c_1, c_2, c_4\}, \{c_1, c_3, c_4\}, \{c_2, c_3, c_4\}\}$ 且存在一个约束, 约束 2：当 c_1 是 "Firefox" 时, c_3 应该取 "ISDL".

情况 3 交互存在于 2 个或 2 个以下参数之间, $R = 2^C/\{\varnothing, \{c_1, c_2, c_3, c_4\}\} = \{\{c_1, c_2\}, \{c_1, c_3\}, \{c_1, c_4\}, \{c_2, c_3\}, \{c_2, c_4\}, \{c_3, c_4\}\}$ 且存在一个约束, 约束 3：当 c_1 是 "Firefox" 时, c_3 不能取 "Modem".

2) 测试集的生成

基于不同的测试需求和约束, 可以使用不同的覆盖力度设计测试集. 例如, 可以设计一个如表 4-3 所示的 1-维覆盖表, 当测试资源受限或者软件不是很重要的. 成对测试 (使用表 4-4 表示的 2-维覆盖表进行的测试) 是经常被使用的一种测试, 很多论文已报道了它的有效性. 为了减少不完全测试的风险, 可以考虑使用一个更高的覆盖力度如 3-维覆盖表或变力度覆盖表. 在该实例的研究中, 为了便于讨论, 使用 2-维覆盖表作为测试集去测试 NGS.

有很多方法和工具可以供我们使用来生成 NGS 测试集. 目前, 设计一个合适的测试集并不难. 在这里不介绍测试集生成的具体细节, 而是仅给出如下 3 种情况的测试集结果.

情况 1 我们需要包含测试用例 t=(Netscape, Windows, ISDL, Creative) 和值模式 s_3=(—, Linux, Modem, Digital). 生成一个 2-维覆盖表 T_c 如表 4-4 所示, 其中 t_1 是指定的测试用例 t, t_2 包含 s_3. 在这种情况下, 2-维测试是不完全测试.

情况 2 在生成 2-维覆盖表时, 应该考虑约束 2; 否则, 生成的测试用例集中可能包含无效的测试用例. 例如, 不考虑约束 2, 使用表 4-4 作为 2-维测试集 T_c. 但是 t_7={Firefox, Windows, VPN, Digital}以及 t_9={Firefox, Macintosh, Modem, Creative}是无效的. 这会导致某些取值对被漏掉, 例如, 下面这些模式中的所有 2-值模式：(Firefox, Windows, —, Digital), (—, Windows, VPN, Digital), (Firefox, Macintosh, —, Creative), (—, Macintosh, Modem, Creative) 就会被漏掉. 这会降低测试覆盖率. 为了弥补这种损失, 可以重新设计无效测试用例 t_7 和 t_9：t_7^1={Firefox, Windows, ISDL, Digital}, t_7^2={IE, Windows, VPN, Digital}, t_9^1={Firefox, Macintosh, ISDL, Creative}, t_9^2={Netscape, Macintosh, Modem, Creative}. 对于这种情况, 2-维测试仍然是不完全测试, 并且约束 2 使测试集 T_c 的大小增加到 11：$T_c = \{t_1, t_2, t_3, t_4, t_5, t_6, t_7^1, t_7^2, t_8, t_9^1, t_9^2\}$.

情况 3 在这种情况下, 2-维测试与穷尽测试的效果相同. 为了满足约束 3, 首先生成如表 4-4 所示的 2-维覆盖表 T_c, 然后识别出无效测试用例 t_9. 为了避免丢失参数取值对, 使用两个新的测试用例来替换 t_9：t_9^1={Firefox, Macintosh, ISDL, Creative}, t_9^2={Netscape, Macintosh, Modem, Creative}.

有各种各样处理约束的方法, 例如, 将约束转化为布尔满足 (Bool satisfiability, SAT) 问题的技术, 并将约束检查与贪心算法和模拟退火算法结合起来进行交互式测试用例的生成. 子模型法将原始模型分解成一个个无约束的子模型, 避免法在测试用例生成过程中只选择无冲突的测试用例, 替换法将被选择的测试用例中的冲突移除.

在本实例的研究中, CT 用来对 NGS 进行配置测试. 每条测试用例的期望输出是 NGS 是否能工作在不同的浏览器中、运行在不同的操作系统下、使用不同的因特网接入方式和音频设备的关键. 最后, 在提交测试用例之前, 应该检测测试用例集是否有效以及满足测试需要.

3) 测试执行和记录

当使用 T_c 测试 NGS 时, 总是存在一个测试用例执行的顺序. 例如, 对于情况 1, 可以先执行指定的那条测试用例 t_1 和 t_2. 存在各种各样指定测试用例执行顺序的方法. 在本实例中, 使用基于用户加权的方法. 例如, 假设用户分布如下：50%使用 IE, 30%使用 Netscape, 20%使用 Firefox, 则 IE.weight=0.5, Netscape.weight=0.3, Firefox.weight=0.2. 然后根据权值可以计算每一取值对的重要程度, 在使用贪心算法生成测试用例时把取值对的重要性也考虑进去.

如果测试没有发现缺陷, 只能说 NGS 通过了测试, CT 也就结束了. 但是不能得出 NGS 不存在缺陷的结论. 软件质量的评估可以分 7 步来完成.

如果在运行某些测试用例时出现了故障, 那么 CT 是成功的. 为了不失一般性和便于讨论, 假设 3 种情况的测试结果如下.

情况 1　失败测试集 $T_{cf}=\{t_1,t_2,t_3\}$, 执行通过的测试集 $T_{cp}=\{t_4,t_5,t_6,t_7,t_8,t_9\}$.

情况 2　$T_{cf}=\{t_7^1,t_8,t_9^1\}$, $T_{cp}=\{t_1,t_2,t_3,t_4,t_5,t_6,t_7^2,t_8,t_9^2\}$.

情况 3　$T_{cf}=\{t_1,t_2\}$, $T_{cp}=\{t_3,t_4,t_5,t_6,t_7,t_8,t_9^1,t_9^2\}$.

4) 故障诊断

使用 T_c 测试完成后, 进行诊断和识别故障并试图确定 MFS.

情况 1　从失败测试用例集 $T_{cf}=\{t_1,t_2,t_3\}$ 可以看出第 1 个参数取值 “Netscape” 出现在所有的测试用例集 T_{cf} 中 (表 4-4). MFS 可能为 (Netscape, —, —, —). 如果这个结论正确, 可以对 NGS 进行修改然后实施回归测试; 否则, 实施进一步测试去找出其他相关故障.

情况 2　$T_{cf}=\{t_7^1,t_8,t_9^1\}$ 中的所有测试用例具有值模式 (Firefox, —, ISDL, —), 而该值模式没有出现在 T_{cp} 的任何测试用例中.

情况 3　T_{cf} 中的每一个值模式都可能会导致故障, 但是根据 MFS 的定义, 出现在 T_{cp} 中的值模式不是故障的原因. 这样, 所有在$M=\bigcup\limits_{t\in T_{cf}}M_t-\bigcup\limits_{t\in T_{cp}}M_t=$ (Netscape, Windows, —, —), (Netscape, —, ISDL, —), (Netscape, —, —, Creative), (—, Windows, ISDL, —), (—, Windows, —, Creative), (—, —, ISDL, Creative),

(Netscape, Linux, —, —), (Netscape, —, Modem, —), (Netscape, —, —,Digital), (—, Linux, Modem, —), (—, Linux, —, Digital), (—, —, Modem, Digital), (Netscape, Windows, ISDL, —), (Netscape, Windows, —, Creative), (Netscape, —, ISDL, Creative), (Netscape, Windows, —, Creative), (Netscape, Linux, Modem, —), (Netscape, Linux, —, Digital), (Netscape, —, Modem, Digital), (—, Linux, Modem, Digital), (Netscape, Windows, ISDL, Creative), (Netscape, Linux, Modem, Digital) 的值模式可能触发故障.

但是我们知道, 交互仅存在于 2 个以及 2 个以下参数中. 因此可以将 M 缩减为 M'=(Netscape, Windows, —, —), (Netscape, —, ISDL, —), (Netscape, —, —, Creative), (—, Windows, ISDL, —), (—, Windows, —, Creative), (—, —, ISDL, Creative), (Netscape, Linux, —, —), (Netscape, —, Modem, —), (Netscape, —, —, Digital), (—, Linux, Modem, —), (—, Linux, —, Digital), (—, —, Modem, Digital). 由于 M' 相对比较大, 需要通过进一步测试缩减它并找到其他相关故障. 或者如果能够定位故障并进行修复, 就实施回归测试.

综上所述, 对于以上 3 种所有情况, 如果能够确定触发故障的 MFS 并有足够的信心进行修复, 那么就可以直接实施回归测试. 但是, 如果测试资源允许, 推荐进行进一步测试.

5) 进一步测试

为了进一步测试和诊断故障, 对每一条失败测试用例 $t \in T_{cf}$ 使用 SOFOT 设计测试集 T_{st} 或使用 OFOT 设计测试集 T_{st}.

情况 1 有 3 个失败测试用例: t_1、t_2、t_3. 我们可以使用 OFOT 方法生成测试集 (图 4-5) 进行进一步测试. 我们已经观察到 (Netscape, —, —, —) 可能

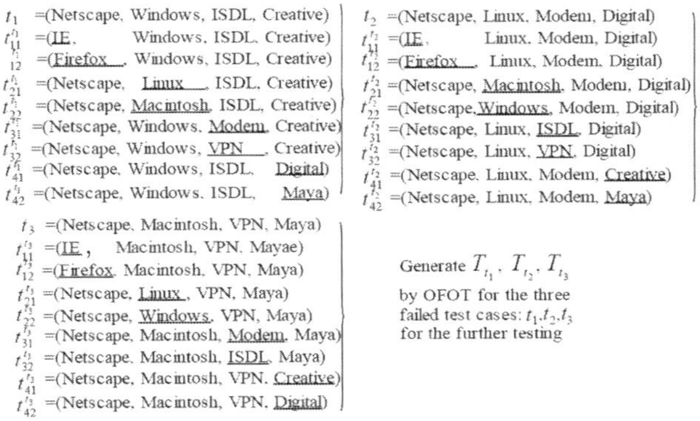

图 4-5 t_1、t_2、t_3 的进一步测试用例集

是 MFS. 现在通过测试来验证这一点. 如果我们的观察是正确的, 则根据定理 4-5 $T_1=\{t_{21}^{t_1},t_{22}^{t_1},t_{31}^{t_1},t_{32}^{t_1},t_{41}^{t_1},t_{42}^{t_1},t_{21}^{t_2},t_{22}^{t_2},t_{31}^{t_2},t_{32}^{t_2},t_{41}^{t_2},t_{42}^{t_2},t_{21}^{t_3},t_{22}^{t_3},t_{31}^{t_3},t_{32}^{t_3},t_{41}^{t_3},t_{42}^{t_3}\}$ 中的测试用例全部执行失败, 而 $T_2=\{t_{11}^{t_1},t_{12}^{t_1},t_{11}^{t_2},t_{12}^{t_2},t_{11}^{t_3},t_{12}^{t_3}\}$ 中的测试用例全部执行通过.

若 T_1 中的某些测试用例执行通过, 如 $t_{21}^{t_1}$ 通过, 那么 (Netscape, —, —, —) 就不是 MFS. 但是 MFS 应该包含 (Netscape, Windows, —, —), 并且 $t_{22}^{t_1}$ 也执行通过; 否则, $t_{22}^{t_1}$ 击中新的 MFS.

若 T_2 中的某些测试用例执行失败, 如 $t_{11}^{t_2}$ 失败, 那么 $t_{11}^{t_2}$ 击中新的 MFS. 我们可以使用 SOFOT 为 $t_{11}^{t_2}$ 生成另外一个测试集继续进一步测试, 寻找新的 MFS.

如果 MFS 没有包含 (Netscape, —, —, —), 则 $T_2=\{t_{11}^{t_1},t_{12}^{t_1},t_{11}^{t_2},t_{12}^{t_2},t_{11}^{t_3},t_{12}^{t_3}\}$ 中的测试用例应该全部执行失败. 此时, 可以通过 T_1 中执行通过的测试用例去识别 MFS. 例如, 如果 $t_{21}^{t_1}$ 和 $t_{42}^{t_1}$ 执行通过, 则 MFS 应该包含 (—, Windows, —, Creative).

情况 2　从 T_c 的测试结果可以看出, 除了模式 (Firefox, —, —, —) 之外, 所有的 1-值模式不可能是 MFS. 但是根据约束模式 (Firefox, —, —, —) 同 (Firefox, —, ISDL, —) 是绑定在一起的, 因此 (Firefox, —, ISDL, —) 可能是 MFS. 我们可以通过进一步测试去验证它是否是一个 MFS 并找出其他 MFS.

由于在这种情况下, 3 个以上参数之间不存在交互, 我们使用 SOFOT 为 $T_{cf}=\{t_7^1,t_8,t_9^1\}$ 中的每一条失败测试用例生成进一步测试用例集 (图 4-6).

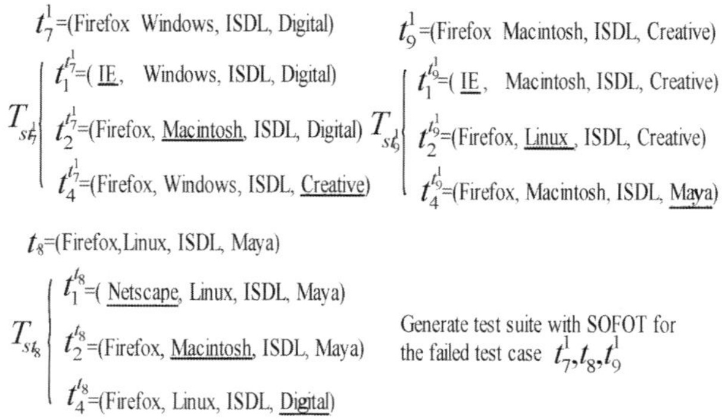

图 4-6　t_7^1、t_8、t_9^1 的进一步测试用例集

由于约束 2, 我们只能为 T_{cf} 中的每一条失败测试用例生成 3 条测试用例. 如果 (Firefox, —, ISDL, —) 是 MFS, 则 $\{t_2^{t_7^1},t_4^{t_7^1},t_2^{t_8},t_4^{t_8},t_2^{t_9^1},t_4^{t_9^1}\}$ 中的所有测试用例在测试中将执行失败, 因为它们包含了 (Firefox, —, ISDL, —), 而测试用例 $t_1^{t_7^1}$, $t_1^{t_8}$, $t_1^{t_9^1}$ 应该执行通过.

否则, 如果 $\{t_2^{t_7^1},t_4^{t_7^1},t_2^{t_8},t_4^{t_8},t_2^{t_9^1},t_4^{t_9^1}\}$ 中的某些测试用例测试通过, 例如, $t_4^{t_7^1}$ 通过, 这表明 MFS 应该包含模式 (—, —, —, Digital). 如果 $t_1^{t_7^1}$ 也执行通过, 可以确定 $t_1^{t_7^1}$

中的 MFS 是 (Firefox, —, ISDL, Digital). 如果 $\{t_1^{t_7^1}, t_1^{t_8}, t_1^{t_9^1}\}$中的某一条测试用执行失败, 例如, $t_1^{t_7^1}$ 执行失败, 由于 $t_1^{t_7^1}$ 是通过使用 "IE" 替换 "Firefox" 而生成的, 则有如下两种可能情况.

(1) (Firefox, —, ISDL, —) 不是一个 MFS 或者它没有被包含在一个 MFS 中. 由于在情况 2 中, 1-值模式和 4-值模式不是 MFS, 并且 (—, Windows, —, Digital) 出现在测试通过的测试用例 t_7^2 中, 因此我们得出 MFS 应该是 (—, Windows, ISDL, Digital). 如果这个结论正确, 那么 $t_2^{t_7^1}$ 和 $t_4^{t_7^1}$ 在没有击中新的 MFS 情况下应该执行通过. 但是 $t_1^{t_8}$, $t_1^{t_9^1}$ 应该执行失败, 当 (Firefox, —, ISDL, —) 没有被包含在 MFS 中时.

(2) (Firefox, —, ISDL, —) 是一个 MFS 或者它被包含在一个 MFS 中. 一个新的 MFS 被 $t_1^{t_7^1}$ 击中. 这个新的 MFS 应该包含 (IE, —, —, —), 并且它是一个 3-值模式.

情况 3 在进一步测试中, 我们可以通过计算 $M = M - M_2$ 缩减 M, 其中 M_2 是进一步测试集中执行通过的测试用例的所有值模式. 由于在情况 3 中交互只存在于某两个参数之间, 因此我们可以使用 SOFOT 方法分别从失败测试用例 t_1 和 t_2 生成测试集 $T_{st_1} = \{t_1^{t_1}, t_2^{t_1}, t_3^{t_1}, t_4^{t_1}\}$, $T_{st_2} = \{t_1^{t_2}, t_2^{t_2}, t_3^{t_2}, t_4^{t_2}\}$(表 4-9), 然后根据定理 4-9 确定 MFS, 结果如下.

表 4-9 使用 SOFOT 方法分别从失败测试用例 t_1 和 t_2 生成测试集

T_{st_1}	c_1:Browser	c_2:Os	c_3:Access	c_4:Audio
$t_1^{t_1}$	Firefox	Windows	ISDL	Creative
$t_2^{t_1}$	Netscape	Linux	ISDL	Creative
$t_3^{t_1}$	Netscape	Windows	VPN	Creative
$t_4^{t_1}$	Netscape	Windows	ISDL	Maya
$t_1^{t_2}$	IE	Linux	Modem	Digital
$t_2^{t_2}$	Netscape	Macintosh	Modem	Digital
$t_3^{t_2}$	Netscape	Linux	VPN	Digital
$t_4^{t_2}$	Netscape	Linux	Modem	Maya

首先, 我们分析 T_{st_1} 的测试结果. 根据定理 4-9, 如果 T_{st_1} 中 m 条测试用例在进一步测试中通过, 则 t_1 中的 MFS 应该包含 m-值模式. 由于交互只存在于某两个参数之间, 因此通过测试的用例数不超过 2. 如果 T_{st_1} 中有两条测试用例通过, 如 $t_2^{t_1}$ 和 $t_4^{t_1}$, 根据定理 4-9, 我们可以得出 t_1 中的 MFS 一定为 (—, Windows, —, Creative).

如果 T_{st_1} 只有 1 条测试用例通过. 从 T_c 的测试结果可以得出, 任何 1-值模式不可能是 MFS, 因此, T_{st_1} 的 3 条失败测试用例中的 1 条一定击中了新的 MFS. 例如, $t_1^{t_1}$ 执行通过, 其他执行失败, 那么 $t_2^{t_1}$、$t_3^{t_1}$、$t_4^{t_1}$ 中的一个一定击中一个新 MFS. 基于上面的分析, 新的 MFS 一定是一个 2-值模式. 同时可以看出, 被 $t_2^{t_1}$、$t_3^{t_1}$、$t_4^{t_1}$ 击中的新 2-值模式一定被 T_c 覆盖. 除了被失败测试用例 T_2 覆盖的 2-值模式 (Netscape, Windows, —, —) 之外, 其他被击中的新 2-值模式全部被 T_c 执行通过的测试用例覆盖. 因此, (Netscape, Windows, —, —) 一定是 1 个新 MFS, 因为 $t_3^{t_1}$ 和 $t_4^{t_1}$ 不可能击中一个新 MFS. 这一点可以通过 T_{st_2} 进行验证.

如果 T_{st_1} 的所有测试用例都失败, 根据定理 4-9, 只有被 $t_2^{t_1}$ 击中的 (Netscape, Windows, —, —) 可能为 MFS, 并且被 $t_1 \in T_c$ 击中的 2-MFS 至少有两个. 下一轮的进一步测试将继续找 t_1 中的 MFS.

可用同样的方法分析 T_{st_2} 的执行情况.

6) 回归测试

根据我们的方法, 对于每种情况, 不考虑优先级有 3 个回归测试集.

情况 1　首先运行 $T_{cf} = \{t_1, t_2, t_3\}$ 中的测试用例, 然后重新测试 T_{t_1}、T_{t_2} 和 T_{t_2}. 最后, 如果需要, 再一次运行 T_{cp} 中的测试用例.

情况 2　首先运行失败测试集 $T_{cf} = \{t_7^1, t_8, t_9^1\}$, 然后运行每条测试用例 $t \in T_{cf}$ 的进一步测试集, 最后运行 T_{cp}.

情况 3　首先重新测试 $T_{cf} = \{t_1, t_2\}$, 然后运行进一步测试集 T_{st_1} 和 T_{st_2}. 最后, 如果需要, 运行 T_c 中所有剩余的测试用例, 也就是, $T_c - T_{cf} = \{t_3, t_4, t_5, t_6, t_7, t_8, t_9\}$.

7) 评估

测试完成后, 我们可以对软件质量进行评估, 具体如下. 由于缺乏实证数据, 我们设 P, 由全部值模式触发故障的百分比, 为 100%.

情况 1　在最初的测试集 T_c 中一共有 9 条测试用例, 进一步测试集 $T_a = T_{t_1} \cup T_{t_2} \cup T_{t_3}$ 中共 24 条测试用例. 测试完成, 我们能保证所有的成对组合已经被覆盖. T_t 中的每一条测试用例能够覆盖 3 个新的 3-值模式, T_a 中所有测试用例能覆盖 3×24=72 个新 3-值模式. 故被覆盖的模式个数为 3×4 个 1-值模式 +9×C_4^2 个 2-值模式 +(36+72) 个 3-值模式 +(9+24) 条测试用例 =12+54+108+33=207. 由于总的值模式是 12+54+108+81=255, 因此 QC_1=207/255×100%=81.2%. 如果测试集 T_c 不能检测到故障, 没做进一步测试, 被覆盖的模式个数是 3×4 个 1-值模式 +9×C_4^2 个 2-值模式 +9×C_4^3 个 3-值模式 +9 条测试用例 =121, QC_1=121/255×100%=47.5%.

情况 2　由于交互只存在于 3 个以及 3 个以下参数中, 因此需要覆盖的值模式个数为 3×4 个 1-值模式 +9×C_4^2 个 2-值模式 +27×C_4^3 个 3-值模式 =174. T_c 和 T_{st} 覆盖了所有的 1-值模式和 2-值模式, 以及 76 个 3-值模式. 可以得出 QC_2=121/246×100%=49.2%.

情况 3　在这种情况下, 2-维测试等价于穷尽测试, 因为交互只存在于两个参数之间, 所以当 CT 完成后, QC_3=100%, 即没有进一步测试.

4.2.4 基于最小故障模式的组合测试方法学实证

本节在一个真实的软件中实施一个实证研究来检查基于 MFS 方法的有效性以及证实 MFS 在真实软件系统中的存在性.

日期和时间系统 (date and time system, DTS) 有 7 个输入变量: Year, Month, Day, Weekday, Hour, Minute, Second. DTS 对有效输入能够显示正确的日期和时间. 可以通过对输入每次增减一个单位而将任何输入设置为指定的值. 例如, 设 d_t=(2008, 7, 24, 4, 12, 54, 59), 它表示一个输入, 也就是Year=2008, Month=7, Day=24, Weekday=4(星期 4), Hour=12, Minute=54, Second=59. 将 d_t 增加 1 年, 显示应该变成 (2009, 7, 24, 5, 12, 54, 59); 将 d_t 增加 1 个月, 显示应该变成 (2008, 8, 24, 7, 12, 54, 59) ; 将 d_t 增加 1 秒, 显示应该变成 (2008, 7, 24, 4, 12, 55, 00).

DTS 是由本书的一个作者使用 C++ 按照瀑布模型开发的. 它大约有 500 行代码. 开发者执教软件工程 6 年, 具有 10 多年的软件开发经验. 表 4-10 给出了系统中的主要操作. 操作的名称采用了传统的变量 +inc(dec) 的规定, 它表示对该变量增加 (减少) 一个单位. 例如, 操作 Monthinc( ) 将变量Month加 1. 我们使用基于 MFS 的方法对 DTS 进行测试, DTS 从版本 1(DTS_1) 演变到版本 4(DTS_4). 同时我们还测试了一个变异版本 (DTS_m).

表 4-10 DTS 的操作

Year	Month	Day	Hour	Minute	Second	Week
Yearinc()	Monthinc()	Dayinc()	Hourinc()	Minuteinc()	Secondinc()	Weekinc()
Yeardec()	Monthdec()	Daydec()	Hourdec()	Minutedec()	Seconddec()	Weekdec()

1) 应用基于 MFS 的方法测试 DFS

第一步, 建立模型. 表 4-11 给出了 DTS 参数的取值范围. 我们可以看出, 输入空间为 $D_1 \times D_2 \times D_3 \times D_4 \times D_5 \times D_6 \times D_7$, 大小是 10000×12×31×24×60×60×7.

表 4-11 DTS 的参数及值域

Year D_1	Month D_2	Day D_3	Hour D_4	Minute D_5	Second D_6	Week D_7
1~10000	1~12	1 ~ 31	0 ~ 23	0 ~ 59	0 ~ 59	1 ~ 7

由于变量 Weekday 依赖变量Year, Month和Day, 我们决定分开测试这点. 在测试中, 将输入变量减少为 6 个并设 $C=\{c_1$=Year, c_2=Month, c_3=Day, c_4=Hour, c_5=Minute, c_6=Second$\}$, 这样输入可表示为 d_t=(Year, Month, Day, Hour, Minute, Second). 根据等价类划分和边界值分析, 减少每个变量的测试值, 结果如表 4-12 所示.

表 4-12　约简后 DTS 的参数及取值

Year	Month	Day	Hour	Minute	Second
V_1	V_2	V_3	V_4	V_5	V_6
2000	12	28	0	0	0
1990	1	1	1	1	1
2007	2	30	23	59	59
	6	31			

输入参数之间存在几个约束. 第一个约束是当Year是闰年时, 2 月有 29 天; 否则, 只有 28 天. 第二个约束是 1、3、5、7、8、10 和 12 这几个月有 31 天, 而 4、6、9、11 月只有 30 天.

输入参数之间同时还存在复杂的交互关系. 例如, 对于 d_t=(2000, 1, 1, 0, 0, 0), 也就是, Year=2000, Month=1, Day=1, Hour=0, Minute=0, Second=0. 当我们将 d_t 减少 1 个月, 它就变成了 (1999, 12, 1, 0, 0, 0), 这表明Year, Month之间存在交互. 同样, 当我们将 d_t 减少 1 天, 它就变成了 (1999, 12, 31, 0, 0, 0), 这表明Year, Month和Day能够交互. 当我们将 d_t 减少 1 秒, 它就变成了 (1999, 12, 31, 23, 59, 59). 这样, 所有的输入变量全部相关. 我们可以得到如下的交互关系 R={{Year, Month}, {Month, Day}, {Day, Hour}, {Hour, Minute}, {Minute, Second}, {Year, Month, Day}, {Month, Day, Hour}, {Day, Hour, Minute}, {Hour, Minute, Second}, {Year, Month, Day, Hour}, {Month, Day, Hour, Minute}, {Day, Hour, Minute, Second}, {Year, Month, Day, Hour, Minute}, {Month, Day, Hour, Minute, second}, {Year, Month, Day, Hour, Minute, Second}}.

第二步, 使用组合设计方法生成测试集, 同时考虑可用的测试资源.

如果我们使用穷尽测试去覆盖 R, 需要 $3\times4\times4\times3\times3\times3 = 1296$ 条测试用例 (表 4-12). 我们决定使用一个较小的测试集. 我们观察到, 交互关系主要存在如下参数对中：R_{reduced}={{Year, Month},{Month, Day},{Day, Hour},{Hour, Minute}, {Minute, Second}}. 这样, 决定使用一个测试集去覆盖这些关系. 首先, 识别出 3 个特定的测试用例 (表 4-13 中的测试用例 1、2、3), 它们是我们感兴趣的典型测试用例. 然后生成其余测试用例去覆盖这些交互关系. 我们获得 16 条测试用例如表 4-13 所示. 当检查这些测试用例时, 我们发现测试用例 5、6 和 13 是无效的, 因为它们不满足某些约束. 我们使用 (1990, 2, 28, 0, 1, 0) 和 (1990, 12, 30, 0, 1, 0)(测试用例 17) 替换测试用例 5(1990, 2, 30, 0, 1, 0), 使用 (2000, 2, 1, 0, 59, 1)(测试用例 6) 和 (2000, 1, 31, 0, 59, 1)(测试用例 18) 替换测试用例 6(2000, 2, 31, 0, 59, 1), 使用 (1990, 6, 1, 23, 0, 59)(测试用例 3) 和 (1990, 12, 31, 23, 0, 59)(测试用例 19) 替换测试用例 13(1990, 6, 31, 23, 0, 59). 最后一共有 19 条测试用例, 如表 4-13 所示.

表 4-13　DTS 的测试用例集

no.	Year	Month	Day	Hour	Minute	Second
1(指定)	2000	2	28	23	59	59
2(指定)	2007	1	1	0	0	0
3(指定)	1990	12	31	23	59	59
4	2007	2	1	1	59	0
5	1990	2	30(28)	0	1	0
6	2000	2	31(1)	0	59	1
7	1990	1	28	1	1	1
8	2000	1	30	1	59	0
9	2007	1	31	1	0	1
10	2000	6	1	23	1	59
11	2007	6	28	0	0	59
12	1990	6	30	23	1	0
13	1990	6	31(1)	23	0	59
14	2000	12	1	0	0	0
15	2007	12	28	1	1	1
16	2000	12	30	23	59	1
17	1990	12	30	0	1	0
18	2000	1	31	0	59	1
19	1990	2	31	23	0	59

第三步, 运行测试用例集. 为了对 DTS 改变输入值的操作进行充分的测试, 对每条测试用例, 应用 12 种操作: 对 6 个输入变量 (Year, Month, Day, Hour, Minute, Second) 中的每一个增加或减少 1 个单位. 为了方便观察测试结果, 我们执行表 4-13 中的测试用例顺序如下: 首先将输入值设置成一条测试用例. 接下来对每一个变量, 依次将它的值增加或者减少 1 个单位, 然后通过减少或增加 1 个单位将它的值设置回原来的值. 如果所有 12 种操作都执行正确, 那么最后的显示应该与原始测试用例的最初显示是相同的. 例如, 对表 4-13 中的第 1 条测试用例: $t_1=$ (2000,2,28,23,59,59). 将 t_1 增加 1 年后, 它变成了 (2001,2,28,23,59,59). 然后将它减少 1 年, 它又变回了 t_1. 接下来, 将它减少 1 年, 它变成了 (1999,2,28,23,59,59), 然后将它增加 1 年使它重新回到了 t_1. 同样, 我们对 t_1 中的每个变量都重复上面的操作. 只有当 12 种操作全部执行完, 再检查最后的显示, 在 12 种操作都工作正确的情况下, 它应该与 t_1 相同. 对表 4-13 中的其他所有测试用例重复这个将每个变量的值改变为它的两个相邻值的流程. 表 4-13 中的每条测试用例都发现了DTS_1 的某些故障.

注意在变化测试用例 d_t 每个输入变量值的流程中, 虽然涉及 d_t 的很多种操作, 但是它不同于为 d_t 的 12 种操作而运行测试用例. 主要的原因是, 我们并没有每次操作后检查结果, 而是只检查最终的显示是否同原始的测试用例相同. 我们 “执行" d_t 的方式能够提供许多有用的信息, 它类似于使用 SOFOT 方法进行进一步测试. 因此当在测试中发现某些故障时, 很容易进行故障诊断和找出 MFS. 在大多数情况下, 不需要附加测试用例进行进一步测试.

第四步, 基于测试结果执行故障诊断. 在我们的实例中, 要么 CT 在DTS$_1$ 测试中很成功, 要么这个版本质量很差, 因为检测到了很多故障. 从测试结果, 我们发现故障主要出现在当改变参数 Year 和 Month 时. 我们的分析表明了改变 Year 和 Month 的算法是错误的. 我们修订了该算法, 得到DTS$_2$. 接下来应用回归测试验证修订的有效性. 这里我们注意到, 当失败的测试用例很多时, 很容易进行故障诊断. 我们通过研究测试结果可以很快找出故障.

第五步, 将常规的回归测试策略和 CT 结合保证系统的所有修改的正确性. 我们重新在DTS$_2$ 中运行表 4-13 中的测试用例集. 从输出发现了一些由修改而导致的故障. 我们又修订了DTS$_2$ 得到了DTS$_3$, 并重新进行回归测试, 失败测试用例减少为 5 条: $\{t_{10}, t_{11}, t_{13}, t_{14}, t_{15}\}$. 但是现在还不知道导致故障的原因.

第六步, 设计、执行和观察进一步测试, 验证检测到的故障以及寻找相关的故障. 由于改变Month的值时, 所有 5 条失败测试用例再次执行失败, 其中 3 条失败测试用例的Month=6 而 2 条测试用例的Month=12, 因此我们猜测 MFS 可能与Month=6 或Month=12 相关. 为了验证这点, 我们仅选择了 t_{10} 和 t_{14} 使用 SOFOT 设计进一步测试. 使用 T_{at}(表 4-14) 进行进一步测试, 失败测试集为 T_{atf}, 通过测试集为 T_{atp}. 根据定理 4-9, 通过分析, (—, 6, 1, —, —, —) 和 (—, 12, 1, —, —, —) 可能是 MFS. 根据这一线索, 我们检查了 DTS 处理参数Month的代码找出了代码中的故障. 这次修订后, 我们使用表 4-14 中 T_c 和 T_{at} 在DTS$_4$ 上进行了回归测试. 测试结果表明DTS$_4$ 工作正常. 实际中, 第四 ~ 六步可以结合在一起. 测试结果总结在表 4-15 中.

表 4-14　进一步测试用例集

further testing suite T_{at}	result
$T_{st_{10}}$	
$t_1^{t_{10}} = (2007, 6, 1, 23, 1, 59)$	fail
$t_2^{t_{10}} = (2000, 2, 1, 23, 1, 59)$	pass
$t_3^{t_{10}} = (2000, 6, 30, 23, 1, 59)$	pass
$t_4^{t_{10}} = (2000, 6, 1, 0, 1, 59)$	fail
$t_5^{t_{10}} = (2000, 6, 1, 23, 1, 59)$	fail
$t_6^{t_{10}} = (2000, 6, 1, 23, 1, 0)$	fail
$T_{st_{14}}$	
$t_1^{t_{14}} = (1990, 12, 1, 0, 1, 0)$	fail
$t_2^{t_{14}} = (2000, 2, 1, 0, 0, 0)$	pass

续表

further testing suite T_{at}	result
$t_3^{t_{14}} = (2000, 12, 31, 0, 0, 0)$	pass
$t_4^{t_{14}} = (2000, 12, 1, 23, 0, 0)$	fail
$t_5^{t_{14}} = (2000, 12, 1, 0, 59, 0)$	fail
$t_6^{t_{14}} = (2000, 12, 1, 0, 0, 59)$	fail

表 4-15 测试结果

version	test cases executed	failures	further test cases
DTS_1	19	19	0
DTS_2	19	12	0
DTS_3	19	5	$12(T_{st_{10}} \cup T_{st_{14}})$
DTS_4	19	0	0
DTS_m	19	1	$6(T_{st_1})$

第七步, 根据整个测试过程中收集的信息进行软件质量的评估. 我们可以看出, 虽然 DTS 参数之间存在一些复杂的交互关系, 但是可以将它们缩减为成对参数之间的交互关系 R_{reduced}. 多个参数之间的交互是由一些两个参数之间的传递关系导致的. 例如, 虽然Month, Day和Hour之间存在交互, 但是实际上Hour能影响Day以及Day影响Month, 但是Day永远不会影响Hour. 同样, Month只同Day(或Year) 有交互. 基于这点, 使用表 4-13 中的测试用例测试 DTS, 我们确信没有任何交互故障遗漏在 DTS 中.

2) MFS

下面来观察 DTS 中的 MFS. 首先, 它真实地存在并且它会导致某些特定的故障. 其次, 在 DTS 的测试中, 可以识别出两种类型的 MFS: ①MFS 是由代码缺陷引起的; ②MFS 是由设计 (或算法) 缺陷引起的.

在DTS_3 中的两个可能 MFS(—, 6, 1, —, —, —) 和 (—, 12, 1, —, —, —) 指导我们去检查函数 Monthdec( ) 中的故障. 我们在该函数中犯了一个错误, 将 “if(Day==31)” 写成了 “if(Day=31)”. 实际上当Month=5,7,10,12 并且Day≠30 时, 所有的测试用例都会执行失败. 在我们的实例中, 我们只选择了 7 和 12 作为Month的测试值, 1,28,30,31 作为Day的测试值. 因此, 只有 t_{10}, t_{11}, t_{13}, t_{14} 和 t_{15} 能够检测到该故障. 这说明了使用 MFS 能够指导我们进行故障定位.

还将本书的方法应用到其他实例中. 我们创建了一个DTS_3 的变异版本DTS_m, 其中不考虑闰年的 2 月有 29 天这个约束. 当我们使用表 4-13 中的测试用例集测试这个版本, 只有第 1 条测试用例 t_1 执行失败. 根据我们的测试策略, 使用 T_{st_1} 进行进一步测试. 结果证实了 MFS 是 (2000, 2, 28, —, —, —), 它与预期的故障模式相匹配.

3) 经验

我们现在列出从实例研究中获得的重要经验.

(1) 在生成 CT 测试用例集之前, 确定参数、参数取值以及约束是非常重要的. 实证研究表明, 这些步骤是发现故障和识别 MFS 的基础. 它们直接帮助我们有效地识别出由 DTS 参数之间交互导致的故障.

(2) CT 不应该是测试中使用的唯一方法. 在生成 CT 测试用例集之前, 根据测试者在该问题域中的知识和经验指定某些测试用例是非常有用的. 这样, 生成的测试集不仅系统地覆盖了参数之间的交互, 同时测试了测试者认为非常重要的区域. 指定的测试用例在实证研究中对故障的检测起到了很重要的作用.

(3) 从基于 MFS 方法生成的测试集, 可以根据失败测试用例和通过测试用例推导出很多有用的信息. 例如, 可以使用获得的信息进行定位和修复故障. 当出现很多条失败测试用例, 根据测试结果进行故障诊断并不困难. 如果失败测试用例数很少, 就不容易定位故障. 那么, 实施进一步测试定位故障是非常有价值的和有效的.

(4) 故障修复后, 回归测试是必不可少的. 测试用例的选择、设计以及优化成为关键问题. 可以利用前面测试中收集的信息来解决这些问题加强回归测试.

(5) MFS 存在于 DTS 中. 同时, 它对故障诊断起到很好的指导作用, 因为它可能会精确定位一个算法缺陷. 在变异版本DTS_m 中, MFS 是已知的, 基于 MFS 的方法使用简单的分析能够识别出DTS_m 中的 MFS. 这部分证实了我们基于 MFS 的测试方法的有效性.

(6) 表 4-15 表明 CT 在 DTS 的演变过程中对故障的检测起到了非常重要的作用并且进一步测试可以用来定位和验证 MFS. 注意进一步测试是一个可选步骤. 如果确定已经找到缺陷, 那么就不需要做进一步测试了. 同样也没必要为每一条失败的测试用例设计进一步测试. 通常依据前面的测试结果和故障诊断情况确定进一步测试的程度. 例如, 在DTS_3 的测试中, 我们发现了 5 条失败测试用例, 但是只需要在 t_{10} 和 t_{14} 上实施进一步测试. 进一步测试有利于定位和修复 DTS 中的故障. 这是绝对值得去做的, 虽然它增加了测试成本.

(7) 测试后进行软件质量的评估是很有价值的. 一个客观的评价能够提高我们在软件质量上的信心. 评估应该基于测试需求 (参数和参数取值、交互以及约束)、测试用例集 (原始用例集、进一步测试和回归测试用例集) 和测试结果.

4.2.5 一种基于最小故障模式的故障定位方法

针对多因素工业或软件系统的安全测试和故障诊断的方法, 首先分析用组合测试用例集 Ts 中的测试用例对系统进行测试, 如果没有发现故障, 那么当然就不需要进行故障诊断. 因此, 该方法共分 4 步进行: 第一步, 根据待测试的多因素工业系统的测试要求, 测试关注点等因素确定不同组合覆盖要求的测试用例集 Ts, 用 Ts 中的测试用例对系统进行测试, 并将运行时发生故障的测试用例组成的集合记为 Ts_1; 第二步, 对集合 Ts_1 中测试用例进行分析, 初步诊断故障原因; 第三步, 生成附加测试用例集 CTs 以辅助故障诊断; 第四步, 根据附加测试用例的运行情况重新进行故障诊断的分析验证, 如果仍然发现故障, 转第三步, 直到不发现故障为止.

1) 确定组合测试用例集并进行测试

根据待测试的多因素工业系统的测试要求, 测试关注点, 以及组合覆盖标准等因素确定测试用例集 Ts, 用 Ts 中的测试用例对系统进行测试, 并将运行时发生故障的测试用例组成的集合记为 Ts_1.

2) 对测试结果进行初步分析

组合测试模型把暴露出来的系统故障归结为由测试用例涉及的各种因素的值或值的组合造成的, 即系统故障有可能由 Ts_1 中测试用例涉及的因素或因素组合所引发. 因此, 将 Ts_1 中测试用例共同涉及因素及因素组合成分找出来, 这些元素很可能就是直接导致故障的原因, 可为进一步分析和确认故障原因提供非常重要的依据.

3) 生成附加测试用例以辅助故障诊断

为每个发现故障的测试用例生成相应附加测试用例, 例如, 如果 $t=(v_1,v_2,\cdots,v_n)$ 是首轮测试发现故障的测试用例, 逐个替换其涉及的因素值, 相应生成一组测试用例: $t_1=(*,v_2,\cdots,v_n),t_2=(v_1,*,\cdots,v_n),\cdots,t_n=(v_1,v_2,\cdots,v_{n-1},*)$. 然后用这些测试用例重新对系统进行测试, 下一步将对测试结果进行处理.

4) 根据附加测试用例运行情况重新进行分析和验证

附加测试用例的运行后, 其中未发生故障的测试用例对应的原测试用例中因素, 是有可能导致错误发生的成分, 例如, 对于首轮测试发现故障的测试用例 $t=(v_1,v_2,\cdots,v_n)$, 在第二轮测试中, 如果它的附加测试用例 t_1 和 t_2 通过, 则触发系统故障的原因包含因素 v_1 和 v_2.

该方法基于以下原理工作.

(1) 根据多因素工业系统的安全性要求、安全测试的成本预算和时间等要求, 选择不同覆盖程度 (具体包括覆盖所有系统因素各个取值的单因素覆盖、覆盖系统任意两个因素间所有组合的两两组合覆盖等, 关于这些不同覆盖程度的测试用例集生成已有很多公开的研究成果可以直接使用) 的组合测试用例集 Ts, 也可以根据测试关注点直接指定一些测试用例, 或者将这两个方面进行有机结合, 这样既兼顾测试人员的关注点, 又满足多因素工业系统安全测试的组合覆盖要求.

(2) 如果一个测试用例在执行中发现故障, 在多因素工业系统中可能是对应的某些因素组合触发了这个系统故障. 例如, $t=(2,1,4)$ 在测试时发现系统故障, 对应的触发故障的系统因素及其组合可能是: (2,—,—), (—,—,4), (—,1,—), (—,1,4),

(2,—,4), (2,1,—), (2,1,4). 没有发现故障的测试用例不会包含故障的触发因素及其组合, 因此比对发现系统故障的测试用例集, 其共同涉及的系统因素及组合可能是触发系统故障的原因.

(3) 为了进一步确定出是哪些因素或因素组合导致了软件故障, 并充分利用测试结果, 检查是否有新的隐错存在, 为 Ts_1 中每个运行时发生故障的测试用例 $t=(v_1,v_2,\cdots,v_i,\cdots,v_n)$ 设计 n 个附加测试用例: $t_1=(*,v_2,\cdots,v_i,\cdots,v_n), t_2=(v_1,*,\cdots,v_i,\cdots,v_n),\cdots,t_n=(v_1,v_2,\cdots,v_{n-1},*)$, 其中 "*" 号表示可以用任意不同于原来测试用例 $t=(v_1,v_2,\cdots,v_i,\cdots,v_n)$ 相应位置因素的取值来代入. 这样产生的一组测试用例为附加测试用例集, 记为 CTs.

(4) 运行附加测试用例集 CTs, 如果 $t=(v_1,v_2,\cdots,v_i,\cdots,v_n)$ 的 n 个附加测试用例中 t_1 和 t_2 在测试中正确运行, 其他都发现类似故障, 则触发系统故障的因素一定包含组合 v_1v_2. 因为其他测试用例 $t_3,\cdots,t_n$ 中都包含该组合, 只有 t_1 和 t_2 中不包含.

例 4-1 实例分析　以本书 1.4 节交换机测试为例.

1) 确定组合测试用例集并进行测试

如果把 1.4 节表 1-1 中的所有情况都测试到, 那么将需要 3^4=81 个测试用例来遍历所有的测试情况. 一般认为, 81 次测试的工作量太大, 而且没有必要进行完全测试, 因此需要根据该系统的测试要求、现有的测试资源等选择测试用例集. 如果考虑只覆盖待测系统中的各个因素, 只需要按照表 1-1 设计 3 个测试用例就可以了; 如果考虑对任意两个因素的两两组合进行覆盖, 需要选择一组两两组合覆盖的测试用例集 (表 1-2), 表 1-2 中每一行都给出了一个测试用例, 9 条测试用例实现了对任意两个因素间所有值组合的完全覆盖, 都至少出现一次. 当然, 要求更高时, 可以设计使用三三组合覆盖测试用例 (至少需要 27 条测试用例)、四四组合覆盖测试用例 (在本例中即为完全测试) 等, 也可以根据测试人员的关注点指派一些测试用例, 再在此基础上实现某个覆盖要求. 这里假定 1.4 节表 1-3 中前两个测试用例是测试人员指定的, 其余的测试用例是在此基础上对待测试系统实现两两组合覆盖测试.

当用这组测试用例对交换机进行测试后, 如果没有发现问题, 那么就说明交换机功能在这个水平上的测试是合格的. 当然不能因此就说交换机肯定没有问题, 因为任何测试只能证明被测对象的不完美性, 而无法证明它的完美性. 如果这组测试用例中有一个或几个运行时发生了故障, 那么作为测试应该说是比较成功的, 因为经过测试, 发现了系统故障. 接下来的重要工作就是分析故障的原因, 对它进行定位, 并排除故障. 我们不能撇开前面所做的测试工作, 泛泛地去重新分析、检查系统, 而应该以前面所做的测试工作为基础, 进行全面分析. 如果能迅速找出错误原因, 将大大提高软件测试的效率, 缩短时间, 并降低成本.

不失一般性地, 下面仅考虑当用表 1-3 中这组测试用例对交换机进行测试时, 系统运行时发生某个故障的测试用例组成的集合 Ts_1(表 4-16), 即表 1-3 中第 2 个和第 6 个测试用例. 不发生该故障的测试用例集合是表 1-3 中剩下的 7 个测试用例.

表 4-16 发生某个故障的测试用例集 Ts_1

呼叫种类	资费方式	接入方式	状态
国际	集中	环路	阻塞
长途	免费	环路	忙

2) 对测试结果进行初步分析

对比测试中发现故障的两条测试用例:(国际, 集中, 环路, 阻塞), (长途, 免费, 环路, 忙), 故障的触发原因可能包含因素: 接入方式 "环路".

3) 生成附加测试用例以辅助故障诊断

为了进一步找出导致系统故障的因素, 通过逐个修改 Ts_1 中测试用例涉及的因素值, 设计一个附加测试用例集 CTs, 如表 4-17 所示, 其中 "*" 号表示相应位置的参数值取任意一个测试人员感兴趣的, 不同于原来出错测试用例在相应位置的值 (在本例中取括号内的值).

表 4-17 附加测试用例集 CTs

	呼叫种类	资费方式	接入方式	状态
t_1	*(长途)	集中	环路	阻塞
t_2	国际	*(免费)	环路	阻塞
t_3	国际	集中	*(专用分组)	阻塞
t_4	国际	集中	环路	*(忙)
t_5	*(市话)	免费	环路	忙
t_6	长途	*(被叫方)	环路	忙
t_7	长途	免费	*(综合业务)	忙
t_8	长途	免费	环路	*(阻塞)

用这组测试用例再对交换机进行测试.

4) 根据附加测试用例的运行情况重新进行分析和验证

根据测试结果就可以确定出导致故障的原因, 针对不同的测试结果可以给出不同结论, 这里只以以下几种情况为例进行讨论.

情形 1 这 8 个测试用例的运行都没有发生原先的故障. 可以判定此时因素组合 (长途, 免费, 环路, 忙) 和 (国际, 集中, 环路, 阻塞) 是可能导致故障的因素.

情形 2 只有某一个测试用例运行时发生故障, 例如, 表 4-17 中第二个测试

用例 t_2 发生故障. 可以判定此时导致故障的可能原因是因素组合 (国际,—, 环路, 阻塞), (长途, 免费, 环路, 忙).

情形 3　有某 5 个测试用例测试时发生故障, 例如, $\mathrm{Ts}_1=\{t_3,t_4,t_5,t_6,t_7\}$, 此时可以根据 t_1、t_2 运行正常, 判定导致故障的原因应该包含因素组合 (国际, 集中,—,—), 根据 t_8 运行正常, 判定导致故障的原因应该包含因素组合 (—,—, —, 忙).

类似地, 可以讨论其他各种情形. 由此看出, 在组合测试的基础上, 并辅之以一些必要的相关测试用例, 可以对导致系统故障的因素进行有效的定位; 在产生故障的测试用例比较多的情况下, 分析过程比较复杂. 但由于多数情况下, 导致系统出错的测试用例数量很少 (这种测试用例对软件测试来说是高质量的测试用例). 如果这种导致系统出现错误的测试用例数量多, 说明系统质量太低, 需要进行广泛的重新分析和检查. 因此, 无论什么情况, 基于组合测试的基础, 并辅之以一些必要的新的相关测试用例, 对故障原因进行分析是非常重要的, 也是非常有效的.

4.3　差异定位算法

差异定位算法 (delta debugging) 是由 Zeller 等[4] 提出的用于确定软件系统中哪些事件的发生与系统特定表现相关的算法. Zeller 等成功地将差异定位算法应用到了很多故障定位场景中, 例如, 隔离程序中的故障链, 隔离与系统故障相关的组件交互, 隔离导致系统出错的线程等. 然而, 至今还没有将差异定位算法应用于组合测试的研究. 差异定位算法分为 simplification 和 isolation 两种方法. 本节研究如何将差异定位算法的这两种方法应用于组合测试的故障定位. 针对 isolation 方法, 每次只能定位出一个参数值的不足, 我们提出新的故障定位方法 RI(repeat isolation), 可以有效定位出触发故障的参数值组合. 又针对 RI 方法定位过程中没有充分利用组合测试过程中的有用信息, 对 RI 方法做相应的改进, 提出了 SRI 方法. 最后, 通过系统试验, 比较 SRI 方法、RI 方法、simplification 方法和已有方法在组合测试的故障定位方面性能的优劣. 结果显示, RI 方法和已有的故障定位算法相当, 利用组合测试中的信息而改进的 SRI 方法比已有的基于组合测试的故障定位算法定位速度更快.

4.3.1　基本概念

定义 4-8　对于 k-值模式 $\mathrm{mod}=(—,\cdots,v_{l_1},—,\cdots,v_{l_2},—,\cdots,v_{l_k},—,\cdots,—)$, 将 mod 拆分为 g 等份, 生成 g 个子模式, 它们分别为 $\mathrm{mod}_1=(—,\cdots,v_{l_1},v_{l_2},\cdots,v_{l_{[\frac{k}{g}]}},—)$, $\mathrm{mod}_2=(—,v_{l_{[\frac{k}{g}]+1}},v_{l_{[\frac{k}{g}]+2}},\cdots,v_{l_{2[\frac{k}{g}]}},—)$, $\cdots$, $\mathrm{mod}_g=(—,v_{l_{(g-l)[\frac{k}{g}]+1}},v_{l_{(g-1)[\frac{k}{g}]+2}},\cdots,v_{l_k},—)$. 本书将 g 称为划分粒度, 在不和其他模式引发混淆的情况下, 也可将它

们分别记为 $mod_1=(v_{l_1},v_{l_2},\cdots,v_{l_{[\frac{n}{g}]}})$, $mod_2=(v_{l_{[\frac{n}{g}]+1}},v_{l_{[\frac{k}{g}]+2}},\cdots,v_{l_{2[\frac{n}{g}]}})$, $\cdots$, $mod_g=(v_{l_{g-1[\frac{n}{g}]+1}},v_{l_{g-1[\frac{n}{g}]+2}},\cdots,v_{l_k})$.

例如, 对于模式 mod=(—, 集中, 环路, 阻塞), 若将其划分为两个模式, 则两个子模式依次为 mod_1=(—, 集中, 环路, —), mod_2=(—, —, —, 阻塞). 在不和其他模式引发混淆的情况下, 将这两个子模式依次记为: mod_1=(集中, 环路), mod_2=(阻塞).

定义 4-9 对于 $mod_1=(—,\cdots,v_{l1},\cdots,v_{li},\cdots)$, $mod_2=(—,\cdots,v_{l1'},\cdots,v_{ls'},\cdots)$, mod_1 和 mod_2 相同位置参数取值不冲突, 则 $mod=mod_1+mod_2=(\cdots,v_{l1},\cdots,v_{l1'},\cdots,v_{lk'},\cdots,v_{lk},\cdots)$.

例如, 对于 mod_1=(—, 集中, —, 阻塞), mod_2=(—, —, 环路, —), 则 $mod_3=mod_1+mod_2$=(—, 集中, 环路, 阻塞)=(集中, 环路, 阻塞). 若 mod_4=(—, 免费, 环路, —), 则 $mod_5=mod_1+mod_4$ 不存在. 若 mod_6=(—, 集中, 环路, —), 则 $mod_7=mod_1+mod_6$=(—, 集中, 环路, 阻塞)=(集中, 环路, 阻塞).

定义 4-10 对于模式 $mod_1=(—,\cdots,v_{l_1},—,\cdots,v_{l_2},—,\cdots,v_{l_k},—,\cdots,—)$ 和 $mod_2=(—,\cdots,v_{l_1},—,\cdots,v_{l_2},—,\cdots,v_{l_s},—,\cdots,—)$. $s\leqslant k$, 定义模式的差 $mod_1—mod_2=(—,\cdots,v_{l_{s+1}},—,\cdots,v_{s_{s+2}},—,\cdots,v_{l_k},—,\cdots,—)$.

例如, mod_1=(—, 免费, 环路, 忙), mod_2=(—, —, 环路, —), 则 mod_1-mod_2=(—, 免费, —, 忙)=(免费, 忙).

定义 4-11 对测试用例 $t_1=(v_1,v_2,\cdots,v_n)$, $t_2=(v_1',v_2',\cdots,v_n')$, 设 t_1 与 t_2 的差别模式 $V=t_1—t_2=(\Delta v_1,\Delta v_2,\cdots,\Delta v_n)$, 当 $v_i\neq v_i'$ 时, $\Delta v_i=v_i$; 当 $v_i=v_i'$ 时, $\Delta v_i=—$, 表示该位置处取值不定. 下面, 在不引发歧义的情况下, 将差别模式中的 "—" 省略不计.

例如, t_1=(长途, 免费, 环路, 忙), t_2=(国际, 集中, 环路, 阻塞), 则 t_1 与 t_2 的差别模式 $V=t_1-t_2$=(长途, 免费, —, 忙), 简记为 V=(长途, 免费, 忙).

由于软件系统出现故障多由某个参数值或者某些参数值的交互引起, 这些交互也就是测试用例中的某些取值模式. 因此, 假设待测系统 SUT 的故障是由某些 k-值模式引起的, 将这些引发系统故障的模式称为故障模式. 将可能含有故障模式或者含有与系统故障相关参数值的模式称为关注模式. 例如, 在 simplification 方法中, 关注模式为故障模式的父模式, 故障模式为关注模式的子模式; 而在 isolation 方法中, 关注模式中也必定含有故障模式的某个参数值.

定义 4-12 测试用例 t_1 和 t_2 的相似度 S 为这两条测试用例中取值相同的参数个数.

例如, 测试用例 t_1=(长途, 免费, 环路, 忙) 和 t_2=(国际, 集中, 环路, 阻塞) 的相似度为 1.

故障定位的基本假设.如果待测系统 SUT 的某个类型的故障由某个故障模式引发，那么所有包含该故障模式的测试用例都将引起系统这个故障的出现；所有不包含该故障模式的测试用例都不可能引发待测系统的这个故障出现. 换言之，若根据测试用例的运行情况，将测试用例分为 A 和 B 两个集合，A 集合中是出现故障的测试用例，B 集合中是没有出现该故障的测试用例，那么 A 集合中的测试用例必包含引发系统故障的故障模式，而 B 集合中的测试用例不可能包含引发系统故障的故障模式.

4.3.2 差异定位算法应用于组合测试的故障定位

差异定位算法是一个高效的可以自动化执行的故障定位算法，被成功用于很多真实的测试情景中. 该算法有两个基本方法：simplification 和 isolation 方法. 我们将差异定位算法的这两个基本方法应用于定位组合测试发现的故障. 下面给出这两个方法的基本原理和应用于组合测试故障定位的具体过程.

算法 4-1 simplification 方法定位流程

输入：出错的测试用例 $t=(v_1,v_2,\cdots,v_n)$.

输出：故障模式 err.

第一步：对测试用例 t，初始化关注模式为 $V=(v_1,v_2,\cdots,v_n)$，关注模式长度 $\text{len}(V)=n$. 初始化划分粒度 $g=2$(即将关注模式拆分为 $g=2$ 等份).

第二步：如果 $\text{len}(V)<2$，则退出，此时 V 中参数值就是引发系统故障的故障模式；否则，将 V 划分成 g 等份为 $V=(V_1,V_2,\cdots,V_g)$.

第三步：**for** $i=1$ **to** g

{在原测试用例 t 基础上，保留 $V-V_i$ 中的参数值，将其他参数值全部替换，生成新的测试用例 tcf.

if (tcf 运行出错) **then** 设 $g=\max(g-1,\ 2)$, $V=V-V_i$, 重新执行第二步}

第四步：若替换完 V 中的所有 g 等份中的参数值生成的附加测试用例都没有出错，此时，如果 $g=\text{len}(V)$，则 V 中参数值组成的模式就是引发系统故障的故障模式，退出；否则，令 $g=\min(g*2,\ \text{len}(V))$，重新执行第二步.

1. simplification *方法*

simplification 方法的基本原理是从一个大的出错场景中，排除与出错无关的部分，一步步约简，直到不能再约简为止，剩下的部分就与系统故障直接相关. 在组合测试中，把一条出错的测试用例视作一个出错的场景，把测试用例中的每一个参数值视作这个场景中最小的不可再分的单元，通过修改测试用例中的部分参数值，得到一条附加测试用例. 运行该附加测试用例，若仍然出错，被修改的参数值就是与系统故障无关的部分. 排除这部分参数值，就将这个故障模式的范围从大的场景缩小到了一个较小的场景中. 不断重复上述过程, 就可以定位出引发系统故障的那部分参数值, 即系统的故障模式. simplification 算法流程如算法 4-1 所示. 一条测试用例出错可能是由多个故障模式引发的, 为定位出所有的故障模式, 我们提出了非重叠的多故障模式定位算法. 多故障模式算法流程如算法 4-2 所示.

算法 4-2　多故障模式定位流程

输入: 出错的测试用例 T_{fail}.

输出: 故障模式列表 errorlist.

第一步: 初始化故障模式列表 errorlist 为空. 对出错的测试用例 T_{fail}, 初始化临时测试用例 $T_{\text{temp}}=T_{\text{fail}}$.

第二步: 将测试用例 T_{emp} 作为参数, 代入故障定位算法 (simplification 方法 (算法 4-1)、RI 方法 (算法 4-4) 或 SRI 方法 (算法 4-5)), 返回定位结果 err, 将 err 加入列表 errorlist.

第三步: 将 T_{temp} 中故障模式 err 进行替换, 生成附加测试用例 tcf. 运行 tcf, 若通过测试, 则退出, 列表 errorlist 中的故障模式就是测试用例 T_{fail} 中所有能引发系统故障的故障模式; 否则, tcf 中还含有其他故障模式, 令 T_{temp}=tcf, 重新执行第二步.

下面将从模拟试验中取出数据作为例子说明如何用 simplification 算法来定位组合测试发现的故障.

2. simplification *方法实例*

有一个待测系统 SUT, 该系统有 8 个参数, 若故障模式为 (—, —, —, —, 1, —, —, 1), 测试用例 tc=(1,1,0,1,1,0,0,1) 运行时出现了故障. 用 simplification 方法定位测试用例 tc 中的故障模式, 过程如表 4-18 所示.

表 4-18　simplification 方法定位过程

	v_1	v_2	v_3	v_4	v_5	v_6	v_7	v_8	results
error	—	—	—	—	1	—	—	1	
tc	1	1	0	1	1	0	0	1	fail
tcf_1	—	—	—	—	1	0	0	1	fail
tcf_2	—	—	—	—	—	—	0	1	pass
tcf_3	—	—	—	—	1	0	—	—	pass
tcf_4	—	—	—	—	—	0	0	1	pass
tcf_5	—	—	—	—	1	—	0	1	fail
tcf_6*	—	—	—	—	—	—	0	1	pass
tcf_7	—	—	—	—	1	—	—	1	fail
tcf_8	—	—	—	—	—	—	—	1	pass
tcf_9	—	—	—	—	1	—	—	—	pass
tcf_{10}	1	1	0	1	—	0	0	—	pass

表 4-18 中, 第 1 行 v_1 到 v_8 表示第 1～ 第 8 个参数, 第 2 行是植入系统的故障模式, 第 3 行是出错的测试用例, 第 4 行之后为定位过程中需要补测的附加测试用例. 每条附加测试用例中, "—" 表示该参数的取值与原测试用例的取值不相同.

最后一列是每条附加测试用例的运行结果. 表中带 "*" 的测试用例表示该条测试用例, 在上面的定位过程中已出现过. 本书后面的试验, 不将这些重复出现的附加测试用例纳入计数.

首先初始化测试用例 T_{temp}=tc=(1,1,0,1,1,0,0,1), 初始化 errorlist 为空. 将 T_{temp} 作为参数代入 simplification 算法.

初始化关注模式 $V=(v_1,v_2,v_3,v_4,v_5,v_6,v_7,v_8)$, 初始化划分力度 $g=2$, 将 V 划分为两个子模式: $V_1=(v_1,v_2,v_3,v_4)$ 和 $V_2=(v_5,v_6,v_7,v_8)$. 在 T_{temp} 的基础上, 保留 V_2 中的参数值, 替换 V_1 中的参数值, 生成附加测试用例 tcf_1. 运行 tcf_1 出错, 则令 $V=V-V_1=(v_5,v_6,v_7,v_8)$, 更改划分粒度 $g=\max(g-1,2)=2$.

将关注模式 V 重新划分为两个子模式: $V_1=(v_5,v_6)$ 和 $V_2=(v_7,v_8)$. 在 T_{temp} 的基础上, 保留 V_2 中的参数值, 替换 T_{temp} 中的其他参数值, 生成附加测试用例 tcf_2, 运行 tcf_2 没有出错. 再在 T_{temp} 的基础上, 保留 V_1 中的参数值, 替换 T_{temp} 中的其他参数值, 生成附加测试用例 tcf_3, 运行 tcf_3 没有出错. 此时更改划分粒度 $g=\min(g\times 2,\text{len}(V))=4$.

将关注模式 V 重新划分为 4 个子模式: $V_1=(v_5)$、$V_2=(v_6)$、$V_3=(v_7)$ 和 $V_4=(v_8)$. 在 T_{temp} 的基础上, 保留 V_2、V_3 和 V_4 中的参数值, 将 T_{temp} 中的其他参数值替换生成附加测试用例 tcf_4, 运行 tcf_4 没有出错. 再在 T_{temp} 的基础上, 保留 V_1、V_3 和 V_4 中的参数值, 将 T_{temp} 中的其他参数值替换生成附加测试用例 tcf_5. 运行 tcf_5 出错, 则令关注模式 $V=V-V_2=(v_5,v_7,v_8)$. 更改划分粒度 $g=\max(g-1,2)=3$.

将关注模式 V 重新划分为 3 个子模式: $V_1=(v_5)$、$V_2=(v_7)$ 和 $V_3=(v_8)$. 在 T_{temp} 的基础上, 保留 V_2 和 V_3 中的参数值, 将 T_{temp} 中的其他参数值替换生成附加测试用例 tcf_6, 运行 tcf_6 没有出错. 再在 T_{temp} 的基础上, 保留 V_1 和 V_3 中的参数值, 将 T_{temp} 中的其他参数值替换生成附加测试用例 tcf_7, 运行 tcf_7 出错. 令 $V=V-V_2=(v_5,v_8)$. 此时更改划分粒度 $g=\max(g-1,2)=2$.

将关注模式 V 重新划分为两个子模式: $V_1=(v_5)$ 和 $V_2=(v_8)$. 在 T_{temp} 的基础上, 保留 V_2 中的参数值, 将 T_{temp} 中的其他参数值替换生成附加测试用例 tcf_8, 运行 tcf_8 没有出错. 再在 T_{temp} 的基础上, 保留 V_1 中的参数值, 将 T_{temp} 中的其他参数值替换生成附加测试用例 tcf_9, 运行 tcf_9 没有出错. 此时 $g=2=\text{len}(V)$, 退出, 引发系统故障的故障模式就是 err=V=(v_5,v_8).

为确认测试用例 tc 中是否还含有其他故障模式, 将 tc 中的故障模式 err 修复 (即将 err 中的参数值替换), 生成附加测试用例 tcf_{10}. 运行 tcf_{10} 没有出错, 则系统中只存在 err 一个故障模式.

3. isolation 方法和 RI 方法

isolation 方法着眼于一个正确的测试场景和错误的测试场景之间的差别，从正确的场景和错误的场景两个方向，不断将该差别缩小，直到不能再缩小为止，得到的这个最小差别，就是引发系统故障的原因. 在组合测试中，将一条出错的测试用例视作一个错误的场景. 取一条正确的测试用例作为正确的场景，比较这两个测试用例的区别，修改出错测试用例中与正确测试用例差别中的部分参数值，得到一条附加测试用例. 运行该测试用例，若正确，则将它作为与错误测试用例差别最小的正确场景，再比较它与最新的错误场景之间的差别；若出错则将它作为与正确测试用例差别最小的错误场景，再比较它与最新的正确的场景之间的差别，重复该步骤，不断地将正确场景与错误场景之间的差异缩小，最终得到的最小差别就是系统故障模式中的一个参数值. 详细的 isolation 算法流程如算法 4-3 所示.

算法 4-3 isolation 方法定位流程

输入：出错的测试用例 t，关注模式 V.

输出：故障模式中包含的单个参数值 v_i.

第一步：对测试用例 t 和关注模式 V. 设 $V_{\text{unrelated}}$ 为暂时与系统故障无关的参数值组成的模式，初始 $V_{\text{unrelated}}$ 为空.

第二步：如果 $\text{len}(V) = 1$，则退出，此时 V 中的参数值就是与系统故障相关的参数值；否则，将 V 平均分为 2 等份，即 $V = (V_1, V_2)$.

第三步：替换 t 中含 V_1 和 $V_{\text{unrelated}}$ 的参数值，生成附加测试用例 T_{next}，运行 T_{next}.

  if(t_{next} 出错) **then**设 $V = V_2$，$V_{\text{unrelated}} = V_{\text{unrelated}} + V_1$，重新执行第二步；

  elseif(T_{next} 正确) **then** 设 $V = V_1$，重新执行第二步.

isolation 方法定位出的最小差异是不可再分的，在组合测试中就是测试用例中的单个参数值. 用 isolation 方法定位时，每次只能定位出故障模式中的一个参数值，因此应用在组合测试上需要做一定的变化：对于一个 k 值的故障模式，进行 k 次 isolation 定位过程，依次定位出故障模式的每个参数值. 这就是 RI 方法. 即每定位一个参数值，先生成与原始测试用例，除已定位出来的参数值以外，其他参数值完全不同的测试用例. 将原始测试用例与它的差别模式作为关注模式，将原始测试用例和关注模式作为参数，输入算法 4-3 中的 isolation 定位过程中，定位出新的参数值. 详细的 RI 方法流程如算法 4-4 所示.

4. RI 方法实例

对于表 4-18 中的例子，用 RI 方法定位测试用例 tc 中的故障模式，其定位过程如表 4-19 所示. 其中，() 内的参数值表示已经定位出的故障模式中的参数值.

算法 4-4 RI 方法定位流程

输入：出错的测试用例 t.

输出：故障模式 err.

第一步：对测试用例 $t=(v_1,v_2,\cdots,v_n)$, 设 V_{related} 为已经定位出来的参数值组成的模式, 初始 V_{related} 为空, 此时令关注模式 $V=(v_1,v_2,\cdots,v_n)$.

第二步：将测试用例 t 和关注模式 V 作为参数, 代入算法 4-3, 执行 isolation 过程, 返回结果 v_i. $V_{\text{related}}=V_{\text{related}}+v_i$.

第三步：在 t 基础上, 保留 V_{related} 中的参数值, 将 T 中其他参数值都替换, 生成附加测试用例 tcf, 运行 tcf, 若出错, 则退出, 此时 V_{related} 中参数值组成的模式就是故障模式; 否则, 将 t 和 tcf 的差别模式作为关注模式, 即令 $V=t-\text{tcf}$, 重新执行第二步.

表 4-19 RI 方法定位过程

	v_1	v_2	v_3	v_4	v_5	v_6	v_7	v_8	result
error	—	—	—	—	1	—	—	1	
tc	1	1	0	1	1	0	0	1	fail
tcf_1	—	—	—	—	1	0	0	1	fail
tcf_2	—	—	—	—	—	—	0	1	pass
tcf_3	—	—	—	—	—	0	0	1	pass
tcf_4	—	—	—	—	(1)	—	—	—	pass
tcf_5*	—	—	—	—	(1)	0	0	1	fail
tcf_6	—	—	—	—	(1)	—	—	1	fail
tcf_7*	—	—	—	—	(1)	—	—	(1)	fail
tcf_8	1	1	0	1	—	0	0	—	pass

表 4-19 中第 1～ 第 3 行以及最后一列, 和表 4-18 中意义相同. 首先初始化测试用例 T_{temp}=tc=(1,1,0,1,1,0,0,1), 初始化 errorlist 为空, 将 T_{temp} 作为参数代入 RI 算法中.

初始化 V_{related} 为空, 令关注模式 $V=(v_1,v_2,v_3,v_4,v_5,v_6,v_7,v_8)$. 将 T_{temp} 和 V 作为参数, 代入 isolation 算法, 初始化 $V_{\text{unrelated}}$ 为空. 将 V 划分为两个子模式：$V_1=(v_1,v_2,v_3,v_4)$, $V_2=(v_5,v_6,v_7,v_8)$. 在 T_{temp} 基础上, 将 V_1 和 $V_{\text{unrelated}}$ 中的参数值替换生成附加测试用例 tcf_1. 运行 tcf_1 出错, 则令关注模式 $V=V_2=(v_5,v_6,v_7,v_8)$, $V_{\text{unrelated}}=V_{\text{unrelated}}+V_1=(v_1,v_2,v_3,v_4)$.

将 V 重新划分为两个子模式：$V_1=(v_5,v_6)$, $V_2=(v_7,v_8)$. 在 T_{temp} 基础上, 将 V_1 和 $V_{\text{unrelated}}$ 中参数值替换生成附加测试用例 tcf_2. 运行 tcf_2 没有出错, 则令关注模式 $V=V_1=(v_5,v_6)$.

将 V 重新划分为两个子模式：$V_1=(v_5),V_2=(v_6)$. 在 T_{temp} 基础上, 将 V_1 和 $V_{\text{unrelated}}$ 中参数值替换生成附加测试用例 tcf_3. 运行 tcf_3 没有出错, 则令关注模式 $V=V_1=(v_5)$. 此时 len(V)=1, 则 v_5 就是故障模式中的一个参数值. 令 $V_{\text{related}}=V_{\text{related}}+(v_5)=(v_5)$.

在 T_{temp} 的基础上, 将 V_{related} 中参数值 v_5 保留, 其他参数值替换生成附加测试用例 tcf$_4$. 运行 tcf$_4$, 没有出错, 则该故障模式中, 还含有其他参数值. 此时令关注模式 $V = T_{\text{temp}}-\text{tcf}_4=(v_1, v_2, v_3, v_4, v_6, v_7, v_8)$, 将 T_{temp} 和 V 作为参数, 代入 isolation 算法, 初始化 $V_{\text{unrelated}}$ 为空.

将 V 重新划分为两个子模式: $V_1 = (v_1, v_2, v_3, v_4)$, $V_2 = (v_6, v_7, v_8)$. 在 T_{temp} 基础上, 将 V_1 和 $V_{\text{unrelated}}$ 中参数值替换生成附加测试用例 tcf$_5$. 运行 tcf$_5$ 出错, 则令关注模式 $V = V_2 = (v_6, v_7, v_8)$, $V_{\text{unrelated}} = V_{\text{unrelated}} + V_1 = (v_1, v_2, v_3, v_4)$.

将 V 重新划分为两个子模式: $V_1 = (v_6, v_7)$, $V_2 = (v_8)$. 在 T_{temp} 基础上, 将 V_1 和 $V_{\text{unrelated}}$ 中参数值替换生成附加测试用例 tcf$_6$. 运行 tcf$_6$ 出错, 则令关注模式 $V = V_2 = (v_8)$, $V_{\text{unrelated}}=V_{\text{unrelated}} + V_1 = (v_1, v_2, v_3, v_4, v_6, v_7)$. 此时 len($V$)=1, 则 V 中参数值 v_8 就是故障模式的一个参数值, 令 $V_{\text{related}} = V_{\text{related}} + v_8 = (v_5, v_8)$.

在 T_{temp} 的基础上, 将 V_{related} 中参数值 v_5 和 v_8 保留, 其他参数值替换生成附加测试用例 tcf$_7$, 运行 tcf$_7$, 出错, 则 V_{related} 中的参数值组成的模式就是引发系统故障的故障模式. 返回故障模式 err=(v_5, v_8).

为确认该测试用例中是否还含有其他能引发系统故障的故障模式, 在 T_{temp} 的基础上, 将故障模式 err 中的参数值替换, 生成附加测试用例 tcf$_8$. 运行 tcf$_8$, 没有出错, 则 err=(v_5, v_8) 就是该测试用例中唯一能引发系统故障的故障模式.

5. 两种方法的比较分析

算法的优劣取决于算法的时间复杂度和空间复杂度. 在故障定位中过程中, simplification 和 isolation 方法都属于自适应测试方法, 即每一条测试用例的生成取决于前一条测试用例的测试结果. 因此, 定位一条测试用例中的故障模式, 其过程都是串行的. 假设每条测试用例的运行时间相同, 每条附加测试用例的生成时间忽略不计, 那么定位过程所需的时间与所需要运行的附加测试用例数成正比. 一般根据算法产生的附加测试用例数来比较定位算法的优劣, 所需附加测试用例数越少, 算法越优.

在 simplification 方法中, 每次 simplification 过程都能定位出一个完整的故障模式. 然而定位时需要将测试用例中还没有排除与故障相关的参数值 2 分、4 分或者更细粒度的划分, 替换其中一部分参数值以生成附加测试用例. 其中, 运行正确的附加测试用例, 对推进定位过程不起作用, 只有当附加测试用例运行出错时, 才能缩小故障模式的范围. 且这种划分容易将故障模式打破, 不能让新生成的附加测试用例产生错误, 从而也就不能快速地缩小故障模式的范围. 对于一条 n 个参数值的测试用例, 用 simplification 方法定位, 最坏的情况下需要 $n^2 + 3n$ 条附加测试用例, 最好的情况下, 需要的附加测试用例数不大于 $2\log_2 n$ 条.

而在 isolation 方法中, 缩小故障模式中参数值的范围是从正确的测试用例和错误的测试用例两个方向开始的. 不管附加测试用例运行是否出错, 都能将故障模式中某个参数值的范围缩小, 其过程类似于 2 分搜索, 因此, 单个 isolation 过程速度较快. 然而, 由于系统中故障模式通常不是由一个参数值组成的, 对于一个 t 维的故障模式, RI 方法故障定位过程需要 t 次 isolation 过程. 对于单次 isolation 过程, 平均情况下所需要的测试用例数为 $\log_2 n$ 条. 因此, 要定位一个 t 维的故障模式, RI 方法平均情况下需要 $t\times(\log_2 n)$ 条附加测试用例.

4.3.3 算法改进

1. *SRI 方法*

已有的基于组合测试的故障定位算法都没有充分利用组合测试过程中留下的有用信息. RI 方法中, 每次调用 isolation 算法时, 初始的正确测试用例, 是将原始测试用例中除已定位出的参数值外的其他参数值全部替换生成的. 该正确测试用例与原始出错测试用例之间的差别较大, 差别模式长度较大, 从而增加了 isolation 过程中产生的附加测试用例数.

SRI 方法是在 RI 方法的基础上, 每次调用 isolation 方法时, 将初始正确测试用例设置为组合测试生成的覆盖表中与原始测试用例相似度最高的运行正确测试用例. 这样, 初始的正确测试用例与原始出错测试用例的差别较小, 减小了 isolation 过程中产生的附加测试用例数. SRI 方法流程如算法 4-5 所示.

算法 4-5 SRI 方法定位流程

输入: 出错的测试用例 T.

输出: 故障模式 err.

第一步: 对于测试用例 T, 设 V_{related} 为已经定位出来的参数值的集合, 初始设为空.

第二步: 在组合测试过程中使用的覆盖表 (测试用例集) 里找到一条含有 V_{related} 中参数值, 且与 T 相似度最高的正确测试用例 T_{pass}; 如果找不到, 则在 T 的基础上保留 V_{related} 中参数值, 将其他参数值替换生成测试用例 T_{pass}. 将 T 和 T_{pass} 的差别模式作为关注模式, 即令 $V = T - T_{\text{pass}}$.

第三步: 将 T 和 V 作为参数调入算法 4-3, 执行 isolation 过程, 返回结果 v_i. 令 $V_{\text{related}} = V_{\text{related}} + v_i$.

第四步: 在 T 基础上, 保留 V_{related} 中的参数值, 将 T 中其他参数值都替换, 生成附加测试用例 tcf, 运行 tcf, 若出错, 则退出, 此时 V_{related} 中参数值组成的模式就是故障模式; 否则重新执行第二步.

2. *SRI 方法实例*

本节仍使用上节的例子来演示 SRI 方法的定位过程. 定位过程所用到的覆盖表由随机方法生成. 详细的定位过程如表 4-20 所示.

表 4-20 SRI 方法定位过程

	v_1	v_2	v_3	v_4	v_5	v_6	v_7	v_8	result
error	—	—	—	—	1	—	—	1	
tc	1	1	0	1	1	0	0	1	fail
T_{pass1}	1	1	0	1	1	0	0	0	pass
tcf_1	—	—	—	—	—	—	—	(1)	pass
T_{pass2}	1	0	0	1	0	0	0	(1)	pass
tcf_2	1	—	0	1	1	0	0	(1)	fail
tcf_3	—	—	—	—	(1)	—	—	(1)	fail
tcf_4	1	1	0	1	—	0	0	—	pass

初始化故障模式列表 errorlist 为空, 初始化临时测试用例 T_{temp}=tc=(1,1,0,1,1,0,0,1). 将 T_{temp} 作为参数代入 SRI 算法.

初始化 V_{related} 为空, 从组合测试生成的覆盖表中找到一条与 T_{temp} 相似度最高, 且含有 V_{related} 中参数值的正确测试用例 T_{pass1}. 令关注模式 $V = T_{\text{temp}} - T_{\text{pass1}}=(v_8)$, 将 T_{temp} 和 V 作为参数代入 isolation 算法.

初始 $V_{\text{unrelated}}$ 为空, 因为 len(V)=1, 退出, 此时 V 中参数值 v_8 是故障模式中的一个参数值. 令 $V_{\text{related}}=V_{\text{related}}+v_8=(v_8)$.

在 T_{temp} 基础上, 保留 V_{related} 中参数值, 将其他参数值替换, 生成附加测试用例 tcf_1. 运行 tcf_1, 没有出错, 则该故障模式中还含有其他参数值.

初始化 V_{related} 为空, 从组合测试生成的覆盖表中找到一条与 T_{temp} 相似度最高, 且含有 V_{related} 中参数值的正确测试用例 T_{pass2}. 令关注模式 $V = T_{\text{temp}} - T_{\text{pass2}}=(v_2,v_5)$, 将 T_{temp} 和 V 作为参数代入 isolation 算法.

初始化 $V_{\text{unrelated}}$ 为空, len(V) > 1, 将关注模式 V 划分为两个子模式: $V_1=(v_2)$, $V_2=(v_5)$. 在 T_{temp} 基础上, 将 $V_{\text{unrelated}}$ 和 V_1 中参数值替换, 生成附加测试用例 tcf_2. 运行 tcf_2 出错, 则令关注模式 $V=V_2=(v_5)$, $V_{\text{unrelated}}=V_{\text{unrelated}}+v_2=(v_2)$. 此时 len($V$)=1, 则退出, V 中参数值 v_5 为故障模式中的一个参数值. 令 $V_{\text{related}}=V_{\text{related}}+v_5=(v_5,v_8)$.

在 T_{temp} 基础上, 保留 V_{related} 中参数值, 将其他参数值替换, 生成附加测试用例 tcf_3. 运行 tcf_3 出错, 则 V_{related} 中参数值组成的模式就是测试用例 tc 中引发系统故障的故障模式. 返回故障模式 err=(v_5,v_8).

为确认系统中是否还含有其他故障模式, 在 T_{temp} 基础上, 将 err 中参数值替换, 生成附加测试用例 tcf_4. 运行 tcf_4, 没有出错, 则测试用例 tc 中仅存在 err=(v_5,v_8) 这一个故障模式.

对比表 4-20 和表 4-19, 可以发现, 定位故障模式所产生的附加测试用例数减少了 4 条. 表 4-20 中 T_{pass1} 和 T_{pass2} 是从正确运行的测试用例中挑出来的, 并不代表每次都能挑到与原测试用例相似度很高的测试用例. 为说明该改进算法的优异性, 4.3.4 节用更多的试验来证明.

4.3.4 试验设计与结果分析

本章使用大规模试验, 比较 simplification 算法、RI 算法、SRI 算法和已有的故障定位算法 FIC_BS 在组合测试的故障定位方面的性能优劣.

依然采用上述方法实例中的模型, 即有一待测系统 SUT, 该 SUT 有 n 个参数, 系统中有一故障模式 err, err 中有 t 个参数值 ($2 \leqslant t \leqslant 4$). 固定 n 的值, 变换 t 的大小, 分别计算 simplification 方法、RI 方法、改进的 SRI 方法和 FIC_BS 方法定位所有位置上的 t-维故障模式产生附加测试用例数, 从而比较这 4 种算法的优劣.

由于在真实的软件工程活动中, 相同的测试用例可以直接调用曾经的运行结果, 不需要再次运行测试, 减少了故障定位的成本. 因此, 试验中, 把出现多次的相同附加测试用例, 仅记作 1 条测试用例. 在 SRI 算法中, 用到了覆盖表.

图 4-7 是当 $n = 8, t = 2$ 时, simplification 方法、RI 方法、SRI 方法和 FIC_BS 方法定位所有位置上的二维故障模式所用的附加测试用例数. 图中横坐标表示故障模式的位置, 例如, 横坐标 (2,4), 表示故障模式有两个参数值, 一个在位置 2 上, 另一个在位置 4 上, 横坐标的最后位置是每个方法定位全部故障模式产生的附加测试用例数的平均值. 纵坐标表示每个方法定位一个故障模式所用的附加测试用例数, 例如, 当故障模式的位置为 (5,8) 时, simplification 方法、FIC_BS 方法、RI 方法和 SRI 方法定位出故障所需要的附加测试用例数分别为 9 条、7 条、6 条和 4 条. 其中 simplification 方法、RI 方法和 SRI 方法的定位过程, 在前面的实例中已给出.

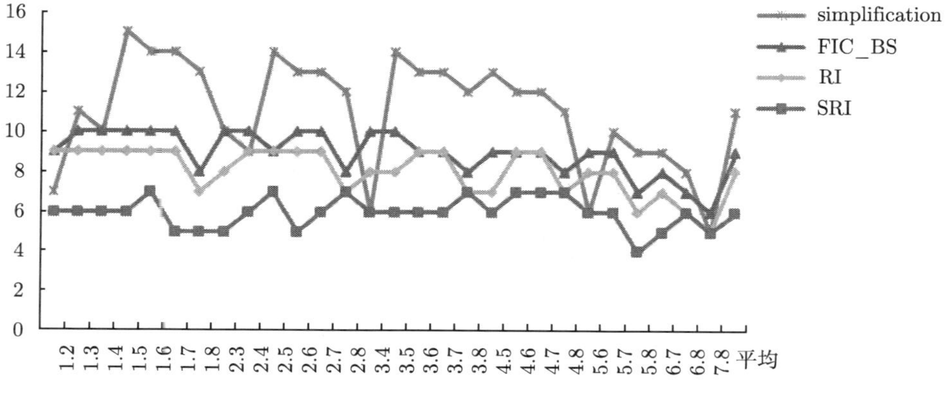

图 4-7 4 种方法定位 8 个参数所有二维故障所用附加测试用例数

从图 4-7 中可以看到, 大部分情况下, simplification 方法定位过程产生的附加测试用例数最多, 偶尔在几个位置上, 产生的附加测试用例数最少. RI 方法比 FIC_BS 方法略优, 大部分位置上产生的附加测试用例数比 FIC_BS 少, 少部分位置上和 FIC_BS 持平. SRI 方法在大部分位置上产生的附加测试用例数都是最少的. 从定位的平均值来看, 4 种方法的定位效率由高到低依次为 SRI>RI>FIC_BS>simplification.

为了证明上述结论, 我们做了 8 个参数、16 个参数、24 个参数、32 个参数和 40 个参数的 t-值故障模式 ($2 \leqslant t \leqslant 4$) 试验. 由于试验数据比较大, 我们对试验数据做了统计. 统计了当 n 和 t 固定时, simplification 方法和 RI 方法比 FIC_BS 优的比例和比 FIC_BS 弱的比例, 统计结果分别如表 4-21 和表 4-22 所示. 统计了当 n 和 t 固定时, SRI 方法比 RI 方法性能提升的百分比, 统计结果如表 4-23 所示.

从表 4-21 和表 4-22 中的统计数据, 可以验证我们的结论: 部分情况下, RI 方法比 FIC_BS 方法略优; 大部分情况下, simplification 方法比 FIC_BS 方法定位产生的附加测试用例数要多. 表 4-23 的统计数据显示, 通过利用组合测试过程留下的有用信息, SRI 方法大幅提升了故障定位的效率.

组合测试是一种高效的、科学的软件测试方法, 目前已有许多在组合测试方法基础上提出的故障定位算法. 但是它们都没有充分利用组合测试过程中的有用信息, 导致在定位时产生的附加测试用例相对较多.

表 4-21 simplification、RI 方法在相同的 n 和 t 下, 比 FIC_BS 方法优的概率

(单位: %)

参数个数	simplification			RI		
n	$t=2$	$t=3$	$t=4$	$t=2$	$t=3$	$t=4$
8	17.9	17.9	11.4	78.6	55.5	72.9
16	10.0	6.0	4.5	74.2	48.4	60.5
24	9.0	3.7	1.9	68.9	43.6	51.6
32	6.0	2.5	1.3	72.2	41.7	50.8
40	5.8	1.8	1.0	68.5	39.5	46.3

表 4-22 simplification、RI 方法在相同的 n 和 t 下, 比 FIC_BS 方法劣的概率

(单位: %)

参数个数	simplification			RI		
n	$t=2$	$t=3$	$t=4$	$t=2$	$t=3$	$t=4$
8	75.0	69.4	81.4	0	5.3	1.4
16	85.0	91.6	93.6	0	22.5	16.8
24	89.5	95.3	97.1	2.5	32.1	27.5
32	91.7	96.6	98.2	0	27.5	25.4
40	92.4	97.6	98.7	2.8	34.7	31.6

表 4-23　在相同的 n 和 t 下, SRI 方法比 RI 方法性能提升的百分比　(单位: %)

参数个数 n	SRI		
	$t=2$	$t=3$	$t=4$
8	25.8	32.7	40.3
16	20.4	23.1	24.4
24	16.6	21.8	21.3
32	13.7	18.2	17.2
40	15.5	18.4	16.8

本节在组合测试模型的基础上, 应用差异定位算法进行故障定位. 研究了差异定位算法中 simplification 方法和 isolation 方法定位错误测试用例中故障模式的过程, 对 isolation 方法进行了改进, 提出了 RI 方法, 并分析了 RI 方法定位错误测试用例中故障模式的过程. 针对 RI 方法没有充分利用组合测试过程中的有用信息这一不足, 对 RI 方法提出改进, 提出 SRI 方法, 并用大量试验验证了 SRI 方法可以更加有效、快速地定位出组合测试发现的故障.

本节用大规模仿真试验验证了以下几个结论: ①SRI 方法比 RI 方法在定位时产生的附加测试用例数少, 性能更优; ②RI 方法比已有的故障定位方法 FIC_BS 定位性能略优; ③simplification 方法和已有的方法相比, 定位效率相对较低; ④利用组合测试过程中的信息, 能有效的加快故障定位的过程.

本节中提到的 simplification 方法、RI 方法、SRI 方法没有能够解决故障定位中的几个难点问题: ①对一条测试用例中可能存在的重叠的多个故障模式, simplification 方法、RI 方法和 SRI 方法可能只能定位其中的一个或多个不重叠的故障模式; ②对定位过程中, 可能出现的引入新的故障模式的问题, 已有的方法都没有给出很好的解答. 对于这些问题, 我们会在下一阶段的研究中着力解决[5].

4.4　关系树模型法

给定一个发现故障的测试用例, 要定位出其中的最小故障模式 (可能含有多个). 本节给出了故障模式的定位和验证方法, 总流程图如图 4-8 所示.

以下通过一个例子来说明该算法[6].

假设 SUT 受 4 个参数影响, 每个参数可取 3 个值, 为了测试这个系统, 生成了一些测试用例, 具体测试用例及测试结果见表 4-24.

1. 建立失败测试用例的故障模式关系树

表 4-24 中测试用例 5(2, 2, 3, 1) 在测试过程中失败了. 按照图 4-8 描述的故障

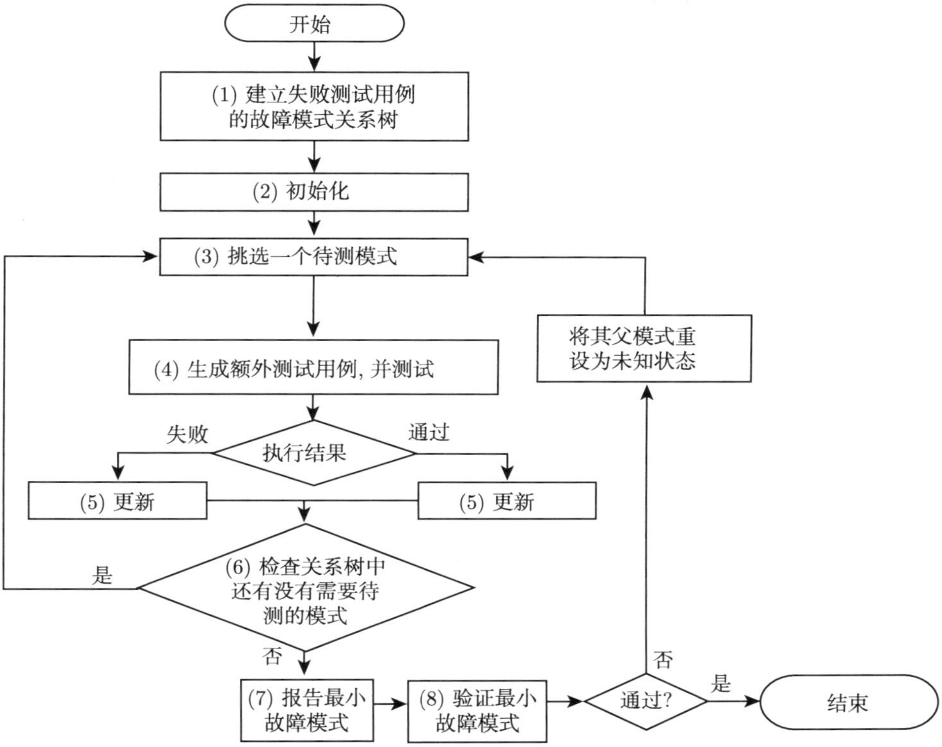

图 4-8 故障模式定位与验证流程图

模式定位流程, 首先生成模式关系树结构. 如图 4-9 所示. 模式关系树是由节点和连接节点之间的有向线段组成. 其中, 节点代表错误测试用例中的模式. 有向线段连接的两个节点所表示的模式之间存在直系父子关系, 从直系父模式指向直系子模式. 可以递归得出模式的父子关系, 例如, 图 4-9 中模式 [2,2,3,—] 是 [—,2,—,—] 的父模式.

表 4-24 测试用例及其执行结果

Id	测试用例				执行结果
1	3	2	1	2	pass
2	1	3	2	2	pass
3	1	1	3	3	pass
4	3	3	2	3	pass
5	2	2	3	1	fail

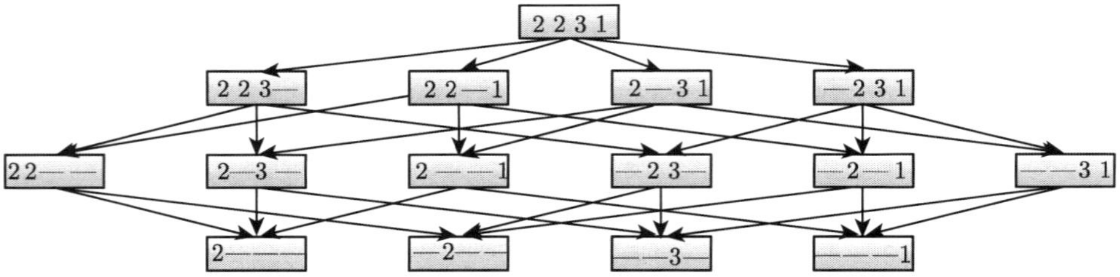

图 4-9　(2, 2, 3, 1) 的模式关系树

2. 初始化

由于测试用例 5(2, 2, 3, 1) 在测试过程中失败, 因此根模式 [2,2,3,1] 为故障模式, 并将其表示为深灰色, 然后将出现在通过测试用例 (未发现错误的测试用例) 中的模式设为健康模式, 并将其设为浅灰色, 它们分别是 [— 2 — —] 出现在测试用例 1 中, [— — 3 —] 出现在测试用例 3 中, 其他模式为未确定模式. 经过初始化后, 关系树演化为图 4-10 的形式.

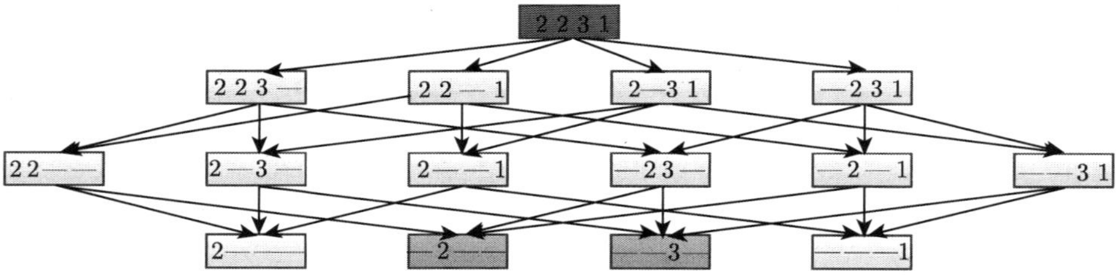

图 4-10　初始化模式关系树中的模式状态

3. 挑选一个待测模式

初始化之后就要挑选未确定模式进行测试, 挑选策略有很多种, 如根据树的广度搜索挑选模式, 或是根据树的深度搜索挑选模式. 本节没有采取这两种方式, 而是采用 path+ 二分搜索的方式来挑选模式.

path 就是图 4-11 中由线段相连的模式组成的路径. 如 [2 2 3 1] → [2 2 3 —] → [2 2 — —]→[2 — — —] 就是一条路径. 这里只挑选由未被确定的模式组成的路径, 因此, 路径中不会包含 [2 2 3 1]. 并且, 每次只挑选当前最长的路径, 因此相比 [2 2 3 —] → [2 2 — —], 我们会挑选更长的路径 [2 2 3 —] → [2 2 — —] → [2 — — —] 作为待挑选的模式组. 然后在待挑选的模式组里, 用二分法选择中间的模式 [2 2 — —] 作为本次测试的待测模式.

4. 生成额外测试用例，并测试

对于已被挑选的模式，要生成额外的测试用例来测试它是故障模式还是健康模式 (非故障模式). 如对于刚刚挑选的模式 [2 2 — —], 生成一条额外的测试用, 如 (2 2 1 2). 然后执行. 执行结果只考虑失败和通过两种.

(1) 如果 (2 2 1 2) 通过, 则待测模式 [2 2 — —] 是健康模式.

(2) 如果失败, 因为故障模式是指包含此模式的所有可能的测试用例都在运行时失败, 所以不能依此就断定此模式为故障模式. 为了能够确定此模式, 先假设如下情况. 不考虑引入故障, 即生成的额外测试用例不会引入新的故障, 那么因为新生的测试用例失败了, 所以只能是由于待测的模式引发的这次失败, 这时可以确认这个模式为故障模式.

5. 更新

如何更新是根据上次的测试结果而定的. 很容易根据定义得到如下两条性质: ①故障模式的父模式也为故障模式; ②健康模式的子模式也为健康模式.

因此, 如果上次测得待测模式为故障模式, 那么这次就要将故障关系树中关于这个模式的所有父模式设为故障模式, 比如, 如果 [2 2 — —] 为故障模式, 那么故障关系树就演化为如图 4-11 所示.

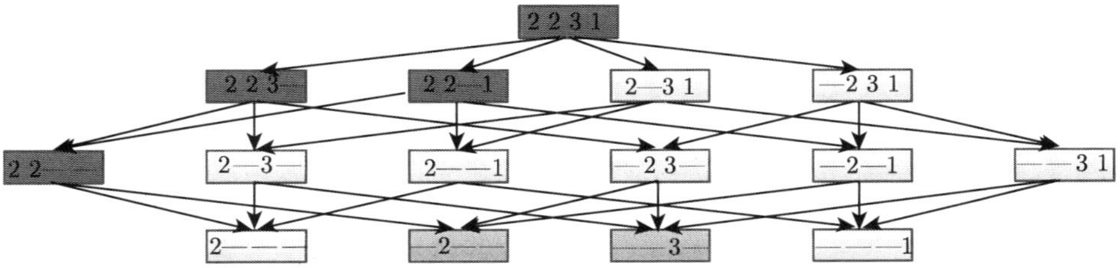

图 4-11 [2 2 — —]为故障模式时的模式关系树状态

而如果上次待测模式为健康模式, 那么就要将故障关系树中这个模式的所有子模式设为健康模式, 如若 [2 2 — —] 为健康模式, 则故障关系树就演化为图 4-12 所示的形式.

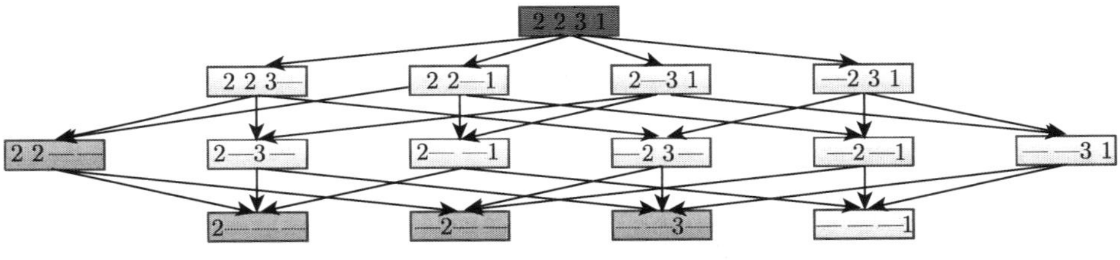

图 4-12 [2 2 — —] 为健康模式时的模式关系树状态

6. 检查关系树中还有没有需要待测的模式

这个步骤可分为如下两步.

第一步, 要确认当前的路径是否已经确定完所有的模式了, 假设还没有, 如图 4-11 中路径 [2 2 3 —] → [2 2 — —] →[2 — — —] 中还存在模式 [2 — — —], 那么就根据二分法继续挑选下一个模式, 注意此时二分法的头节点是 [2 — — —], 而尾节点也为 [2 — — —], 那么取 "中间" 的模式 [2 — — —] 为下一个模式.

第二步, 如果第一步发现这条路径全被确定, 如图 4-13 所示, 就要重新挑选一条最长的未被确定的路径, 如果找到, 比如相对于图 4-13, 新的最长未被确定路径为 [2 2 — 1]→[2 — — 1]→[— — — 1], 也就说明还存在未被确定的模式, 那么, 就重复之前的工序继续挑选、测试、更新的流程, 否则就进入下一阶段.

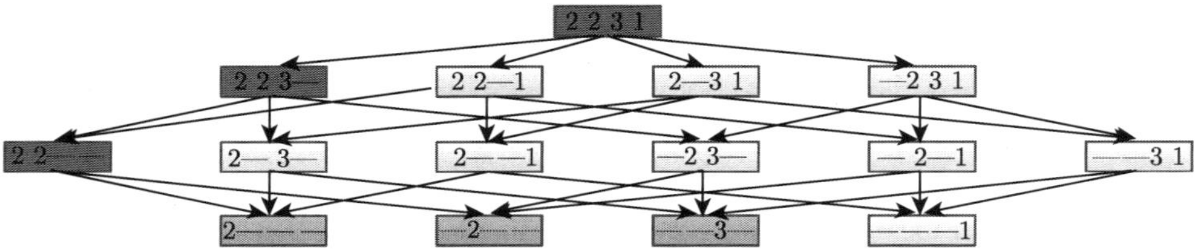

图 4-13　[2 2 3 —]→[2 2 — —]→[2 — — —] 为已测路径

7. 报告最小故障模式

如果这个关系树所有模式的状态都已经确定完毕, 那么就可以得出最小故障模式了. 比如, 如图 4-14 所示, 可以根据定义得出最小故障模式为 [2 2 — —] 和 [— 2 — 1].

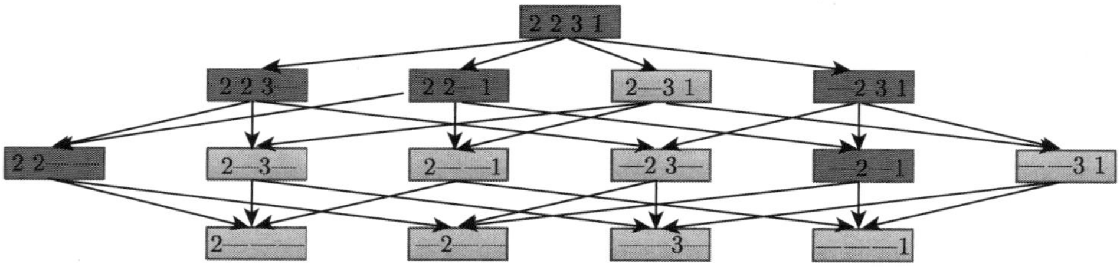

图 4-14　没有可待测模式

8. 验证最小故障模式

为了解决在故障定位过程中, 额外附加测试用例可能引入新故障模式的情况, 需要对报告的故障模式进行必要的验证, 验证过程如下.

针对上一步报告最小故障模式, 再生成额外的测试用例, 如果失败, 那么就认定为最小故障模式, 反之, 那么就说明此模式为健康模式. 这意味着之前在判断此模式为故障模式时引入了新的故障, 同时之前判断其所有的父模式为故障状态的"此模式为故障模式"的理由也就不成立了, 那么就要将其所有的父模式设为未知状态. 然后重新挑选未被确定的最长路径, 按照故障模式定位方法的步骤进行下去.

举个例子, 如图 4-14 所示, 对最小故障模式 [2 2 — —] 进行验证, 额外生成测试用例 (2,2,2,2). 如果依然失败, 则 [2 2 — —] 就是最小故障模式; 反之, [2 2 — —] 是健康模式, 那么其父模式 [2 2 3 —] 和 [2 2 — 1] 的状态就变成未知, 需要进一步进行确认, 如图 4-15 所示.

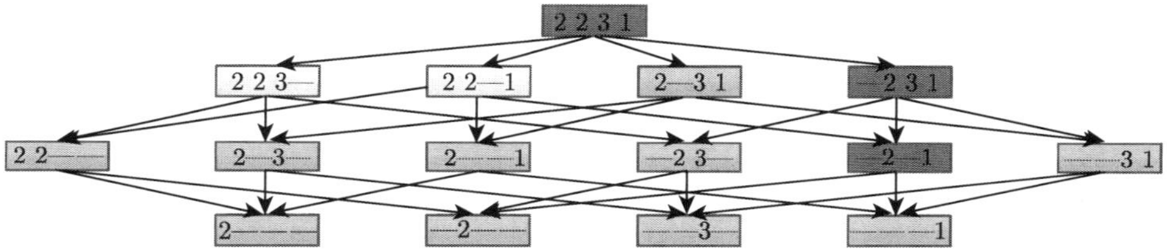

图 4-15　更新相应模式的状态

验证完模式 [2 2 — —] 后, 还需要对另外一个最小故障模式 [— 2 — 1] 利用相同的方式进行验证. 如果所有的最小故障模式都验证完毕, 就要检查故障模式关系图中是否还有模式的状态未知, 如图 4-15 中, 由于经过验证后还有 [2 2 3 —], [2 2 — 1]两个模式的状态未知, 那么就回到步骤 3 挑选模式这一步骤中, 先挑选最长未被测试路径 [2 2 3 —], 然后挑选中间的模式 [2 2 3 —], 按照算法的步骤继续进行下去.

4.5　故障定位的其他方法

本节主要介绍其他两种常用的方法: 谱分析方法和分类树方法.

4.5.1　谱分析方法

谱分析方法是一种重要的软件故障定位方法. 该方法利用测试用例的执行信息 (通过、失败) 以及测试用例对应的执行轨迹或覆盖信息 (代码覆盖、条件覆盖和路径等) 来评估程序中相关实体引发错误的可能性, 如评估程序代码或者某个谓词等出错的可能性. 谱分析方法一般应用于白盒测试的故障定位.

谱分析方法同样可以应用于基于组合测试的故障定位, 根据组合测试用例的执行结果 (通过、失败), 每条测试用例对应的组合覆盖信息 (t-way 组合模式), 来评估其中包含的 t-way 组合模式促发软件故障的可能性, 尽管这种评估结果不是直接对应程序中的实体, 但是可以为程序员调试程序提供重要的参考.

设利用组合测试用例集 T 测试 SUT 时, 发现错误的测试用例组成集合 T_1, 未发现错误的测试用例组成测试用例集 T_2. 对于测试用例 $t=(v_1,v_2,\cdots,v_n)\in T$, 用 $t(\tau)$ 表示该测试用例覆盖的所有 τ-值模式或 τ-维组合的集合. $M=\bigcup\limits_{t\in T_1}t(\tau)-\bigcup\limits_{t\in T_2}t(\tau)$ 就是所有可疑的 τ-维组合 m 的集合, 为了给这些可疑 τ-维组合排序, 以下先介绍文献 [7] 和文献 [8] 中关于测试用例中每个参数值的可疑度的计算公式.

设 $v_i=t(v_i)$ 是测试用例 t 中第 i 个参数的取值, 该参数值的可疑度为

$$\mathrm{sus}(v_i)=\frac{A(v_i)+B(v_i)+C(v_i)}{3} \tag{4-2}$$

式中

$$A(v_i)=\frac{|\{t\in T_1|v_i=t(i)\}|}{|T_1|}$$

表示出错的测试用例中包含参数值 v_i 的比率;

$$B(v_i)=\frac{|\{t\in T_1|v_i=t(i)\}|}{|\{t\in T|v_i=t(i)\}|}$$

表示包含值 v_i 的测试用例中出错的比率;

$$C(v_i)=\frac{|\{m\in M|v_i=m(i)\}|}{|M|}$$

表示可疑的 τ-维组合中包含值 v_i 的比率.

有了参数值的可疑度计算之后, 就可以计算一个 τ-维组合 m 的可疑度:

$$\mathrm{sus}(m)=\frac{\sum\limits_{v_i\in m}\mathrm{sus}(v_i)}{\tau} \tag{4-3}$$

一个测试用例 t 如果包含了一个可疑的 τ-维组合 m(记为 $m\subset t$), 则这个测试用例中除去该 τ-维组合 m 的部分称为 τ-维组合 m 的环境, τ-维组合 m 的环境的可疑度计算为

$$\mathrm{sus}(\mathrm{env}(m))=\min_{t\in T\wedge m\subset t}\left(\sum_{v_i\in t\wedge v_i\notin m}\mathrm{sus}(v_i)\right) \tag{4-4}$$

由以上公式可知, 对于一个 τ-维组合 m, 其可疑度越高, 则对应的环境可疑度越低, 说明该 τ-维组合 m 作为故障引发原因的可能性就越高.

在得到可疑 τ-维组合集 M 中每个 τ-维组合 m 的可疑度之后, 将其按照从大到小的顺序进行编号排序, 相应地, 将其对应的环境可疑度按照从小到大的编号排序, 然后将 τ-维组合 m 对应的可疑度编号以及相应环境对应的编号进行相加, 最后将编号和排序, 排在最前面的为可疑度最高的组合.

下面通过一个具体的算例来解释以上谱分析的方法.

设一个待测试系统有 a、b、c、d 四个参数, 相应的取值和测试用例如表 4-25 所示.

表 4-25 二维测试及结果

测试用例	a	b	c	d	测试结果
t_1	0	0	0	0	fail
t_2	1	1	1	0	pass
t_3	0	1	2	0	pass
t_4	1	0	0	1	pass
t_5	0	0	1	1	pass
t_6	1	1	2	1	pass
t_7	0	1	0	2	fail
t_8	1	0	1	2	pass
t_9	0	0	2	2	pass
t_{10}	0	1	0	3	fail
t_{11}	1	0	1	3	pass
t_{12}	1	0	2	3	pass

失败的测试用例集 $T_1 = \{t_1, t_7, t_{10}\}$, 通过的测试用例集 $T_2 = \{t_2, t_3, t_4, t_5, t_6, t_8, t_9, t_{11}, t_{12}\}$, 由此可以找出可疑的二维组合对 $M = T_1(2) - T_2(2)$={(0,—,0,—), (—,1,0,—), (—,—,0,0), (—,—,0,3), (—,—,0,2), (0,—,—,3), (—,1,—,3), (—,1,—,2), (—,0,—,0)}.

为了计算这些可疑二维组合的可疑度, 先利用式 (4-2) 计算出这些可疑组合中涉及的参数值的可疑度. 这里为了表示方便, 以下用 $a(0)$ 表示参数 a 取值为 0, $b(1)$ 表示参数 b 取值为 1, 其他类似.

$$\text{sus}(c(0)) = \frac{1+\frac{3}{4}+\frac{5}{9}}{3} = 0.7685, \quad \text{sus}(d(0)) = \frac{\frac{1}{3}+\frac{1}{3}+\frac{2}{9}}{3} = 0.2963$$

$$\text{sus}(d(2)) = \frac{\frac{1}{3}+\frac{1}{3}+\frac{2}{9}}{3} = 0.2963, \quad \text{sus}(d(3)) = \frac{1+\frac{3}{4}+\frac{3}{9}}{3} = 0.3333$$

$$\text{sus}(b(0)) = \frac{\frac{1}{3}+\frac{1}{7}+\frac{1}{9}}{3} = 0.1958, \quad \text{sus}(b(1)) = \frac{\frac{2}{3}+\frac{2}{5}+\frac{3}{9}}{3} = 0.4667$$

$$\text{sus}(a(0)) = \frac{1+\frac{3}{6}+\frac{2}{9}}{3} = 0.5741$$

根据式 (4-3) 和式 (4-4) 分别计算可疑组合的可疑度和相应的环境可疑度, 并排序, 如表 4-26 所示.

表 4-26　可疑组合的可疑度排序

可疑组合	可疑度	可疑度排序R_1	环境可疑度	环境可疑度排序R_2	两序和 R_1+R_2	综合排序 R
(0,—,0,—)	0.6713	1	0.2460	1	2	1
(—,1,0,—)	0.6176	2	0.4352	3	5	2
(—,—,0,0)	0.5324	4	0.3849	2	6	3
(—,—,0,3)	0.5509	3	0.5204	4	7	4
(—,—,0,2)	0.5324	4	0.5204	4	8	5
(0,—,—,3)	0.4537	5	0.6176	5	10	6
(—,1,—,3)	0.4000	6	0.6713	6	12	7
(—,1,—,2)	0.3815	7	0.6713	6	13	8
(—,0,—,0)	0.2460	8	0.6713	6	14	9

表 4-26 列出了谱分析结果, 计算出组合 (0,—,0,—) 最有可能是促发故障的原因. 在故障定位的过程中, 有时需要增加测试用例, 对已有定位结果进行进一步的核实和确认. 这时最好的测试用例应该是将包含可疑度最高组合的环境中参数值用相应可疑度最小的值换入, 从而产生新的测试用例, 作为新的附加测试用例, 进行下一轮测试.

4.5.2　分类树方法

分类树方法是一种机器学习方法, 该方法递归地将所有测试配置 (测试用例) 按照其中每个参数的取值情况进行分类, 旨在建立可以对所有测试配置 (测试用例) 进行预测的模型 (预测其是通过或失败). 分类树方法建立的模型是一种树形结构, 其中, 树中每个节点代表一个参数, 每个分支表示该参数的一个取值, 树的叶子表示一类 (这里表示通过或者失败).

分类树的构造需要一批训练数据, 这里的训练数据就是已经经过测试的组合测试数据及其测试结果, 通过以下步骤来建立分类树模型.

第一步, 对每个参数 c_i, 根据该参数的 a_i 个取值将测试用例分成相应的类别 $(1 \leqslant i \leqslant n)$.

第二步, 对分类进行评估, 评估准则是看对于将测试用例划分为通过与失败等类别的适合程度.

第三步, 选择评估最好的参数作为分类树的根节点.

第四步, 为根节点增加相应的边, 每条边代表该根节点所代表的参数的一个取值.

第五步, 即重复第一 ~ 第四步, 对于每条边选择一个与之相连的节点 (参数).

第六步, 重复以上过程, 直到可以将训练数据进行有效分类.

通过以上过程建立的分类树模型, 需要用一些新的数据来评估模型的正确性. 在组合测试中, 将一条测试用例看成一条由属性集组成的样本, 属性集就是测试用例的参数集及其取值. 测试用例通过或失败看成类别. 然后使用分类树方法对一批测试用例及其结果集进行训练, 就能得出参数取值和样本类别的关系, 从而可以为软件故障进行特征化, 达到定位故障的作用.

例如, 表 4-27 列出了对一个具有 3 个参数的软件系统进行的完全测试, 这个系统中每个参数只有 3 个取值, 而且参数之间没有约束关系, 所有完全测试只要 27 条测试用例. 测试观察到的结果有 4 种: 通过、发生错误 1、发生错误 2 和发生错误 3.

对表 4-27 所示的测试结果应用前面介绍的分类树建构方法可以得到图 4-16 所示的分类树. 这个模型说明, 参数 o1 取值为 1 时, 会导致第一种类型错误, 而参数 o1 取值为 2 时导致第二种类型的错误.

表 4-27 3 参数系统的完全测试

Confing			Result	Confing			Result
o1	o2	o3		o1	o2	o3	
0	0	0	pass	1	1	2	err#1
0	0	1	pass	1	2	0	err#1
0	0	2	err#3	1	2	1	err#1
0	1	0	pass	1	2	2	err#1
0	1	1	pass	2	0	0	err#2
0	1	2	pass	2	0	1	err#2
0	2	0	pass	2	0	2	err#2
0	2	1	pass	2	1	0	err#2
0	2	2	pass	2	1	1	err#2
1	0	0	err#1	2	1	2	err#2
1	0	1	err#1	2	2	0	err#3
1	0	2	err#1	2	2	1	err#2
1	1	0	err#3	2	2	2	err#2
1	1	1	err#1				

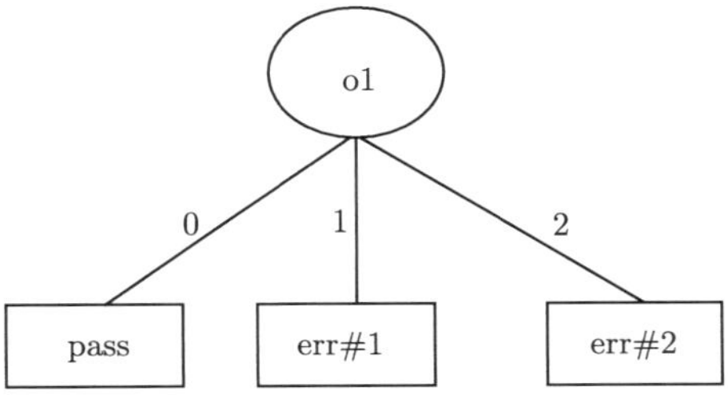

图 4-16 分类树模型

在实践中, 分类树很难建构得完美, 主要原因有两点: ①错误与参数取值无关, 例如, 在上面的例子中, 第三种类型错误就无法分类, 该错误出现在参数 o1 和 o2

的取所有值 0、1、2, 参数 o3 取 3 个值中的 0、2 两个值的时候: ②在建分类树的过程中, 采用了一些假的、没有因果关系的模式. 在实际情况下, 一般训练数据只是很少一部分, 不像上面例子中用了完全测试的数据, 更多的是一维或者二维测试的结果.

为了评估分类树模型的正确性, 一般采用两种度量: 精度 (precision,P), 召回率 (recall,R). 它们的定义如下:

$$\text{recall} = \frac{\text{分类树模型正确预测的测试用例个数}}{\text{所有的测试用例个数}}$$

$$\text{precision} = \frac{\text{分类树模型正确预测的测试用例个数}}{\text{所有用分类树模型预测的测试用例个数}}$$

Yilmaz 首次提出利用分类树方法进行软件故障的特征化, 进而定位故障. Cohen 将其应用于基于增量覆盖表的组合测试的故障诊断, 使其可以提高实际工程中的故障诊断进度问题. 后来 Shakya 等再次通过结合 OFOT 方法生成下一批测试用例集, 使测试用例集中的错误测试用例的比例增加从而达到优化分类结果的目的[9].

分类树方法的优点是可以直接应用到测试完的测试用例集上, 简单, 没有诸多限制, 可以很容易地扩展. 但它的缺点是, 对于一条测试用例含有多个故障时, 无法准确定位或者定位结果精确度不够, 分类树方法的故障定位结果受到测试用例集的不同选择影响很大.

4.6 本章小结

组合测试的故障定位问题虽然已经取得了很大进展, 人们提出很多非常有效的方法, 但还存在很多问题, 例如, 定位精度不高和定位成本很高等问题, 需要进一步的深入研究.

已有的组合测试故障定位方法之间可以形成良好的互补关系, 适当地使用这些方法分析组合测试结果, 可能会产生出乎意料的好结果. 因此, 一方面需要不断开发新的故障定位方法, 另一方面, 需要综合应用各种方法揭示出来的数据特征来为故障诊断和定位服务.

组合测试主要是一种黑盒测试方法, 基于组合测试的故障定位产生的结果只能为程序员或软件开发的相关人员提供参考, 一般不能直接用于纠正软件故障. 组合测试的故障定位方法可以与其他基于白盒测试的故障定位方法结合使用, 从而提供精度更高的定位结果.

参考文献

[1] 聂长海, 徐宝文, 史亮. 一种基于组合测试的软件故障诊断方法. 东南大学学报: 自然科学版, 2003, 33(6):681-684.

[2] 徐宝文, 聂长海, 史亮, 等. 一种基于组合测试的软件故障调试方法. 计算机学报, 2006, 29(1):124-131.

[3] Nie C H, Leung H. The minimal failure-causing schema of combinatorial testing.ACM Transaction on Software Engineering and Methodology (TOSEM) , 2011, 20(4): 1-38.

[4] Zeller A, Hildebrandt R. Simplifying and isolating failure-inducing input. IEEE Transactions on Software Engineering, 2002,28(2): 183-200.

[5] Li J, Nie C H, Lei Y. Improved delta debugging based on combinatorial testing. QSIC,2012: 102-105.

[6] 钮兴涛, 聂长海. 基于关系数的组合测试故障定位方法. 计算机学报, 2014, 37(12): 2505-2518.

[7] Ghandehari L S G, Lei Y, Xie T,et al. Identifying failure-inducing combinations in a combinatorial test set.International Conference on Software Testing, Verification and Validation (ICST), 2012: 370-379.

[8] Ghandehari L S G, Lei Y, Kung D, et al. Fault localization based on failure-inducing combinations.International Symposium on Software Reliability Engineering (ISSRE), 2013,4/5/6/7:168-177.

[9] Shakya K, Xie T, Li N, et al. Isolating failure-inducing combinations in combinatorial testing using test augmentation and classification.International Conference on Software Testing, Verification and Validation (ICST), 2012:620-623.

第5章 自适应组合测试

组合测试发展的高级阶段将是自适应组合测试, 可以动态地调整测试对象的模型, 针对测试过程中出现的错误和失效测试用例及时地调整测试策略. 自适应组合测试可以认为是自适应测试在组合测试领域的一个应用, 因此本章首先介绍自适应测试, 然后介绍自适应组合的基本框架, 最后给出一个自适应组合测试的应用实例研究.

5.1 自适应测试

5.1.1 自适应测试的概念

软件控制论是探讨软件工程理论和控制理论相互渗透的交叉理论. 该理论通过将软件问题归结为控制问题, 以及将控制问题归结为软件问题, 研究这两个领域的互补和结合, 从而达到分别发展这两个领域的作用. 软件测试的控制论方法是软件控制论的重要组成部分, 它把软件测试的问题归结为控制问题, 被测试软件当成被控制对象, 软件测试策略当成相应的控制器, 这样, 被测试软件和测试策略就构成一个闭环反馈控制系统. 通过控制理论指导软件测试过程, 从而希望达到科学有效地测试软件的目的[1].

5.1.2 自适应测试的目标

软件测试的控制论方法, 即适应性软件测试, 可以利用测试过程中的历史信息指导未来的测试步骤 (如测试用例的选择), 利用这些测试信息估计被测试对象的性质和参数, 根据这些参数可以更有针对性地选择测试用例, 实现给定目标下的最优测试 (图 5-1). 既可以提高软件测试效率, 实现以最小代价发现最多故障, 又可以提高检测性能的稳定性, 提高软件可靠性估计的精度. 软件测试的完全自动化和效率最大化要求, 是推动软件测试控制论方法发展的重要动力.

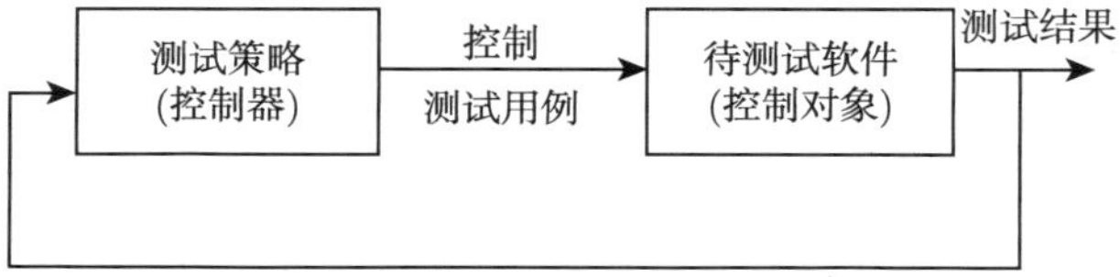

图 5-1 软件测试作为一个控制问题

5.1.3 自适应测试的原理

自适应控制系统是通过在线实时了解被控对象, 不断调节控制器, 使系统的性能达到技术要求或最优. 自适应系统有三大要素: 一是在线实时地了解对象; 二是有一个可调环节; 三是使系统性能达到要求或最优. 自适应控制分为直接自适应控制和间接自适应控制. 在间接自适应控制中, 被控对象的参数未知, 首先在线估计对象参数, 利用估计值对控制器参数进行调整使系统性能指标达到要求 (图 5-2); 而在直接自适应控制中, 不对对象参数进行估计, 直接通过调整控制器参数以改进系统性能 (图 5-1).

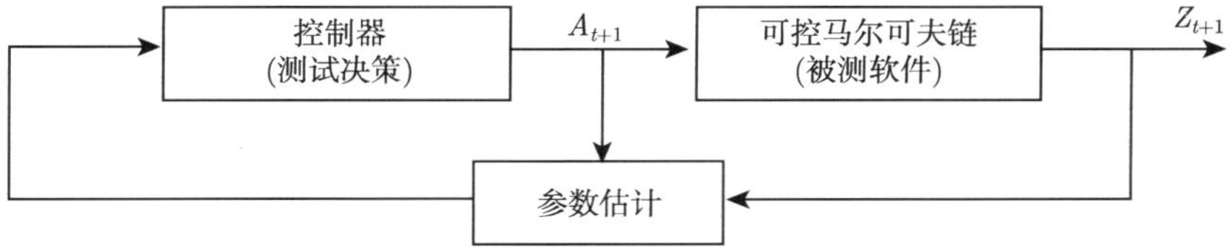

图 5-2 自适应测试系统的结构框图

自适应测试的理论基础是以自适应控制系统为基础, 即受控马尔可夫链. 以软件测试为例, 自适应测试方法把被测软件当成控制对象, 利用受控马尔可夫链理论设计和优化软件测试策略, 并把测试策略作为控制器和被测软件构成一个闭环反馈系统, 它是软件测试的控制论方法的具体实现.

所以, 适应性软件测试对应于软件测试过程中的适应性控制, 意味着软件测试策略应该根据测试过程中收集到的测试数据以及人们对待测试软件的理解进行在线调整. 与路径测试、功能测试等传统方法不同的是, 适应性软件测试具有明确的优化目标, 在测试的过程中不断根据先验知识进行目标优化, 而传统方法一般都不具备动态优化功能.

5.1.4 自适应测试的方法

自适应测试方法是一种利用反馈和自适应控制原理的软件测试方法, 如图 5-3 所示. 自适应测试策略具有两个反馈环. 第一个反馈环包括待测试软件 (控制对象)、测试历史数据库 H_t(测试用例和相应的测试结果 Z_{t+1}) 和测试策略 (控制器). 在这个反馈环中, 测试历史数据库 H_t 用来根据测试策略 (控制器) 产生下一条测试数据, 此时测试策略 (控制器) 可以是某些测试数据充分性准则, 如代码覆盖准则、路径覆盖准则等. 第二个反馈环包括待测试软件 (控制对象)、测试历史数据库 H_t、参数估计和测试策略 (控制器). 在这个反馈环中, 测试历史数据库 H_t(测试用例和相应的测试结果 Z_{t+1}) 和已有的测试策略组成的测试历史, 既用作改进和产生新的测试策略, 也用作进行一些参数估计 (包括测试用例集的检错能力、错误率的估计), 例如, 将基于均匀分布的随机测试改进为非均匀分布的随机测试, 或者将数据流测试修改为边际值测试等, 主要原因是在测试过程中, 人们对于待测试软件的认识以及测试效果的认知不断加强.

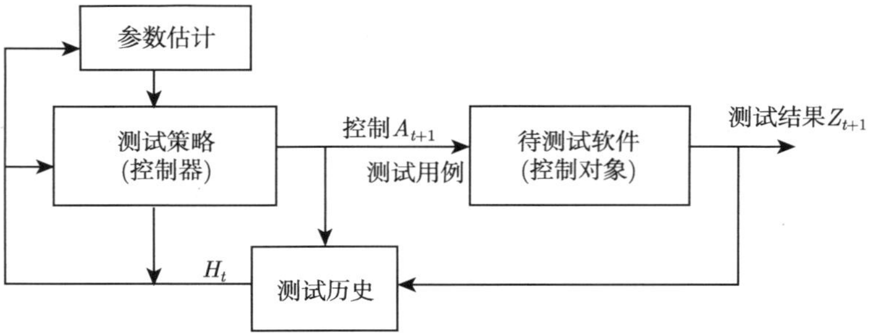

图 5-3 更具体的自适应测试方法图

5.1.5 自适应测试的优缺点

现有测试技术存在两个问题：没有引入历史测试信息, 大量的测试信息 (如测试用例的有效性) 没有用于指导下一步的测试行为; 没有对被测对象的参数和对象的性质作在线估计. 由此产生的结果是缺乏对测试过程的改进, 不能得到最有效的测试过程; 对测试对象的性质不了解, 难以实现给定的测试目标 (如测试代价最小, 可靠性评估的方差最小). 而自适应测试, 正是利用测试过程中的历史信息, 并用它来指导未来的测试步骤 (如测试用例的选择), 同时用这些测试信息估计被测对象的性质和参数, 根据这些参数可以更有针对性地选取测试用例, 实现给定目标下的最优测试.

但自适应软件测试方法的效果依赖于反馈系统的形式化和反馈机制的质量. 目前相应的反馈机制还远未成熟, 尽管反馈机制在软件过程随处可见, 但高度形式化和定量化的反馈机制还未形成, 这大大制约了适应性软件测试方法的应用.

5.2 自适应组合测试

5.2.1 传统组合测试所面临的问题

到目前为止, 传统的组合测试方法一般都是按照图 5-4 所示的流程来进行的. 可以发现, 传统组合测试仅有一个反馈环节, 而这个反馈环节往往用于回归测试. 在图 5-4 中, 一些问题长期困扰着组合测试的发展和实际应用, 这些问题可以列举如下.

(1) 在测试的开始环节, 必须要对 SUT 进行建模, 抽象出一个 PVRC 模型. 也就是说, 在测试开始前, 就需要对 SUT 的参数、取值、参数间的关系与约束有很好的了解. 事实上, 在实际操作中, 很难在测试开始阶段就建立一个良好的 PVRC 模型, 其有很多方面的原因, 如测试人员的经验不足、对 SUT 缺乏了解等.

(2) 在生成测试用例和测试用例有序化的过程中, 一方面在测试开始时, 并不知道应该为 SUT 生成何种强度的覆盖表; 另一方面, 由于缺乏运行时的一些信息, 也不清楚究竟如何为这些测试用例排序.

(3) 在测试执行的过程之中仅记录测试信息, 而没有在记录的同时分析这些信息, 并用分析的结果来进一步改进测试.

(4) 故障定位环节往往意味着更多的测试, 但忽略了过去的测试用例中的有用信息, 这使故障定位的效率并不高[2].

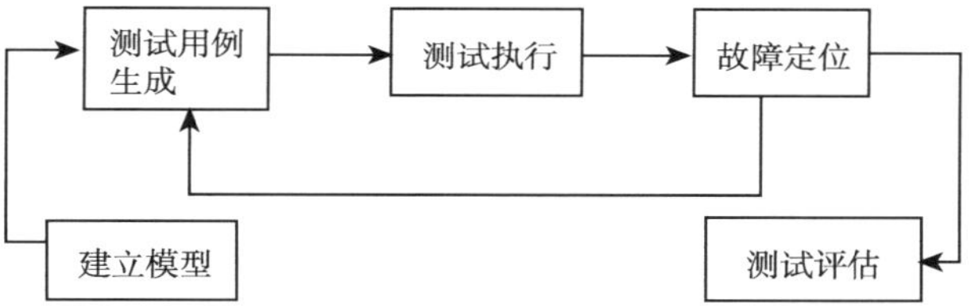

图 5-4 传统组合测试基本流程

5.2.2 自适应测试框架

自适应测试是近十几年内提出的一种新的软件测试技术. 自适应测试主要涉及软件测试中的反馈环节和自适应控制原则. 由于软件测试是一个动态的过程, 在这个过程中会动态地产生一些有用的信息, 并且随着测试的执行, 测试人员对 SUT 的理解不断加深, 这些都要求我们的测试技术具有动态适应的能力. 图 5-5 是自适应测试的基本框架.

在图 5-5 中, A_t 代表的是一个动作或者一条测试用例, 而 Z_t 代表的是测试结果. 由 A_t 和 Z_t 共同组成了测试记录 H_t 的内容, 也就是说 $H_t=\{A_1,Z_1,A_2, Z_2, \cdots, A_t,Z_t\}$. 与没有明确优化目标的白盒测试、黑盒测试和组合测试不同, 自适应测试可以使用一些测试策略来实现预先定义的测试优化目标. 在软件测试的开始阶段, 对于 SUT 的了解往往是有限的, 但是, 随着测试的进行, 可以收集到许多关于 SUT 的信息, 依据这些信息, SUT 的参数设置、约束关系等都可以得到进一步的确认和修改, 同时测试策略也可以随着测试的进行而改变.

图 5-5 的框架中包含了自适应测试的两个基本反馈回路: 第一条反馈回路是由控制器、测试执行链以及测试历史数据库构成的, 这条回路使用在测试过程中收集到的信息以及相应的测试策略生成一些新的测试用例; 第二条回路由参数估计、控制器、测试控制链以及测试历史数据库构成, 在这条回路中, 数据库中的信息将

用于 PVRC 模型的修改及测试策略的改进.

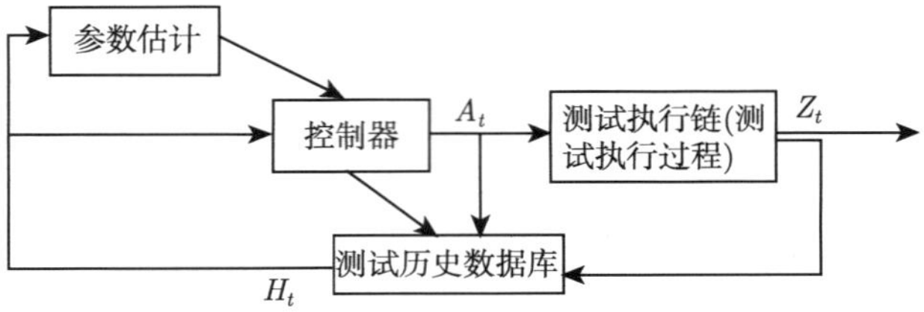

图 5-5　自适应测试框架

5.2.3　相关研究工作介绍

1. 增量自适应覆盖表

测试用例生成是软件测试的基本环节, 而且其往往是在软件测试的开始阶段进行的. 对于组合测试而言, 在测试用例生成时, 往往需要首先确定覆盖表的强度. 但是, 在软件测试的开始阶段, 一般没有可以确定覆盖表强度的直接依据. 如果覆盖表强度设置过大, 就会造成资源的浪费, 并且有可能使测试任务无法按时完成; 反之如果覆盖表强度设置过小, 覆盖表可能无法检测出某些故障, 那么整个测试过程就需要重新进行.

为了解决确定覆盖表生成强度这个问题, 人们提出在组合测试中使用增量自适应覆盖表. 这样的覆盖表允许从低覆盖强度开始, 逐渐增加覆盖强度, 或者依据已有测试结果选择新的覆盖强度. 增量自适应覆盖表避免了在组合测试开始阶段必须要确定覆盖强度的问题, 通过不断增强覆盖强度来减少由于无法确定覆盖表强度而产生的额外的测试开销, 提高了组合测试的效率.

2. 自适应组合测试故障定位

组合测试的故障定位就是确定一个故障是由何种配置组合引发的. 程序故障特征化有助于寻找产生故障的根本原因. 对于 SUT 的一条测试用例 $(v_1, v_2, v_3, \cdots, v_k)$ 而言, 由于触发故障的组合可能是一维、二维, 也可能是 k 维的, 所以总计会有 2^k-1 种不同的组合可能引起故障, 因此确定究竟是何种原因引发的故障是一个非常大的挑战.

使用自适应的故障定位方法有助于以较低的成本来确定引发故障的组合. 假设一条测试用例 $(v_1, v_2, v_3, \cdots, v_k)$ 引发了故障, 那么可以设计 k 条额外的测试用例组成一个新的测试集合$\{(*, v_2, v_3, \cdots, v_k), (v_1, *, v_3, \cdots, v_k), (v_1, v_2, *, \cdots, v_k), \cdots, (v_1, v_2, v_3, \cdots, v_{k-1}, *)\}$, 其中 $*$ 代表的是在原测试用例中对应参数的其他取值. 对这个新的测试集合进行测试, 如果一部分测试用例通过而另一部分没有通过, 则可以定位一个故障模式, 如果全部不通过则对每条失败测试用例迭代此过程直到确定出所有的故障模式为止, 这样的方法称为 SOFOT 方法. 但是, 这种方法的效率还不是很高, 因此人们提出了一些提高故障定位效率的方法, 这些方法一般都是基于增量调试 (delta debugging) 和可疑度排序 (suspicious ranking) 的.

3. 其他相关工作

自适应测试不仅应用于组合测试领域, 还在其他测试领域得到了应用, 如自适应随机测试、自适应网络服务测试、GUI 测试的自适应测试用例生成、软件插件的自适应测试等.

随机测试是一种已经得到广泛应用的重要测试方法, 该方法简单且易于实现. 当程序以一种无法预期的方式运行时, 这种测试方法是非常有用的. 此外, 当源代码和规格说明不可用时, 随机测试有可能是唯一可行的测试方法. 但是, 由于随机测试不使用任何有用的信息来引导测试, 因此其被认为是一种低效的测试手段. 为了提高随机测试的效率, 人们提出了自适应随机测试方法. 试验发现, 许多导致程序故障的参数是位于输入域中的一段连续值, 称为故障模式. 自适应随机测试运用并过滤随机生成的候选测试用例以充分利用这种故障模式. 如果给定一组经过测试但没有发现任何故障的测试用例, 那么随机测试将会选择那些 “远离” 这组测试用例的测试用例继续进行测试, 这样更有可能发现新的故障. 因此, 最终的结果是测试集合的各个测试用例中的值更加均匀地分布于整个输入域.

Web 服务的快速增长推动了面向服务的计算的发展, 当然其也为测试带来了巨大的挑战. 例如, 在客户端测试 Web 程序是非常困难的, 因为 Web 客户端与传统程序不同, Web 服务环境更加复杂并且缺乏源代码. 这些挑战催生了很多 Web 服务测试技术. 由于 Web 服务是不断变化的, 这就需要自适应的测试手段. 人们提出了一种自适应的测试框架, 其可以不断学习和提高内置测试策略. 该框架允许基于最近的测试结果选择不同的测试用例, 并使用一种窗口机制来评价和选择测试用例.

图形化用户界面 (graphical user interface, GUI) 是一种得到广泛应用的用户与计算机系统之间进行交互的技术手段. GUI 需要提供从前端到底层的应用程序代码来支持响应用户事件, 如移动鼠标. GUI 通过消息或者方法调用来与底层代码交互并且需要大量的代码支撑, 通常 GUI 的设计会占一个软件系统 60%的代码量. 而在一些安全关键系统中, GUI 也得到了广泛的应用, 这就需要保证 GUI 操作的正确性, 因此 GUI 测试是非常重要的, 其可以提高整个系统的安全性和用户体验. 自适应的 GUI 测试方法使用采样技术从交互测试中提取并生成那些与测试序列长度不紧密耦合的测试用例, 并随时间逐渐适应测试需求. 反馈环节将通过少数不可执行的测试用例来揭示参数之间的约束关系. 此方法将这些元素融入到进化算法中来动态生成测试用例. 这些测试用例可以发现更多的潜在故障并且具有更长的可执行序列.

5.2.4 自适应组合测试

本节将会在自适应测试框架下, 给出自适应组合测试的详细设计方案. 自适应测试是一种经过长期研究并且还在不断发展的测试技术, 目前已经有一些组合测试技术带有自适应的方法, 但均没有考虑整个测试流程中的信息的运用和传递. 结合组合测试和自适应测试的相关内容, 可以给出如图 5-6 所示的自适应组合测试的框架图. 首先, 给出 A_t、Z_t、H_t 的定义, 其中, A_t 代表一条测试用例; Z_t 代表测试结果, 这里的测试结果有 3 种, 即通过 (pass)、失败 (fail)、无效 (invalid); H_t 代表一条记录信息, 基本的 H_t 至少要包括第 1～ 第 t 条测试用例及其结果, 即 $H_t=\{A_1, Z_1, A_2, Z_2, \cdots, A_t, Z_t\}$.

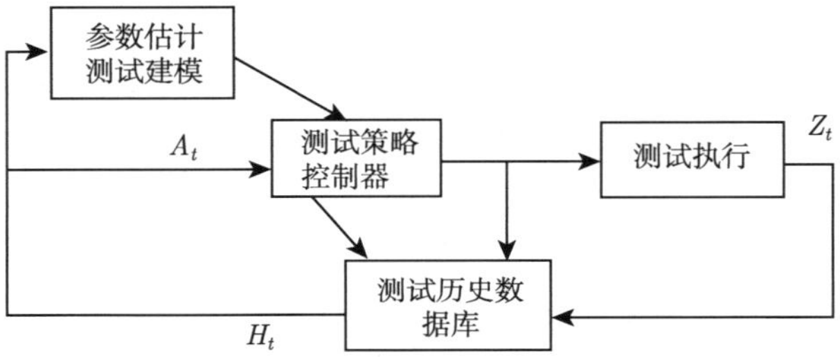

图 5-6 自适应组合测试框架

1. 参数估计及测试建模

参数估计及测试建模环节是整个测试流程的第一个环节, 在这里需要给出 SUT 的初步测试模型. 通常情况下, 需要指出 SUT 的参数、参数的取值、相互间作用关系以及参数间的约束条件, 即 PVRC 模型. 测试模型直接影响整个测试过程, 因此设计一个良好的模型是非常有必要的. 获得 PVRC 模型的方法一般是通过阅读开发文档、与开发人员进行交流以及其他静态分析方法. 然而, 这种初步的测试模型往往是有缺陷的, 特别是当面对一个有比较复杂的配置情况的软件系统的时候, 那么 PVRC 模型往往需要进行改进. 通常的分析方法是在所有测试用例执行完毕后分析结果、改进模型, 但是在自适应组合测试中则是每执行一条或几条测试用例后就进行分析, 并根据分析得到的结果确定是否需要改进模型以及如何改进. 这样的边测试边分析边改进模型的方法可以提高测试的效率.

2. 测试策略控制器

测试策略控制器是整个测试流程中最重要的环节. 在这一个环节里, 包含了一些已经设计好的测试策略和测试技术, 当发生相应情况时可以立即调用这些环节. 目前在我们的 ACT 中涉及的方法主要是增量覆盖表策略、自适应故障定位策略以及约束检查策略. 增量覆盖表策略主要是为了解决测试前需要对测试强度进行定义的问题, 故障定位策略和约束检测策略则是当测试结果分别为 "失败" 和 "无效" 时分别采用的分析策略.

1) 增量覆盖表技术

增量覆盖表技术为解决覆盖强度选取问题提供了很好的解决方法. 实现增量覆盖表的方法有两种: 一种是首先生成一个 1-way 的覆盖表, 之后根据测试结果确定是否继续生成更高维的覆盖表, 如生成一个 2-way 覆盖表, 其将已经测试过的 1-way 覆盖表作为自己的一个子集; 另外一种增量覆盖表生成方法是直接生成高维覆盖表, 例如, 直接生成一个 3-way 覆盖表, 显然这个 3-way 覆盖表至少包含一个 1-way 子表和一个 2-way 子表, 这样可以从中选出一个 1-way 表进行一维的组合测试, 也可以选出一个二维表进行组合测试, 还可以直接进行三维的测试.

目前一些算法已经支持带有 "seed"(种子) 的覆盖表生成, 这样的覆盖表自下而上, 覆盖强度逐渐增加, 可以方便地用于增量式的组合测试.

此外, 在测试时, 有时可以对一个 t-way 覆盖表的配置参数的子集进行 $(t+1)$-way 的覆盖, 这样就是变强度覆盖表. 例如, 当发现 2-way 覆盖表需要加大覆盖强度时, 可以只针对部分参数增加覆盖强度为 3-way, 进行变强度的覆盖. 这样的方法既可以利用测试中的信息对部分重要的配置参数进行更高强度的组合测试, 又可以有效减少由于覆盖强度增大而导致的覆盖表规模的增加.

2) 故障定位策略

当 A_t 的测试结果为 "失败" 时, 应当调用故障定位策略来定位其中的故障配置组合, 这里采用 4.2 节介绍的故障定位方法.

4.2 节介绍的方法是一种简化版的 OFOT 方法. 假设一条测试用例 $(v_1, v_2, v_3, \cdots, v_k)$ 引发了故障, 每个参数对应有 $a_1, a_2, \cdots, a_k$ 种不同的取值, 那么可以设计 $(a_1+a_2+\cdots+a_k-k)$ 条额外的测试用例组成一个新的测试集合$\{(*, v_2, v_3, \cdots, v_k), (v_1, *, v_3, \cdots, v_k), (v_1, v_2, *, \cdots, v_k), \cdots, (v_1, v_2, v_3, \cdots, v_{k-1}, *)\}$, 其中 $*$ 代表取遍在原测试用例中对应参数处的其他取值. 与 SOFOT 方法相比, OFOT 方法能够更好地确定最小故障模式, 但是其成本要比 SOFOT 方法更高, 本书采用 OFOT 方法对 SOFOT 方法定位的最小故障模式进行检查.

3) 约束检查策略

在对 SUT 测试建模的初期, 往往会忽视一些潜在的约束条件, 这些约束将包含在测试用例中. 一般来说, 当测试结果 Z_t 为 "无效" 时, 说明该条测试用例中有尚未被发现的约束条件, 此时就应当调用约束检测策略来确定约束关系.

具体的检测方法与故障定位的方法相似, 假设 $A_t = (v_1, v_2, v_3, \cdots, v_k)$ 包含未知的约束条件, 那么设计一个额外的测试集合$\{(*, v_2, v_3, \cdots, v_k), (v_1, *, v_3, \cdots, v_k), \cdots, (v_1, v_2, v_3, \cdots, v_{k-1}, *)\}$, 测试其中每一条测试用例, 如果全部测试完毕后确定了约

束条件, 则跳出循环, 反之, 对每一条无效测试用例重复以上方法直到确定约束条件为止.

在确定了一条测试用例中的所有约束条件后, 需要对那些无效测试用例中被屏蔽的组合对进行进一步的测试, 以避免遗漏一些配置组合.

3. 测试执行

测试执行环节实质上就是软件测试的测试执行过程. 在得到测试用例 A_t 之后就可以执行测试用例了, 根据执行得到的结果, 可以决定下一步采取何种策略, 例如, 假如测试结果为无效, 那么分析其原因, 如果是由于未知的约束造成的, 那么可以启动约束分析策略分析约束条件, 改进试验模型; 假如测试结果为失败, 那么启用故障分析与定位策略, 分析最小故障模式. 测试执行环节虽然看似简单, 但是往往是一个成本昂贵的环节, 有时是因为单个测试用例测试成本很高, 包括时间成本和物质人力成本, 而有时则是由于测试用例的数目众多造成累加成本很高. 无论何种原因, 都要求我们根据测试需求, 约简测试用例数目, 在降低成本的同时保证测试的质量.

4. 测试历史数据库

在测试评价及信息存储这一环节中, 主用工作就是收集和分析数据. 目前在测试信息存储环节, 主要收集的是测试用例 A_t 和测试结果 Z_t. 对于任意一条测试用例 A_t 而言, 当其测试执行完毕后, 数据库所收集到的信息是从第一条测试用例开始直到 A_t 的全部测试用例和测试结果, 也就是说, 对 A_t 进行分析时, 可以充分利用之前所有测试用例的测试信息. 此外, 当测试模型发生改变时, 也应该对数据库中的信息进行同步修改, 以使其可以在新的模型中继续得到使用.

5.3　自适应组合测试的实例研究

本节将运用自适应组合测试框架, 对 Microsoft Office 中的 Word 2010 的部分功能进行测试, 试验的优化目标是使用较少的测试用例对目标功能进行有效的测试. 测试过程将体现对 SUT 从不熟悉到熟悉, PVRC 模型由模糊到精确的逐步改进的过程, 同时也反映出自适应组合测试相对于传统组合测试在测试效率上的优势[3].

5.3.1　测试软件介绍

Microsoft Office Word 2010(中文版) 是一款常用办公软件, 可以用于对文档进行编辑, 且拥有丰富的编辑功能. 在 Word 2010 的众多功能中, 最常见的是对字体效果进行编辑. 图 5-7 所示为进行字体效果编辑的工具栏和对话框, 其中①部分为字体效果工具栏,②部分则是字体效果编辑器.

在 Word 2010 中, 大多数的字体效果都可以通过对图 5-7 中的各个选项的不同组合来获得. 多种配置效果共同作用一方面可以带来丰富的组合效果, 另一方面也可能引入由不同效果之间的配置相互影响而产生的故障或缺陷.

图 5-7　Word 2010 中的“字体” 编辑功能

5.3.2　初始模型设计及测试

在对 Word 2010 的字体效果编辑功能的测试过程中, 按照自适应组合测试框架, 可以按如下步骤来进行试验.

1. 试验模型 M_1 的设计

从图 5-8 所示的各种文字效果中选取测试参数. 这里首先选择了 13 个在使用 Word 时常用的字体效果. 我们将当前设计的测试模型称为 M_1, M_1 的参数及其取值如表 5-1 所示. 设 C 为约束集合, 由于现阶段对 SUT 的认识有限, 因此目前 C 为一个空集, 即 $C=\varnothing$.

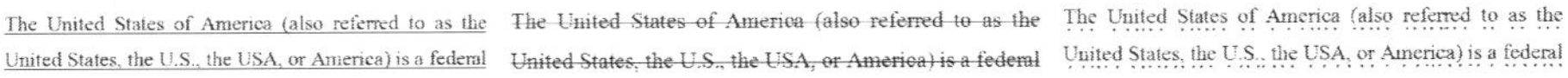

(a) 下划线效果预期图　(b) 删除线效果预期图　(c) 着重号效果预期图

图 5-8　三个字体效果的预期结果

2. 覆盖表生成策略选择

针对当前的测试模型, 需要选择合适的覆盖表生成策略, 这里将应用增量覆盖表生成技术. 为了及早发现模型缺陷, 这里分别将覆盖强度 $t=1, t=2$ 等各视为一组测试, 通过递增强度的方法, 逐渐实现最终的覆盖目标.

针对模型 M_1, 首先生成了包含 50 条测试用例的 2-way 覆盖表. 其中前 8 条组成覆盖强度为 1 的覆盖表, 这里只在表 5-2 中列出其中的一维覆盖表, 其中每一行代表一条测试用例, 每一列依次为表 5-1 中编号为 $P_1 \sim P_{13}$ 的 13 个参数.

表 5-1 模型 M_1 的参数及其取值

参数名称	取值	含义	编号
字号	0	初号	P_1
	1	四号	
	2	五号	
	3	八号	
	4	5.5	
	5	20	
	6	28	
	7	72	
下划线型	0	abc	P_2
	1	abc	
	2	abc	
	3	abc	
	4	abc	
	5	abc	
字形	0	常规	P_3
	1	倾斜	
	2	加粗	
	3	粗斜	
字体颜色	0	黑色	P_4
	1	红色	
	2	绿色	
	3	黄色	

参数名称	取值	含义	编号
下划线颜色	0	黑色	P_5
	1	红色	
	2	绿色	
	3	黄色	
试验样本	0	一号	P_6
	1	二号	
	2	三号	
着重号	0	Off	P_7
	1	On	
删除线	0	Off	P_8
	1	On	
双删除线	0	Off	P_9
	1	On	
上标	0	Off	P_{10}
	1	On	
下标	0	Off	P_{11}
	1	On	
小型大写字母	0	Off	P_{12}
	1	On	
全部大写字母	0	Off	P_{13}
	1	On	

表 5-2 模型 M_1 的一维覆盖表

T1_1	7	0	0	2	1	1	0	1	0	1	1	0	0
T1_2	6	1	1	1	2	0	1	1	0	0	0	0	0
T1_3	2	1	3	0	1	1	1	0	1	0	1	0	0
T1_4	5	2	0	3	1	2	0	0	0	0	1	0	0
T1_5	0	3	0	1	1	2	1	0	1	1	0	1	1
T1_6	3	4	1	3	0	1	1	0	1	1	0	0	1
T1_7	4	5	2	2	2	0	1	0	0	0	0	1	0
T1_8	1	0	3	0	3	2	0	1	1	1	1	0	1

3. 测试执行

得到了表 5-2 的测试用例之后, 可以执行测试. 试验中将与预期不符合的结果视为故障, 并对其进行故障定位, 这里列举 3 个字体效果的预期结果分别如图 5-8 所示. 可以看出, 图 5-8(a) 的下划线和图 5-8(b) 的删除线都是均匀、水平、连续的线段, 图 5-8(c) 中的着重号则是位于文字下方、大小均匀且位于同一条水平线上的.

在得到测试用例和确定预期效果之后, 通过对 8 条测试用例进行测试, 得到如下结果:

(1) 由 T1_1、T1_8 发现{上标, 下标}约束对;

(2) 由 T1_8 发现{删除线, 双删除线}约束对;

(3) 由 T1_5 发现{小型大写字母, 全部大写字母}约束对;

(4) T1_7 的结果如图 5-9 所示, 对比图 5-8(c) 的着重号预期效果发现图 5-9 中的着重号大小不均且不在一条水平线上, 因此将 T1_7 视为 "不通过" 的测试用例;

(5) T1_2、T1_3、T1_4、T1_6 的结果为 "pass".

图 5-9 测试用例 T1_7 的结果

4. 测试结果分析

模型 M_1 的 1-way 覆盖表测试结果显示, 其中有 3 条无效测试用例以及一条未通过的测试用例. 针对 3 条无效测试用例进行分析, 可以发现 Word 2010 已经对{删除线, 双删除线}、{上标, 下标}、{小型大写字母, 全部大写字母}这三组选项设置了约束, 使每组至多只有一个选项可以被选中, 这些约束在测试的过程中可以直接获得, 因此不需要通过额外的步骤来确定约束条件.

为了确定测试用例 T1_7 的最小故障模式, 这里采用的是 SOFOT 故障定位方法, 故障定位表如表 5-3 所示.

表 5-3 T1_7 故障定位表

5	5	2	2	2	0	1	0	0	0	0	1	0	F
4	***0***	2	2	2	0	1	0	0	0	0	1	0	F
4	5	***1***	2	2	0	1	0	0	0	0	1	0	F
4	5	2	***3***	2	0	1	0	0	0	0	1	0	F
4	5	2	2	***0***	0	1	0	0	0	0	1	0	F
4	5	2	2	2	***1***	1	0	0	0	0	1	0	F
4	5	2	2	2	0	***0***	0	0	0	0	1	0	P
4	5	2	2	2	0	1	***1***	0	0	0	1	0	F
4	5	2	2	2	0	1	0	***1***	0	0	1	0	F
4	5	2	2	2	0	1	0	0	***1***	0	1	0	F
4	5	2	2	2	0	1	0	0	0	***1***	1	0	F
4	5	2	2	2	0	1	0	0	0	0	***0***	0	P
4	5	2	2	2	0	1	0	0	0	0	***0***	***1***	F

表 5-3 中, 每一行代表一条额外的测试用例, 其中加粗倾斜表示的数字是原测试用例中相同位置上被替换掉的值. 此外, 由于受到约束关系$\{C_{12}(1), C_{13}(1)\}$的影响, 表中最后一行同时修改了两个参数. 通过表 5-3 可以确定测试用例 T1_7 的故障是由$\{P_7(1), P_{12}(1)\}$引发的, 即测试用例 T1_7 的最小故障模式是$\{—,\cdots, P_7(1),\cdots, P_{12}(1),\cdots,—\}$.

至此, 可以发现由于存在约束, 模型 M_1 需要根据测试信息进行修改.

5.3.3 改进模型 M_2 及测试

1. 新模型 M_2 的设计

由对模型 M_1 的测试结果可知, 虽然在图 5-7 中标有②的区域里, 参数 P_8、P_9、P_{10}、P_{11}、P_{12}、P_{13} 均为单选按钮, 但对 M_1 进行测试的结果显示, 这 6 个单选参数可以合并为 3 组单选区域, 即{关闭删除线效果, 单删除线, 双删除线}、{关闭上下标效果, 上标, 下标}、{关闭大写字母, 小型大写字母, 全部大写字母}. 此外, 在 M_1 中, 下划线出现于每一个测试用例中, 而事实上, 下划线可以选择作用于或者不作用于目标样本. 综上, 对下划线及其他参数进行了调整. 这样就得到了新的试验模型 M_2 的参数列表如表 5-4 所示.

表 5-4 模型 M_2 的参数及其取值

参数名称	取值	含义	编号	参数名称	取值	含义	编号
字号	0	初号	P_1	字体颜色	2	绿色	P_4
	1	四号			3	黄色	
	2	五号		下划线颜色	0	默认	P_5
	3	八号			1	黑色	
	4	5.5			2	红色	
	5	20			3	绿色	
	6	28		试验样本	0	一号	P_6
	7	72			1	二号	
下划线型	0	Off	P_2		2	三号	
	1	abc		删除线	0	Off	P_7
	2	abc			1	单删除线	
	3	abc			2	双删除线	
	4	abc		上下标	0	Off	P_8
	5	abc			1	上标	
字形	0	常规	P_3		2	下标	
	1	倾斜		大写字母	0	Off	P_9
	2	加粗			1	小型大写	
	3	粗斜			2	全部大写	
字体颜色	0	黑色	P_4	着重号	0	Off	P_{10}
	1	红色			1	On	

在对模型 M_1 进行测试时发现了一组由$\{P_7(1), P_{12}(1)\}$引发的故障. 由于$\{P_7(1), P_{12}(1)\}$是一个最小故障模式, 为了避免其对后续测试的干扰, 因此将这组故障视为一组约束条件, 避免其在之后的测试过程中出现. 同时, 下划线中的 “无下划线” 选项选中时, 即当 $P_2=0$ 时, P_5 是无效的选项, 此时 P_5 与其他参数的二维组合也无效, 如果不对这种情况进行处理, 可能会导致覆盖不完全. 这里采用的方法是为 P_5 增加一个值 “默认 (黑色)”, 即重复设置了 “黑色” 取值, 并且要求只要 P_2 取 “Off”, P_5 就取 “默认 (黑色)”.

与模型 M_1 相比, 模型 M_2 的参数数量由 13 个减少到 10 个, 新的参数及其取值如表 5-4 所示, 此外还得到了约束条件集合$\{\{P_9(1), P_{10}(1)\}, \{P_2(0), P_5(1)\}, \{P_2(0), P_5(2)\}, \{P_2(0), P_5(3)\}\}$.

2. *覆盖表生成策略选择*

模型 M_2 的覆盖表生成策略是在 M_1 的基础上, 引入了可以利用已通过测试用例的策略. 在对模型 M_1 的测试中, 测试用例 T1_2、T1_3、T1_4、T1_6 通过了测试, 因此其所覆盖的二维组合不需要再进行测试, 而由于测试模型发生了变化, 所以这些测试用例需要改写为{(6,2,1,1,3,0,1,0,0,1); (2,2,3,0,2, 1,2,2,0,1); (5,3,0,3,2,2,0,2,0,0); (3,5,1,3,1,1,2,1,2,1)}. 将这 4 条测试用例作为一维覆盖表的一部分, 之后可以生成如表 5-5 所示的 2-way 增量覆盖表 (T2_14 至 T2_48 未列出).

表 5-5 试验模型 M_2 的增量覆盖表

<table>
<tr><td>T2_1</td><td>6</td><td>2</td><td>1</td><td>1</td><td>3</td><td>0</td><td>1</td><td>0</td><td>0</td><td>1</td><td rowspan="8">一维子表</td><td rowspan="4">已测试</td></tr>
<tr><td>T2_2</td><td>2</td><td>2</td><td>3</td><td>0</td><td>2</td><td>1</td><td>2</td><td>2</td><td>0</td><td>1</td></tr>
<tr><td>T2_3</td><td>5</td><td>3</td><td>0</td><td>3</td><td>2</td><td>2</td><td>0</td><td>2</td><td>0</td><td>0</td></tr>
<tr><td>T2_4</td><td>3</td><td>5</td><td>1</td><td>3</td><td>1</td><td>1</td><td>2</td><td>1</td><td>2</td><td>1</td></tr>
<tr><td>T2_5</td><td>7</td><td>0</td><td>2</td><td>1</td><td>0</td><td>2</td><td>0</td><td>1</td><td>1</td><td>0</td><td rowspan="11">未测试</td></tr>
<tr><td>T2_6</td><td>1</td><td>4</td><td>3</td><td>2</td><td>1</td><td>0</td><td>1</td><td>2</td><td>1</td><td>1</td></tr>
<tr><td>T2_7</td><td>0</td><td>3</td><td>2</td><td>0</td><td>3</td><td>2</td><td>1</td><td>0</td><td>0</td><td>1</td></tr>
<tr><td>T2_8</td><td>4</td><td>1</td><td>0</td><td>2</td><td>0</td><td>1</td><td>2</td><td>0</td><td>2</td><td>0</td></tr>
<tr><td>T2_9</td><td>1</td><td>5</td><td>0</td><td>0</td><td>3</td><td>0</td><td>0</td><td>1</td><td>2</td><td>0</td><td rowspan="7">二维表其余部分</td></tr>
<tr><td>T2_10</td><td>0</td><td>0</td><td>1</td><td>3</td><td>2</td><td>0</td><td>2</td><td>0</td><td>1</td><td>0</td></tr>
<tr><td>T2_11</td><td>2</td><td>1</td><td>1</td><td>2</td><td>1</td><td>2</td><td>0</td><td>1</td><td>0</td><td>0</td></tr>
<tr><td>T2_12</td><td>3</td><td>3</td><td>3</td><td>1</td><td>0</td><td>0</td><td>1</td><td>2</td><td>2</td><td>0</td></tr>
<tr><td>T2_13</td><td>7</td><td>4</td><td>0</td><td>1</td><td>2</td><td>1</td><td>1</td><td>1</td><td>2</td><td>1</td></tr>
<tr><td colspan="11">⋮</td></tr>
<tr><td>T2_49</td><td>1</td><td>0</td><td>2</td><td>1</td><td>1</td><td>0</td><td>2</td><td>1</td><td>1</td><td>0</td></tr>
</table>

在表 5-5 中, T2_1~T2_4 的测试用例是模型 M_1 中的 4 条已经通过的测试用例, 构成了表 5-5 中一维子表的一部分. 而 T2_5~T2_8 的测试用例则是表 5-5 的一

维子表的另外一部分, 这 4 条还未经过测试. 测试用例 T2_9~T2_49 与一维子表共同组成了模型 M_2 的二维覆盖表, 这 41 条测试用例也没有经过测试.

3. 测试执行

将表 5-5 中前 4 条测试用例结果直接标记为 “pass”. 对 T2_5~T2_49 进行测试, 发现 T2_16 出现故障, 其余测试用例均通过. T2_16 的故障如图 5-10(a) 所示, 着重号位于双下划线的中间, 这与预期结果 (图 5-10(b)) 不符.

(a) 测试用例T2_16的结果　　(b) 测试用例T2_16的预期结果

图 5-10　测试用例 T2_16 的执行结果与预期结果

4. 测试结果分析

为了定位 T2_16 的故障是由何种组合引起的, 仍采用 SOFOT 方法. 故障定位的结果显示, 由组合$\{P_1(5), P_2(2), P_8(1), P_{10}(1)\}$引发了测试用例 T2_16 的故障. 进一步使用 OFOT 方法对 SOFOT 方法的结果进行检查可以确定$\{P_1(5), P_2(2), P_8(1), P_{10}(1)\}$的确是一个最小故障模式, 同时, OFOT 方法还可以发现新的最小故障模式$\{P_1(5), P_2(2), P_8(2), P_{10}(1)\}$.

至此, 针对模型 M_2 的测试已经完成. 对测试模型和测试结果的综合分析发现, 还有许多字体效果功能需要进行测试, 因此可以对模型进行扩展.

5.3.4　参数扩展——新模型及其改进、测试过程

通过前面的试验, 我们已经发现了 Word 2010 字体效果中的一些约束条件和故障, 在本节将为试验模型增加一些配置, 这些配置来自 Word 字体工具栏中 (图 5-7 中①部分).

1. 扩展模型 M_3 的设计

将新模型命名为 M_3, 表 5-6 就是 M_3 的参数及其取值表. 此外, 模型 M_2 中的约束对$\{P_2(0), P_5(1)\}$, $\{P_2(0), P_5(2)\}$, $\{P_2(0), P_5(3)\}$经过编号的修改, 可以直接在 M_3 中使用; 故障组合$\{P_7(1), P_{12}(1)\}$、$\{P_1(5), P_2(2), P_8(1), P_{10}(1)\}$以及$\{P_1(5), P_2(2), P_8(2), P_{10}(1)\}$经过 SOFOT 验证依然适用于模型 M_3. 综上, 模型 M_3 的约束集合 $C = \{\{P_9(0), P_{10}(1)\}, \{P_9(0), P_{10}(2)\}, \{P_9(0), P_{10}(3)\}, \{P_{20}(1), P_{21}(1)\}, \{P_2(5), P_9(2), P_{19}(1), P_{21}(1)\}, \{P_2(5), P_9(2), P_{19}(2), P_{21}(1)\}\}$.

2. 覆盖表生成策略选择

模型 M_3 的覆盖表生成策略与模型 M_1 类似, 其 1-way 覆盖表如表 5-7 所示, 其中每一行代表一条测试用例, 每一列对于一个参数, 依次为 $P_1, P_2, \cdots, P_{26}$.

表 5-6 模型 M_3 的参数及其取值

参数名	值	含义	编号
试验样本	0	一号	P_1
	1	二号	
	2	三号	
	3	四号	
	4	五号	
	5	六号	
	6	七号	
	7	八号	
字号	同表 5-4		P_2
阴影	0	Off	P_3
	1	On	
阴影类型	0	外部 3	P_4
	1	外部 5	
	2	内部 1	
	3	内部 5	
	4	透视 3	
映像	0	Off	P_5
	1	On	
映像类型	0	预设 1	P_6
	1	预设 3	
	2	预设 6	
	3	预设 7	
	4	预设 8	
发光	0	Off	P_7
	1	On	
发光类型	0	蓝色 1	P_8
	1	红色 2	
	2	橄榄 3	
	3	紫色 4	
	4	橙色 3	
下划线	同表 5-4		P_9
下划线色	同表 5-4		P_{10}

参数名	值	含义	编号
字色渐变	0	Off	P_{11}
	1	On	
渐变类型	0	线性对角	P_{12}
	1	中心辐射	
	2	线性向上	
轮廓	0	Off	P_{13}
	1	On	
轮廓颜色	0	黑色	P_{14}
	1	红色	
	2	绿色	
轮廓线型	0	长线	P_{15}
	1	短划线	
	2	圆点	
字色	同表 5-4		P_{16}
字形	同表 5-4		P_{17}
删除线	同表 5-4		P_{18}
上下标	同表 5-4		P_{19}
大写字母	同表 5-4		P_{20}
着重号	同表 5-4		P_{21}
带圈字符	0	Off	P_{22}
	1	On	
加圈形式	0	缩小文字	P_{23}
	1	增大圈号	
外圈形状	0	圆形	P_{24}
	1	方形	
	2	三角形	
	3	菱形	
字符底纹	0	Off	P_{25}
	1	On	
边框	0	Off	P_{26}
	1	On	

表 5-7 模型 M_3 的 1-way 测试表

T3_1	0	7	1	3	1	0	1	0	1	1	1	1	1	1	2	2	1	2	2	0	1	1	0	1	0	0
T3_2	4	4	1	2	1	0	1	1	3	2	1	2	1	1	0	1	0	1	2	2	1	1	1	3	1	1
T3_3	2	0	0	1	0	4	1	2	0	0	0	2	1	0	1	0	3	0	2	0	1	0	0	0	1	0
T3_4	5	5	0	2	1	3	0	0	2	2	1	1	0	2	2	3	2	1	0	1	1	0	1	1	0	0
T3_5	6	3	1	1	0	2	0	3	5	1	0	0	0	1	1	2	1	0	0	2	1	1	0	2	1	1
T3_6	3	6	0	4	0	3	1	4	2	3	0	1	1	2	2	0	2	2	2	2	0	0	0	2	0	0
T3_7	7	1	1	1	0	1	0	1	1	0	0	2	0	0	0	1	1	1	1	0	0	0	1	3	0	1
T3_8	1	2	1	4	1	1	1	4	4	3	1	0	1	0	2	3	2	1	1	1	0	1	1	1	1	1

3. 测试执行

在测试的过程中, T3_1 和 T3_2 均产生了与预期不符的结果, 其中 T3_1 的结果如图 5-11 所示. 试验的预期是 "映像" 效果将会在文字下方显示一个镜像效果, 而 T3_1 中没有删除线的映像效果.

图 5-11 T3_1 所引发的故障

在对其余测试用例进行测试时, 发现模型 M_3 中包含一些试验参数之间的屏蔽效果, 如 T3_3 中包含$\{P_3(0),P_4(1)\}$、$\{P_5(0),P_6(1)\}$、$\{P_{11}(0),P_{12}(2)\}$、$\{P_{22}(0), P_{23}(0)\}$的屏蔽效果, 试验模型需要进一步修改.

4. 测试结果分析

使用 SOFOT 方法可以定位出最小故障模式为$\{P_5(1),P_{18}(2)\}$、$\{P_5(1),P_9(1)\}$. 在定位的过程中发现, "下划线类型" 和 "映像" 都是一类相似功能的集合, 因此这两个参数的其他组合也有可能引发类似的故障. 对所有满足$\{P_5 \neq 0, P_9 \neq 0\}$的组合进行检验可以发现均产生类似 T3_1 的故障, 故将其合并为一组, 即故障模式$\{P_5(\neq 0), P_9(\neq 0)\}$, 同样, 可以确定故障模式$\{P_5(\neq 0), P_{18}(\neq 0)\}$.

对于试验中出现的参数之间的屏蔽效果, 通过对模型 M_3 的分析发现需要对配置组合 $(P_3,P_4)(P_5,P_6)(P_7,P_8)(P_{11},P_{12})(P_{13},P_{14},P_{15})(P_{22},P_{23})$ 进行合并和修改, 修改后将得到新的模型 M_4.

5.3.5 模型 M_3 的修改模型——M_4

1. 模型 M_4 的设计

模型 M_4 继承模型 M_1 和模型 M_2 的所有约束, 并将模型 M_3 发现的故障视为约束条件, 因此可以得到模型 M_4 的约束集合 C_exc=$\{\{P_{15}(1),P_{16}(1)\}, \{P_2(5),P_6(2), P_{14}(1),P_{16}(1)\}, \{P_2(5),P_6(2),P_{14}(2),P_{16}(1)\}\}$; C_inc=$\{\{P_6(0)\rightarrow P_7(0)\},\{P_9(0)\rightarrow P_{10}(0)\},\{P_{17}(0)\rightarrow P_{18}(0)\},\{P_4(\neq 0)\rightarrow P_6(0),P_{13}(0)\}$. 集合 C_exc 中的每个元素 (参数组合) 不可同时出现于任何一条测试用例, 而集合 C_inc 中的任意元素, 当 "→" 左侧的情形出现时, "→" 右侧的情形必须同时出现. 表 5-8 给出的是模型 M_4 的参数配置及其取值表.

表 5-8 模型 M_4 的参数及其取值

参数名	值	含义	编号
试验样本	同表 5-6		P_1
字号	同表 5-6		P_2
阴影	0	Off	P_3
	1	外部 3	
	2	外部 5	
	3	内部 1	
	4	内部 5	
	5	透视 3	
映像	0	Off	P_4
	1	预设 1	
	2	预设 3	
	3	预设 6	
	4	预设 7	
	5	预设 8	
发光	0	Off	P_5
	1	蓝色 1	
	2	红色 2	
	3	橄榄 3	
	4	紫色 4	
	5	橙色 3	
下划线	同表 5-6		P_6
下划线色	同表 5-6		P_7
字色渐变	0	Off	P_8
	1	线性对角	
	2	中心辐射	
	3	线性向上	
轮廓线型	0	Off	P_9
	1	黑色	
	2	红色	
	3	绿色	
轮廓颜色	0	默认长线	P_{10}
	1	长线	
	2	短划线	
	3	圆点	
字色	同表 5-6		P_{11}
字形	同表 5-6		P_{12}
删除线	同表 5-6		P_{13}
上下标	同表 5-6		P_{14}
大写字母	同表 5-6		P_{15}
着重号	同表 5-6		P_{16}
带圈字符	0	Off	P_{17}
	1	缩小文字	
	2	增大圈号	
外圈形状	0	默认圆形	P_{18}
	1	圆形	
	2	方形	
	3	三角形	
	4	菱形	
字符底纹	同表 5-6		P_{19}
边框	同表 5-6		P_{20}

2. 覆盖表生成策略选择

依据模型 M_4 的参数配置及约束关系, 按照模型 M_1 的覆盖表生成策略, 生成一个 2-way 的增量覆盖表, 其中的 1-way 部分如表 5-9 所示. 表 5-9 中总计有 10

表 5-9 模型 M_4 的 1-way 测试表

T4_1	7	0	1	1	2	0	0	1	3	2	0	3	0	2	1	0	1	2	0	1
T4_2	5	1	5	0	3	1	3	0	0	0	3	0	2	0	2	1	0	0	1	0
T4_3	2	2	0	5	1	0	0	3	1	3	1	2	0	1	0	1	2	1	1	1
T4_4	6	5	2	0	0	5	2	2	3	1	2	1	1	2	0	0	2	3	0	0
T4_5	0	3	4	2	5	0	0	0	2	1	3	2	0	1	2	1	1	4	1	1
T4_6	3	2	3	3	4	0	0	3	0	0	0	1	0	2	1	0	1	2	0	0
T4_7	4	6	0	0	3	2	1	2	1	3	1	0	2	0	1	0	0	0	0	1
T4_8	2	7	2	4	0	0	0	1	2	2	2	3	0	0	0	1	1	1	1	0
T4_9	1	2	1	0	2	3	2	2	3	2	1	0	2	1	2	1	2	3	0	1
T4_10	0	4	5	0	2	4	3	0	1	1	3	2	1	1	1	0	1	4	1	0

条测试用例, 而不是 8 条, 这是由于需要满足约束条件造成的.

3. 测试执行

对表 5-9 中的 10 条测试用例进行测试, 结果为全部通过, 这时可以进一步进行模型 M_4 的 2-way 覆盖表测试. 对其他测试用例进行测试, 发现测试用例 T4_23、T4_88、T4_89 分别发生如图 5-12(a)、图 5-13(a) 所示的故障, 图 5-12(b)、图 5-13(b) 则分别给出了对应的预期效果. 在图 5-12 (a) 中, 可以发现着重号在字符 “SQA” 处下沉, 图 5-13 (a) 中删除线在字符 “SQA” 处断开, 这均与预期结果不符.

(a) T4_23所引发的故障

(b) T4_23预期结果

图 5-12　测试用例 T4_23 的执行结果与预期结果

(a) T4_88所引发的故障

(b) T4_88预期结果

图 5-13　测试用例 T4_88 的执行结果与预期结果

4. 测试结果分析

通过 SOFOT 方法可以定位出 T4_23、T4_88 的最小故障模式分别为$\{P_1(7), P_{14}(1), P_{16}(1)\}$、$\{P_1(7), P_{13}(2), P_{14}(1)\}$. 同之前的故障定位相似, 进一步考虑一组参数的其他取值是否都会引发类似的故障, 通过 OFOT 方法验证或者直接验证的办法可以得到一组故障模式$\{P_1(7), P_6(\neq 0), P_{14}(2)\}$, $\{P_1(7), P_{13}(\neq 0), P_{14}(\neq 0)\}$, 其他有类似故障的测试用例 T4_29、T4_70、T4_77 均可验证故障定位的结果.

5.3.6　试验结果分析和评价

Word 2010 的文字效果编辑功能是该软件的主要功能之一. 本节应用自适应组合测试方法对该功能进行测试, 在测试中总计发现 6 条测试用例的结果与预期不符, 进而发现对应的最小故障模式. 从测试的流程上来看, 主要是由测试结果分析驱动测试模型演变和新测试策略选择, 这样的过程运用测试过程中的测试信息, 使测试模型逐步完善, 测试结果更加可靠. 从测试结果上来看, 主要是在某些字体效果组合的情况下, 下划线、删除线、着重号的效果与预期效果不符合.

在本节的实例研究中, 测试的初期根据对 SUT 的初步认识, 设计了测试模型 M_1, 在对 M_1 的 1-way 覆盖表进行测试的过程中发现了约束条件和故障, 据此修改

模型为 M_2; 在对模型 M_2 进行进一步的测试后, 由于需要增加配置数量和调整部分参数的取值, 将模型 M_2 修改为 M_3, 然而模型 M_3 的 1-way 覆盖表发现了一些故障和屏蔽效果, 据此修改模型 M_3 为 M_4; 之后, 根据得到的模型 M_4 生成覆盖表并进行测试, 至此完成整个测试的流程, 图 5-14 给出了模型演变的流程. 在测试过程中, 一步到位的模型设计往往是难以实现的, 在图 5-14 的流程中, 充分利用了之前完成的测试中的信息, 在测试用例生成上, 使用增量覆盖表技术并配合使用之前通过的测试用例, 达到减少冗余测试用例的目的.

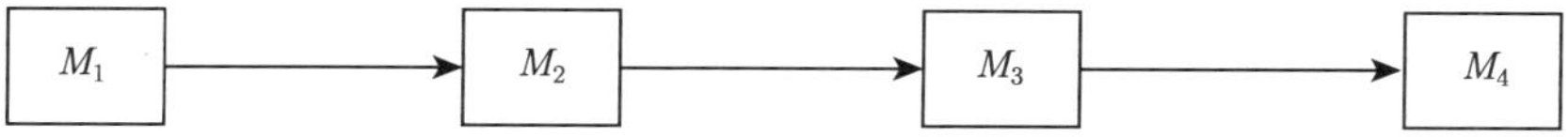

图 5-14 模型演变流程

本例的优化目标是在实现 2-way 覆盖强度的条件下, 减少测试用例的数目. 假设在由模型 M_1 到 M_4 的改进过程中, 传统组合测试方法可以实现理论最小规模的 2-way 覆盖表, 那么其总计至少需要执行 48+48+64+64=224 条测试用例, 而在本试验中, 自适应组合测试方法总计执行了 156 条测试用例. 因此, 在本例中, ACT 方法使用的测试用例数目至多是 CT 方法的 69.6%. 试验结果表明, ACT 方法在减少测试用例数目的同时, 保证了依然能够有效发现软件中的缺陷. 在故障定位上, 使用 SOFOT 的故障定位方法可以比较有效地定位出故障测试用例的最小故障模式, 且其付出的额外测试开销较小.

5.4 本章小结

本章在传统组合测试的基础上, 结合自适应测试框架, 介绍了自适应组合测试框架. 与传统组合测试方法相比, 自适应组合测试充分利用之前测试中得到的测试信息, 有效减少冗余测试用例的数目, 并且在测试过程中积累对待测软件系统的认识, 在必要时可以暂停当前的测试, 修改测试模型, 以提高测试的准确性和测试的效率.

在对 Word 2010 文字编辑功能进行测试的过程中, 测试模型实现了从 M_1 到 M_4 的变化过程. 测试模型的变化体现了随着测试的进行和深入, 测试人员收集到的有效信息越来越多, 对 SUT 的理解更加深入, 可以更加准确地设计测试模型从而保证测试的准确性. 同时, 使用自适应组合测试方法在测试模型的变化过程中可以有效减少测试用例数目, 在实现预定测试目标的条件下保证了测试的效率.

虽然自适应组合测试框架是一种高效的测试手段, 但是目前还需要更多有效的技术来充实和丰富框架中的各个环节. 在试验过程中发现, 在新增配置的情况下, 之前的测试用例的利用率受到影响, 同时, 在故障定位环节还需要更加高效准确的故障定位技术. 在未来的研究工作中, 由于不同软件系统在测试过程中的测试优化目标和需要收集的测试信息有所不同, 因此将会针对其他软件系统进行测试来验证自适应组合测试的效率, 同时将设计一些基于自适应组合测试的自动化测试工具来进一步提高测试的速度.

参考文献

[1] Cai K Y, Jiang C H, Hu H, et al. An experimental study of adaptive testing for software reliability assessment. Journal of Systems and Software, 2008, 81(8):1406-1429.

[2] Nie C H, Leung H, Cai K Y. Adaptive combinatorial testing. QSIC,2013: 284-287.

[3] Nie C H, Chen S Y, Leung H, et al. A case study of adaptive combinatorial testing. COMPSAC, 2013(2):47-52.

第 6 章　组合测试的应用

组合测试的研究与发展一直是由应用驱动的. 最早的研究都是关于应用的, 例如, 最早使用参数的两两组合覆盖测试概念的是 Mandl 在 1985 年提出的, 他将这个概念用于 Ada 编译器的测试, 利用正交拉丁方来产生测试用例集. 1987 年, Tatsumi 开始在日本富士通公司使用组合测试方法测试软件, 他已经注意到软件测试中应该使用覆盖表, 而不是正交表. 1992 年, Brownlie 等报告了用正交表对 PMX/StarMAIL 系统进行测试的实例研究, 他们利用一个称为 "OATS" 的工具产生正交表, 产生的测试用例不仅少, 而且发现了很多以前方法无法发现的错误. 随着组合测试研究的深入, 组合测试方法已经得到了非常广泛的应用, 本章专门介绍近年来我们做的一些案例研究, 主要包括浏览器测试、手机功能测试、机顶盒功能测试、配置测试和软件系统兼容性测试等.

6.1　浏览器功能测试

浏览器是一种使用非常广泛的应用软件, 它已成为人们网络生活不可缺少的工具软件. 浏览器软件的质量深刻影响着人们的日常工作、学习和生活. 浏览器软件市场也成为商家必争之地, 很多大公司 (如苹果公司) 针对目前浏览器市场存在的质量问题, 独立开发出一些新款的浏览器软件, 试图通过质量优势占领市场份额, 同时, 一些老的浏览器公司 (如 IE), 通过研发新一代浏览器, 力图保持或挽回原有的优势地位. 可以这么说, 在未来的竞争中, 谁在浏览器软件上占了上风, 谁就能赢得有利的优势地位.

尽管软件开发和测试技术不断进步, 浏览器软件经过精心的设计和开发, 也通过了严格的测试, 但目前市场上的各种浏览器软件都存在着这样那样的问题. 关于浏览器软件的研发和测试仍然面临非常严峻的挑战.

针对浏览器软件中各种配置选项众多, 影响浏览器正常工作的因素复杂的基本情况, 利用组合测试方法对浏览器软件先从局部入手, 首先找出所有适合组合测试的应用场景, 并进行局部组合测试, 然后将这些局部进行集成组合测试, 系统地检查系统中各种选项参数及其相互组合的作用对浏览器各种功能的影响. 以 Firefox 浏览器为实例, 先对 6 个局部场景进行组合测试建模和测试, 然后将这 6 个部分集成起来进行组合测试, 测试 32 个参数选项, 发现很多未被发现的问题, 同时, 也验证了组合测试方法在测试复杂系统时的灵活性和有效性.

6.1.1 浏览器测试

1. 浏览器测试

浏览器是 Web应用中客户端的核心软件, 通过浏览器能够实现全球范围内的信息共享, 其用户数目庞大. 随着互联网技术的迅速发展, 基于互联网的各种应用应运而生, 其中 Web 应用是 Internet 上最有活力的一个部分, 但由于互联网由众多局部自治的系统构成, 其资源存在着形态、性能、功能以及使用和服务方式等多方面的异构性和系统状态的不确定性, 因而, Web 应用具有分布、动态、多平台、交互式和超文本等特点, 这些特点使 Web 客户端应用软件的可靠性、稳定性以及兼容性尤其显得重要[8].

目前, 对于浏览器软件方面的测试还依赖于软件厂家的各项测试. 由于各个不同厂商的浏览器对 Java、JS、ActiveX 的支持承担也各有差异, 不尽相同. 这种差异可能很小, 甚至不会被注意到, 也可能很大, 甚至造成在某个浏览器下无法正常浏览. 因此, 业界更多的是关注 "浏览器兼容性问题". 而正是这些 "浏览器兼容性问题", 无形中给我们的开发增加了不少难度. 即使是同一厂家的浏览器, 也会存在不同的版本兼容性问题. 另外, 框架和层次结构风格在不同的浏览器中也有不同的显示. 目前最常用的浏览器是 IE(internet explore), 但由于操作习惯的问题, 还有相当一部分用户喜欢 Firefox 浏览器、谷歌浏览器等. 因此对浏览器软件的测试更多的是进行全面的兼容性分析、测试[1].

2. 浏览器的组合测试

由于各类浏览器在运行过程中参数配置很多, 不同的参数配置对 Web 系统的运行结果也有很大的不同, 有的甚至无法浏览. 因此对浏览器软件可配置参数进行必要的测试是非常重要的. 例如, Firefox 软件在选项配置上就比较复杂, 可用于组合测试的场景也比较多, 其选项配置往往是 2 值或多值参数的集合, 例如, 在图 6-1 中, 可以抽取出表 6-1 所示的 3 个参数以及相应的取值.

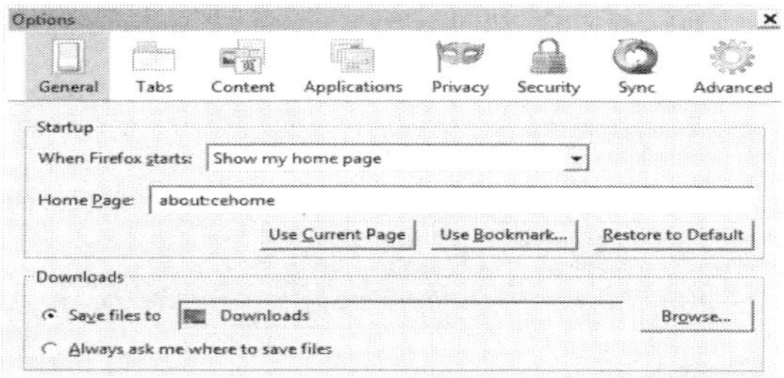

图 6-1 Firefox 的常规设置

这样的配置界面在 Firefox 中至少有 15 处以上, 而且有的一个界面上可以有 20 个以上的参数选项 (如 "高级" 选项). 如果进行全覆盖测试, 工作量是不可想象

表 6-1 Firefox 常规设置组合测试模型

parameters	values		
When Firefox starts	**0(Show my home page)**	1(Show a blank page)	2(Show my windows and tabs from last tim)
Home Page	**0(Use Current Page)**	1(Use Bookmark)	2(Restore to Default)
Downloads	**0 (Save files to)**	1 (Always ask me where to save files)	(此处可任取 0 或者 1, 形成 1 维覆盖表)

的. 由于篇幅限制, 本节只对 Firefox 系统中 6 个典型的配置界面先分别进行建模和组合测试, 然后逐步进行集成的组合测试, 以系统地检测各种配置参数之间相互作用可能促发的软件故障. 对于其他组合测试应用场景只给出了界面和模型.

到目前为止, 尚未见到应用组合测试方法系统地测试浏览器的各种配置选项参数. 唯一类似的工作是 Cohen 等研究在不同的配置参数模型中, 执行同一测试用例集合时, 发现其具有基本相似错误检测率和代码覆盖率[2].

6.1.2 浏览器自适应组合测试的实证研究

1. 测试对象

考虑到 IE 不开源且只能运行在 Windows 系统下, Safari 浏览器主要运行于苹果系统, 而 Firefox 开源且跨平台, 更适合进行组合测试的实例研究, 故本书选择 Firefox 作为实证研究对象.

Firefox 是一种开源的网页浏览器, 非正式的中文名称为火狐浏览器, 由 Mozilla 基金会旗下的 Mozilla 公司与众多志愿者所开发. Firefox 采取了小而精的核心, 并允许用户根据个人需要去添加各种扩展插件来完成更多、更个性化的功能. Firefox 使用开放源代码的网页排版引擎 Gecko, Gecko 能够让浏览器尽可能按标准来显示网页内容. 目前, Firefox 有兼容 Windows 版、兼容 Linux 版、兼容 Mac OS 版以及支持 Android 的移动版. 本节所测试 Firefox 的版本号为 21.0, 可以从 Mozilla 官方网站 (http://firefox.com.cn) 上下载获得, Firefox 运行的操作系统环境为 Windows 7 中文专业版.

2. 测试方法

由于 Firefox 的功能选项非常多, 而且复杂, 在测试的一开始就建立完整准确的组合测试模型是比较困难的[1]. 我们首先逐个地寻找和分析类似图 6-1 的界面, 从中发现可以进行组合测试的场景. 设计相应的组合测试配置, 然后通过浏览几个典型的网站, 例如, http://www.sina.com.cn、http://www.163.com、http://edition.cnn.com 进行测试. 如果发现无效测试配置, 则说明该界面中各个参数之间存在未能发现的约束或者其他问题, 需要进一步分析或者重新设计组合测试模型. 如果测试过程中发现了故障, 应进行故障分析以及进一步发现该故障配置周围可能存在的问题. 以下介绍 Firefox 中包括图 6-1 在内的 6 个典型的组合测试应用场景的测试情况.

1) Firefox 常规设置测试

图 6-1 是 Firefox“工具选项” 中的 “常规项” 界面, 从该界面可以建立如表 6-1 所列的组合测试模型, 3 个参数中前两个参数每个取 3 个值, 最后一个参数取 2 个值, 如果在表 6-1 中将第 3 个参数最后一个值取 0 或者 1, 这样, 表 6-1 可以作为该组合测试模型的 1-way 覆盖表使用, 表 6-2 为其对应的 2-way 覆盖表.

表 6-2 常规设置 2-way 覆盖表

	$\boldsymbol{T_1}$	T_2	T_3	T_4	T_5	T_6	T_7	T_8	T_9
C_{11}	**0**	1	2	0	2	2	1	1	0
C_{12}	**2**	1	0	0	2	1	2	0	1
C_{13}	**0**	1	0	1	1	0	0	1	1
结果	**p**	p	p	p	p	p	p	p	p

注: 加黑为配置默认值, 下同.

表 6-2 中前 3 条 T_1、T_2 和 T_3 也可以作为 1-way 覆盖表测试用例, 加上后 6 条后可以作为 2-way 覆盖表测试用例. 当逐条使用表 6-2 这 9 条测试用例测试 Firefox 时, 实际上是先对 Firefox 软件进行 1-way 组合测试, 如果没有发现问题, 且测试资源许可, 继续进行测试, 直到完成 2-way 组合测试. 测试结果在表 6-2 的最后一行, p 表示通过, 因此结果为全部通过, 即未能发现软件故障.

2) Firefox 标签页设置测试

图 6-2 是 Firefox 工具选项标签式浏览设置页面, 在此界面中共有 7 个选项参数, 每个选项参数都是选中 (1) 和不选中 (0) 两种状态, 可以建立如表 6-3 所示的组合测试模型. 同样, 表 6-3 中第 2 和 3 列可以作为该组合测试模型的 1-way 覆盖表使用.

针对表 6-3 中的组合测试模型, 运用基于 AETG 贪心算法的覆盖表工具生成相应的 2-way 覆盖表如表 6-4 所示. 同样, 该表中前两列可以作为表 6-3 建立的组合测试模型的 1-way 覆盖表, 加上后面 9 列形成 2-way 覆盖表.

当依次使用表 6-4 中的 2-way 覆盖表进行测试时, 我们所做的其实也是一种增量式组合测试, 即先做 1-way 组合测试, 然后继续做 2-way 组合测试. 此时, Firefox 系统中其他参数都设为默认值, 例如, 图 6-1 中的参数设为系统默认值, 即表 6-2 中加黑的第一列. 测试结果在表 6-4 最后一行, 全部通过.

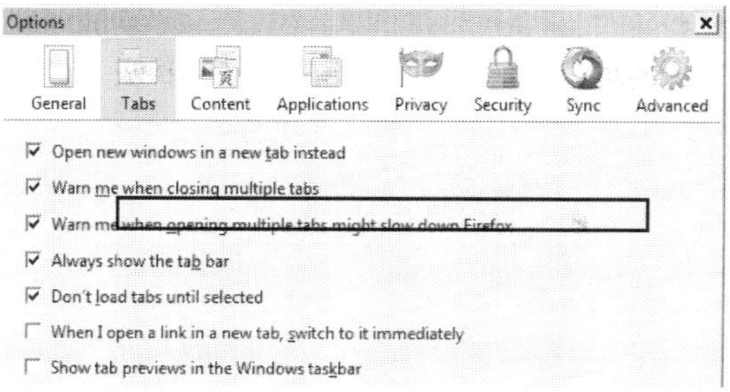

图 6-2 Firefox 标签式浏览设置界面

表 6-3 标签式浏览组合测试模型

parameters	values	
open new windows in a new tab instead	**1(new tab)**	0(new windows)
warn me when closing mutiple tabs	**1(warn)**	0(don't warn)
warn me when opening multiple tabs might slow down firefox	**1(show)**	0(don't show)
always show the tab bar	**1(show)**	0(don't show)
don't load tabs until selected	**1(load)**	0(don't load)
when I open a link in a new tab,switch to it immediately	1(switch)	**0(don't switch)**
show tab previews in the windows taskbar	1(show)	**0(don't show)**

表 6-4 标签式浏览设置 2-way 覆盖表

	T_1	T_2	T_3	T_4	T_5	T_6	T_7	T_8	T_9	T_{10}	T_{11}
C_{21}	0	1	0	1	0	1	1	0	0	0	1
C_{22}	1	0	0	0	1	1	1	1	1	1	1
C_{23}	1	0	0	1	1	0	1	0	1	1	1
C_{24}	0	1	0	1	0	1	0	1	0	1	1
C_{25}	0	1	0	1	0	1	0	0	1	0	1
C_{26}	1	0	1	0	0	1	1	0	0	1	0
C_{27}	1	0	0	1	1	0	0	1	0	1	0
结果	p	p	p	p	p	p	p	p	p	p	p

3) Firefox 内容设置测试

图 6-3 是 Firefox 工具选项当中内容设置界面. 将图 6-3 分成 A、B、C 三部分进行测试. 首先针对图 6-3 中 A 区域 “阻止弹出窗口”、“自动载入图像” 以及 “启用 JavaScript” , 图 6-4 是 “阻止弹出窗口” 例外值设置界面, 图 6-5 是 “自动载入图像” 例外值设置界面, 图 6-6 是 “启用 JavaScript” 高级设置界面. 3 个参数建模如表 6-5 所示. B 区和 C 区的测试分别在后面介绍.

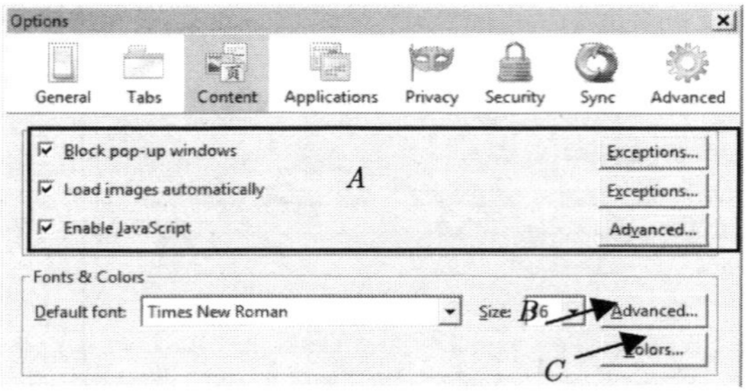

图 6-3　内容设置界面

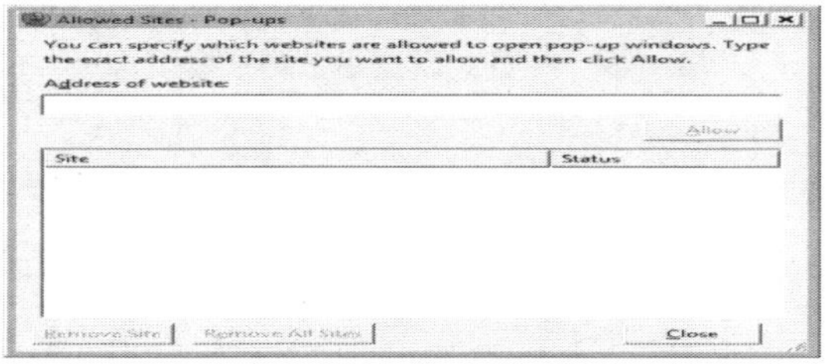

图 6-4　阻止弹出窗口例外设置界面

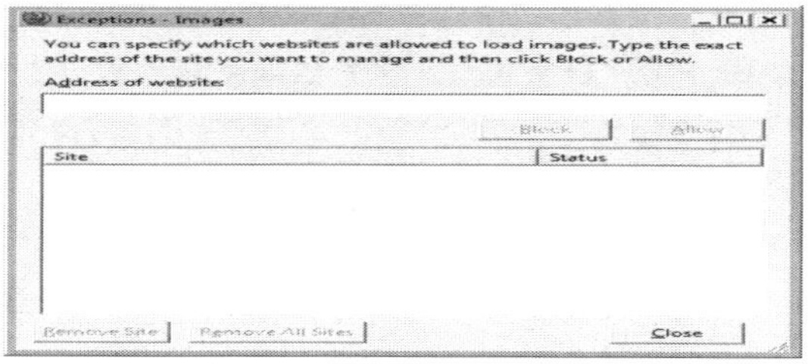

图 6-5　自动载入图像例外设置界面

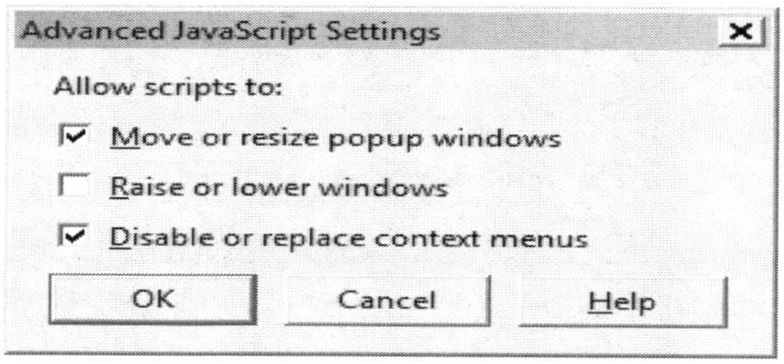

图 6-6　JavaScript 高级设置界面

表 6-5 内容页选项组合测试模型

parameters	values					
block pop-up windows	0(don't block)	1(block, no exceptions)	2(block, exceptions)			
load images automatically	0(don't auto-load, no exceptions)	1(don't auto-load, block)	2(don't auto-load, allow)	3(auto-load, no exceptions)	4(auto-load, block)	5(auto-load,allow)
enable JavaScript	0(disable)	1(enable)				

由表 6-5 生成相应的增量式 2-way 覆盖表如表 6-6 所示, 其中, 前 6 条 $T_1 \sim T_6$ 可以作为 1-way 覆盖表测试用例, 加上后 12 条后可以作为 2-way 覆盖表测试用例.

当依次使用表 6-6 这 18 条测试用例测试 Firefox 时, 测试结果在表 6-6 的最后一列, p 表示通过, f 表示不通过.

表 6-6 内容设置 2-way 覆盖表

	C_{31}	C_{32}	C_{33}	结果
T_1	0	0	0	p
T_2	1	1	1	p
T_3	2	2	0	f
$\boldsymbol{T_4}$	**1**	**3**	**1**	**p**
T_5	2	4	0	f
T_6	0	5	1	p
T_7	0	2	1	f
T_8	2	0	1	p
T_9	1	5	0	p
T_{10}	0	3	0	p
T_{11}	0	4	1	f
T_{12}	2	1	0	p
T_{13}	1	0	1	p
T_{14}	2	5	0	p
T_{15}	2	3	1	p
T_{16}	1	2	0	f
T_{17}	0	1	1	p
T_{18}	1	4	0	f

由于大部分 Web 页面的弹出窗口是用 JavaScript 技术实现的, 因此本场景中参数 C_{33} 是否启用 JavaScript 对参数 C_{31} 的测试效果有直接的影响, 也就是当 C_{33} 为 0 时, C_{31} 取值无论 0 或者 1 都无法判定此条测试用例是否通过. 因此, C_{31} 与 C_{33} 存在约束关系. 另外, 考虑到启用 JavaScript 高级设置中的相关选项与具体的浏览页面有关系, 如图 6-6 所示, 测试结果无法检验, 这里只考虑在测试中是否启用 JavaScript 成功, 高级选项中选取 Firefox 默认值设置而不考虑 JavaScript 启动

以后的特殊效果.

为了进一步定位故障, 每次只改变一个参数的值形成一条新的测试用例, n 个参数就有 n 条附加测试用例生成, 分别生成 T_3、T_5、T_7、T_{11}、T_{16} 以及 T_{18} 的附加测试用例. 表 6-7 为 T_3 的附加测试用例, 阴影就是改变的值.

表 6-7　T_3 附加测试用例

	$\boldsymbol{T_3}$	T_{31}	T_{32}	T_{33}
C_{31}	**2**	**0**	2	**2**
C_{32}	**2**	2	**4**	**2**
C_{33}	**0**	0	0	**1**
结果	**f**	f	f	f

附加测试用例的测试结果表明, 参数 C_{32} 取 2 或者 4 时, 测试用例测试不通过, 查阅 Firefox 官方网站对此项设置说明可知: 对于 "自动载入图片" 设置, Firefox 默认在网页中显示图片. 取消选择此选项可以在网页中禁用图片. 如果启用自动载入图片, 可以通过 "例外 ⋯ " 按钮选择不允许自动载入图片的站点. "例外 ⋯ " 按钮允许指定载入 (或不载入) 图片的站点而忽略上面自动载入图片的设置. 在例外列表中, 输入希望允许或阻止载入图片的站点然后单击允许或阻止. 同样, T_5、T_7、T_{11}、T_{16} 测试结果表明, 此项功能在特定的配置下无效.

4) Firefox 字体项设置测试

图 6-7 是字体高级设置界面, 属于图 6-3 中的 B 区, 表 6-8 是为图 6-7 测试场景建立的组合测试模型.

表 6-9 为利用覆盖表工具生成的增量式 2-way 覆盖表, 一共 12 条测试用例, 其中前 3 条可以单独作为 1-way 覆盖表, 根据表 6-9 中的 2-way 覆盖表进行测试, 在测试过程中, 为了达到预期效果对选项 "允许页面选择显示字体而不需要选择上面的字体" 默认不选择. 但在测试过程中仍然发现一些站点由于代码设计的原因, 对于字体的设置效果无效, 如 http://www.sina.com.cn. 这里选择外文网站为 http://edition.cnn.com, 测试结果如表 6-9 所示. 使用故障定位方法生成相应附加测试用例. 表 6-10 为故障模式 T_2 所生成的附加用例.

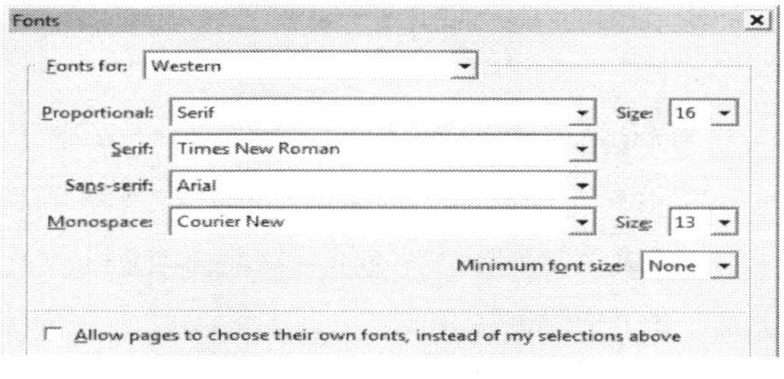

图 6-7　字体设置界面

表 6-8 字体高级选项组合测试模型

parameters	values		
fonts for	0(simplified Chinese)	**1(western)**	
proportional	**0(serif)**	1(sans serif)	
serif	**0(Times New Roman)**	1(宋体)	2(Georgia)
sans-serif	**0(Arial)**	1(宋体)	2(黑体)
proportional size	**0(16)**	1(9)	2(72)
monospace	**0(courier new)**	1(宋体)	2(黑体)
monospace size	**0(13)**	1(9)	2(72)
minimum font size	**0(none)**	1(9)	2(24)

表 6-9 字体高级设置 2-way 覆盖表

	$\boldsymbol{T_1}$	T_2	T_3	T_4	T_5	T_6	T_7	T_8	T_9	T_{10}	T_{11}	T_{12}
C_{41}	**0**	1	0	1	1	1	0	0	0	1	0	1
C_{42}	**0**	1	0	1	1	0	1	0	0	0	1	0
C_{43}	**0**	1	2	0	1	2	1	2	0	1	2	0
C_{44}	**0**	1	2	1	0	1	2	2	0	2	1	0
C_{45}	**0**	1	2	2	0	1	2	0	1	1	0	2
C_{46}	**0**	1	2	2	1	0	0	1	2	2	2	1
C_{47}	**0**	1	2	1	2	0	0	1	2	0	2	1
C_{48}	**0**	1	2	0	2	2	1	0	1	0	1	2
结果	**p**	f	p	f	f	f	p	p	p	f	p	f

表 6-10 $\boldsymbol{T_2}$ 附加测试用例

	T_2	T_{21}	T_{22}	T_{23}	T_{24}	T_{25}	T_{26}	T_{27}	T_{28}
C_{41}	1	**0**	1	1	1	1	1	1	1
C_{42}	1	1	**0**	1	1	1	1	1	1
C_{43}	1	1	1	**0**	1	1	1	1	1
C_{44}	1	1	1	1	**0**	1	1	1	1
C_{45}	1	1	1	1	1	**0**	1	1	1
C_{46}	1	1	1	1	1	1	**0**	1	1
C_{47}	1	1	1	1	1	1	1	**0**	1
C_{48}	1	1	1	1	1	1	1	1	**0**
结果	f	p	f	f	f	f	f	f	f

测试结果表明, 参数 C_{41} 在取 0 时测试通过, 而其余非 0 的情况测试都不通过. 同样对于 T_4 、T_5、T_6、T_{10}、T_{12} 所生成的附加测试用例结论也如上所述, 此结果无论访问中文站点还是外文站点结论相同.

5) Firefox 颜色项设置测试

图 6-8 是颜色设置界面, 属于图 6-3 中的 C 区. 表 6-11 是为此界面建立的组

合测试模型. 表 6-12 是利用覆盖表生成工具为此参数模型生成的增量式 2-way 覆盖表, 即表 6-12 的前 3 列配置 T_1、T_2 和 T_3 形成 1-way 覆盖表.

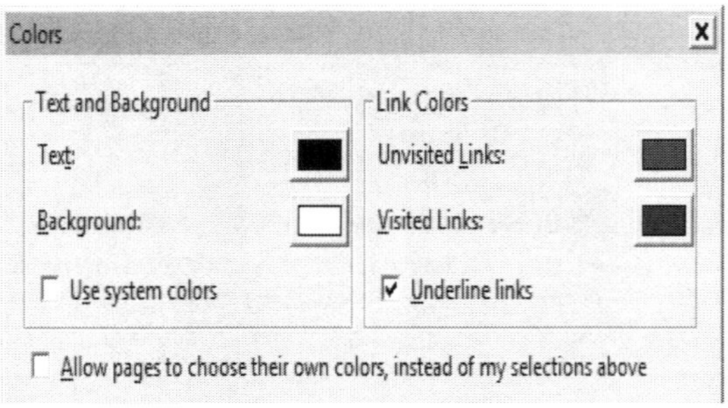

图 6-8 颜色设置界面

表 6-11 颜色设置组合测试模型

parameters	values		
text color	0(black)	1(red)	2(green)
background color	0(white)	1(yellow)	2(green)
unvisited links color	0(blue)	1(green)	2(red)
visited links color	0(purple)	1(red)	2(green)
underline links	0(no underline)	1(underline)	

表 6-12 颜色设置 2-way 覆盖表

	$\mathbf{T_1}$	T_2	T_3	T_4	T_5	T_6	T_7	T_8	T_9	T_{10}	T_{11}	T_{12}
C_{51}	**0**	1	2	0	2	0	1	2	1	1	0	2
C_{52}	**0**	1	2	2	1	0	1	0	2	0	1	2
C_{53}	**0**	1	2	0	2	1	0	1	1	2	2	0
C_{54}	**0**	1	2	1	0	2	2	1	0	1	0	0
C_{55}	**1**	0	1	1	1	1	0	0	1	0	0	0
结果	**p**	p	p	p	p	p	p	p	p	p	p	p

利用表 6-12 中的 12 个测试配置对 Firefox 进行测试时, 未发现问题, 因此测试结果为全部通过.

6) Firefox 高级–常规项设置测试

以 Firefox“工具选项” 中的高级设置标签页中的常规设置作为场景进行测试, 如图 6-9 所示.

考虑到此标签页中的参数都为 2 值参数, 并且 “重定向发出警告” 与 “自动启动硬件加速” 选项与实际测试的 Web 页面、硬件系统有关, 在测试过程中状态无法判断. 因此, 选择其默认值设置, 不作为配置参数生成测试用例. 表 6-13 为测试模型. 表 6-14 是生成的增量式 2-way 覆盖表及测试结果.

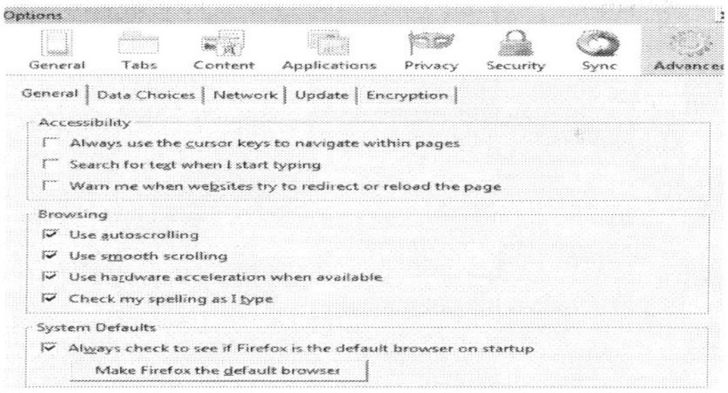

图 6-9 高级–常规设置界面

表 6-13 高级–常规组合测试模型

parameters	values	
always use the cursor keys to navigate within pages	0(no cursor)	1(cursor)
search for text when start typing	0(no immediately)	1(immediately)
use autoscrolling	0(no auto)	1(auto)
use smooth scrolling	0(no smooth)	1(smooth)
check my spelling as I type	0(don't check)	1(check)
always checks to see if firefox is the default browser on start up firefox is currently your default browser	0(check)	1(don't check)

表 6-14 高级–常规选项 2-way 覆盖表

	$\boldsymbol{T_1}$	T_2	T_3	T_4	T_5	T_6	T_7	T_8
C_{61}	**0**	1	0	1	0	0	1	1
C_{62}	**0**	1	1	0	1	0	0	0
C_{63}	**1**	0	1	0	0	1	0	1
C_{64}	**1**	0	0	1	0	1	0	0
C_{65}	**1**	0	0	1	1	0	0	0
C_{66}	**0**	1	1	0	0	1	1	0
结果	**f**	p	p	f	p	f	f	f

对故障测试配置 T_7 进行故障定位, 生成新的附加测试用例如表 6-15 所示.

表 6-15 的测试结果表明, 此场景下的测试用例参数 C_{62} 为 0 是故障点, 也就是选项设置 “即时查找输入文本” 无论设置与否它都执行的是 “选中” 时的功能.

表 6-15　T_7 附加测试用例

	$\boldsymbol{T_7}$	T_{71}	T_{72}	T_{73}	T_{74}	T_{75}	T_{76}
C_{61}	**1**	0	1	1	1	1	1
C_{62}	**0**	0	1	0	0	0	0
C_{63}	**0**	0	0	1	0	0	0
C_{64}	**0**	0	0	0	1	0	0
C_{65}	**0**	0	0	0	0	1	0
C_{66}	**1**	1	1	1	1	1	0
结果	**f**	f	p	f	f	f	f

7) 集成测试

以上分别对 6 个不同的场景进行了组合测试, 当每次对其中某一个场景进行组合测试时, 其他场景的各个配置参数取值为缺省默认值 (各个模型表中加黑的值). 因此, 前面实际上是做了如表 6-16 所示的缺省值测试.

表 6-16　前面所做的缺省值测试

	图 6-1	图 6-2	图 6-3	图 6-7	图 6-8	图 6-9
1) 常归设置测试	2-CT	default	default	default	default	default
2) 标签页设置测试	default	2-CT	default	default	default	default
3) 内容设置测试	default	default	2-CT	default	default	default
4) 字体设置测试	default	default	default	2-CT	default	default
5) 颜色项设置测试	default	default	default	default	2-CT	default
6) 高级–常规项设置测试	default	default	default	default	default	2-CT

注: 2-CT 表示 2-way 组合测试.

为了更进一步检测各种不同场景间参数的相互作用, 在表 6-16 所示的缺省测试 (可以实现对 6 个场景的 1-way 组合测试) 的基础上, 对各个场景设计 2-way 覆盖表进行了 2-way 组合测试. 发现了与前面 6 个部分单独测试时相似的结果. 同时, 也有一些存在不同场景间的约束, 将在以后进一步研究.

6.1.3　测试结果及分析

本节应用组合测试理论系统地研究了一种典型的浏览器软件 Firefox 的组合测试. 首先, 找出了 Firefox 软件中几乎所有的组合测试可以应用的场景. 其次, 对其中比较典型的 6 个场景分别进行了建模, 设计测试配置及测试. 最后, 将 6 个场景集成在一起, 进行了更大规模的组合测试. 测试过程中除了发现 Firefox 中一些过去未被发现的问题, 从组合测试实践中产生以下认识.

(1) 对于配置比较复杂的软件系统, 分而治之, 先逐个从软件系统的局部出发, 寻找组合测试的应用场景, 分别进行组合测试, 进而将多块组合测试场景进行集成的组合测试是一种行之有效的软件测试策略, 组合测试本身具有集成测试的特征.

(2) 当利用组合测试方法测试软件时, 一开始就获得一个比较正确、完整的组合测试模型是比较困难的, 甚至是不可能的. 一个好的模型需要在测试过程中不断提炼, 例如, 参数的个数、参数的取值情况、参数间的相互约束和相互作用关系等信息都需要在测试过程中发现.

(3) 本节运用组合测试故障与约束的检测与定位理论对 Firefox 软件近百个参数中的 32 个参数进行了细致的测试, 仅在至少 4×10^9 条可用测试用例中选择测试 70 条测试用例, 取得了较好的结果. 进一步证明了组合测试方法的正确性和效率, 具有较大的应用推广价值.

在下一步工作中, 将从以下几个方面入手, 来进一步推进组合测试研究和应用.

(1) 考虑到 Firefox 软件的跨平台性, 需要对不同的操作系统进行单独的组合测试, 如 Linux、Mac、Android 等操作系统. 操作系统比浏览器软件更复杂, 研究操作系统的组合测试将更具挑战性.

(2) 应用 Firefox 软件的组合测试经验, 研究更多相似软件系统的组合测试, 如 Email 系统、银行软件系统以及网构系统等重要的应用系统.

(3) 目前组合测试的应用研究主要以黑盒测试为主. 以后需要从基于黑盒的组合测试进一步研究白盒组合测试, 或将组合测试与白盒测试相结合.

6.2 手机功能测试

据统计, 截至 2011 年年末, 我国手机拥有量已经达到 9 亿多部, 手机已经成为人们日常生活的重要组成部分, 手机的质量问题已经成为影响人们生活质量的重要因素. 对手机进行测试, 不仅是手机产商关注的重要问题, 用户在购买手机时, 通常也会非常认真地对手机进行测试, 例如, 用手机拨打一下家人或朋友的电话, 以测试手机的通话质量等问题.

尽管手机厂商在手机功能方面经过了相对完善的测试流程, 人们在购买手机时也非常谨慎, 但是在使用手机时, 往往还是能发现一些功能缺失或者不太人性化的地方, 使手机的使用不太方便和愉快. 这一方面可能是因为手机厂商对手机系统的设计考虑得不够充分, 造成一些功能的缺憾, 另一方面是用户在购买手机时缺乏一个适合自己需求的测试方法, 未能及时发现其中的瑕疵. 因此, 如果能有一个比较系统的简洁实用的测试方法, 帮助我们及时发现手机中存在的问题, 无论对手机厂家还是消费者都具有重要的意义.

组合测试能够用较少的测试用例系统地检测系统中各个参数及其相互作用所引发的故障, 是一种重要的软件测试方法. 相关研究显示, 70%左右的错误通常是由某个参数或两个参数间的相互作用引起的, 也就是说, 通过两两组合覆盖的组合测试方法能发现软件系统中的绝大部分错误. 手机功能越来越复杂, 通常都涉及很多不同参数以及它们之间的相互作用. 而对所有参数间的组合进行穷尽测试, 往往是不可行的, 也是没有必要的. 因此, 使用组合测试方法, 对手机功能进行系统的测试具有重要的意义[3].

6.2.1 测试设计

1. 参数模型

组合测试模型的建立是测试过程的重要步骤, 不合适的模型由于无法准确描述待测系统, 将难于检测出该系统中包含的错误与不足. 考虑到目前手机功能的复杂性, 对各项功能进行全面测试需要大量的精力与时间, 而通话是手机最主要的用途, 因此将主要对手机通话的相关功能进行测试.

我们对通话的过程进行分析, 通话的拨出受手机设置和号码来源的影响, 通话的接收受手机设置和应答状态的影响, 因此可以从这 4 个方面对拨打电话这一过程进行建模. 如果进一步对该模型进行细分, 将手机设置划分为场景模式和系统设置, 将应答状态划分为状态和动作, 最终可提取出 7 个参数来表示手机的通话模型, 分别是手机场景模式、系统设置、号码来源、对方场景设置、对方系统设置、对方状态和对方动作.

该模型详细考虑了不同的手机设置、拨号方式和接听电话时的不同状态, 定义了手机通话过程的各个方面, 可以保证影响手机通话的各个因素都能纳入测试的范围.

2. 参数值选择

参数值的选择决定了组合测试覆盖表的生成质量, 过多的参数取值会导致覆盖表过大, 而太少的参数取值又不能包含所有可能出现的情况. 通常, 等价类划分与边界值分析是参数取值选取中广泛使用的方法. 依据手机功能说明, 对上述 7 个参数的各项取值进行充分考虑, 对每个参数的取值情况列出于表 6-17 中.

表 6-17 参数模型与值选取

场景模式	系统设置	号码来源	对方场景模式	对方系统设置	对方状态	对方动作
普通	无限制	直接输入	普通	无限制	空闲	接受
户外	黑名单	电话簿	户外	黑名单	正打电话	拒绝
会议	呼叫限制	短信内容	会议	呼叫转移	正发短信	拒绝但短信通知
飞行		通话记录 快捷键	飞行	呼叫等待	应用程序 网络连接	不做处理

场景模式中, 飞行模式表示手机断开与服务商的连接, 其余都处于连接服务状

态. 其中, 普通表示手机铃声开, 震动关闭; 户外表示手机铃声开, 震动打开; 会议表示手机铃声关闭, 震动打开.

拨打方系统设置中, 黑名单表示无法拨打加入黑名单中的号码; 呼叫限制是指限制拨打长途电话.

号码来源中, 直接输入与电话簿表示从键盘或者联系人信息中拨打电话; 通话记录指从包括已接、未接的记录中拨出电话; 短信内容指从发短信人以及短信内容中包含的号码拨出电话; 快捷键指预先把某些常用的电话号码定义为拨号键盘中的一个按键, 长按该键时拨出电话.

对方系统设置中, 黑名单表示拒接该黑名单中号码的来电; 呼叫转移指打入该号码的电话都转到设置好的另一个电话上; 呼叫等待指当电话来时, 能通知对方当前忙, 请保持电话畅通, 等一下接.

对方状态中, 应用程序表示手机正在运行本地应用程序, 如音乐或视频播放、拍照、游戏等; 网络连接表示当前手机正处于数据网络连接状态, 包括浏览网页、即时聊天、下载内容等.

对方动作表示接收方在有来电时采取的动作, 接收与拒绝表示正常的接听与挂断电话, 拒绝但短信通知表示挂断电话, 但向来电号码发送一条默认设置的短信以告知对方.

3. 测试用例设计

为了对影响手机通话的各个参数进行检测, 首先考虑进行一次 1-way 覆盖的配置测试. 依据模型和参数选择, 构造了表 6-18 所示的一个初始覆盖表. 这个覆盖表中有 5 条测试用例, 其中对每个参数的每种取值都覆盖了一次. 使用这样一个覆盖表的目的是可以依据需求快速地对基本功能进行一次测试, 同时这个覆盖表可以作为种子测试用例, 在下一步生成更高强度的覆盖表时减少需要增加的测试用例数目.

对预期输出的判定是测试中的一个难于解决的问题, 这里主要依据手机的设置说明[6], 以及实际的使用经验, 逐一对每条测试用例给出其预期输出结果 (表 6-18 最后一列).

表 6-18 初始配置覆盖表

序号	场景模式	系统设置	号码来源	对方场景模式	对方系统设置	对方状态	对方动作	预期输出
1	普通	无限制	直接输入	普通	无限制	空闲	接受	正常拨号, 正常通话, 铃声提示正常
2	户外	黑名单	电话簿	户外	黑名单	正打电话	拒绝	正常拨号, 接收方无来电提示

续表

序号	场景模式	系统设置	号码来源	对方场景模式	对方系统设置	对方状态	对方动作	预期输出
3	会议	呼叫限制	短信内容	会议	呼叫转移	正发短信	拒绝但短信通知	非长途时正常拨号, 挂断后收到短信回复; 接收方振动提示, 拒接后短信内容不丢失
4	飞行	黑名单	通话记录	飞行	呼叫等待	应用程序	不做处理	无法正常拨号, 接收方无来电提示
5	普通	无限制	快捷键	普通	无限制	网络连接	接收	正常拨号, 正常通话, 铃声提示正常, 通话完成后网络连接正常

表 6-18 中的 5 条测试用例考虑了不同参数的所有取值, 但并没有考虑参数间的相互作用. 由于大部分错误都是由两个因素间的相互作用引起的. 为了对影响手机通话功能的情况进行进一步检测, 我们以这 5 条测试用例为种子, 通过补充 24 条测试用例[4], 进一步生成一个 2-way 覆盖表 MCA(29;2,7,(3,4^4,5^2)), 以此来对测试进行扩展. 补充的 24 条测试用列出在表 6-19 中.

表 6-19　新增的 24 条测试用例

序号	场景模式	系统设置	号码来源	对方场景模式	对方系统设置	对方状态	对方动作	预期输出
6	飞行	呼叫限制	快捷键	会议	呼叫等待	空闲	拒绝	无法拨号, 接收方无来电提示
7	飞行	呼叫限制	通话内容	普通	黑名单	正发短信	拒绝但短信通知	无法拨号, 接收方无来电提示
8	飞行	呼叫限制	直接输入	会议	呼叫转移	正打电话	不做处理	无法拨号, 接收方无来电提示
9	飞行	黑名单	电话簿	会议	无限制	网络连接	拒绝但短信通知	无法拨号, 接收方无来电提示
10	飞行	无限制	短信内容	户外	呼叫转移	应用程序	接受	无法拨号, 接收方无来电提示
11	会议	呼叫限制	短信内容	普通	黑名单	网络连接	拒绝	非长途时正常拨号, 无响应; 接收方无来电提示, 网络连接不受影响
12	会议	呼叫限制	短信内容	户外	无限制	空闲	不做处理	非长途时正常拨号, 振动和铃音提示正常, 电话不被接通
13	会议	黑名单	快捷键	普通	呼叫转移	正打电话	不做处理	无法拨号, 接收方无来电提示
14	会议	黑名单	通话内容	飞行	黑名单	空闲	接受	无法拨号, 接收方无来电提示

续表

序号	场景模式	系统设置	号码来源	对方场景模式	对方系统设置	对方状态	对方动作	预期输出
15	会议	黑名单	快捷键	会议	呼叫等待	正发短信	接受	无法拨号, 接收方无来电提示
16	会议	无限制	电话簿	飞行	无限制	正发短信	拒绝	约束存在
17	会议	无限制	直接输入	普通	黑名单	应用程序	拒绝	正常拨号, 无响应; 接收方无来电提示
18	户外	呼叫限制	直接输入	飞行	无限制	应用程序	拒绝	非长途时正常拨号, 无响应, 接收方无来电提示
19	户外	呼叫限制	直接输入	飞行	黑名单	网络连接	不做处理	约束存在
20	户外	无限制	电话簿	普通	呼叫等待	正发短信	不做处理	正常拨号, 进入呼叫等待, 无响应; 接收方短信可正常发送
21	户外	无限制	快捷键	户外	黑名单	应用程序	拒绝但短信通知	正常拨号, 无响应, 接收方无来电提示
22	户外	无限制	通话记录	会议	无限制	正打电话	拒绝但短信通知	正常拨号, 挂断后收到短信回复
23	户外	黑名单	短信内容	普通	呼叫等待	网络连接	接受	无法拨号, 接收方无来电提示
24	户外	黑名单	快捷键	飞行	呼叫转移	空闲	拒绝但短信通知	无法拨号, 接收方无来电提示
25	普通	呼叫限制	短信内容	飞行	呼叫等待	正打电话	接受	约束存在
26	普通	呼叫限制	电话簿	会议	黑名单	应用程序	接受	非长途时正常拨号, 无响应, 接收方无来电提示
27	普通	无限制	通话内容	户外	呼叫转移	网络连接	拒绝	正常拨号, 设置的转移号码收到来电, 接收方无来电提示, 网络连接不受影响
28	普通	无限制	电话簿	户外	呼叫转移	空闲	不做处理	正常拨号, 设置的转移号码收到来电, 接收方无来电提示
29	普通	黑名单	直接输入	户外	呼叫等待	正发短信	拒绝但短信通知	无法拨号, 接收方无来电提示

6.2.2 测试结果与分析

1. 测试结果

以某款智能手机为待测手机, 按照上述试验设计来进行测试.

首先执行表 6-18 中的 5 条测试用例, 并与预期结果进行比较. 可以发现, 测试用例 1、2、4、5 都能执行通过并与预期结果一致, 第 3 条测试用例则无法执行. 对无法执行的测试用例进行分析, 发现是因为待测手机不支持 “呼叫限制” 功能, 因此无法按该条测试用例的描述进行测试.

随后使用新增的 24 条测试用例, 对手机通话功能进行进一步的测试. 在测试执行过程中, 我们发现有部分测试用例与现实生活中的情况是不相符的, 即该测试用例是无效的. 例如, 在测试用例 (户外, 无限制, 通话记录, 飞行, 黑名单, 正发短信, 拒绝但短信通知) 中, 飞行模式下是不可能进行短信发送的, 存在这样的无效测试用例是因为参数间的取值有约束存在. 简单去掉所有含有约束的 3 条测试用例, 对剩余的 21 条测试用例逐一执行后, 可以发现, 有 13 条测试用例执行通过并与预期结果相符合, 有 8 条测试用例无法执行通过. 对于这些无法执行通过的测试用例, 其原因都是拨入方电话没有提供 “呼叫限制” 功能, 与表 6-19 中第 3 条测试用例情况一致.

2. 测试结果分析

在测试中, 首先使用一个简单的覆盖表进行配置测试, 能对基本的通话功能进行初步检验. 为了发现手机拨打电话时更多可能的错误, 在配置测试的基础上, 使用二维组合测试方法来生成更多的测试用例进行测试. 对测试结果有如下分析.

1) 参数值约束问题

在使用抽象测试模型时, 有些参数值之间可能存在约束关系, 即某个参数取一个特定值时另一个参数值一定是某个值或一定不是某个值. 例如, 在表 6-17 所示的模型中, 当对方场景模式是飞行模式时, 对方的状态就不能是正打电话, (—,—,— , 飞行,— , 正打电话,—) 就构成了一个约束情况. 如果在组合测试中不对约束进行考虑, 就会产生很多无效的测试用例, 降低测试的有效性, 因此需要对约束进行处理. 通过对测试模型进行分解, 使各个子模型中无参数值的约束关系存在, 可以消除约束的影响, 以提高测试效率.

2) 配置测试和二维测试的选择

传统的测试方法往往使用配置测试, 尽管该方法能对每个参数的每个取值都有所覆盖, 但是没有考虑参数间的相互关系. 使用二维测试, 在增加少量测试用例的基础上, 能更加有助于发现系统中存在的错误. 在进行测试时, 可以首先使用配置测试对系统进行一次快速检测, 然后依据测试开销, 补充测试用例来进一步检测系统的错误. 在本试验中, 5 条配置测试用例和 29 条二维组合测试用例的测试结果相同, 主要原因是手机系统在出厂前已经经过相应的测试, 因此难于发现其中存在的错误.

3) 未成功运行的测试用例的优化

在测试时发现, 表 6-18 中的第 3 条测试用例无法通过, 并不是因为发现了相关错误, 而是该手机无法提供 “呼叫限制” 功能, 因此导致了该条测试用例中其余参数的取值情况没有得到相应检测. 为了使该条测试用例能执行完成, 发现可能的错误, 可以把该条测试用例中的 "呼叫限制" 替换成相应参数下的其他参数值. 同样, 在新增的 24 条二维组合测试覆盖表中, 有 8 条测试用例需要把其中的参数值进行相应替换. 通过优化测试用例, 可以提高配置测试和二维覆盖表的测试效率, 使不遗漏原测试用例中包含的其余组合情况. 从另一个方面来看, 未成功运行的测试用例主要都是由于手机功能的缺失造成的, 而这些功能在日常使用中存在相应的用户需求, 这对手机系统的开发方完善手机功能, 有极大的借鉴意义.

4) 测试用例执行顺序的选择

对于测试用例的执行, 如果某个或某几个参数需要经常在不同的取值中变化, 那么这样的一个执行顺序将会是十分低效的. 例如, 对于手机系统设置这一参数, 如果在测试执行中需要对其取值进行频繁更换, 那么每次调整设置的时间开销将会使总的测试时间大大增加. 因此, 如果对测试用例的执行顺序进行排序, 以使那些取值变换开销较大的参数不经常更改取值, 那么就能使测试流程更加迅速和高效. 同时, 对测试用例执行顺序进行处理, 也有利于测试自动化的实施.

6.3 机顶盒测试

随着计算机、网络技术的不断发展, 电信网、广播电视网和互联网融合发展的逐步推进, 流媒体应用获得了广泛关注. 时移电视 (time-shifted television) 业务作为三网融合的典型多媒体业务之一, 成为数字电视行业新的增长点, 受到电信运营商以及广电运营商的青睐与关注[4].

长期以来, 电视节目采用广播的方式播放, 在固定的时间、频道向用户播放, 用户只能被动选择观看与否, 已经播放节目用户将没有机会看到, 传统的电视服务将用户和电视服务均束缚在了电视台播出节目表这个时间框架之下. 而时移电视是指在向用户提供电视直播服务的同时, 赋予用户可以选择暂停、快退、快进、选时等磁带录像机 (video cassette recorder, VCR) 操作的能力. 这种能力改变了几十年来传统的用户观看电视的习惯. 从用户的角度, 用户可以在一定程度上控制电视节目的播出, 好像电视节目播出的时间轴不再固定, 可以随着用户的要求移动. 例如, 当你正在欣赏电视节目时, 一个朋友来了电话, 你可以使用暂停键暂停节目的播放, 处理完朋友的电话后, 再使用播放键继续观看节目.

有效而充分的测试是保障产品质量的前提, 时移电视业务也应如此. 由于机顶盒 (set top box,STB) 是时移电视系统的重要构成部分, 而且是与用户交互的接触点, 因此机顶盒也就是业务测试的重点之一. 2009 年, 国家广播电影电视总局和中华人民共和国工业和信息化部分别发布了 GY/T 240—2009《有线数字电视机顶盒技术要求和测量方法》和 YD/T 2017—2009《IPTV 机顶盒测试方法》. 这两个方法没有对机顶盒时移业务测试方法做具体说明. 《中国电信 IPTV 系统测试方案(点播和时移电视分册)》中对时移播放过程中的暂停、快进、快退等 VCR 操作的测试方法如下: ①用户选择暂停、快进和快退操作, 记录流程; ②记录快进和快退操作支持的倍速; ③记录在正常、暂停、快进、快退状态间切换的时间. 显然这种方法没有考虑影响时移播放各种因素. 例如, 测试时间是在上午还是在晚上, 测试的频道是高清的还是标清的. 因此这种方法很难检测到由各种因素相互作用而引发的系统故障.

目前, 大部分研究者对广电运营的数字视频广播 (digital video broadcasting, DVB) 和电信运营的网络电视 (internet protocol television, IPTV) 机顶盒在测试方面主要注重音视频质量分析, 而对有效业务测试方面的研究比较少. 机顶盒生产厂家在机顶盒业务的测试中也未考虑影响系统功能的各种因素及相互影响.

为此, 以时移电视的组合测试为切入点, 提出了一种实用的交互式电视业务测试模型和方法, 试验证明该模型方法相对高效, 缩短缺陷定位周期, 且具有系统性和功能点覆盖完整的特点, 对组合测试理论的研究和应用推广具有一定的参考价值, 同时对时移电视机顶盒的开发与测试人员具有指导意义. 本模型还可应用推广到如点播、游戏、商城等其他交互式电视业务的测试.

6.3.1　时移电视系统及其组合测试模型

在系统建模前, 先来介绍时移电视系统的构成. 这样有利于更好地进行系统的建模. 图 6-10 所示为一个典型的时移电视系统部署图.

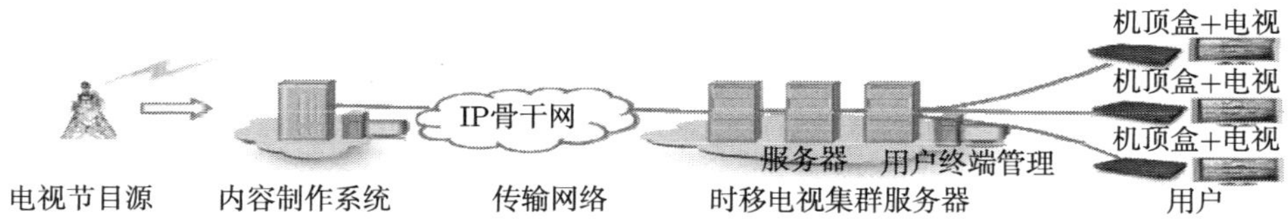

图 6-10　时移电视系统部署示意图

其中, 内容制作系统负责将原始的电视节目源转换成符合标准的流媒体文件, 它的核心任务是对音视频信号进行压缩编码. 时移电视服务器一方面接收录制数字电视节目, 另一方面解析客户端发出的媒体控制指令, 并根据用户的要求提取媒体信息, 按照特定的协议封装数据并发送到客户端. IP 骨干网核心功能是实现媒体内容传输和服务质量 (quality of service, QoS) 控制, 并向用户提供媒体数据流. 用户管理主要进行用户的登记、授权、认证和计费. 用户通过客户终端设备收看时移电视服务, 尽管 PC 客户端在内容丰富与信息量上更占优势, 但是电视更符合用户的收视习惯, 因此客户终端多采用 “机顶盒 + 电视” 的形式. 机顶盒不断接收视频服务器发送的媒体数据并进行解码播放, 同时将用户的 VCR 操作指令和数据流量的统计结果发送到服务器, 以使服务器可对播放进度和应用层 QoS 进行控制.

可见, 内容制作系统、时移电视服务器、IP 骨干网和机顶盒都会影响媒体服务系统所提供的服务质量. 目前只考虑与机顶盒有关的因素, 其他因素对时移业务的影响将是未来的研究内容.

时移业务在机顶盒中的测试项比较多, 如时移进入, 时移播放过程中的暂停、快进、快退、选时、音量控制以及退出操作等. 下面以时移进入为例来说明如何应用组合测试对机顶盒中的时移电视业务进行测试.

当用户在收看某频道节目直播时, 如果该频道支持时移, 则可以以某种方式进入频道时移来观看已播放过的节目. 时移进入项的测试主要检查系统是否能在各种系统配置或状态下正常进入时移. 通过对时移进入的分析, 初步选取的测试模型参数有网络状况、频道清晰度、时移进入方式、节目录制状态、之前是否回看过其他频道和时移进入前系统所处的直播状态等 6 个参数 (表 6-20). 下面对这些参数进行简单介绍.

网络状况指的是网络负载情况. 用户收看电视节目的时间段相对集中, 通常呈现以天为周期的周期性. 用户请求数在凌晨达到谷底, 此时网络负载小称为空闲, 而在晚上 19:00~21:00 达到顶峰, 此时网络繁忙. 不过也有例外情况, 例如, 在世界杯、奥运会等重大比赛时, 可能平常用户最少的凌晨反而会成为用户在线高峰期.

频道清晰度是指频道所播放节目的分辨率, 可分为标清 (standard definition) 和高清 (high definition) 两种. "标清" 是物理分辨率在 720p(point) 以下的一种视频格式. 720p 是指视频的垂直分辨率为 720 线逐行扫描. 物理分辨率达到在 720p 以上则称为 "高清". "高清" 目前公认有 3 种标准: 720p(1280×720, 逐行)、1080p (1920×1080, 隔行) 与 1080p(1920×1080, 逐行). 目前很多频道既有标清频道也有高清频道, 高清频道会标有高清字样.

为了使用户能够像视频点播 (video on demand, VOD) 业务那样观看节目, 时移电视业务提供了多种时移进入方式, 不过不同厂家的机顶盒时移进入的方式也不完全相同. 目前, 大部分时移电视系统都提供按栏目点播、按时间点播和暂停触发 3 种方式. 下面对这 3 种方式进行简单介绍.

图 6-11 为某一个频道的节目列表. 在图 6-11 中, 当前点是指正在进行直播的节目, 当前点之后为未播出的节目, 当前点之前的节目直到时移深度之间的所有内容已经录制在时移电视服务器上. 当用户按栏目点播电视节目时, 请求的流媒体为一个指定时间段的数据. 从图 6-11 可以看出, 它对应了一个起始时间和一个终止时间, 因此播放此时间段的媒体内容. 例如, 请求栏目焦点访谈时, 播放 7:40~8:00 的流媒体数据, 播放完以后自动终止. 当用户观看直播节目时, 可以选择遥控器上的定位功能键将节目从指定的时间播放, 这就是按时间点播方式. 按时间点播时只指定起始时间而不指定终止时间, 因此播放数据时从指定的时间开始一直播放, 除非

客户有其他请求, 如客户请求从 7:45 开始播放, 则一直连续播放. 如果客户快进或前跳到当前最新数据处, 则频道自动由时移进入直播. 用户还可以选择遥控器上的暂停功能将当前节目暂停, 此时机顶盒向用户显示其收到的最后一帧完整的图像, 直到用户选择继续播放, 此时, 用户已经落后于直播节目的时间表, 机顶盒只能向时移服务器请求后继的数据从而进入时移电视功能. 此后, 用户可以选择如快进功能追赶上最新的直播节目.

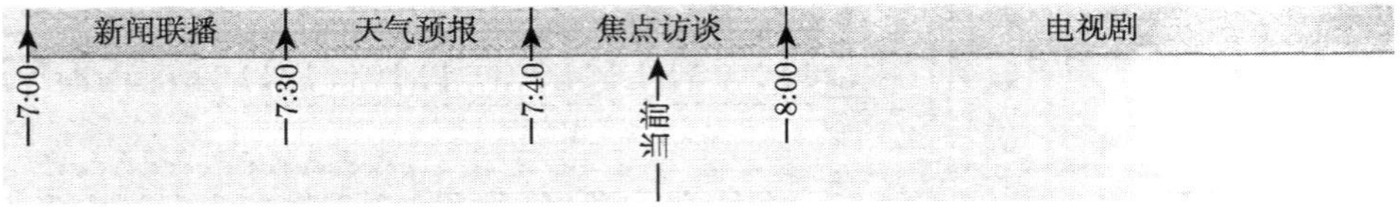

图 6-11　频道节目列表

节目录制状态是指回看的节目是否录制在时移服务器上. 正常情况下, 已播放的节目应该被录制在时移服务器上, 但由于某些原因, 时移服务器并没有对播放过的节目进行录制. 因此, 机顶盒应该能处理节目未录制的情况. 在对没有录制的节目进行时移播放, 机顶盒应给出相应的提示信息, 如 “节目未录制, 请选择其他节目观看”.

之前是否回看过其他频道这一项主要用来检测前面的时移是否会影响到后面的时移. 例如, 本次回看的频道名称或节目名称可能仍然是上次回看的频道名称.

用户在频道直播时可通过前面描述的 3 种方式 (按栏目点播、按时间点播和暂停触发) 进入时移. 这一过程使系统由频道直播状态转化为频道时移状态. 为了检查系统是否能在频道时移状态和频道直播状态之间进行正常切换, 把频道直播状态划分为 3 个状态, 如图 6-12 所示. 正常情况下, 系统能从各种直播状态进入时移状态.

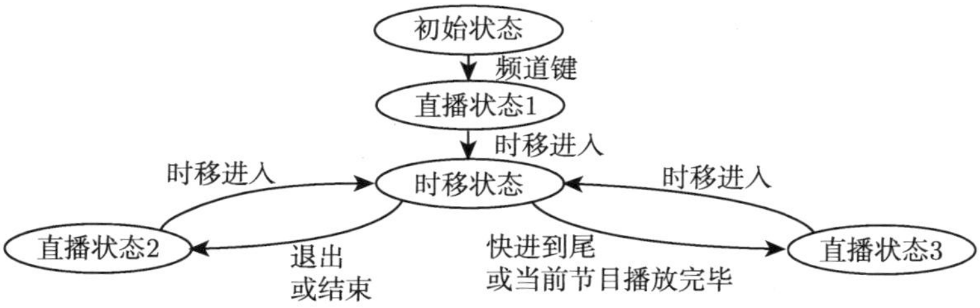

图 6-12　直播和时移之间的转换

初始状态是指刚开机时系统所处的状态, 在此状态下, 用户可通过相应的频道键进入某个频道的直播, 该直播状态称为直播状态 1. 在直播状态 1 下, 用户通过时移进入方式进入时移状态. 在时移状态下, 用户既可以通过退出键或结束键退出时移而进入直播状态, 也可通过快进键追赶上最新播放内容使系统自动转入直播状态. 也有些系统在播放完某个节目后也会自动进入直播. 把由时移状态自动转换得到的直播状态称为直播状态 3, 而把由退出键或结束键得到直播状态称为直播状态 2.

综上所述, 时移进入测试初步模型如表 6-20 所示.

表 6-20 原始测试模型

网络状况	频道清晰度	时移进入方式	节目录制状态	之前是否回看过其他频道	直播状态
空闲	标清	栏目点播	未录制	回看过	直播状态 1
繁忙	高清	暂停触发	已录制	未回看过	直播状态 2
		时间点播			直播状态 3

由于上述测试模型并不针对某一具体型号的机顶盒, 因此所建的测试模型参数相对比较少. 如果是针对某一具体型号的机顶盒, 则可以根据该机顶盒实际功能对测试模型增加一定的参数, 或者参数增加相应的取值.

6.3.2 时移电视系统的组合测试

首先构造 1-way 覆盖测试用例, 其中对每个参数的每种取值都覆盖了 1 次. 使用这样一个覆盖表的目的是可以依据需求快速地对基本功能进行一次测试.

依据表 6-20, 构造出时移进入测试 1-way 覆盖表, 如表 6-21 所示.

表 6-21 1-way 覆盖表

	网络状况	频道清晰度	时移进入方式	节目录制状态	之前是否回看过其他频道	直播状态	预期输出
t_1	空闲	标清	栏目点播	未录制	回看过	直播状态 1	提示节目未录制且不能进入时移
t_2	繁忙	高清	暂停触发	已录制	未回看过	直播状态 2	正常进入时移播放, 频道名称显示正确, 且播放流畅
t_3	空闲	标清	时间点播	未录制	回看过	直播状态 3	提示节目未录制且不能进入时移

对预期输出的判定是测试中比较难的一个问题, 在这里主要依据用户的实际需求或者机顶盒的使用说明, 逐一对每条测试用例判定其预期输出结果.

利用表 6-21 所提供的测试用例, 对某高清双向数字有线机顶盒进行测试. 测试环境如图 6-13 所示.

图 6-13　测试环境

1) 1-way 测试

1-way 测试结果中只有第二条测试用例 t_2 正常执行通过. 第 1 条测试用例无法执行, 因为在直播状态 1 下, 不可能回看过任何频道. 第 3 条测试用例无法执行, 是因为待测系统并不支持 "时间点播" 方式进入时移功能, 因此无法按该条测试用例的描述进行测试. 这从另一方面也反映了该系统功能的缺失.

2) 测试模型调整

测试结果表明测试用例中存在大量无效测试用例, 原因是测试者对被测系统有一个逐渐认识的过程, 建模过程几乎不可能一次完成. 也就是识别影响被测系统的参数, 各参数的取值以及各参数取值之间的约束都是随着测试的进行而调整. 为了消去无效测试用例, 对测试模型进行修改. 修改的方法是去除 "时间点播" 时移进入方式, 同时还将时移进入方式和节目直播播放状态进行合并, 这样一来就不会出现无效的测试用例了. 调整之后的测试模型如表 6-22 所示.

表 6-22　调整后测试模型

网络状况	频道清晰度	时移进入方式	节目录制状态	之前是否回看过其他频道及直播状态
空闲	标清	栏目点播	未录制	未回看过且直播状态 1
繁忙	高清	暂停触发	已录制	未回看过且直播状态 2
				回看过且直播状态 2
				未回看过且直播状态 3
				回看过且直播状态 3

3) 2-way 测试

前面的 1-way 测试只是发现了系统中的一些功能缺失和约束, 接下来对新模型进一步测试系统中任意两个参数间的相互作用对系统功能的影响, 因此生成如表 6-23 的 2-way 覆盖表, 它可以实现任意两个参数间的组合覆盖.

表 6-23　2-way 覆盖表

	网络状况	频道清晰度	时移进入方式	节目录制状态	之前是否进入过其他频道回看及直播状态	预期输出
t_1	繁忙	标清	栏目点播	已录制	回看过且直播状态 3	正常进入, 频道名称正确, 播放流畅

续表

	网络状况	频道清晰度	时移进入方式	节目录制状态	之前是否进入过其他频道回看及直播状态	预期输出
t_2	繁忙	高清	暂停触发	未录制	未回看过且直播状态 1	提示节目未录制且不能进入时移
t_3	空闲	高清	暂停触发	已录制	回看过且直播状态 2	同 t_1
t_4	空闲	标清	栏目点播	未录制	未回看且直播状态 2	同 t_2
t_5	空闲	标清	暂停触发	已录制	未回看过且直播状态 3	同 t_1
t_6	繁忙	高清	栏目点播	未录制	未回看过且直播状态 3	同 t_2
t_7	繁忙	高清	暂停触发	已录制	未回看过且直播状态 2	同 t_1
t_8	空闲	标清	栏目点播	已录制	未回看过且直播状态 1	同 t_1
t_9	繁忙	标清	栏目点播	未录制	回看过且直播状态 2	同 t_2
t_{10}	空闲	高清	暂停触发	未录制	回看过且直播状态 3	同 t_2

2-way 测试的结果如表 6-24 所示, 除了测试用例 t_4、t_6、t_7、t_8、t_9 执行通过之外, 其他 5 个测试用例都发现了相应的故障. 表 6-24 中列出了 t_1、t_2、t_3、t_5、t_{10} 执行所导致的故障.

表 6-24 2-way 测试结果

测试用例	实际输出
t_1	提示信号太差, 几秒后自动返回到电视主页; 或者出现黑屏, 直到按退出键才回到该频道直播状态, 见图 6-14
t_2	没任何反应或者提示节目已过期, 继续原来的直播播放, 见图 6-15
t_3	能进入时移播放, 播放也正常, 但显示的频道名称为前面回看频道的名称, 见图 6-16
t_5	提示信号太差, 几秒后自动返回到电视主页; 或者出现黑屏, 直到按退出键才回到该频道直播状态, 见图 6-14
t_{10}	没任何反应或者提示节目已过期, 继续原来的直播播放, 见图 6-15

4) 故障定位

从表 6-24 可以看出, 时移进入一共出现了 3 种类型故障: 提示信号线脱落错误信息或黑屏、提示节目过期错误信息、频道名称错误. 首先对第一种故障进行定位.

图 6-14 信号线脱落故障(t_1、t_5执行时所导致)

图 6-15 节目已过期故障(t_2、t_{10}执行时所导致)

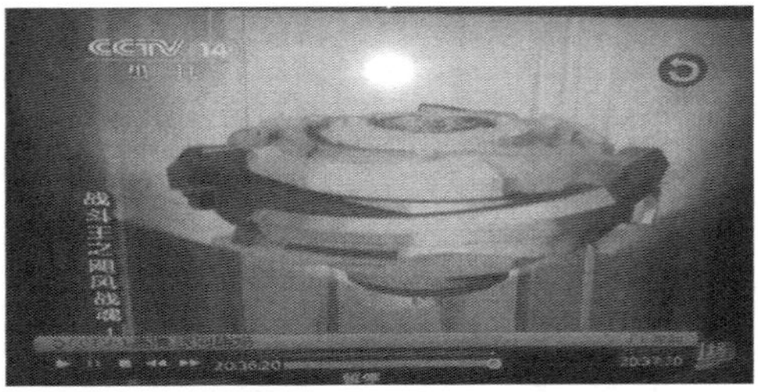

图 6-16　频道名称错误故障 (t_3 执行时所导致)

测试用例 t_1=(繁忙, 高清, 栏目点播, 已录制, 回看过且直播状态 3) 和 t_5=(空闲, 标清, 暂停触发, 已录制, 未回看过且直播状态 3) 导致了提示信号线脱落错误信息或黑屏故障, 故 $T_{cf}=\{t_1, t_5\}$. 由于 t_1 和 t_5 中的所有单值模式都被其他执行通过的测试用例包含, 因此, 该最小故障模式不可能是单值模式. 由于我们用的测试覆盖强度是二维, 在 10 条测试用例中有两条导致了该故障, 最小故障模式最有可能是二维的. 并且 (—,—, —, 已录制, 直播状态 3) 可能是该故障的 MFS, 因为只出现在 t_1 和 t_5 中. 为了验证它是否为 MFS, 对 t_1 和 t_5 生成附加测试用例.

执行表 6-25 中测试用例, t_{2-4} 和 t_{2-5} 执行通过没有出现故障, 其他测试用例执行未通过, 也就是出现了提示信号线脱落或黑屏, 可得 (—,—, —, 已录制, 回看过及直播状态 3) 为 t_2 中的最小故障模式. 而 t_{5-4} 和 t_{5-5} 执行通过, 其他测试用例执行未通过, 同样可得 (—,—,—, 已录制, 未回看过及直播状态 3) 为 t_5 中的最小故障模式. 因此, 黑屏故障的最小模式为 (—,—,—, 已录制, 直播状态 3). 接下来用同样的方法对提示节目过期错误信息和频道名称错误故障进行定位.

表 6-25　定位提示信号线脱落错误信息或黑屏所用的附加测试用例集

	网络状况	频道清晰度	时移进入方式	节目录制状态	之前是否进入过其他频道回看及直播状态
t_1	繁忙	标清	栏目点播	已录制	回看过且直播状态 3
t_{1-1}	空闲	标清	栏目点播	已录制	回看过且直播状态 3
t_{1-2}	繁忙	高清	栏目点播	已录制	回看过且直播状态 3
t_{1-3}	繁忙	标清	暂停触发	已录制	回看过且直播状态 3
t_{1-4}	繁忙	标清	栏目点播	未录制	回看过且直播状态 3
t_{1-5}	繁忙	标清	栏目点播	已录制	未回看过且直播状态 1
t_5	空闲	标清	暂停播放	已录制	回看过且直播状态 3
t_{5-1}	繁忙	标清	暂停触发	已录制	未回看过且直播状态 3
t_{5-2}	空闲	高清	暂停触发	已录制	未回看过且直播状态 3
t_{5-3}	空闲	标清	栏目点播	已录制	未回看过且直播状态 3
t_{5-4}	空闲	标清	暂停触发	未录制	未回看过且直播状态 3
t_{5-5}	空闲	标清	暂停触发	已录制	未回看过且直播状态 2

本节以时移进入为例, 对机顶盒中的时移电视业务进行了组合测试, 建立了适用于交互类电视业务的组合测试模型, 拓展了组合测试的应用领域. 试验表明, 组合测试可有效地发现系统缺陷与不足, 减少测试工作量, 是一个科学和严谨的方法, 同时这对系统开发或测试人员发现系统故障和完善系统不足也具有指导意义. 在实践研究中, 还证实了以下结果.

一般不可能在测试一开始就能有一个精确的模型, 在测试的过程中, 需要对测试模型进行动态调整. 为了及早发现问题和科学利用测试资源, 测试用例集合应该按照覆盖力度从低维到高维进行适当排序, 或者按照其他规则排序.

针对发现的错误设计相应的附加测试用例进行进一步测试, 不仅可以进一步发现系统故障, 还可以有效定位故障原因, 即最小故障模式. 组合测试将很多因素集中起来, 统一设计测试用例, 有利于发现一些普通测试难以发现的问题, 可以有效地评估和提高系统质量.

影响时移电视业务的因素除了机顶盒之外, 还有时移电视服务器、网络结构等, 对它们的测试是未来工作的一部分. 另外, 除时移电视功能外, 还需对视频点播、可视通话、收发邮件、网络浏览等功能进行测试, 以此来进一步完善互动电视系统的测试.

6.4 配置测试

配置测试是软件测试的一个必不可少的重要环节, 它是指使用各种硬件来测试软件操作的过程, 以保证该软件能够适用于尽量多样化的硬件组合. 本节在一般配置测试方法的基础上, 提出了将组合测试方法用于软件配置测试方案的设计, 并分析了这些方法的优缺点; 提出用两两组合覆盖方法来改进正交试验设计方法, 使之更适合于软件的配置测试; 又提出用多因素组合覆盖方法来降低不完全测试可能带来的风险. 结合配置测试中涉及的配置参数多, 且各个配置参数的取值也很多的特点, 提出使用单因素覆盖方法, 该方法保证参数覆盖的同时尽可能多地覆盖相互间的两两组合. 这些方法产生的测试用例都具有数量少、科学有效的特点[5].

6.4.1 研究背景

配置测试是软件测试一个必不可少的重要环节, 它是指使用各种硬件来测试软件操作的过程. 这类测试是要检查计算机系统内各个设备或各种资源之间的相互联结和功能分配中的错误. 由于组成计算机的各种内部组件, 以及各种外部设备可能来自很多不同的生产厂家, 要保证软件能够适用于尽量多样化的硬件组合, 就必须对软件进行配置测试.

配置测试的工作量一般情况下非常大. 例如, 目前市场上有 300 多种显卡, 200 多种声卡, 1500 多种调制解调器, 1200 多种打印机. 完全测试的组合数目至少是

$300\times200\times1500\times1200$, 总计有上亿种组合. 规模之大难以想象. 如果决定进行完整全面的配置测试, 检查所有可能的制造者和型号组合, 就会面临巨大的工作量. 如果限于排除法测试, 每一种配置单独测试一种板卡只用 30min, 也要一年的时间. 这只是配置测试中的一个步骤, 其他工作还有: 在软件发布之前要修复软件缺陷, 修复之后还要进行回归测试等. 因此非常需要找出一种科学有效的方法把巨大无比的配置可能性减少到尽可能小的范围.

一般情况下, 配置测试首先是确定要测试哪些硬件设备, 根据待测软件的具体情况来确定所需的硬件类型; 其次, 确定使待测软件正常工作的各类硬件设备中, 哪些硬件商标、型号和驱动程序可用, 哪些硬件设备正在流行或者曾经流行, 市场上有哪些主流的硬件配置, 将那些相互翻版、大同小异硬件设备划分为同一个等价区; 最后将明确后的硬件配置缩减为可控制范围.

本节将多次单因素试验法、均匀设计方法和正交试验设计等组合覆盖方法应用于配置测试研究. 在分析了这些方法对于配置测试的优缺点的基础上, 提出用第 3 章提出的单因素组合覆盖方法来改进均匀设计方法. 该方法用最少的测试用例保证对各个参数取值的覆盖, 同时考虑尽可能多地覆盖它们相互间的两两组合; 再用两两组合覆盖方法来改进和提高正交试验设计方法, 使之更适合于软件的配置测试, 并用多因素组合覆盖方法来降低因不完全测试可能带来的风险. 这些方法产生的测试用例都具有数量少、科学有效的特点.

6.4.2　试验设计方法在配置测试中的应用

假设对某个待测软件 SUT 进行配置测试时, 经过分析和处理, 最后确定需要测试 m 类硬件设备, 每类设备分别有 $a_1, a_2, \cdots, a_m$ 种硬件 (通过商标、型号和驱动程序等来划分的), 这里不妨设 $a_1 \geqslant a_2 \geqslant \cdots \geqslant a_m$. 配置测试的任务是检查各种硬件设备在计算机系统内的相互联结和功能分配对待测软件的影响, 检查待测软件能否在这些硬件的组合上正常工作. 当 $n = a_1 \times a_2 \times \cdots \times a_m$ 较小时, 可以做全面试验. 而一般情况下, 这个值非常大, 做全面试验是不可能的. 因此, 需要设计一种试验次数较少, 效果又能与全面试验相近的试验设计方法. 以下将人们在工程和科学试验中常用的试验设计方法应用于配置测试的测试用例设计.

为了便于说明问题, 考虑对待测软件 SUT 在比较少的主流配置上进行配置测试. 这里只考虑显卡、声卡、调制解调器、打印机和主板 5 种设备, 并假设每种设备有两个主流品牌的硬件可供选择 (实际进行的配置测试要比这复杂得多), 即 $a_1 = a_2 = a_3 = a_4 = a_5 = 2$, 如表 6-26 所示.

表 6-26 配置测试所需的硬件类型表

显卡	声卡	调制解调器	打印机	主板
A_1	B_1	C_1	D_1	E_1
A_2	B_2	C_2	D_2	E_2

1. 多次单因素试验法

如果把表 6-26 中的所有情况都测试到, 那么将需要 2^5=32 个测试用例来遍历所有的测试情况. 如果认为 32 次测试的工作量太大, 那么可以采用多次单因素试验方法. 所谓多次单因素试验方法, 就是每次只变化一个因素的值, 其他因素固定为相应的典型值. 在本例中首先对每种设备指定一个典型的主流硬件 (如在显卡中, 把 A_1 作为最典型的主流硬件). 当一种硬件设备穷举它的各种情况时, 其他设备都以它典型的主流硬件来代表 (在表 6-26 中 A_1、B_1、C_1、D_1、E_1 都为相应硬件设备典型的主流硬件). 那么将得到如表 6-27 所示的测试用例集.

表 6-27 两两组合覆盖表

显卡	声卡	调制解调器	打印机	主板
A_1	B_1	C_1	D_2	E_1
A_1	B_1	C_2	D_1	E_2
A_1	B_2	C_1	D_1	E_1
A_2	B_1	C_2	D_1	E_2
A_2	B_2	C_1	D_2	E_2
A_2	B_2	C_2	D_2	E_1

通过这样的方法得到了 6 个测试用例来代替完全遍历时所需要的 32 个测试用例. 从 32 个测试用例减少到 6 个测试用例, 测试用例数下降了约 4/5, 如图 6-17 所示. 再来看表 6-27 中 6 个测试用例的质量. 这组测试用例覆盖了各个参数的所有取值; 从组合数的角度出发, 例子中的被测试系统有 5 个参数, 每个参数有 2 个可能值, 那么每两个参数间的不同组合数为 $C_5^2 \times 2^2 = 40$ 种, 而表 6-26 中的测试用例只覆盖了 30 种情况. 使用这种方法在这个特定例子里, 通过大约 1/5 的测试用例完成了 3/4 的所有两两组合覆盖. 这种方法实现简单, 能够对主流配置进行充分测试. 但缺点是参数间的两两组合无法完全覆盖.

根据多次单因素试验方法的特点, 一般情况下, 对一个待测系统进行多次单因素测试时, 需要的测试用例的数目是 $n = \sum_{i=1}^{m} a_i - m + 1$, 因此当待测系统的因素比较多, 每个因素的取值个数也比较多时, 这种方法就很不实用.

第 3 章提出的单因素组合覆盖测试数据生成方法, 可生成一组更适合配置测试、数量最少的测试数据, 实现对各个配置参数全面覆盖的同时, 最大限度地覆盖各个参数间的两两组合, 是多次单因素试验方法、均匀设计方法一个很好的补充和发展.

$$\left.\begin{array}{l}
\left\{\begin{matrix} A_1 & B_1 & C_1 & D_1 & E_1 \\ A_2 & .. & .. & .. & .. \end{matrix}\right\} \\
\left\{\begin{matrix} A_1 & B_1 & C_1 & D_1 & E_1 \\ .. & B_2 & .. & .. & .. \end{matrix}\right\} \\
\left\{\begin{matrix} A_1 & B_1 & C_1 & D_1 & E_1 \\ .. & .. & C_2 & .. & .. \end{matrix}\right\} \\
\left\{\begin{matrix} A_1 & B_1 & C_1 & D_1 & E_1 \\ .. & .. & .. & D_2 & .. \end{matrix}\right\} \\
\left\{\begin{matrix} A_1 & B_1 & C_1 & D_1 & E_1 \\ .. & .. & .. & .. & E_2 \end{matrix}\right\}
\end{array}\right\} \begin{array}{l}\text{32个测试用例} \\ \text{被减少到6个}\end{array}$$

图 6-17　利用多次单因素法产生的测试用例

.. 号表示相应位置的值与上一行相同

2. 两两组合覆盖方法

两两组合覆盖方法是由正交试验设计方法演化而来的一种方法. 这种方法更适合于软件测试. 正交试验设计方法要求对待测系统中各个参数取值两两组合的等概率覆盖, 而在软件测试中, 只需要对各种参数组合进行覆盖就可以了, 而不需要等概率.

例如, 对待测系统 SUT 使用两两组合覆盖方法, 首先根据表 6-26 产生一个两两组合覆盖表, 见表 6-27, 这个表就是两两组合覆盖的测试用例表.

在本例中, 表 6-27 中的 6 个测试用例要比多次单因素试验方法中 (图 6-17) 的 6 个例子的质量高, 因为同样 6 个测试用例覆盖了所有的两两组合.

两两组合覆盖方法需要的测试用例数目 n 有个下界, 即 $n \geqslant \max\limits_{1\leqslant i\neq j\leqslant m} a_i \times a_1$, 一般情况下比正交试验设计方法所需要的测试用例数目少, 在有些情况下, 甚至少很多.

3. 正交试验设计方法

在设备的种类比较少, 且每一类设备可供选择的硬件也比较少的情况下, 可以考虑利用正交试验设计方法进行配置测试. 正交试验设计方法是一种帮助设计较为合理的试验方案的科学方法, 在工农业生产和科学试验中有广泛的应用, 它利用正交表进行试验设计, 仅进行较少次数的试验, 便能得出较为明确可靠的结论. 正交试验设计方法要求任意两个参数的各种取值组合等概率出现. 对表 6-26 中的配置情况用表 6-28 的正交表设计可产生的相应的测试用例集.

表 6-28 正交表 $L_8(2^5)$

1	1	1	1	1
1	1	2	2	2
1	2	1	2	1
1	2	2	1	2
1	2	2	1	2
2	1	1	2	2
2	2	1	1	2
2	2	2	2	1

这组测试用例实现了对所有参数的两两组合覆盖, 但需要的测试用例的规模比两两组合覆盖方法较大一些. 而且一般情况下测试用例的数量 $m \geqslant \max((\max\limits_{1\leqslant i\leqslant n} a_i)^2, n+1)$.

在软件测试中, 人们利用正交试验设计法已经取得了很好的效果, 但这种方法存在 3 方面的缺点: 该方法依赖于正交表, 正交表的构造还存在很多未解决的问题, 在很多情况下的正交表还无法构造; 很多情况下, 正交表的规模仍然很大, 即需要的测试用例的规模还需要进一步减少; 软件测试中, 各种因素的两两组合只要出现一次就可以了, 并不需要等概率覆盖. 因此在软件测试中, 用得较多的是两两组合覆盖方法.

4. 均匀设计法

均匀设计方法是我国数学家方开泰和王元在 1978 年共同提出的, 其特点是保证所有参数的各个取值都能取到, 而且考虑到试验点在试验范围内的均匀分布. 这种方法在很多领域都有广泛的应用, 并取得了丰硕的成果. 这里同样可以应用均匀设计方法进行软件测试的测试用例设计, 用这种方法对 SUT 进行配置测试的测试用例进行设计.

均匀设计法利用均匀设计表来产生试验设计方案, 并不是对于任意情形都存在相应的均匀设计表, 因此需要灵活应用. 对于本例, 就无法直接利用均匀设计表安排测试用例, 而是采用拟水平法, 先选用均匀设计表 $U_6^*(6^6)$, 根据它的均衡性从中选出前 5 列, 并将其中的 1、2、3 用 1 代入, 4、5、6 用 2 代入, 然后再将每一列中值 1 和 2 用相应的本例中的参数值代入, 得到的表 6-29 就是一个具有很好均衡性的配置测试用例表.

表 6-29　利用均匀设计产生的测试用例

显卡	声卡	调制解调器	打印机	主板
$A_1(1)$	$B_1(1)$	$C_1(1)$	$D_2(2)$	$E_2(2)$
$A_1(1)$	$B_2(2)$	$C_2(2)$	$D_1(1)$	$E_1(1)$
$A_1(1)$	$B_2(2)$	$C_1(1)$	$D_2(2)$	$E_1(1)$
$A_2(2)$	$B_1(1)$	$C_2(2)$	$D_1(1)$	$E_2(2)$
$A_2(2)$	$B_1(1)$	$C_1(1)$	$D_2(2)$	$E_2(2)$
$A_2(2)$	$B_2(2)$	$C_2(2)$	$D_1(1)$	$E_1(1)$

均匀设计法可以实现对各个配置参数的值覆盖, 并且当每个参数的各个值之间有序关系时, 这种方法产生的试验点均匀地分布在样本空间中. 当系统配置参数不是很多, 但每个参数的取值个数比较多, 且值与值之间有序关系时, 这种方法很有效. 但在配置测试中, 一般情况下, 不仅配置参数多, 每个参数的取值个数也比较多, 而且这些值之间没有什么序关系, 特别是在各种配置参数的取值数不同时, 就很难找到合适的均匀设计表来设计测试用例. 例如, 当考虑配置参数的个数多于配置参数的取值个数时, 利用均匀设计法就很难找到合适的均匀设计表.

5. *多因素组合覆盖法*

对于有些比较重要的配置测试, 如果进行完全测试, 工作量又太大. 但如果只按前面介绍的一些方法来进行测试, 尽管这些方法都有科学的依据, 有很多优点, 但毕竟测试的次数比较少, 没有进行完全测试, 一定存在很大的风险. 为了把这些风险降低到最低限度, 可以根据具体情况, 例如, 当每个配置参数的取值个数比较少时, 可以选择如三三组合覆盖、四四组合覆盖等多因素组合覆盖方法进行配置测试.

例如, 在上例中就可以采用三三组合覆盖和四四组合覆盖, 当选用三三组合覆盖时需要10条测试用例(表 6-30), 用四四组合覆盖时需要16条测试用例(表 6-31). 这些都比完全测试时的 32 条测试用例少得多, 这样, 一方面可以大大降低软件因不完全测试带来的风险, 另一方面软件测试的工作量又被降低到最低限度.

软件配置测试是软件测试的一个重要内容, 人们在进行配置测试时遇到的最大问题就是如何从数目庞大的配置组合中选择少量有代表性配置组合. 一般常用的办法是通过等价划分、选择主流配置、简化配置要求等方法将各种配置可能性降低到可控制的范围, 但这些方法往往使有些配置无法得到测试.

试验设计方法在很多领域一直是质量控制和保证的重要标准, 在软件测试中也有很重要的应用. 在网络协议测试、编译器的测试等方面组合测试方法也得到了成功的应用. 由于配置测试情况比一般的软件测试更复杂, 有必要根据具体的要求, 结合试验设计方法的优点, 进行科学的测试方案的设计.

表 6-30 三三组合覆盖方法产生的测试用例表

no.	显卡	声卡	调制解调器	打印机	主板
1	A_2	B_2	C_2	D_1	E_2
2	A_2	B_2	C_1	D_2	E_1
3	A_2	B_2	C_2	D_1	E_1
4	A_2	B_2	C_1	D_2	E_2
5	A_2	B_1	C_2	D_2	E_1
6	A_2	B_1	C_1	D_1	E_2
7	A_1	B_2	C_2	D_2	E_2
8	A_1	B_2	C_1	D_1	E_1
9	A_1	B_1	C_2	D_1	E_2
10	A_1	B_1	C_1	D_2	E_1

表 6-31 四四组合覆盖方法产生的测试用例表

no.	显卡	声卡	调制解调器	打印机	主板
1	A_2	B_2	C_2	D_2	E_1
2	A_2	B_2	C_2	D_1	E_2
3	A_2	B_2	C_1	D_2	E_2
4	A_2	B_2	C_1	D_1	E_1
5	A_2	B_1	C_2	D_2	E_2
6	A_2	B_1	C_2	D_1	E_1
7	A_2	B_1	C_1	D_2	E_1
8	A_2	B_1	C_1	D_1	E_2
9	A_1	B_2	C_2	D_2	E_2
10	A_1	B_2	C_2	D_1	E_1
11	A_1	B_2	C_1	D_2	E_1
12	A_1	B_2	C_1	D_1	E_2
13	A_1	B_1	C_2	D_2	E_1
14	A_1	B_1	C_2	D_1	E_2
15	A_1	B_1	C_1	D_2	E_2
16	A_1	B_1	C_1	D_1	E_1

6.5 软件系统兼容性测试

软件兼容性测试是测试软件在特定软硬件平台上能否与其他软件协同工作的过程. 例如, 待测试软件系统地运行是否会导致其他软件无法运行, 是否会导致操作系统崩溃, 是否会导致和其他软件配合引起的用户操作困难等.

随着软件复杂度的增加, 以及软件运行平台和软件实现方法的多样化, 软件之间出现不兼容的情况也越来越常见. 因此在软件提交之前, 对软件的各种配置, 支持平台和支持软件进行全面系统的兼容性测试是非常有必要的[6].

6.5.1　测试对象及测试目的

本节将在 Windows 平台, 应用组合测试方法检测各个软件之间的兼容性. 本试验源于工作期间经常遇到的 Office 2010 软件崩溃问题, 如图 6-18 所示. 这个故障出现最常见的原因是软件冲突, 也就是软件不兼容. 试验从 Windows 控制面板里的程序与功能中提取了 Office 2010 崩溃时系统中所有安装的软件如表 6-32 所示. 这些软件都是日常工作中经常用到的软件, 涉及安全、浏览、办公、娱乐等领域. 可以断定, 这些软件中, 可能有某几个软件或者其组合能对 Office 2010 软件产生影响, 导致其崩溃. 因此试验首先对这些软件建立组合测试模型, 检测软件之间的兼容性问题. 若发现问题, 再用 4.3 节提出的 SRI 算法进行定位, 找出引发 Office 2010 崩溃的软件组合.

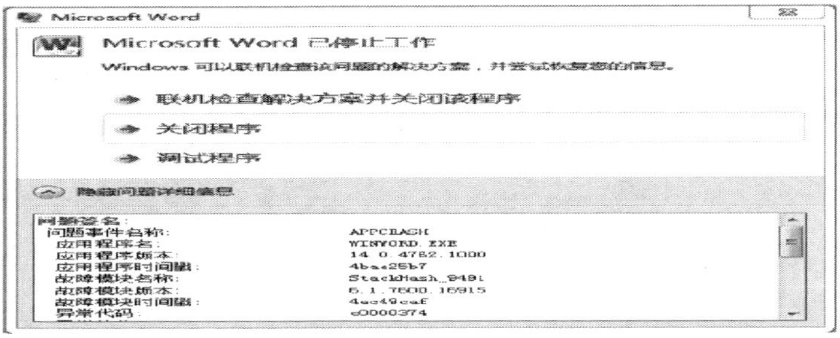

图 6-18　Office 2010 软件崩溃

表 6-32　Windows 平台软件兼容性测试的组合测试模型

	当前系统中所安装的软件	状态		
P_1	360 安全卫士 9.0.0	未安装 (0)	已安装 (1)	运行 (2)
P_2	Adobe Reader 9.4.0-Chinese	未安装 (0)	已安装 (1)	运行 (2)
P_3	有道词典 5.4	未安装 (0)	已安装 (1)	运行 (2)
P_4	Google Chrome 26.0.1410.43	未安装 (0)	已安装 (1)	运行 (2)
P_5	lingoes 2.8.1	未安装 (0)	已安装 (1)	运行 (2)
P_6	Microsoft Office 专业版 2010	未安装 (0)	已安装 (1)	运行 (2)
P_7	WinRAR 4.01(32bit)	未安装 (0)	已安装 (1)	运行 (2)
P_8	暴风影音 3.11	未安装 (0)	已安装 (1)	运行 (2)
P_9	Mozilla 浏览器 20.0	未安装 (0)	已安装 (1)	运行 (2)
P_{10}	腾讯 QQ2011	未安装 (0)	已安装 (1)	运行 (2)
P_{11}	酷狗音乐 2011 6.2.27	未安装 (0)	已安装 (1)	运行 (2)
P_{12}	金山词霸 v4.0	未安装 (0)	已安装 (1)	运行 (2)
P_{13}	金山 WPS2012	未安装 (0)	已安装 (1)	运行 (2)
P_{14}	迅雷下载 7.1.4	未安装 (0)	已安装 (1)	运行 (2)
P_{15}	Note Pad++6.15	未安装 (0)	已安装 (1)	运行 (2)
P_{16}	Google 拼音输入法 2.7.20	未安装 (0)	已安装 (1)	

本次试验选用的硬件平台是 CPU 为 Pentium(R) Dual-Core E5400 2.7GHz, 内存为 2.0GB; 软件平台为 Windows 7 32 位专业版.

6.5.2 测试过程

按照通用组合测试过程, 将试验过程分成如下 5 部分: ①创建组合测试模型, 包括确定待测系统空间及检测力度; ②生成测试用例集; ③用测试用例集对系统进行测试; ④对于检测到故障的测试用例, 应用故障定位算法找出引发不兼容的软件组合; ⑤检验定位结果.

1. 创建组合测试模型

首先从当前系统的控制面板中提取出了 16 款涉及安全、翻译、办公、聊天、上网、娱乐等领域的常用软件, 如表 6-32 所示. 这些软件中有些属于同类软件, 有些属于非同类软件. 由于每一款软件, 在发布之初都应该考虑过和 Windows 系统的兼容性. 因此, 并没有将 Windows 系统自带的软件 (如记事本、截图工具、IE 等) 和硬件驱动程序列入.

待测系统空间. 通过观察任务管理器中的进程列表, 将每个软件的状态分为两种: 开启和关闭. 后来发现, 有些软件在安装后, 虽然没有运行, 但提供了一些服务, 这些服务也极有可能引发与其他软件的不兼容问题, 尤其是同类软件之间. 因此, 将软件的状态扩展为每个软件 3 种状态: 未安装、已安装、运行. 值得注意的是, 表 6-32 中的 Google 拼音输入法, 在安装后默认在后台运行, 没有显式的开启和关闭按钮, 因此这里将该软件的状态设为未安装和已安装两种. 将软件列表作为待测系统参数列表, 用 P 表示; 将每个软件的可能状态作为参数取值, 分别用括号中的 0、1、2 表示, 于是得到了表 6-32 所示的待测系统空间.

检测力度. 软件之间的兼容性故障多由两个软件之间交互引发的. 且有对 Mozilla 浏览器错误报告显示, 20%~40% 的故障是由单个因素引起的, 70%以上的错误是由两个因素之间的相互作用导致的, 因此本次试验中将检测力度设为 2.

2. 生成测试用例

用贪心算法组合测试用例生成工具, 对表 6-32 的待测系统生成 2 维组合覆盖测试用例. 生成的 2-way 覆盖表 (测试用例集) 如表 6-33 所示, 一共 19 条测试用例, 每一列表示所代表的软件状态, 每行最后为每条测试用例的测试结果.

表 6-33 贪心算法生成的 2-way 组合测试用例及测试结果

	P_1	P_2	P_3	P_4	P_5	P_6	P_7	P_8	P_9	P_{10}	P_{11}	P_{12}	P_{13}	P_{14}	P_{15}	P_{16}	测试结果
T_1	1	0	1	1	1	0	0	1	0	1	1	1	1	1	1	0	pass
T_2	2	2	0	2	1	2	2	2	1	0	0	0	2	0	0	1	pass
T_3	0	1	2	0	2	1	1	1	2	2	2	0	0	2	2	0	pass

续表

	P_1	P_2	P_3	P_4	P_5	P_6	P_7	P_8	P_9	P_{10}	P_{11}	P_{12}	P_{13}	P_{14}	P_{15}	P_{16}	测试结果
T_4	1	1	2	2	0	0	2	0	1	1	2	2	1	0	2	1	pass
T_5	0	0	1	0	0	2	1	0	2	0	0	2	2	1	1	1	pass
T_6	0	2	0	1	0	1	0	2	0	2	1	1	0	2	0	1	pass
T_7	2	1	2	1	2	2	0	2	2	0	2	1	2	1	2	0	fail
T_8	2	2	1	2	2	0	1	0	0	1	0	2	0	2	0	0	pass
T_9	2	0	0	0	2	1	0	0	1	2	1	1	1	0	1	0	pass
T_{10}	1	1	1	2	1	1	2	2	2	2	1	2	2	2	1	0	pass
T_{11}	1	0	0	0	1	2	2	1	0	0	2	0	0	1	0	1	pass
T_{12}	0	0	1	1	1	2	1	2	1	0	1	0	1	2	2	1	pass
T_{13}	0	2	2	0	0	0	0	2	2	1	2	0	1	1	1	0	pass
T_{14}	1	2	0	1	2	0	1	1	0	2	0	2	2	0	2	1	pass
T_{15}	0	0	2	2	1	1	0	1	0	1	0	1	1	1	0	1	pass
T_{16}	0	1	0	1	2	2	2	0	2	1	0	1	2	0	0	1	fail
T_{17}	2	2	2	0	0	2	1	1	1	2	1	1	0	1	1	0	pass
T_{18}	0	1	1	2	1	1	1	0	0	0	2	0	0	0	1	0	pass
T_{19}	2	1	0	1	0	0	0	2	0	0	1	2	1	2	1	0	pass

3. 运行测试用例

运行测试用例用来检测该条测试用例中软件状态组合是否会引发故障, 运行的前提是每一个软件都能在 Windows 平台上安全独立运行, 因此需要首先检测该软件与平台的兼容性. 为此, 试验采用了如图 6-19 所示的流程, 来检测每个软件与平台的兼容性. 如图 6-19 所示, 首先检测软件的安装过程, 若无法安装, 则软件不兼容; 然后检测软件的启动过程, 若无法启动, 则软件不兼容; 接着检查软件界面是否正常, 包括界面布局和语言是否兼容, 如果影响使用, 则软件不兼容; 之后检查软件常用功能是否使用正常, 若无法使用, 则软件不兼容. 由于某些兼容性故障出现较随机, 经常需要较长时间的运行才出现故障, 因此这一步会占用较长时间; 然后依次检验退出和卸载, 若这两步都正常则软件与平台兼容, 如果只是部分通过, 则表示软件部分兼容.

在检测完所有软件与平台的兼容性之后执行表 6-33 中的测试用例. 在测试每条测试用例时, 存在有些软件是已安装状态, 而有些软件是运行状态时, 先将所有应是已安装状态的软件安装完毕, 再运行应是运行状态的软件. 最后, 对于所有运行状态的软件, 在运行 Office 2010 软件时都没有出错兼容性错误, 则表示该条测试用例通过; 否则不通过. 表 6-33 中的部分测试用例中, Office 2010 的状态是未安装, 因此在测试过程中就不会出现 Office 2010 崩溃的问题. 因此, 当这些测试用例没有检测出其他兼容性故障时, 将这些测试用例的测试结果设为通过.

4. 定位冲突软件

检测过程中, 测试用例 T_7 和 T_{16} 都遇到了 Office 2010 软件崩溃的问题, 仅对

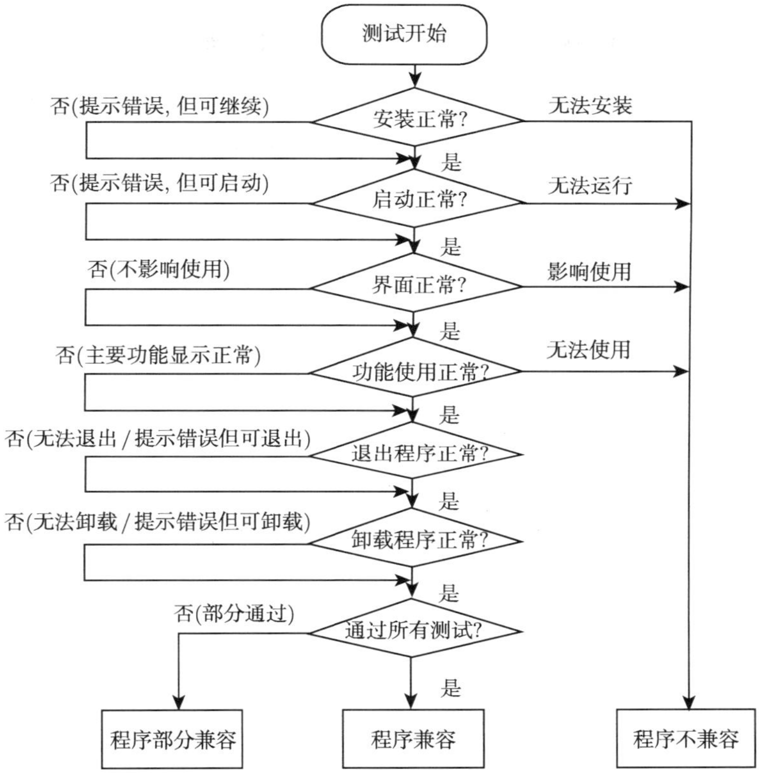

图 6-19 兼容性测试过程

其中一条测试用例 T_7 进行定位. 详细的定位过程如表 6-34 所示.

经过表 6-34 中 7 条附加测试用例的额外测试, 定位出了 $P_5 = 2$ 和 $P_6 = 2$ 的组合能引发 Office 2010 崩溃问题. 亦即 Lingoes 软件与 Office 2010 软件同时运行时产生的交互, 引发了兼容性故障. 然后将其他所有软件卸载, 仅运行 Lingoes 和 Office 2010, 发现兼容性故障仍然存在, 这表示 SRI 算法的定位结果是正确的.

由于兼容性故障出现的不确定性, 我们估计 Lingoes 软件中的某些设置或者其组合能引发兼容性故障, 因此又为 Lingoes 软件的配置创建了组合测试模型, 如表 6-35 所示.

由于该模型中每个参数有两个可能的参数值, 选用 2 维组合测试. 生成的测试用例以及在每一条测试用例表示的配置下所测试的结果如表 6-36 所示. 挑选其中一条出错的测试用例 To_3, 对其应用 SRI 算法进行定位, 定位流程如表 6-37 所示. 表 6-37 中每条测试用例中加粗倾斜显示的参数值表示在原始出错的测试用例基础上做了修改的参数值.

表 6-34　定位 T_7 中引发兼容性故障的组合

	P_1	P_2	P_3	P_4	P_5	P_6	P_7	P_8	P_9	P_{10}	P_{11}	P_{12}	P_{13}	P_{14}	P_{15}	P_{16}	测试结果
T_7	2	1	2	1	2	2	0	2	2	0	2	1	2	1	2	0	fail
$T_{\text{pass}}=T_{19}$	2	1	0	1	0	0	0	2	0	0	1	2	1	2	1	0	pass
tcf_1	2	1	*0*	1	*0*	*0*	0	2	*0*	0	2	1	2	1	2	0	pass
tcf_2	2	1	*0*	1	*0*	2	0	2	2	0	2	1	2	1	2	0	pass
tcf_3	2	1	*0*	1	(2)	2	0	2	2	0	2	1	2	1	2	0	Fail
$T_{\text{pass}}=T_3$	0	1	2	0	(2)	1	1	1	2	2	2	0	0	2	2	0	pass
tcf_4	*0*	1	2	*0*	(2)	*0*	*1*	2	2	0	2	1	2	1	2	0	pass
tcf_5	*0*	1	2	*0*	(2)	2	0	2	2	0	2	1	2	1	2	0	Fail
tcf_6	*0*	1	2	*0*	(2)	*0*	0	2	2	0	2	1	2	1	2	0	pass
tcf_7	*0*	*0*	*0*	*0*	(2)	(2)	*1*	*0*	*0*	*1*	*0*	*0*	*0*	*0*	*0*	*1*	Fail

表 6-35　Lingoes 软件设置的组合测试模型

	选项	设置	
O_1	启动后最小化	Off(0)	On(1)
O_2	支持本地语言映射	Off(0)	On(1)
O_3	屏幕取词	Off(0)	On(1)
O_4	划词翻译	Off(0)	On(1)
O_5	双击取词	Off(0)	On(1)
O_6	仅显示第一个取词结果	Off(0)	On(1)
O_7	即时发音_查询时发音	Off(0)	On(1)
O_8	即时发音_屏幕取词时发音	Off(0)	On(1)
O_9	即时发音_划词发音	Off(0)	On(1)
O_{10}	真人发音引擎	Off(0)	On(1)
O_{11}	TTS 语音合成引擎	Off(0)	On(1)
O_{12}	禁用热键	Off(0)	On(1)

表 6-36　Lingoes 软件组合测试用例及结果

	O_1	O_2	O_3	O_4	O_5	O_6	O_7	O_8	O_9	O_{10}	O_{11}	O_{12}	测试结果
To_1	0	0	0	0	0	0	0	0	0	0	0	0	pass
To_2	0	0	0	0	0	1	1	1	1	1	1	1	pass
To_3	0	1	1	1	1	0	0	0	0	1	1	1	fail
To_4	1	0	1	1	1	0	1	1	1	0	0	0	fail
To_5	1	1	0	1	1	1	0	1	1	0	1	1	fail
To_6	1	1	1	0	1	1	1	0	1	1	0	1	pass
To_7	1	1	1	1	0	1	1	1	0	1	1	0	fail

表 6-37 故障定位

	O_1	O_2	O_3	O_4	O_5	O_6	O_7	O_8	O_9	O_{10}	O_{11}	O_{12}	测试结果
To_3	0	1	1	1	1	0	0	0	0	1	1	1	fail
$T_{\text{pass}} = T_6$	1	1	1	0	1	1	1	0	1	1	0	1	pass
tcf_1	*1*	1	1	*0*	1	*1*	0	0	0	1	1	1	pass
tcf_2	*1*	1	1	1	1	0	0	0	0	1	1	1	fail
tcf_3	*1*	1	1	*0*	1	0	0	0	0	1	1	1	pass
tcf_4	*1*	*0*	*0*	(1)	*0*	*1*	*1*	*1*	*1*	*0*	*0*	*0*	fail

表 6-37 中, SRI 算法通过 4 条额外测试, 定位出了 Lingoes 软件的划词翻译功能与 Office 2010 有兼容性问题.

5. **检验定位结果**

为了验证本次试验结果的正确性, 我们与 Lingoes 官网公布的 2.90 版更新内容做了比较. 网站显示 “2.90 版内置 Office 2010 取词插件, 解决了在 Office 2010 上划词有时发生崩溃的问题”, 验证了实证研究结果的正确性.

6.6 本 章 小 结

组合测试的发展取决于其良好的应用价值, 是应用需求推动了组合测试方法的产生、发展和日趋成熟. 研究将组合测试方法广泛地应用到各种软件的测试中去, 具有重要的理论和实践意义, 可以推动组合测试沿着正确的方向健康发展. 在以后的工作中, 非常有必要更多地展开组合测试的实证研究, 例如, 研究对自动柜员机的组合测试、对复杂的邮件系统的组合测试、对各种游戏软件的组合测试、对金融软件系统的组合测试等.

参 考 文 献

[1] 徐家喜, 聂长海. 浏览器配置的自适应组合测试, 拟投稿.

[2] Cohen M B, Snyder J, Rothermel G.Testing across configurations: implications for combinatorial testing. ACM SIGSOFT Software Engineering Notes, 2006, 31(6): 41-48.

[3] 黄海波, 吴化尧, 聂长海. 手机通话功能的组合测试//第七届中国测试学术会议. 杭州, 2012:49-54.

[4] 王燕, 聂长海. 机顶盒时移电视功能的组合测试. 计算机科学与应用, 2014, 9: 1-17.

[5] Nie C H, Xu B W. Generating test case for software configuration testing. Journal of Southeast University (English Edition), 2004, 20(1):26-30.

[6] 李杰, 聂长海, 梁亚澜. 软件兼容性测试的故障定位//第七届中国测试学术会议. 杭州, 2012:294-301.

第7章　组合测试的比较研究及工具

对于待测试软件 SUT, 由于其测试配置空间 $a_1 \times a_2 \times \cdots \times a_n$ 一般情况下都非常大, 除了利用组合设计方法挑选测试用例进行组合测试之外, 还有一种非常简单而行之有效的方法, 就是在该空间中任意挑选测试用例, 称为随机测试, 以及随机测试的改进方法, 即自适应随机测试方法. 这种方法要求随机选择的测试用例在测试空间中尽可能分散. 关于组合测试和随机测试一直存在一些争议, 甚至有研究论文宣称这两种方法没有本质差异. 本章先介绍随机测试和自适应组合测试, 然后将这两种方法与组合测试进行系统比较.

7.1　随机测试

7.1.1　概念

在待测试软件所有可能的输入中, 随机选择和产生测试输入, 对待测试软件进行测试, 这种测试方法称为随机测试. 随机测试是一种最简单的测试方法, 它几乎不利用任何关于软件的额外信息 (除了软件输入信息), 也不需要测试人员的任何经验和技能[1].

7.1.2　目标

随机测试方法是那些依据各种测试充分性准则, 需要通过精心设计产生测试用例的测试方法的一个重要补充, 可以弥补由于人们考虑不周或考虑有偏向造成的不良影响, 经常能发现人们意料之外的软件故障. 因此, 随机测试已经被推荐为软件测试过程中最后不可缺少的一步.

7.1.3　原理

Myers 认为随机测试是一种最弱的测试方法, 这种测试方法利用的测试用例集在错误检测能力方面几乎不可能达到最优, 或者接近最优, 他建议人们使用更聪明的测试方法, 而最好不要用随机测试方法.

此外, 人们认为随机测试方法简单易行, 容易自动化, 是一种不可忽视的重要的软件测试方法. 特别是很多实践研究证明, 随机测试方法与其他所谓的更聪明的方法, 如分划测试、路径覆盖测试方法相比, 其错误检测能力不差, 有时甚至更好一点, 而这些方法的使用成本明显要比随机方法昂贵很多.

7.1.4 方法

随机测试方法只利用待测试软件的输入模型, 该输入模型定义了待测试软件的所有可能的输入, 不需要对所有的测试输入进行划分, 测试输入的选择可以根据预期输入的分布情况随机选择, 而如果没有关于输入分布的相关信息, 只需要利用均匀分布, 随机产生测试输入.

7.1.5 实例

考虑测试一个可以将平面直角坐标系的坐标 (x, y) 转换为极坐标系坐标 (r, H) 的程序, 其中 $r = \sqrt{x^2 + y^2}$,$\cos H = x/r$. 直角坐标系和极坐标的原点重合, 极坐标极轴与直角坐标的 x 轴重合, 极角是逆时针角度. 输入: x 为 $[-320{,}320]$, 最小增量 $1/2^6$; y 为 $[-240{,}240]$, 最小增量 $1/2^7$; 输出: r 为 $[0{,}400]$, 最小增量 $1/2^6$;H 为 $[0, (2\pi - 1/2^6)]$, 最小增量 $1/2^7$.

对于这个程序的输入分布没有任何特别信息, 因此, 可以利用均匀分布, 随机选择 x 和 y 的值 (x 的可选值有 40961 个, y 的可选值有 61441 个). 要慎重使用其他分布, 因为这些分布使用不当会导致有些输入域无法被测试到.

随机测试可以手工完成, 也可以在完全没有人干预的情况下自动完成, 自动随机测试具有最好的成本有效性, 然而, 要获得完全的自动化就必须解决三方面的问题: 测试输入的自动生成、预期结果的自动生成和测试输出的自动检查.

只要待测试软件的输入模型建立好, 利用伪随机数生成器随机生成测试输入并不困难. 然而, 预期输出的自动生成或自动检查存在很多问题, 且很多情况下不大可行, 除了以下情况: 利用另一个独立的可信的软件执行相同功能, 产生预期输出; 测试过程中只考虑软件系统是否崩溃; 软件输出易于检查, 如排序程序的输出就是一个排好序的数组; 软件的输入根据输出易于产生, 如只要将平方根程序的输出进行平方就可以产生它的输入.

上例中, 坐标转换程序的预期输出是否正确可以利用反函数进行检查, 利用两种坐标之间存在关系 $r\sin H = y, r\cos H = x$, 可以在一定范围内判断程序输出是否正确.

即使随机测试的完全自动化存在很多问题, 但随机测试仍然被看作一种非常有效的测试方法, 因为随机测试的测试用例生成不需要任何成本. 随机测试没有定义任何覆盖度量, 它的一个完成准则可以定义为在某个置信区间内 (如 95%), 发生不一致输出的概率 (如 0.001). 对于一些输入比较复杂的程序或者一些符号输入的程序, 需要一些专门的方法对输入进行处理, 以使待测试软件可以方便地使用随机测试方法.

7.1.6 优缺点

优点：测试输入随机生成, 几乎不要什么附加信息, 成本低, 易于自动化; 随机测试能够产生人们无法产生的测试用例, 从而发现一般的软件测试难以发现的软件故障; 随机测试的结果可以为软件可靠性估计提供有效数据.

缺点：没有定义任何覆盖标准作为测试目标, 可能存在很多没有测试到的地方[2].

7.2 自适应随机测试

7.2.1 概念

自适应随机测试是一种改进的随机测试方法, 旨在提高随机测试方法的性能. 这种测试方法基于人们在测试过程中建立起来的一种广泛认可的直觉和经验. 一个测试用例如果没有发现软件故障, 那么另一个相近或相似的测试用例可能也不会发现软件故障, 因此当运行一个测试, 而这个测试用例没有发现任何故障时, 在选择下一个测试用例时, 要尽可能选择距离该测试用例远一点的测试. 自适应随机测试方法强调在随机选择测试用例的过程中, 要使测试用例尽可能均匀地分散开, 这样随机产生的测试用例才有可能有更多机会发现软件故障[3].

7.2.2 目标

任何随机测试可以使用的地方一般都可以使用自适应随机测试方法进行改进, 提高测试用例的分散性, 从而尽早地发现错误.

7.2.3 原理

为了提高随机测试的错误检测能力, 自适应随机测试利用已有测试用例的信息, 特别是测试过程中未能发现故障的测试用例信息来指导生成新的测试用例. 自适应随机测试基于人们的一种观察：即引发系统故障的输入一般都是串联在一起形成一个或多个连续的区域. 相应地, 如果一个测试用例和一个没有发现错误的测试用例靠得很近, 就很可能仍然发现不了错误; 相反, 如果这个测试用例离这个未发现错误测试用例距离很远, 则这个测试用例发现错误的可能性会更高. 因此, 自适应随机测试强调测试用例选择的分散性, 距离度量是该方法的一个关键.

7.2.4 方法

这里主要介绍固定候选用例集大小的适应性随机测试, 一种最典型、最简单, 也是应用较广泛的方法.

固定候选用例集大小的适应性随机测试使用两个测试用例集：S 用于存放已用来测试程序但并没有引发程序失效的测试用例，$S=\{s_1, s_2, \cdots, s_n\}$; C 用来临时保存用于产生新的测试用例的候选测试用例，大小固定为 k, $C=\{c_1, c_2, \cdots, c_k\}$. 下一个测试用例将从 C 中按照如下步骤产生.

第一步, 计算每个候选用例 $c_i \in C$ 与成功用例集 S 之间的距离 d_i, d_i 为 c_i 与每个成功用例 $s_j \in S$ 之间的距离的最小值.

第二步, 选择 d_i 最大的候选用例 c_i 为下一个测试用例, 即选出距离成功用例最远的候选用例.

7.2.5 实例

一维的输入域为 [0,10], 其中的失效域为 [7,8], 对于随机测试方法, 用 F 度量 (F 度量是指找到第一个导致程序失效时所用测试用例的个数) 的方法测试可得其找到失效时的期望值为 10; 对于基于距离的适应性随机测试, 初始 S 为空, 为最大限度地覆盖输入域, C 初始为{0, 1, 2,···, 10}, 按照固定候选用例集大小的适应性随机测试方法, 则从 C 中依次产出下一个测试用例的顺序为 (0, 10, 5, 2, 7, 1, 3, 4, 6, 8, 9), 因此在第 5 次进行测试候选用例时便测试出了失效状态, F 值为 5, 效率比随机测试提升了很多.

7.2.6 优缺点

很多试验研究表明, 自适应随机测试方法可以有效提高随机测试效率, 特别是 F 度量的值, 即更快地找到软件中潜在的错误. 但有些研究人员认为, 自适应随机测试耗费大量的计算资源, 在实际测试中有时不像预期的那样, 因为对于有些测试场景, 自适应随机测试不一定能够做到尽量将测试用例分布开[4].

7.3 几种测试方法的比较

本节将组合测试与随机测试、自适应随机测试从 6 个方面进行系统的比较. 由于随机测试几乎可以应用于任何场景下对软件进行测试, 而自适应随机测试是随机测试方法的一种改进, 因此, 任何可以使用随机测试的地方, 一般都可以使用自适应随机测试方法. 组合测试可以应用的场景必须是如下的待测试软件 SUT.

SUT：具有 n 个参数 (因素) 影响待测软件系统, 即 $C=\{c_1, c_2, \cdots, c_n\}$, 这些参数可以是 SUT 的配置参数、内部事件、用户输入参数以及外部事件参数等. 每个参数 c_i 可在有限离散点集 T_i 中取值, 集合 T_i 中有 a_i 个元素：$a_i=|T_i|(1 \leqslant i \leqslant n)$.

为了系统比较这 3 种软件测试方法, 把测试场景限制为统一的 SUT 所描述的场景 (图 7-1).

图 7-1 随机测试、自适应随机测试和组合测试的测试场景

已经分别在 1.4 节、7.1 节和 7.2 节介绍了这 3 种方法的概念、目标、原理、方法、实例和优缺点, 读者可以首先分别从这 6 个方面从理论层面对它们进行系统比较, 这里就不再赘述.

以下针对 12 个具体的 SUT 例子, 分别利用上述三种方法为这 12 个例子生成测试用例, 对它们进行以下比较[5]:

(1) 比较它们在生成相同规模测试用例时的组合覆盖率、分散性和错误检测率;

(2) 比较它们在生成达到相同组合覆盖率的测试用例时, 所需要的测试用例规模;

(3) 比较它们检测某个指定错误时, 需要的测试用例个数.

为了比较的全面、科学和系统性, 对组合测试方法设计了两种. 一种称为离线组合测试 (offline CT), 这种组合测试使用最好的覆盖表进行测试. 例如, 表 7-1 列出了 12 个待测试系统的最好的 2 维、3 维和 4 维覆盖表就是作为离线组合测试的测试用例. 另一种称为在线组合测试 (online CT), 该方法利用算法 7-1 描述的贪心算法在线生成测试用例进行测试.

表 7-1 待测试系统 CA_i 的 $(i=1,2,\cdots,12)$ 目前最好的 t 维覆盖表 $(t=2,3,4)$

CA_1:CA(190;2,10^{30})	CA_2:CA(10;2,2^{100})	CA_3:CA(155;2,10^{20})	CA_4:CA(71;2,$7^6 6^7 5^6$)
CA_5:CA(15;2,3^{13})	CA_6:CA(120;2,8^{40})	CA_7:CA(250;2,$15^9 10^6$)	CA_8:CA(24;2,4^{10})
CA_9:CA(108;2,8^{20})	CA_{10}:CA(48;2,6^{10})	CA_{11}:CA(28;2,4^{20})	CA_{12}:CA(65;2,6^{20})
CA_1:CA(2584;3,10^{30})	CA_2:CA(33;3,2^{100})	CA_3:CA(2259;3,10^{20})	CA_4:CA(670;3,$7^6 6^7 5^6$)
CA_5:CA(50;3,3^{13})	CA_6:CA(1016;3,8^{40})	CA_7:CA(4040;3,$15^9 10^6$)	CA_8:CA(112;3,4^{10})
CA_9:CA(1016;3,8^{20})	CA_{10}:CA(393;3,6^{10})	CA_{11}:CA(152;3,4^{20})	CA_{12}:CA(624;3,6^{20})
CA_1:CA(47410;4,10^{30})	CA_2:CA(98;4,2^{100})	CA_3:CA(29269;4,10^{20})	CA_4:CA(6157;4,$7^6 6^7 5^6$)
CA_5:CA(219;4,3^{13})	CA_6:CA(18864;4,8^{40})	CA_7:CA(65211;4,$15^9 10^6$)	CA_8:CA(508;4,4^{10})
CA_9:CA(8184;4,8^{20})	CA_{10}:CA(3210;4,6^{10})	CA_{11}:CA(760;4,4^{20})	CA_{12}:CA(5973;4,6^{20})

算法 7-1 在线组合测试 (onlineCT)

输入：参数个数 n, 各参数取值 v, 组合覆盖力度.

输出：测试用例集 T.

S 为停止条件 S_c, S_n, S_τ; P_w 为未被覆盖组合对集合; $T=\{\}$.

步骤：

while $(\neg S)$

(1) 选择参数 f 和参数 f 的值 i 使该参数的值在所有未被覆盖的组合对集合 P_w 中出现的次数最多, 如果有多个, 随机选一个.

(2) 假定参数 f_1, f_2, f_3, $\cdots$, f_j 的值已经确定, 对于, 设 f_i 的值是 v_i, 那么按照如下方法选择 f_{j+1} 的值 v_{j+1}：对于 f_{j+1} 的每个值 v 找出所有组合{ $f_i f_{j+1}$ 即 $v_i v$, }$\cap P_w$, 把在这些组合中出现次数最多的值 v 赋给 v_{j+1}, 如果有多个, 随机选一个, 直到形成一条完整的测试用例.

(3) 重复 (1) 和 (2) 产生 10 条候选测试用例, 选择一个覆盖未被覆盖对最多的测试用例 t.

(4) 用测试用例 t 测试待测试软件;$T = T\cup\{t\}$, 并在 P_w 中将这些已被覆盖的组合对去掉:$P_w = P_w - t(\tau$-值模式).

end while;

算法 7-2 给出了随机测试的具体细节. 随机测试每次随机生成一条测试用例进行测试, 直到终止条件满足就停止测试.

算法 7-2 随机测试

输入：参数个数 n, 各参数取值 v, 组合覆盖力度 τ.

输出：测试用例集 T.

S 为停止条件 S_c, S_n, S_τ; P_w 为未被覆盖组合对集合;$T=\{\}$;

步骤：

while $(\neg S)$

(1) 随机为每个参数选择一个值, 产生一条测试用例 t;

(2) 用测试用例 t 测试待测试软件; $T = T\cup\{t\}$, 并在 P_w 中将这些已被覆盖的组合对去掉:$P_w = P_w - t(\tau$-值模式);

end while;

对于自适应随机测试 (算法 7-3), 也设计了两种. 一种利用海明距离计算测试用例之间的距离, 称为海明自适应随机测试, 记为 ART(H). 在组合测试中, 任意两个测试用例 $t=(v_1, v_2, \cdots, v_i, \cdots, v_n)$ 和 $t' = (v'_1, v'_2, \cdots, v'_i, \cdots, v'_n)$ 之间的海明距离为两个测试用例之间对应位置取值不相同的元素个数, 即 $\text{Haiming}(t, t')=|\{i|v_i \neq v'_i, 1\leqslant i \leqslant n\}|$. 例如, $t_1 = (1,1,2,0)$, $t_2 = (2,1,0,0)$, 此时, $\text{Haiming}(t_1, t_2) = 2$.

另一种自适应随机测试方法利用 τ-维值模式来度量两个测试用例之间的距离,

称为 τ-维值模式自适应随机测试, 记为 ART(S_τ). 测试用例 $t=(v_1,v_2,\cdots,v_i,\cdots,v_n)$ 到 $t'=(v'_1,v'_2,\cdots,v'_i,\cdots,v'_n)$ 的 τ-维值模式距离为测试用例 t 中有多少与 t' 不同的 τ-维值模式, 即 $S_\tau(t,t')=|t(\tau)-t'(\tau)|$, 其中 $t(\tau)$ 表示测试用例 t 中包含的 τ-维值模式全体. 例如, t_1=(1,1,2,0) 包含的 6 个 2 值模式为 (1,1,—,—), (1,—,2,—), (1,—,—,0), (—,—,2,0), (—,1,—,0), (—,1,2,—), 而 t_2=(2,1,0,0) 只包含一个相同的 2 值模式, 此时, t_1 到 t_2 的 2 维值模式距离为 $S_2(t_1,t_2)$=5.

算法 7-3 自适应随机测试

输入: 参数个数 n, 各参数取值 v, 组合覆盖力度 τ.

输出: 测试用例集 T.

S 为停止条件 S_c, S_n, S_τ; P_w 为未被覆盖组合对集合; T={}.

步骤:

while ($\neg S$)

(1) 随机为每个参数选择一个值, 产生一条测试用例 t.

(2) 重复步骤 (1) 产生 10 条候选测试用例, 选择一个距离测试用例集 T 最远的测试用例 t.

(3) 用测试用例 t 测试待测试软件; $T=T\cup\{t\}$, 并在 P_w 中将这些已被覆盖的组合对去掉:$P_w=P_w-t$(τ-值模式).

end while;

以上算法的停止准则有 3 个, 其中 S_c 为达到指定组合覆盖率停止; S_n 为生成指定数量的测试用例停止; $S_{\tau s}$ 为击中指定的值模式停止.

以下对组合测试 (offline CT, online CT(算法 7-1))、自适应随机测试 (ART(H), ART(S_τ)) (算法 7-2) 和随机测试 (RT) (算法 7-2) 从三方面进行试验比较.

(1) 生成指定数量的测试用例 (适用停止准则 S_n), 比较 t-way 组合覆盖率、分散性和错误检测率 (t=2,3,4)

首先分别以表 7-1 中的前 3 行列出的 12 个待测试系统 CA$_i$ 的 ($i=1,2,\cdots,12$) 目前最好的 2 维覆盖表规模作为指定数量, 让算法 online CT、自适应随机测试 (ART(H), ART(S_τ)) 和随机测试分别生成相同数量的测试用例, 它们的 t-way 组合覆盖率、t-way 分散性和 t-way 错误检测率 (t=2,3,4) 比较结果如图 7-2～ 图 7-10 所示.

图 7-2～ 图 7-4 中, 横坐标是 12 个待测试系统 CA$_i$($i=1,2,\cdots,12$), 纵坐标分别是 2-way 组合覆盖率、3-way 组合覆盖率和 4-way 组合覆盖率. 试验结果表明, 针对每个待测试系统, 利用其他 4 种方法生成与表 7-1 中最好的 2-way 覆盖表相同规模的测试用例, 其对应的组合覆盖率有明显差异, 很显然有 2-cov(offlineCT)> 2-cov(onlineCT)>2-cov(ART(S_τ)) >2-cov(ART(H))>2-cov(RT). 但是这种差异在

3-way 组合覆盖率上显著减少, 在 4-way 组合覆盖率上已经几乎没有什么差异. 对于分散性 (图 7-5~ 图 7-7) 和故障检测率 (图 7-8~ 图 7-10), 也有相似的结果. onlineCT 与 offlineCT 在故障检测率上基本相似, 它们都好于其他方法.

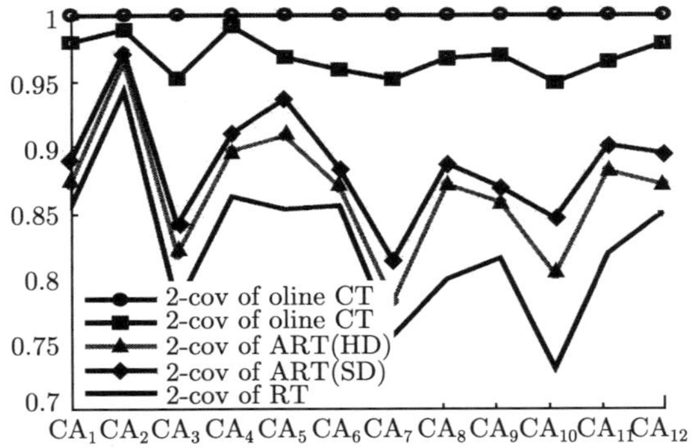

图 7-2 2-way 组合覆盖率

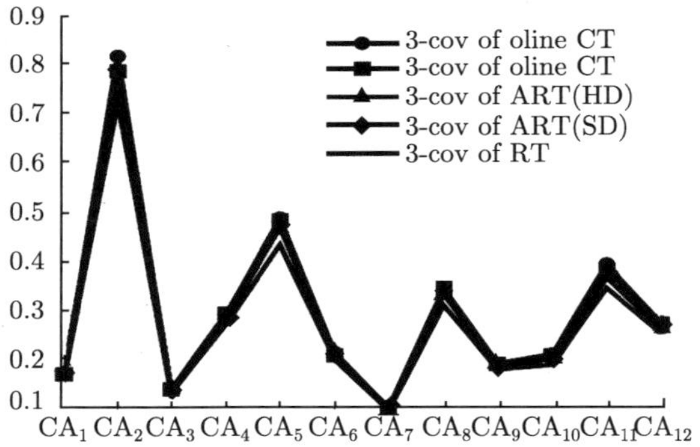

图 7-3 3-way 组合覆盖率

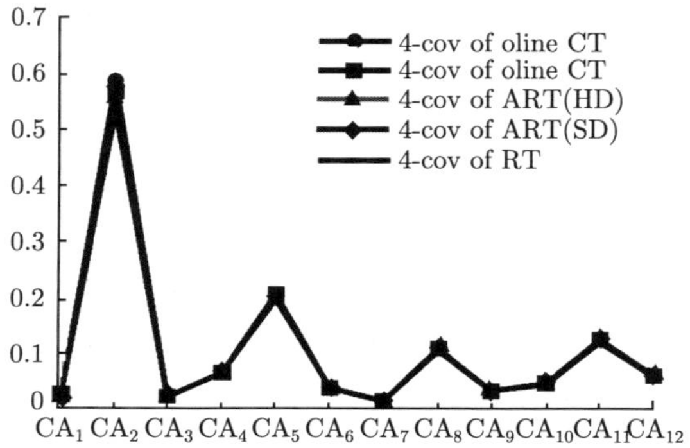

图 7-4 4-way 组合覆盖率

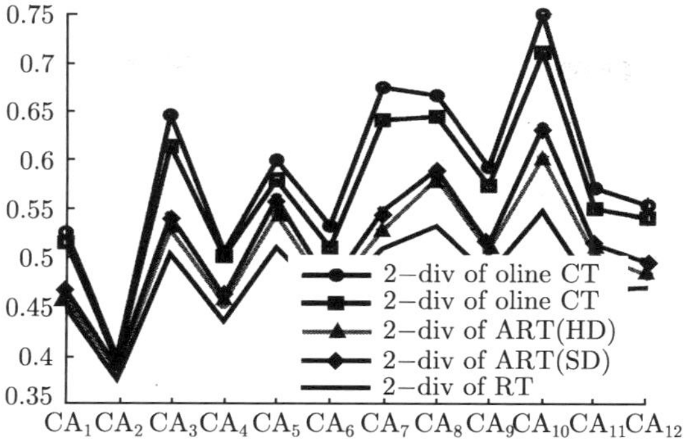

图 7-5 2-way 组合分散性

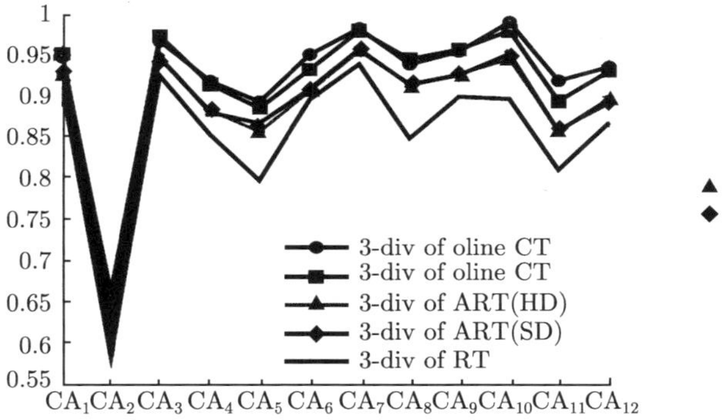

图 7-6 3-way 组合分散性

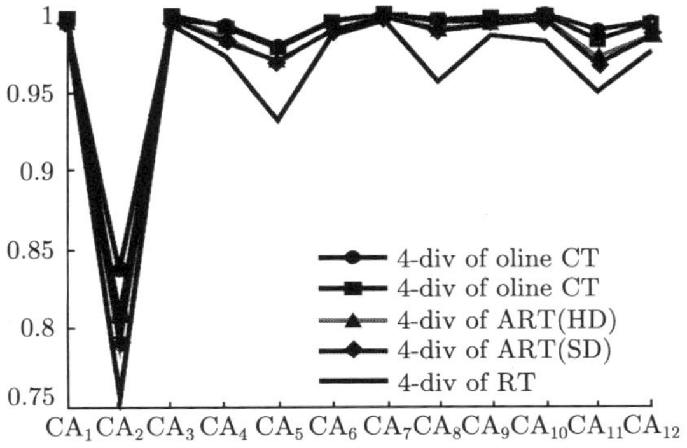

图 7-7 4-way 组合分散性

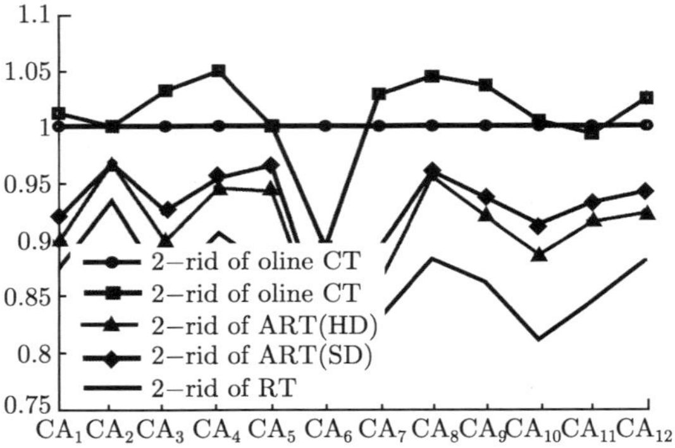

图 7-8　2-way 故障检测率

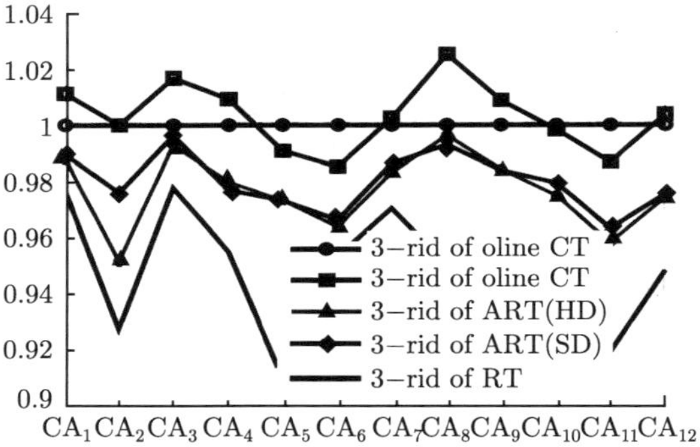

图 7-9　3-way 故障检测率

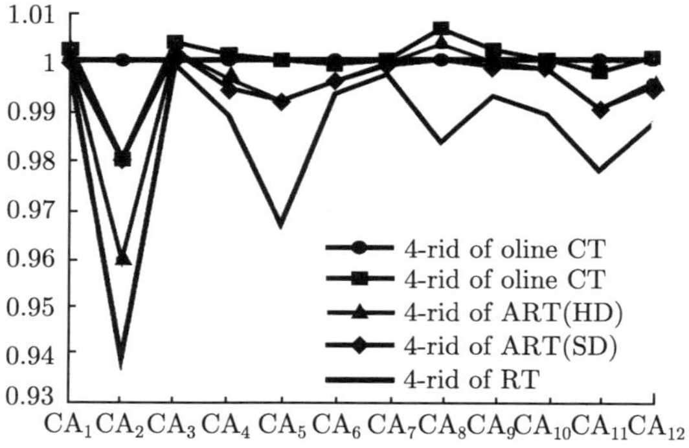

图 7-10　4-way 故障检测率

相似地, 分别用表 7-1 中的中间 3 行和最后 3 行列出的 12 个待测试系统 CA_i 的 $(i = 1, 2, \cdots, 12)$ 目前最好的 3 维和 4 维覆盖表规模作为指定数量, 让算法 online CT、自适应随机测试 (ART(H), ART(S_τ)) 和随机测试 (RT) 生成相同数量的测试用例, 通过比较它们的 t-way 组合覆盖率、t-way 分散性和 t-way 错误检测率 (t=2,3,4), 可以发现, 最优的 t-way 覆盖表只在 t-way 组合覆盖率、t-way 分散性和 t-way 错误检测率上有明显优势, 而在 t'-way 组合覆盖率、t'-way 分散性和 t'-way 错误检测率 ($t' > t$ 或者 $t' < t$) 上优势逐渐减弱.

(2) 生成指定组合覆盖率的组合测试用例集 (适用停止准则 S_c), 比较相应测试用例集规模

针对表 7-1 中 12 个待测试系统使用 4 种方法分别产生 2-way 覆盖表、3-way 覆盖表和 4-way 覆盖表, 比较这些方法产生的覆盖表规模. 由于不同待测试系统的覆盖表规模差别比较大, 无法直接在一张图上比较显示. 我们比较这些方法产生的测试用例规模与表 7-1 中最好的测试用例规模的比, 即比较 (方法 A 生成系统 CA_i 的 t-way 覆盖表的规模)/(表 7-1 中 CA_i 对应的最好 t-way 覆盖表的规模), 其中 A 表示方法 onlineCT、ART(S_τ)、ART(H)、RT 中的一种, $t = 2, 3, 4; i = 1, 2, \cdots, 12$.

从图 7-11~ 图 7-13 可以看出, 从生成的覆盖表规则比较, onlineCT 接近于最好的 offlineCT. ART(S_τ) 要比 onlineCT 差 1 倍左右, 即 ART(S_τ) 产生的测试用例

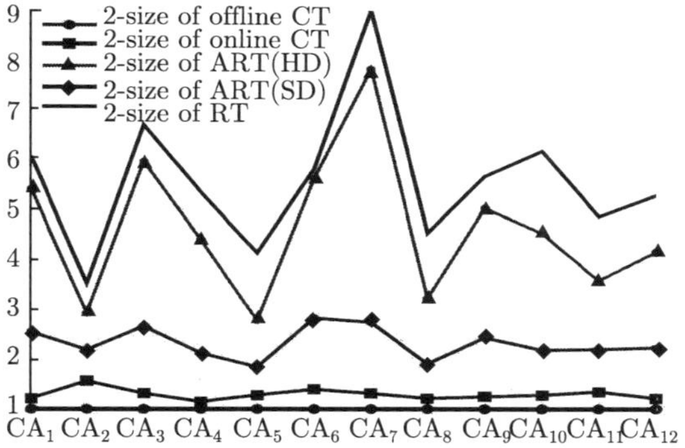

图 7-11 2-way 覆盖表规模比

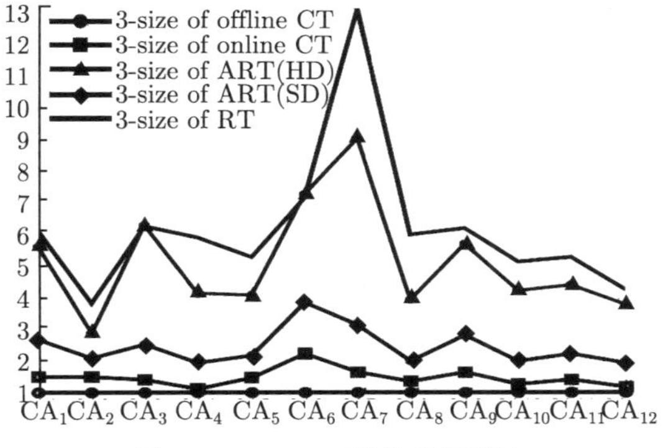

图 7-12 3-way 覆盖表规模比

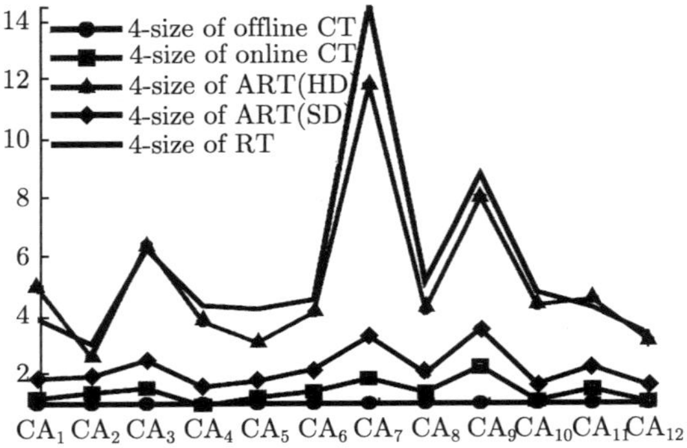

图 7-13　4-way 覆盖表规模比

集规模一般是 onlineCT 产生的 2 倍左右. ART(H) 略好于 RT, 但 ART(H) 和 RT 产生的测试用例规模是最好的 offlineCT 的 6 倍左右. 它们与 ART(S_τ)、onlineCT 差别也很大. 同样是 ART, ART(S_τ) 与 ART(H) 相差 2 倍以上.

(3) 覆盖指定故障模式时所用测试用例数量比较 (适用停止准则 $S_{\tau s}$)

在试验中, 我们指定特定的模式作为故障模式, 然后使用这些方法生成测试用例来检测, 统计这些方法首次覆盖该故障模式时用到的测试用例数量. 试验发现, 这种统计数据无法说明问题, 因为所有的方法都可能比较快地覆盖指定故障模式.

结论: 组合测试方法是一种最有效的检测系统中各种因素相互作用促发的故障, t 维组合测试 (使用 t-way 覆盖表作为测试用例) 在检测 t-way 故障 (促发故障的原因是 t-way 组合) 时具有明显优势, 对于 t'-way 故障 ($t' < t$), 虽然一定是好于随机测试和自适应随机测试, 但优势不明显. 对于 t'-way 故障 ($t' > t$), t 维组合测试不一定有优势. 试验结果表明, 它们几乎没有差异. 自适应随机测试可以有效提高随机测试的效果, 自适应测试的效果依赖于其具体实现, 在我们的试验中, 基于值模式距离的自适应随机测试方法要好于基于海明距离的自适应随机测试方法.

7.4　组合测试的工具

组合测试的推广和应用离不开工具的支持, 没有工具的支持, 组合测试寸步难行. 例如, 覆盖表生成如果手工做, 技术难度大, 容易出错. 测试用例集的优化、约简以及测试结果的分析也都离不开工具的支持. 组合测试能得以高效运行, 需要以下测试的支持: 测试用例生成工具、测试用例约简工具、测试用例优化工具、测试用例自动执行工具、测试结果自动分析工具 (图 7-14).

组合测试生成工具包含了利用各种算法 (第 2 章) 实现的可以生成用户指定要求的覆盖表或者其他形式的组合覆盖测试用例的软件工具, 目前各种生成工具非常多, 多达几十种. 针对用户的特定要求, 可以集成使用多种生成工具, 启用最好的结果, 即最小的测试用例集, 提供给用户.

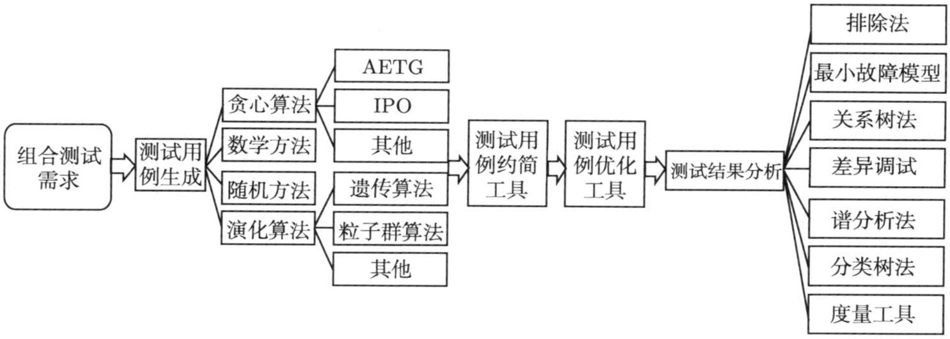

图 7-14 组合测试支持工具系统工作流程图

一般情况下, 测试用例生成工具产生的测试用例还可以进一步约简 (根据 3.6 节), 我们可以将测试用例生成工具产生的结果交给测试用例约简工具处理, 可以得到更小规模的测试用例集合.

经过生成和约简后, 得到的测试用例就可以用来进行测试了, 但是同样的一个测试用例集, 不同的执行顺序得到的效果是不一样的 (根据 3.2 节), 结合当前关于待测试软件系统或者其他相关信息, 利用测试用例优化工具对该测试用例进行优化, 得到一个最好的执行顺序.

把生成的最小的排好序的测试用例交给测试用例自动执行工具进行自动化测试, 测试结果交给自动化分析工具进行分析和评估. 测试结果分析工具包含很多不同的分析算法, 针对同一测试结果可以有多种分析结果, 提供给测试人员作为参考. 其中度量工具给出了测试用例集合的组合覆盖率和分散度等数据.

在网上可以查到很多组合测试工具 (如 www.pairwise.org), 主要都是组合测试用例自动生成工具. 例如, 美国贝尔试验室的 AETG 系统、IBM 公司开发的CTS (combinatorial test services)、美国宇航局开发的TCG (test case generator), 美国国家技术标准研究所 (NIST) 开发的ACTS, 以及微软公司开发的 PICT 系统等近 30 多种.

近年来, 我们也开发了很多内部使用的组合测试用例生成工具和故障定位分析工具, 并申请了软件著作权和发明专利. 若需获取更多的信息资料，请访问我们的网页 http://gist.nju.edu.cn.

7.5 本章小结

组合测试是一种专门用于系统检测软件系统中各种参数及其相互作用可能促发的故障的软件测试方法. 该方法需要精心设计测试用例, 试图用最少的测试用例尽可能多地检测覆盖各种参数及其组合情况. 而随机测试则是在软件系统所有可用的测试用例空间中随机抽取一定数量的测试用例进行测试, 通过这种随机抽样测试方法, 建立对软件质量的信心. 自适应随机测试通过均匀地在软件系统的所有可用的测试用例空间中随机抽样测试, 从而更加科学地评测软件质量. 很多研究表明, 自适应随机测试可以很好地加强随机测试的作用.

组合测试的应用离不开工具支持, 特别是组合测试用例的生成, 没有工具的支持几乎是不可能的. 尽管目前组合测试的工具已经非常丰富, 但这些工具主要还是集中在组合测试用例生成方面, 要进一步推动组合测试的发展, 充分发挥组合测试的作用, 还需要研究开发高效的组合测试自动执行工具、组合测试结果关系和分析工具等.

参考文献

[1] Duran J W, Ntafos S C. An evaluation of random testing. IEEE Transactions on Software Engineering, 1984:438-444.

[2] Arcuri A, Iqbal M Z, Briand L. Formal analysis of the effectiveness and predictability of random testing.Proceedings of the 19th International Symposium on Software Testing and Analysis,ACM, 2010:219-230.

[3] Arcuri A, Briand L. Adaptive random testing: an illusion of effectiveness?.Proceedings of the 2011 International Symposium on Software Testing and Analysis, ISSTA '11, 2011:265-275.

[4] Chen T Y, Kuo F C, Merkel R G, et al. Adaptive random testing: The art of test case diversity. Journal of Systems and Software,2010, 83(1):60-66.

[5] Nie C H, Wu H Y, Niu X T, et al. Combinatorial testing, random testing, and adaptive random testing for detecting interaction triggered failures. Information and Software Technology, 2015, 62:198-213.

第 8 章　组合测试的研究现状与未来

计算机软件已日益成为信息技术发展和应用的瓶颈, 软件质量问题越来越受到人们的重视. 软件测试是保证软件质量的重要环节, 是软件工程化方法和软件工程学的重要内容. 任何软件开发, 都需要进行一定的软件测试工作. 科学的软件测试需要对待测试软件从不同角度、多方面精心设计和运行测试用例, 从而能够依据测试观测结果, 改进和提高软件质量, 形成对软件质量的科学判断, 避免因软件质量而造成的损失. 多年来, 研究人员已经在软件测试计划、测试数据生成、测试自动化、测试结果分析度量以及测试过程改进等方面进行了深入系统的研究. 这些研究结果对提高测试效率, 降低测试成本起到了积极的推动作用.

由于计算机软件的功能要求越来越高, 结构越来越复杂, 运行的环境和开发方法也越来越多样化, 特别是构件软件、面向服务软件以及网构软件等日益广泛, 影响软件质量的因素越来越多. 一般情况下, 软件系统的某些输入参数、软硬件配置、内外部事件等因素及其相互作用都可能触发软件故障. 针对这类软件故障普遍存在的情况, 必须设计相应的测试用例对各种因素及其相互间作用进行系统的覆盖性检测. 但这种测试用例的设计和生成存在以下问题. 一是由于影响软件的因素多, 且各个因素的取值情况复杂, 因此, 所有可能的因素组合情况形成了一个数量庞大的测试用例空间, 穷尽测试已不可能; 二是手工设计和选择测试用例难度大, 容易出错.

组合测试是一种充分考虑各种因素及其相互作用的科学实用的软件测试方法, 这种方法克服了正交试验设计、均匀设计等传统方法的不足, 设计一组数量较少的测试用例, 直接检测各种影响因素及其组合对软件产生的影响, 更适合于软件测试. 近年来, 组合测试技术日益受到人们重视, 并得到了广泛的研究和应用. 特别是在信息技术比较发达的美国、日本、加拿大等国家, 人们在组合测试的测试用例生成和组合测试的应用等方面进行了系统深入的研究.

组合测试的关键问题分布在软件系统组合模型的抽取、测试数据的生成、测试结果的分析评估、组合测试故障诊断以及组合测试过程改进等方面, 其核心问题是如何以最快的速度精心设计一组科学的、最小规模的组合测试数据实现对待测试软件科学有效的测试, 并形成对该软件质量的科学判断, 具有重要的现实意义.

组合测试技术的研究不仅具有重要的应用价值, 同时在理论上也具有重要的科学价值, 组合测试技术领域的研究充分反映了计算机科学领域抽象、理论和设计的

3 个学科形态的特征. 例如, 组合测试数据生成问题一经提出, 人们关于这个问题的研究很快就超出了应用的范围, 而把这个问题当成了一个具有应用背景的数学问题来研究, 引起了很多数学家的研究兴趣, 已有不少研究成果刊登在国内外的一些重要数学杂志上. 这些研究成果无疑对组合测试技术的应用研究起到积极的推动作用.

组合测试技术的研究结果不仅可以对软件测试领域产生积极作用, 由于计算机软件是一种特殊的产品, 不仅其他领域关于产品检查测试的方法可以被软件测试借鉴和使用, 同时, 在软件测试技术领域有效的研究结果也可以为其他领域的质量检查提供新的思路, 特别是组合测试方法. 这种方法一开始实际上是来源于工农业生产中试验方法的改进, 关于这种方法的研究结果, 可以广泛地应用到各行各业, 从而对经济建设产生积极的影响.

本节在已有研究基础上, 仔细分析研究从各种主流期刊和会议论文集中收集到的所有 300 多篇文章 (包括我们自己的文章, 具体参考文献列表可登录科学出版社网站下载获取, 下载地址为 http://gist.nju.edu.cn), 将组合测试领域的研究主要分成 7 个大类.

(1) 建模 (model)(21 篇), 研究如何准确在待测试软件中识别各种参数, 参数的取值以及参数间相互作用和约束关系等.

(2) 测试用例生成 (generation)(135 篇), 研究组合测试用例 (覆盖表) 的生成方法.

(3) 约束 (constraint)(18 篇), 研究在组合测试用例生成中如何处理约束, 避免无效测试用例的产生.

(4) 故障特征化及诊断 (fault and diagnosis)(14 篇), 研究如何根据组合测试结果, 对检测出来的软件故障进行软件故障定位.

(5) 组合测试过程改进与应用 (application)(82 篇), 研究和报道如何在实际测试过程中应用组合测试方法.

(6) 测试用例优化 (prioritization)(14 篇), 研究组合测试用例的执行顺序, 使其以一种尽可能经济的方式运行, 并能尽可能早地发现软件故障.

(7) 度量与评估 (evaluation)(21 篇), 研究组合测试的覆盖率度量和错误检测率的度量等问题, 研究如何对组合测试质量进行评估, 以及对组合测试后软件质量的评估等问题.

图 8-1 给出了本章的 314 篇参考文献在这 7 个方面的主要分布, 可以看出研究最多的是测试用例生成, 其次是应用 (注: 图 8-1 关于文章的分类统计只是一个粗略描述, 不一定非常准确, 例如, 有的文章, 特别是有些博士论文, 既涉及生成, 又涉及应用和建模等, 我们只是根据自己的判断, 将其归属在某一个类中). 其他还有 8 篇综述性论文 (survey[1−8]) 和 1 篇解决预期输出的论文 (oracle). 图 8-2 给出了

这些文章发表年代的分布, 可以看出, 组合测试虽然只有 30 年的发展历程, 近几年来, 越来越得到人们的关注和研究. 图 8-3 给出了过去 30 年, 每年发表的文章数量 (由于文章收集具有一定的滞后性, 因此 2013 年和 2014 年显示数量开始下降).

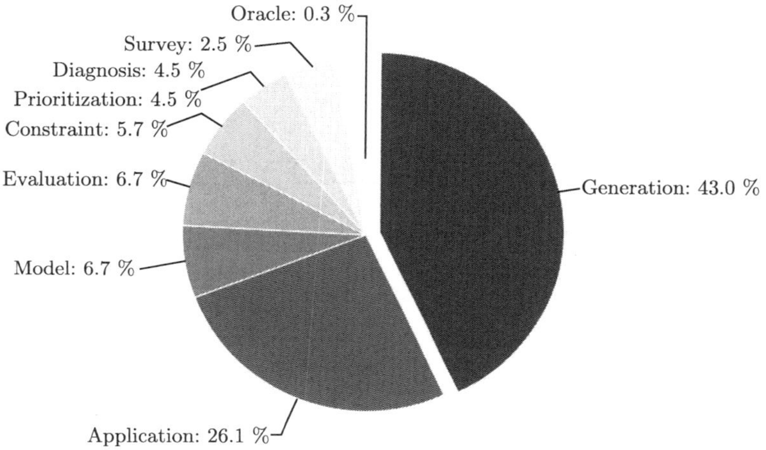

图 8-1　参考文献研究内容分类图

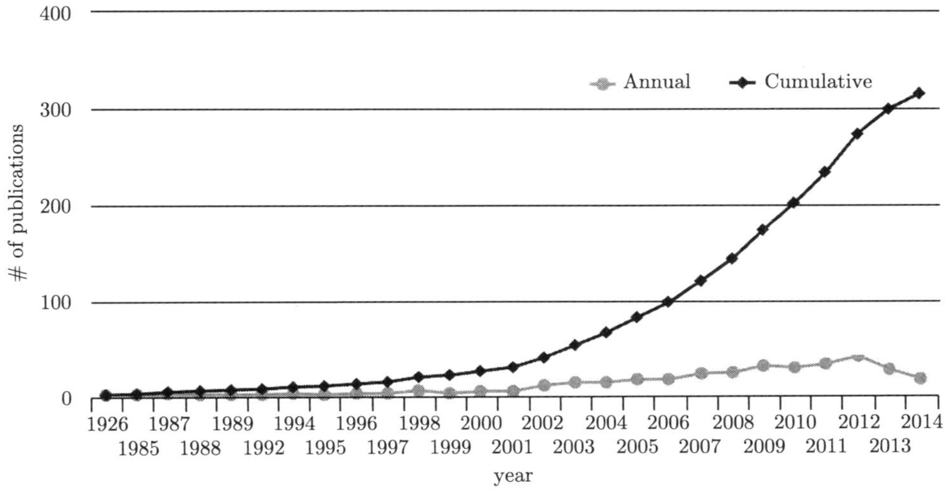

图 8-2　研究论文数量随年份的分布 (1926~2014 年)

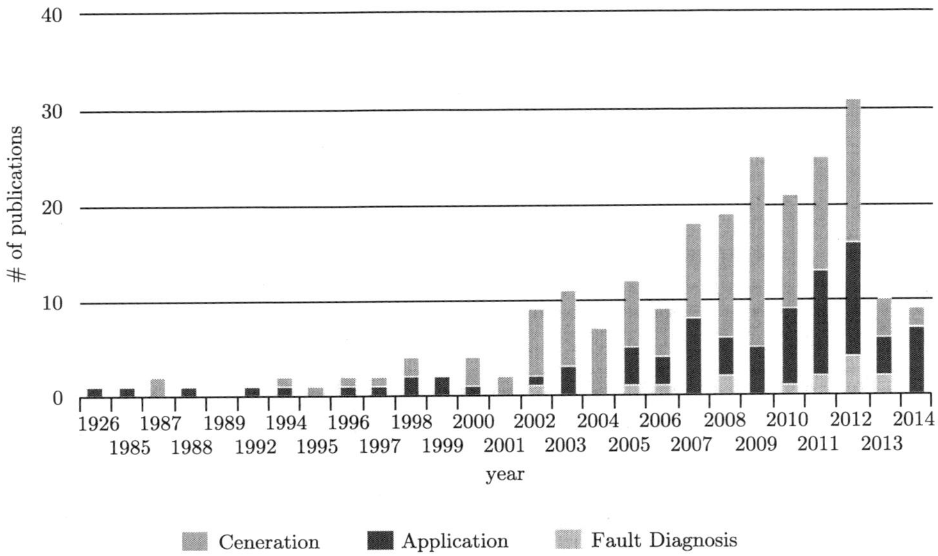

图 8-3　每年在三个主要领域发表的论文数量 (1926~2014 年)

8.1　研 究 领 域

以下按照图 8-1 的分类逐个介绍组合测试 7 个主要领域的研究. 为了介绍的方便, 将约束 (constraint) 放在测试用例生成 (generation) 中一起介绍. 每个研究领域, 介绍其中的关键问题、方法及研究意义, 研究现状及存在问题.

8.1.1　测试模型

组合测试模型根据组合测试适用的各种应用场景, 研究组合测试的使用模型, 如何针对具体的待测试软件抽取组合测试使用模型, 恰当使用组合测试方法.

组合测试模型包括 4 个方面的要素: ①可能对待测系统产生影响的系统参数 (因素); ②每个系统参数的取值; ③各个系统参数之间可能存在的相互作用; ④各个系统参数值之间可能存在的约束. 因此, 组合测试模型主要研究解决以下 4 方面的问题.

(1) 如何准确识别影响待测试软件的系统参数. 影响系统的参数可能是各种配置参数, 如本书实例中的几个参数; 也可以是用户输入参数, 系统的特征参数, 图形用户界面的接口、组件或对象等. 在识别系统参数过程中, 可以先初步选择出一些参数, 然后在建模或测试过程中通过增加或约简将模型向正确的方向演化.

(2) 如何为每个参数确定取值. 通常情况下, 每个参数可以取很多值, 如果全部考虑, 根本无法进行组合测试, 因此必须进行取舍. 常用的方法是通过等价类划分的办法, 选择代表性取值, 然后通过边际值分析的方法补充一些关键点, 确保因素取值科学、合理且保持在一个可行的范围中.

(3) 如何确定参数间可能存在的相互作用? 分别找出哪些参数间根本不存在任何相互作用, 哪些参数间可能存在相互作用, 以及一些典型的参数间相互作用等.

(4) 参数值之间是否存在一些制约关系. 参数之间存在两类制约关系: 一类互斥关系, 例如, 本例中如果呼叫类型参数值取 “国际”, 资费方式不能取 “被叫方”, 这叫参数值之间的互斥关系; 另一种与之相反, 当一个参数取 A 值时, 另一个参数必须取 B 值.

要有效解决这些问题, 需要认真研究待测试软件的需求文档、设计文档和代码等各种文档资料, 对设计和开发人员等进行访谈, 以及通过程序分析等技术进行发掘和验证.

组合测试模型的建立是组合测试的起点, 正确的模型是组合测试有效性得以发挥的基础. 对于同一个待测试软件, 不同的测试人员由于不同的经验和技能可能建立不同的测试模型, 从而会有不同的测试效果. 故准确地建立测试模型是组合测试研究的基础.

已经有一些工作旨在研究如何建立正确合理的组合测试模型. Dalal 等提出恰当的测试模型的建立是一个迭代的演化过程, 其中专家知识至关重要; Lott 等给出了一系列建模的例子, 可以作为组合测试应用的辅导材料; Williams 也给出了很多组合测试的应用场景; Krishnan 也通过实例给出了确定参数、参数取值及测试用例生成的详细过程; Grindal 等提出了组合测试建模的 8 步过程, 并给出了实例研究; Czerwonka 提出了一系列建模方法, 旨在使得两两组合测试更加实用.

尽管这些工作可以有效地推动组合测试技术, 但如何快速有效地建立组合测试模型仍然存在很多问题, 例如, 对建立的组合模型进行确认和验证, 如何评估不同的测试模型对测试效果的影响等.

8.1.2 测试用例的生成

针对待测软件的组合测试模型设计生成测试用例是组合测试的重点研究领域, 有一半以上的关于组合测试的研究是在研究如何为组合测试生成测试用例, 相应的自动生成工具也多达十几种. 本书第 2 章已经对组合测试的各种测试用例生成方法进行了很好的总结, 因此这里将不再涉及有关生成方法的技术细节.

组合测试的测试用例生成涉及覆盖表的选择、指定部分测试用例、解决约束和生成技术等 4 方面的关键问题.

(1) 根据待测试软件的重要性、测试资源等因素, 有多种覆盖表可以选择, 例如, 2-维覆盖表或 k-维覆盖表、正交表 (正交表生成问题一直是数学上的难题, 因此在数学领域一直是一个研究热点, 每年有很多相关的论文在各类数学杂志上发表. 近年来, 人们也开始研究利用计算机算法自动生成正交表, 并且关于正交表自动生成的工作也越来越多, 形成了一个新的独立的领域, 关于这方面的工作总结已超出本书范围, 这里不再赘述)、可变力度覆盖表等. 不同覆盖表具有不同组合覆盖率和不同组合错误检测能力, 但同时需要不同的测试用例规模和测试成本. 因此, 不同的覆盖表有不同的特点, 有时为了测试的需要, 可以将集中覆盖表组合起来一起使用, 或利用增量式设计一种覆盖表使其同时具备多种覆盖表特征. Grindal 等通过测试用例集规模、错误检测能力和覆盖率等方面对以上几种覆盖表进行了系统的评估, 他们的研究为覆盖表的使用提供了很好的指导.

(2) 有时为了满足待测试软件一些特殊的测试需求, 或者测试人员对某些方面的关注, 需要制订一些测试用例, 然后, 在这些指定测试用例的基础上再设计产生各种覆盖表. 这样不仅可以满足某些特殊的测试需求, 同时可以达到组合测试要求. Fouche 等提出一种增量自适应式覆盖表, 首先生成和利用规模小的覆盖表进行测试, 然后根据需要, 将此小规模的覆盖表作为制订测试用例, 以此为基础, 设计产生规模稍大的覆盖表, 一直迭代下去, 直到符合测试要求为止.

(3) 在待测试系统的各个参数中一般存在一些约束, 这些约束的存在增加了组合测试应用的难度, 主要原因有以下几点：现有的组合测试用例生成方法一般不具备约束处理能力, 而约束的存在, 使之产生了很多无效测试用例, 导致了低效的测试计划和测试资源的浪费; 设计一种能够处理约束的生成算法不是一件容易的事情; 即使一个很小的约束, 有时能够使很多测试用例无效, 大量无效的测试用例使很多参数组合得不到检测; 约束往往很复杂, 手工处理费时费力, 容易出错. 因此综上所述, 非常有必要研究解决约束问题.

(4) 为了有效地生成覆盖表, 人们研究了很多方法和技术, 大致可以分为 4 种：贪心算法、启发式搜索算法、数学方法和随机方法. 贪心算法应用得最广泛, 该方法每次生成一条测试用例, 使之能够覆盖最多的未被覆盖组合对, 具有代表性的贪心算法是 AETG、IPO 和密度算法等. 启发式搜索方法利用一些仿生学技术或人们的一些经验作为导向, 通过对一组随机生成的测试用例进行演化来产生符合要求的覆盖表, 典型的方法有爬山法、模拟退火、粒子群方法、遗传算法和蚁群算法等. 数学方法利用一些简单数学结构通过剪贴等递归方法构建一般的覆盖表, 这种方法速度快, 但不够灵活; 数学方法中还有一种就是将组合测试用例生成转化为线性规划问题, 但当问题规模比较大时, 效果会不理想. 随机方法通过随机产生测试用例, 直至覆盖所有组合为止, 这种方法效率最低. 这几种方法之间还可以进行组合使用.

组合测试用例生成是一个很复杂的问题, 需要考虑很多问题, 从第 2 章表 2-1 中可以粗略看出, 覆盖表至少有 5 种以上可以考虑, 可以指定一些测试用例也可以不指定, 可以解决约束也可以不解决约束, 生成技术也可以有 5 种以上, 至少有

5×2×2×5=100 种情况需要考虑.

8.1.3 测试优化

测试用例优化是指为测试用例设计一个优化的执行顺序, 在时间等资源有限的情况下, 重要的测试用例首先执行, 优化的测试可以较早地发现软件中存在的问题. 组合测试的优化问题实际就是组合测试用例的执行顺序的排序问题. 目前有两种方法: 一种是对已生成好的测试用例集进行排序, 例如, Qu 等利用三种基于代码的权重方法和一种基于规格说明的方法来优化已有的测试用例集, 发现优化的测试用例集能更早地发现软件故障; 另一种是直接生成排好序的测试用例, Bryce 等在考虑参数重要性的基础上, 利用贪心算法设计生成优化的测试用例集, 并将基于组合交互覆盖的优化方法、基于测试用例长度的优化方法和随机优化方法进行比较, 发现基于组合交互覆盖的优化方法具有更快的错误检测率. 不同的优化方法具有不同的性能和效果, 针对组合测试需要研究一些有效的优化方法, 提高测试效率.

8.1.4 故障特征化及定位

组合测试的长处是能系统地检测软件系统中各种因素及其相互作用促发的软件故障. 当在组合测试中发现软件故障时, 确定具体是由哪些因素的值组合促发了该故障称为故障特征化及定位. 故障特征化及定位具有重要的研究意义, 可以根据组合测试结果迅速找出错误根源, 进行恰当修改, 以消除软件故障.

Yilmaz 等提出将组合测试结果利用一种分类树方法将故障进行特征化, 从而定位错误, 试验结果显示, 利用组合测试结果进行故障特征化, 其效果接近穷尽测试, 但成本要低很多. 后来在此基础上针对大配置空间又给出一种增量式故障特征化方法. Colbourn 提出了交互故障的定位和检测表的概念, 旨在改进覆盖表只能发现交互故障, 不能定位故障的不足, 并给出了这种表存在性的必要条件和近似界. 在 Colbourn 的基础上提出一种利用覆盖表的故障定位算法. 这些方法都能在一定程度上解决组合测试故障定位的问题, 但为了可以更好地解决故障定位问题, 还需要对这些方法进行系统的比较和更深入的实践研究.

我们一直研究组合测试的故障定位问题, 一开始将发现错误的测试用例中包含的故障模式与未发现故障的测试用例包含的故障模式进行比对排除, 这样可以缩小可能的故障模式范围, 但这种方法效果很差, 特别是在使用覆盖表进行测试时, 几乎无法缩小这个可疑故障模式范围. 然后用一些附加测试用例进行补充测试, 进一步缩小这个范围, 并将该方法应用于网络软件的故障定位. 后来又将一条发现故障的测试用例所包含的可能的故障模式表示成一个偏序集, 这样通过发现故障的测试用例和未发现故障的测试用例形成的偏序集的做差, 形成的新的偏序集, 我们认为这个偏序集的极小元是最大可能的故障模式, 这个结果尽管比之前的结果改进很多, 但我们找出来的还只是可能的故障模式. 最小故障模式是软件系统中众多可能故障模式的内核, 是使软件系统发生组合相关的故障的根本原因, 它精确地描述了哪些因素间的相互作用会触发故障. 最小故障模式中涉及的每个因素都是触发软件故障必不可少的条件之一, 组合测试以及其后的故障定位过程本质上就是发现和寻找最小故障模式的过程. 我们还利用差异调试法和元组关系树方法对故障原因进行定位.

8.1.5　测试应用及测试过程

组合测试技术可以广泛地应用于各种软件系统的测试中, 特别是那些由多个构件组成, 或受多个因素及其相互作用影响的系统, 例如, 软件系统的配置测试、软件系统的兼容性测试、基于构件的软件系统测试、网络组件的交互测试、网络协议的测试、基于接口参数的黑箱测试等, 都需要在数量庞大的可用测试数据空间中选择一组测试数据进行科学有效的测试.

软件系统的配置测试, 是使用各种硬件来测试软件操作的过程. 这类测试主要检查计算机系统内各个设备或各种资源之间的相互联结和功能分配中的错误, 由于组成计算机的各种内部组件, 以及各种外部设备可能来自很多不同的生产厂家, 要保证软件能够适用于尽量多样化的硬件组合, 就必须对软件进行配置测试. 软件系统的兼容性测试, 主要检测软件之间相互作用, 例如, 测试一个网络版游戏软件在不同的操作系统平台、不同的浏览器、不同的声卡驱动软件和图像驱动软件环境下是否能够正常运行, 也要从大量的可用测试数据空间进行选择.

随着软件系统的规模和复杂性的迅速增长, 人们开始着眼于开发基于构件的软件系统, 其中构件是封装了数据和一定功能的模块, 基于构件的软件系统就是由这些构件组成, 并可以在软件系统运行时进行动态配置. 基于构件的软件系统测试需要尽可能多地检测出构件间相互作用而引发的系统故障.

在通信网络中, 有很多可以配置的网络组件, 它们相互协作, 共同完成各项通信任务, 关于网络组件的交互测试一直是人们关注的重点问题. 例如, 电信系统中对交换机通话能力的测试需要考虑呼叫种类、资费方式、接入方式和状态等多个因素. 因此网络组件的交互性测试, 以及网络协议的测试也是组合测试技术可以发挥重要作用的领域.

当软件系统有很多输入参数, 并且这些参数之间的相互作用可能对系统产生影响时, 需要对各个参数及其各种取值组合情况进行一定的覆盖测试, 组合测试技术可以根据具体情况对系统进行科学有效的测试.

尽管人们已经对组合测试进行了广泛的应用和研究, 但对组合测试过程本身的研究却很少. 例如, 完整的组合测试过程应该包含哪些重要步骤? 每个步骤应该遵循什么原理和方法? 以及如何开发和评估实用的组合测试过程? 在组合测试的应用和实践中, 研究和解决这些问题有助于进一步提高组合测试技术的作用, 完善组合测试的理论和方法, 并促进该技术的应用和推广.

目前关于组合测试应用的已有研究尽管很多, 但主要还是停留在如何为待测试软件系统设计组合测试用例, 报告是否发现软件故障. 因此在组合测试的应用实践中, 设计、开发和验证科学有效的测试过程是一个很有价值的科学问题, 对组合测试的发展具有重要意义.

8.1.6 测试度量及评估

组合测试的度量和评估是使组合测试方法成为一个科学方法的重要环节, 为组合测试结果的分析判断提供科学依据. 由于组合测试旨在检测参数间值组合引起的软件故障, 因此, 一方面需要对测试用例覆盖的各种参数组合进行度量, 同时需要统计待测试软件系统中所有可能引发故障的参数组合. 通过这两个方面数据的对比可以判断在组合测试之后, 系统仍然存在参数组合相关的故障风险有多大, 从而实现对待测软件这方面质量的科学评估.

组合测试的度量还可以用于确定组合测试的力度, 即用定量的组合覆盖要求来指定设计组合测试用例, 以及用于比较不同组合测试用例集的测试能力. Williams 最早提出组合测试的度量并给出了形式化定义. Schroeder 利用组合测试度量比较了随机测试与 t-way 组合测试的错误检测能力. 但利用组合测试进行软件质量评估的研究却很少, 只有 Salem 开发了一个逻辑回归模型用于根据组合测试结果对软件质量进行预测. 因此, 这个领域还需要更多的评估模型和相应的实践研究, 才能凝练出更好的方法和技术.

8.2 未来的研究工作

结合国外已有研究和我们在组合测试方面的研究基础, 认为在未来的几年内主要在组合测试模型、组合测试数据自动生成、利用附加信息对组合测试数据约简、组合测试过程改进、基于组合测试的软件故障诊断和质量评估、 面向新技术新平台和新需求的组合测试等 7 个大的方面进行系统深入的研究.

1) 测试模型研究

深入研究组合测试的各种应用场景, 总结组合测试的测试模型, 指导人们迅速区分哪些软件系统或软件系统的哪些方面适合利用组合测试方法. 研究如何从具体的待测试软件抽取重要的影响软件质量的参数, 以及如何给这些参数取值等问题, 帮助人们迅速建立组合测试模型, 从而设计相应的组合测试方法, 进行有效测试.

组合测试模型的研究至关重要, 人们只有知道什么情况下可以使用组合测试方法, 以及怎样使用这种方法, 才能充分发挥组合测试方法的作用, 因此这项研究是组合技术研究的出发点和归宿. 为了做好这项研究, 需要从几种主流的软件技术入手、广泛地调研一些软件系统, 从中发掘一些共性的特点, 为组合测试模型研究提供科学的依据.

2) 测试数据自动生成

关注和研究各种不同覆盖程度的组合测试数据的自动生成方法, 在已有的单因素组合覆盖、两两组合覆盖、高维组合覆盖、可变力度覆盖表以及增量覆盖表等测试数据生成技术的基础上, 通过各种方法的集成、代数方法和启发式方法的结合以及方法的创新等途径来改进组合测试数据的质量.

同时, 从理论研究的角度, 由于对于任何一个具有 n 个参数, 每个参数有 a_i 个取值的待测试软件系统, 若要求对其中任意 t 个参数进行组合覆盖, 客观上存在一个最小的测试用例集合. 我们将研究如何找到这个最小的测试用例集合的方法, 尽管软件测试实践中, 不一定要求严格的最小, 有时甚至需要适当的冗余. 但我们认为, 关于这个问题的研究不应因此而停止, 深入细致的研究可以将该问题解决到更高的水平上. 目前, 除了研究一些新方法之外, 还需要将已有方法进行集成和优化, 以寻求对具体案例的最优解.

3) 测试数据的约简

由于实际待测试软件系统中, 往往并不是任意元素之间都存在相互作用, 可能有些元素之间存在较强的相互影响, 而另外一些元素之间永远都不可能相互影响. 一般的组合测试数据生成方法没有考虑这些情况, 生成的组合测试数据具有较强的组合覆盖能力, 但测试数据具有较大冗余. 充分考虑系统参数间是否存在相互作用, 可以在不降低生成的组合测试数据错误检测能力的基础上, 进一步减少测试数据的规模, 不仅减少测试成本, 而且使测试更具针对性.

研究组合测试数据的约简, 必须利用软件需求、设计和开发文档以及通过同设计开发人员的交流, 首先理清系统参数之间的一些相互关系, 作为下一步测试数据生成的依据; 其次, 是研究采用合适的测试数据生成方法.

4) 测试过程和策略改进

组合测试作为一种重要的软件测试方法, 同一般的软件测试方法一样具有测试计划和设计、测试数据生成、测试执行和记录、测试结果分析和质量评估等过程. 组合测试的质量依赖于测试过程的每一步, 针对每一个不同的待测试软件, 组合测试过程都存在着需要改进的空间. 例如, 测试中如果发现故障, 可以根据发现问题的测试数据, 设计下一轮测试, 以进一步发现问题和对软件故障进行诊断.

结合一般软件过程改进方法和一般软件测试过程改进方法, 根据组合测试方法的特殊性, 通过理论和实践研究, 探索出一套组合测试过程改进的方法和经验. 为组合测试的推广和应用提供指导. 特别是研究最近我们完整提出的自适应组合技术, 该技术自适应机制全面引入组合测试的各个阶段, 全面提升组合的准确性和效率. 自适应组合测试还需要更多的自适应机制的研究、实证研究和工具支持.

5) 基于组合测试的软件故障诊断

组合测试方法追求的是用尽可能少的测试发现软件故障, 当组合测试中发现了软件故障时, 首先应该肯定的是组合测试取得了成功; 其次, 由于组合的特点是检测系统因素及其相互作用引发的软件故障, 事故的原因应该包含在引发故障的测试数据中, 把它找出来一方面可以帮助我们排除错误, 另一方面, 有可能以此为线索, 进一步发现其他软件故障.

目前关于组合测试的软件故障诊断方法的研究, 已经初步取得了一定的成果, 在计算机学报和一些国际会议上发表了我们的一些成果, 并开发了相应的软件工具, 国外的相关工作一种是利用故障分类树的方法将故障进行特征化, 另一种是设计故障定位表进行测试. 我们下一步将放宽有关前提约束, 研究适用范围更广的组合测试故障诊断方法, 为组合测试结果分析提供有效的参考和线索. 同时将深入研究比较这几种故障分析方法的特点.

6) 基于组合测试的软件质量评估

组合测试是一种科学、实用的软件测试方法, 人们非常关心通过组合测试之后的软件, 其质量达到了什么水平, 即如何基于组合测试, 对软件质量进行评估. 目前, 关于这个方面的研究还不多见, 只有研究利用逻辑回归模型, 对组合测试软件的质量进行预测. 基于组合测试的软件质量评估方法的研究具有重要意义, 这对组合测试的推广和应用具有重要影响. 同时, 基于特殊测试方法的软件质量评估技术也是各种测试方法的一个重要组成部分.

7) 面向新技术、新平台和新需求的组合测试

软件开发方法和技术在不断进步, 人们已经研究了基于构件的软件开发, 面向对象的软件开发和当前正在火热研究中的面向服务的软件开发. 软件的应用环境也在不断发展, 如嵌入式软件、网构软件、物联网软件等. 同时, 随着新的计算平台, 特别是云计算平台的出现, 人们对软件也提出更高的需求, 例如, 人们提出了高可信软件概念. 所有这些软件新技术、新平台和新需求的发展, 都给组合测试带来新的挑战和发展机遇, 组合测试方法特有的故障检测能力将发挥不可替代作用.

8.3 本章小结

分而治之的方法使人们解决复杂问题的能力不断增长, 已被广泛应用到计算机软硬件系统的设计与实现中, 但使用这种方法建立起来的任何系统都必定依赖于它的各个组成部分, 为确保一个系统的正常运行, 必须要对构成系统的所有组件及可

能的相互作用进行科学和系统的检测, 然而巨大的组合空间是人们面临的最大挑战. 组合测试方法因此产生, 并有了难以过时的舞台, 该方法追求以最小的成本, 系统有效地检测各种因素及其相互作用对系统造成的影响, 近年来在软件测试领域得到人们的广泛关注和研究, 并已经发展成为一种独立和颇具影响的软件测试方法. 本章结合我们在该领域的研究实践, 系统介绍组合测试的关键问题及其相关研究, 并由此探讨了组合测试领域的未来发展趋势.

参 考 文 献

[1] Yilmaz C, Fouche S, Cohen M B, et al. Moving forward with combinatorial interaction testing. Computer , 2014, 47(2): 37-45.

[2] Anand S, Burke E K, Chen T Y, et al. An orchestrated survey of methodologies for automated software test case generation. Journal of Systems and Software (JSS), 2013,86(8): 1978-2001.

[3] Brcic M, Kalpic D. Combinatorial testing in software projects. Proceedings of the International Convention, 2012: 1508-1513.

[4] Lawrence J, Kacker R N, Lei Y, et al. A survey of binary covering arrays. The Electronic Journal of Combinatorics, 2011, 18(1): 1-30.

[5] Nie C H, Leung H. A survey of combinatorial testing. ACM Computing Surveys (CSUR) , 2011, 43(2): 1-29.

[6] Cohen M B, Ur S. Combinatorial test design in practice. International Conference on Software Engineering (ICSE), 2010: 495,496.

[7] Grindal M, Offutt J, Andler S F. Combination testing strategies: a survey. Software Testing, Verification and Reliability (STVR) , 2005, 15(3): 167-199.

[8] Colbourn C J, van Oorschot P C. Applications of combinatorial designs in computer science. ACM Computing Surveys (CSUR) , 1989, 21(2): 223-250.

索　引